ヒトはなぜ笑うのか

ユーモアが存在する理由

マシュー・M・ハーレー
ダニエル・C・デネット
レジナルド・B・アダムズJr.

[訳] 片岡宏仁

Inside Jokes: Using Humor to Reverse-Engineer the Mind

Matthew M. Hureley, Daniel C. Dennett, Reginald B. Adams, Jr.

keiso shobo

INSIDE JOKES:
Using Humor to Reserve-Engineer the Mind
by Matthew M. Hurley, Daniel C. Dennett, and Reginald B. Adams, Jr.

日本語版のための序文

著者一同、本書『ヒトはなぜ笑うのか――ユーモアが存在する理由』（原題 *Inside Jokes : Using Humor to Reverse-Engineer the Mind*）の出版社として、より広範な読者がぼくらの研究に触れられるようにする助けをしてくださった勁草書房に感謝したい。また、この翻訳出版にあたって、短い序文を書く機会を与えてくださったことにも感謝申し上げたい。この機会を利用して、大きく二つの点を述べたいと思う。第一に、本書の研究に関わる最近の発展について触れておきたい。そして第二に、ぼくらの訳者である片岡宏仁が本書を日本語の事情に合わせる際に直面した課題について、少しだけ述べておきたいと思う。

ぼくらの理論に関連する最近の発展

『ヒトはなぜ笑うのか』が最初に出版されてからユーモア理論で起きた変化はそう多くない。ユーモア理論は比較的に小さい分野で、そのため、進歩もゆっくりしている。だから、研究の世界では二年半というのはとくに長い月日じゃあない。ぼくらの理論が提示されて以降に登場した主要な理論はいまのところ聞き及んでいないけれど、この間にぼくらの研究について批判的な論評をいくらか受け取っている。そのなかでも、とくに2タイプの挑戦が登場して、ぼくらの理論に異論を唱えている。

第一のタイプの挑戦は、反例とされる一群の事例だ。第一〇章では、読者に想像力を駆使して「ちゃんと可笑しいのにモデルに当てはまらない例や、可笑しくもないのにモデルには当てはまる例はなにかないものか」（三〇一頁参照）探してほしいとお願いしておいた。少数の考え深い読者からそうした反例の提案が寄せられたのはうれしかった。まだ事例の数が少ないけれど、時とともにだんだん増えていって、さらなるデータを視野に収めて理論を洗練させていけたらと思っている。これまで目にした提案は、それ自体では本理論にとってとくに顕著な懸念事項にはならない。おそらく、この新しいデータを検討することから発展してくると予想される最大の変化は、ユーモアや機知《ウィット》をはじめとするさまざまな認知の喜びが並ぶ連続体のいっそう注意深い分析だろう。範疇にどう分けていいのか、どれほどはっきりしないとしても、細やかな美的風味や知的な喜びの色合いは、かつて考えていたのよりも多いのかもしれない。

第二のタイプの挑戦は、方法論上のいろんな問題だ。そうした問題は、大きく二つにわかれる。一方では、研究者たちのなかには、実証的な実験室での研究が欠けているためにぼくらの理論的なアプローチはどうしても問題含みになると考える人たちもいる。そうした人たちのことを、「データはどこ?」批判者と呼ぼう（e.g. McGraw and Warner 2013）。他方で、心理学的な現象をとりあげて進化論的説明を試みた結果はどんなものだろうと無差別に不信を抱く人たちもいる。こちらの人たちを、〔進化心理学 Evolutionary Psychology の頭文字をとって〕EP懐疑論者と呼ぼう（e.g. Hempelmann 2013）。どちらのタイプの批判にも、ぼくらは「ハフィントン・ポスト・ブログ」に掲載した文章で応答している（Hurley, Dennett and Adams 2013）。ただ、どうやらこれは英語でしか掲載されていない様子なので、日本語読者のために、こうした論点をここで繰り返しておいていいだろう。

「データはどこ?」批判者たちは、本書のように哲学的・理論的な研究には実証的な重みが伴っていないのを心配している。たとえば実験室でやる行動や神経画像化の実験にあるような実証的な重みがない、というわけだ。自らが研究対象にしていると称する現実から、理論的な研究が隔絶してしまっていて、理論家当人の頭のなかにしか生きていないんじゃないかという点を、そうした人たちは気に掛けている。提示されている理論が現に反証不可能で、既存理論の大多数から急進的に懸け離れているときには、たしかにこの種の懐疑論の言い分は正しい。ただ、これを理由にしてありとあらゆる理論的研究を退けてしまっては、産湯と一緒に赤子を流すことになるだろう——実際、どんな科学でも実証的な研究は深く理論に根ざしているものだ。ぼくらの研究に「データはどこ?」と批判してる人たちが表明してる過剰な保守主義は、おそらく、理論を支持したり反証したりする証拠とみなされるものの誤解に立脚しているのだろう。哲学者たちや理論家たちが現にデータを利用していることもある——すべての思考実験が「純粋な直観」に基づいているわけでもないし、すべての実証的な実験が伝統的な実験室でなされる必要があるわけでもない。明確に定義されたあいまいでない仮説があって、それを検証しようというとき、実験はごく単純なものでありうる：現実世界での明らかな反例を見つければいい。その種の現実世界での反例は、見つけやすいことが多いし、見つかれば無視しようがない。そういう反例は観察されるデータで、理論が示す条件や予測が世界のあり方と整合しているかどうかをかなり単純に示すことができる。

第二のタイプの批判者たち、すなわちEP懐疑論者たちは、ぼくらのユーモア・モデルは反証不可能だと主張する。理由は単純で、このモデルが進化論に考え方の糸口を得た理論だから、だそうだ。進化論的な考え方に対するこうしたよくある批判の動機は、まっとうなものだ。ユーモアをはじめとする心理学的な形質のように一目瞭然にわかりやすい化石を残さない生物学的な形質の機能を扱う理論にとっては、反証可能性をもつべしという要求は、一般的な懸念として、とりわけもっともらしく響く。だが、ぼくらの理論はたんに進化論的な説明であるばかりじゃあない。現代に存在しているユーモアの形質を扱う理論でもある。いまあるユーモア形質には、他の現代的な心理学的形質と同じく、たっぷりと実証的に接近することができる。『ヒトはなぜ笑うのか』の理論は、認知的・情動的な用語を使って提示されている――そうした用語のなかには、新しいものもあるけれど（たとえば認識的コミットメント）、他の用語は広くふつうに理解されている心理学理論の用語であるか、あるいはそれらに少しだけ手を加えたものとなっている（e.g.「カンバン方式拡散賦活」「興奮の誤帰属」がそうだし、また、「ワーキングメモリ」や「メンタルスペース」の考えをぼくらなりに使っているのもそうだ）。ぼくらの理論は進化論に考え方の糸口を得ているおかげで、現代にこの形質について推論し理論を発展させる視座がえられる。でも、いったん発展させてしまえば、現代に存在する形質の仕組みに関するこの理論は、現代の人々での観察と実験によって反証可能になる。

ユーモアに関する本を訳すという難題

ユーモアの現代科学理論を提示しようとする本を訳して、原語とはがらりとちがった文化の読者にその考えを伝えようとするのは、翻訳者にとって独特な難題になる。翻訳者は双方の言語に通じていて、しかも哲学・進化生物学・認知科学の知識も持ち合わせていなくてはならないばかりでなく、ユーモアを台無しにせずにそこに登場するジョークを伝えるという厄介な問題に直面しなくてはいけない。外国語を学んだり、それに熟練しようと試みたことのある人たちの間で広く知られているように、ある文化のユーモアは、このうえなく捉えがたく学びにくいものの一つだ。多くの場合、ユーモアはどうにも訳しようがない。第三章で述べておいたように、多くのジョークは言語のさまざまな細部に立脚している。統語論的なあいまい性や意味論的なあいまい性にもとづいていることがよくあるし、さらには、綴りのまちがいに基づいている場合もあるし（八〇－一頁の“seat” vs. “eat”を参照）、たんなる句読法の切り換えだけで（たとえば“eats, shoots, and leaves,” Truss 2006）なんてことのない文句が抱腹絶倒ネタになることだってある。さらに、言語の効果によらない滑稽な出来事は、そのかわりに言語以外の文化的な知識に立脚していて、その知識は遠く離れた異文化の人々には共有されていないことが多い。

ぼくらが知っているなかで全訳されるべき唯一のジョーク本は、古代ギリシャのジョーク集『ヒエロクレスとフィラグリウスのたわむれ』だ（英題は *The Jests of Hierocles and Philagrius*, Bubb 1920）。そういうわけで、ぼくらは片岡宏仁に感謝したい。たんにジョーク満載の本書を訳す課題に取り組んだ勇敢さだけでなく、忍耐強くやり遂げてくれた。本書のジョークでうまく訳されていないものがあったとすれば、それはひとえに翻訳不可能だからだ。他方で、読者がジョークを愉快に感じたなら、それは宏仁が細部までじっくり注意を払ったからだ。

もっと大事な点として、本書の理論的な用語と論証を訳す際に細心の注意を宏仁が払ってくれたことに感謝したい。本書の考えが忠実に表現されていることにぼくらは自信を抱いているし、これを確実なものとすべくぼくらとの共同作業に注いでくれた労力に感謝している。また、リチャード・ヴィール（Richard Veale）にも感謝したい。翻訳の草稿に目を通し、本書のより微妙な部分についてぼくらと宏仁と議論して、気前よく助力してくれた。

マシュー・M・ハーレー（Matthew M. Hurley）
ダニエル・C・デネット（Daniel C. Dennett）
レジナルド・B・アダムズ Jr.（Reginald B. Adams, Jr.）

二〇一三年一〇月九日

参照文献

McGraw, P. and Warner, J.（2013）. "Time to Put Humor Under the Microscope," *The Huffington Post*, August 2, 2013;（http://www.huffingtonpost.com/peter-mcgraw-and-joel-warner/time-to-put-humor-under b 3691968.html）

Hempelmann, Ch.（2013）. "How Humor Has Not Evolved," *The Huffington Post*, August 4, 2013, Updated: August 6, 2013;（http://www.huffingtonpost.com/christian-hempelmann/how-humor-has-not-evolved b 3692033.html）

Hurley, M., Dennett, D. and Adams, R.（2013）. "The Complicated Search For The Origins Of Humor," *The Huffington Post*, August 8, 2013, Updated: August 16, 2013;（http://www.huffingtonpost.com/matthew-hurley/origins-of-humor b 3725906.html）

Truss, L.（2006）. *Eats, shoots and leaves: Why, commas really do make a difference!* Ill. B. Timmons. New York: Putnam.（『パンクなパンダのパンクチュエーション――無敵の英語句読法ガイド』今井邦彦訳、大修館書店、2005年）

序文

一九七五年四月、マーティン・ガードナーが『サイエンティフィック・アメリカン』誌の連載コラム「数学ゲーム」で、こんなことをレポートした。ＭＩＴで開発されたチェス・プログラムによって、「ポーンをh4に指すと、きわめて高い確率で白の勝ちになることが立証された」というんだ。なんてこった！もし本当なら、この高尚な遊技は未来永劫、台無しになってしまう。もはや、三目並べと同じでなんの手応えもないしろものになってしまうじゃないか。かりに、プログラムによって発見されたと称するアルゴリズムがウンザリするほどややこしいものだったとしても、人並み外れたチェスプレイヤーなら暗記できるだろう。そうなれば、チェスなんて頭をはたらかせずに必勝手順を使えるのがわかる。そんなチェスの試合には技巧も栄光もなにもあったものじゃない。相手には阻止しようもなくあっさり勝利できる楽勝な方法があるとわかっていながら、あれこれと技能を磨き、必死になってトーナメントに挑み、優美な新戦略を追求して何年も費やそうとするやつなんているもんか。何人くらいの読者が真に受けたのかは知るよしもないけれど、ガードナーのもたらしたイヤな知らせを読んだチェス愛好家のなかには、少なくとも一瞬は恐怖でゾッとした人たちもいたはずだ。もっとも、そのあと日付に気づいてホッと一安心しただろうけど。「なんだ、エイプリルフールじゃん！」

その数年後のある夜、セックス研究者で『人間の性的反応』（一九六六年）の著者であるウィリアム・マスターズとヴァージニア・ジョンソンは、オーガズムに関する膨大なデータを分析していたところ、微妙ながら目を見張るパターンに気づいた：驚いたことに、ある単純な定型句、フィボナッチ数列に基づく難解なパターンを示す言葉のつらなりによって、思春期後の人間を数分でオーガズムにみちびけることを発見したんだ。二人は自分たちのデータを再確認し、追試実験をいくつか実施してみた。そして……研究ノートを破棄し、自分たちのデータに虚偽をまぜて、将来誰の目にもこのパターンが見つからないようにしてしまった。二人はみずから発見した秘密を隠し通す厳粛な誓いを立てた。彼らの英雄的な犠牲のおかげで、セックスはいままでどおりで変わっていない。

二〇一〇年のはじめごろ、ハーレー、デネット、アダムズの三人は、ユーモアの進化論的／神経計算論的モデルを仕上げてみて、疑問がわいていた。「さて、この数千年というもの、勇敢なる分析家・研究者たちを当惑させ続けてきた神秘を俺たちはついに解明してのけたんだろうか？」どうも、自分たちはたんにユーモアの神経メカニズムを暴き出しただけでなく、その過程で、ありとあらゆる種類の面白可笑しい刺激を誰でも生成するレシピを考案してしまったんじゃないか？ これでドタバタものから機知のきいた切り返しまで、お下劣ジョークから高尚なコメディまで、なんでもございにつくりだせてしまうんじゃないか？ ちょいとダイアルを合わせてつまみを回してやれば、オスカー・ワイルドも、チャーリー・チャップリンも、W・C・フィールズも、P・G・ウッドハウスも生成できてしまう。あるいは、またダイアルを合わせてつまみを回してやれば、今度はスティーヴ・マーティン、ジム・キャリー、デイヴ・バリー、ゲイリー・ラーソンだってできてしまう…。還元的な科学がまたしても大勝利をおさめ、今度はぼくらの知るユーモアがまもなく台無しになってしまうことだろう。

まあ、マスターズとジョンソンの一件はウソなんですけどね。それに、ユーモア・レシピの話もウソ。本書の理論ではそんなレシピを発見していないし、それればかりか、そんなものがいつか誰かの手によって

――あるいはどんなコンピュータの大群によっても――発見されることはきわめてありそうにない理由を明らかにしているくらいだ。芸術《アート》は、科学とはちがう。そして、コメディもまた音楽や、えっと…美術《アート》…と同じく、芸術《アート》の仲間だ。芸術には、たしかに技術《テクノロジー》も関わっている（ギリシャ語「テクネー」は、人が習得できる技芸、テクニックを意味する）。でも、この世にあるどんな技芸も、それだけでアーティスト志望をすっかり一人前に仕立ててくれはしない（テクニックだけでアートが成り立つわけではない）。ぼくらのモデルは、なぜそうなっているのか、どうしてユーモアで必要とされる神経的メカニズムが――そうしたメカニズムは根本において「たんに」見事なまでに複雑なメカニズムなだけであって別に「脅威の細胞組織」なんて関わっちゃいない――かなり体系的に「不正利用防止」になっているのか、その理由を説明する助けになる。「完璧なチェスのアルゴリズムが登場することはない」と証明できる人なんて一人もいない。チェスという有限なゲームが、力任せの総ざらい式なアルゴリズム的解決に弱いのは公然の事実だ。でも、物理的に実現可能なコンピュータがそんなアルゴリズム的検索を完遂できないのもまたはっきりしている。だからといって、発見可能なショートカットがあるという（悲劇的な）可能性は排除されない。同様に、ユーモアのショートカットなんてないと証明できる人なんていないけれど、可能なユーモアの広大な空間は、チェスの空間よりもずっとずっと大きく、複雑に入り組んでいる。だから、心配は無用だ。とはいえ、本書を手に取る人たちの多くは、きっと相反する感情を抱いていることだろう：一方には好奇心がある――「いったいどうしてユーモアなんてものが存在するんだろう？　いったいどういう風に機能しているんだろう?」その一方で、いくら探究してもいっそう神秘が輝きを増して、かろやかな芸術が鈍重にせまりくる無敵の科学をまたしても翻弄してくれるのをのぞむ気持ちもあり、二つの感情がせめぎ合っていることだろう。ぼくらも、この入り交じった気持ちを共有しているし、ここでうれしいお知らせを告知しておくと、もしぼくらが正しければ、この二つの気持ちはきっとどちらも満足させられるはずだ。本書では、ユーモアが存在するのはどうしてで、ユーモアが脳内でどう機能していて、どうしてコメディが芸術だと言えるのか、説明する。まずは、最初の二つの問いからはじめよう。

くつのおうちの おばあさん
てんやわんやの こだくさん……
（子供部屋は男の子たちの遊び道具でぐっちゃぐちゃ……
漫画に釣り竿、飽きて捨てたおもちゃ
模型飛行機に模型電車、おまけに泥までついている
脱ぎっぱなしの洋服が山になり、キッチンにまで大洪水
さすがにおばあさんもかたづけさせにゃと大決心——
しかって、おどして、なだめて、すかして、なきついて
悪ガキどもにホコリ拭きと掃除機とホウキをわたしてみたけれど——
ガキどもさっぱり掃除をしない。）
スープいっぱい あげたきり
みんなベッドへ おいやった
むちでたたいて おいやった
……それからある晩おばあさん、ひとついいこと思いつく……
彼女は悪ガキどもに「スウィッファー」の床掃除布でできたパジャマとソックスをつくってやった。

次の夜、悪ガキどもが眠っている間に、彼女は大量のキャンディーを子供部屋のあっちこっちに隠して回った。ベッドの下、オモチャの山やら脱ぎ捨てた服の山のなかにキャンディーを隠していく。翌朝、まず三つほどキャンディーを見つけた悪ガキどもは、大はしゃぎで部屋を動き回る。キャンディーをぜんぶ見つけ出してやろうと、悪ガキどもは自分たちの持ち物をきれいに片付けていった。正午ごろには、悪ガキどもはキャンディーをすっかり平らげてしまった——そして、子供部屋はまるでマーサ・スチュワートのステキな応接間なみにきっちりキレイに片付いたのだった。

ありそうにないお話に聞こえるかもしれない。でも、母なる自然は——自然選択は——だいたいこれと同じトリックを考えついている。ぼくらがひっきりなしにやっているヒューリスティック検索で生成される発見と間違いがしっちゃかめっちゃかに山積みになっていくなかで危険な生活をおくるかぎりはどうしてもやらざるをえない面倒なバグ取り仕事をぼくらの脳にやらせるためのトリックが、自然選択でもたらされているんだ。母なる自然は、必要不可欠なゴミ収集とバグ取りを脳にやらせるのに、ただ一言命令してすますってわけにはいかない（コンピュータ・プログラマがこういう面倒をすませるのにサブルーチンをいくつかインストールするようにはいかない）。自然は、快感で脳を買収しなくちゃいけない。だからこそ、ぼくらは隠れていた推論エラーを不意に見つけ出したときにおかしみという愉しみを経験するんだ。時間に追われるなかでうっかりやったこういう推論の飛躍を見つけ出して修復するのは、進化がうまく工夫して楽しくしてくれなければ、キリのない厄介仕事になるところだ。この脳に配線された快感の源泉は、我らがコメディアンやジョーク作家たちの手で過去数世紀にわたって次々に考案・洗練を重ねてきた超常刺激によって、くすぐりたおされてきた。それどころか、ぼくらはこの内発的な心のキャンディーにすっかりハマって中毒を起こしている。ちょうど、長距離走者がキツい運動の果てに血流へと送り込まれるエンドルフィン中毒になるのと同じことだ。本書が示そうと試みるのは、ぼくらのご先祖たちが無制限の思考を備えるようになったとき生じた計算論的な問題からユーモアは進化してきたんだということだ。

本書は、マシュー・ハーレーがタフツ大学に提出した博士論文から発展してきた。同博士論文は二人の共著者ダニエル・デネットとレジナルド・アダムズJr.の指導のもとで二〇〇六年に完成した。以後、大幅な修正と拡張を重ねてきたが、中心となる新規な論点はハーレーが提示したものだ。また、この理論の本質は細部まで初期の博士論文から変わりない。ユーモアは、アダムズにとって長年にわたる主要な研究関心で、アダムズが他二人の共著者に膨大な文献を案内し、近視眼的な解釈や間違った理解を訂正してきた。さらに、二人のアイディアが十分に明快で精密でないときにはアダムズがしっかりと圧力をかけて再考をうながした。デネットにとって、このプロジェクトは二〇年近くにわたって果たせずにいた約束からの解放になった。本書によって、ようやく、デネットが心から支持できるような「純粋な現象学からもっと先に進む」「笑い（と愉しみ）の適切な説明」（Dennet 1991, 64-65; 八五 - 六頁）を提示できた。

本書はユーモアに関する著作だけれど、ユーモアだけを取り扱っているわけじゃない。本書は、この世界でエージェントたちが陥る認識的苦境と、その苦境に首尾よく対処できる認知のさまざまなモデルに関する本だ。ここで論じるのは、情動が大小すべての認知活動を統率していて、したがってユーモアはぼくらの心の精巧な機構の内部を探るための豊かな源泉になっているということだ。しかるべき理論で武装すれば、ぼくらはユーモアを一種の読心装置に使って、ユーモアを愉しむ心の内部の仕組みと暗黙の知識の両方を明るみに出すことができる。ぼくらの理論は、この分野の先行研究を大量に参照しつつ、これまでの研究に欠けていた進化論的・計算論的な新しい視座も付け加える。ユーモアは、ぼくらの生物学的な成り立ちにとってたんなる偶然の産物じゃあない。ユーモアが解決すべく――進化によって――設計された問題は、ぼくら人間の種に特有な問題にちがいない（ただ、原初版またはプロト版は他の種にも見つかるかもしれない）。本書で提示する理論は、先行研究では問われることすらなかった問いに答えようと試みる。おそらくまだまだあまり正しくなくて手直しすべきところも多々あるだろうけれど、それでも先人たちのこれまでの努力から大幅に進歩するはずだとぼくらは考えている。

本書で提示したアイディアを発展させるにあたって、多くの人たちに貢献してもらった。まず、故アレクサンダー（・サシャ）・チスレンコに感謝を述べたい。彼のユーモア理論は――驚き理論の一種（個人談話、1998）――マシューを触発し、ユーモアという謎への進化論的な答えを探し求める機縁になった。ぼくらの理論は彼とは異なる。でも、サシャの洞察がなかったら、このプロジェクトを立ち上げることもなかったかもしれない。プロジェクトが進展するなか、洞察にあふれる多くのコメントと議論を次の方々から寄せていただいた：David Huron, Deb Roy, V. S. Ramachandran, Justina Fan, Leo Trottier, Alexander Ince-Cushman, Paul Queior, Tim Lucas, Seth Frey, Lindsay Dachille, Eric Nichols, Barry Trimmer, Keith Morrison。また、ＭＩＴ出版局の匿名レビューア諸氏は初期の草稿に目を通し、批評を述べてくれた。同じく、デイヴィッド・クラカウア（David Krakauer）、ドナルド・サーリ（Donald Saari）、ジル・グリーングロス（Gil Greengross）その他の諸氏は、サンタフェ研究所で二〇一〇年五月に催されたコロキアムとニューメキシコ大学計算機科学部がスポンサーとなった二〇一〇年五月五日のコロキアムで、本書の理論に関し思慮に満ちた議論に加わってもらった。他にも多数の方々が有益な考察をぼくらの理論に提供してくれた。そうしたやりとりのすべてに、ぼくらは深く感謝したい。さらに、“funny”がもつ二つの主要な語義と類似した語義をもつ他言語の単語について議論（第三章）を提供してくれた世界中の友人・同僚たちにも感謝したい。以下に、その名前を挙げる：Rodrigo Correa, Gaston Cangiano, Priscilla Borges, Gilles Fauconnier, Ina Lieckfeldt, Bettina Seidl, Doreen Kinzel, Athina Pantelidou, Van Agora, Vera Szamarasz, Csaba Pleh, Miro Enev, Kaloyan Ivanov, Adriana Belencaia, Yuliya Yaglovskaya, Takao Tanizawa, Toshiyuki Uchino, Heejeong Haas, Angie Huh, Ally Kim, David Moser, Stephanie Xie, Jenny Prasertdee, Johan Vaartjes, Katerina Lucas, and Güven Güzeldere。また、ダグラス・ホフスタッター（Douglas Hofstadter）とインディアナ大学の概念／認知研究所（Center for Research on Concepts and Cognition; CRCC）からは、本書の草稿を執筆していた期間の大半にわたって、非常に理解ある支援を提供していただいた。CRCCのダウグとヘルガ・ケラーに感謝する。また、タフツ大学認知研究所のテレサ・サルヴァト（Teresa Salvato）にも助力と支援をいただいた。トム・ストーン、フィリップ・ラフリン（Philip Laughlin）、ジュディ・フェルドマン（Judy Feldmann）をはじめ、ＭＩＴ出版局のチームには本稿の出版を実現するまでに助力を頂いた。感謝に堪えない。最後に、なにより大事な人たちとして、著者三名そろって、執筆のプロセスの最初から最後まで、家族が絶え間なく支援してくれたことに感謝したい。とくに、ジャスティナ・ファン（Justina Fan）、スーザン・デネット（Susan Dennett）、キャサリン・ドネリー・アダムズ（Katharine Donnelly Adams）に感謝する。

マシュー・M・ハーレー
ダニエル・C・デネット
レジナルド・B・アダムズ Jr.

二〇一一年

ヒトはなぜ笑うのか　ユーモアが存在する理由

目次

日本語版のための序文　1
序文　7
凡例　19
第一章　導入　21
第二章　ユーモアはなんのためにある？　31
第三章　ユーモアの現象学　39
1　対象または出来事の属性としてのユーモア　40
2　デュシャンヌの笑い　45
3　ユーモアの体系的な言い表しがたさ　53
4　「ワハハ‐可笑しい」と「フム‐おかしい」　58
5　ユーモアの知識相対性　64
6　男女の事情　70
第四章　ユーモア理論の学説略史　73
1　生物学的理論　74
2　遊戯理論　76
3　優位理論　78
4　解放理論　84
5　不一致と不一致解決理論　87
6　驚き理論　99
7　ベルクソンの機械的ユーモア理論　101
第五章　認知的・進化論的ユーモア理論のための20の問い　105
第六章　情動と計算　115
1　笑いのツボを探す　115
2　論理か情動のどちらかがぼくらの脳を組織しているんだろうか？　119
3　情動　124
4　情動の合理性　132

5　情動の非合理性　142
6　情動的アルゴリズム　146
7　若干の含意　156

第七章　ユーモアをこなせる心　161
1　すばやい思考
——頓知の費用・便益　161
2　メンタルスペース構築　165
3　活発な信念　179
4　認識的な警戒とコミットメント　187
5　衝突、そして解決　191

第八章　ユーモアとおかしみ　199
1　メンタルスペースの汚染　200
2　認識的情動のなかのおかしみ
——ミクロダイナミックス　206
3　報酬と首尾よくいった汚れ仕事　214
4　「笑いどころをつかむ」
——基本ユーモアをスローモーションでみる　218
5　干渉する情動　234

第九章　高階ユーモア　241
1　志向的構え　241
2　一人称と三人称のちがい　249
3　擬人化と人間中心主義　260
4　志向的構えジョーク　263

第一〇章　反論を考える　301
1　反証可能性　302
2　認識的な決定不可能性　309
3　見かけ上の反例　318
4　他モデルを簡潔に検討　341
5　グレアム・リッチーの五つの問い　352

第一一章　周縁例
――非ジョーク、ダメなジョーク、近似的ユーモア　357
1　知識相対性　359
2　強度の尺度　363
3　境界例　368
4　機知《ウィット》と関連現象　400
5　予想の操作に関するヒューロンの説　407

第一二章　それにしてもなんで笑うんだろう？　415
1　コミュニケーションとしての笑い　415
2　ユーモアと笑いの共起　425
3　コメディという芸術《アート》　436
4　文学における喜劇《コメディ》（と悲劇）　448
5　人を癒すユーモア　456

第一三章　おあとがよろしいようで　463
1　「20の問い」への回答　466
2　ユーモアのセンスをもったロボットはつくれるだろうか？　478

終章　485

注　489
訳者あとがき　519
参考文献
事項索引
人名索引

凡例

翻訳上の処理について：

✓ ［ ］は原書で著者たちが挿入した補足を示す。

✓ 本文中の〔 〕は訳者による補足を示す。

✓ 原文のイタリックは、傍点、太字（ゴシック）、または「 」に対応させる。

✓ 原注は＊1、訳注は★1のように表記し、それぞれ章ごとの通し番号で示した。注はいずれも巻末にまとめてある。

第一章　導入

科学をやっていて、人に言われていちばん心が脇躍るフレーズ、新発見の到来を告げるフレーズは、「エウレーカ！（みつけた！）」じゃなくて「こいつぁおもしれえ！」だ。　――アイザック・アシモフ

戯曲なら、喜劇《コメディ》は人生の半分だ（もう半分は悲劇）。ともあれ、人々は多くの時間をお互いに笑わせようとして過ごしてる。いつでも可能なときには、物語を語ったり、ジョークをとばしたり、機知をひらめかしたりしてる。ものすごく厳粛な場面だったらさすがにユーモアは不適切とされるけれど、それでも「シーン」とした場でみんなを吹き出させてやろうと悪巧みをする連中はいつだっているものだ。ある場面でユーモアにでくわすと、それをみんなと分かち合わずにはいられない気持ちになる。今日、ぼくらは悲劇よりも喜劇の方をはるかに好んでいる。どんな媒体をとってみても、娯楽産業の多くはユーモアで成り立っている（音楽は例外）。ふだんの生活に喜劇が足りないとなると、ぼくらはテレビをつけたり、お笑い芸人に足りない分を埋め合わせてもらう。その点は、起きてる間ずっと録音音楽をかけっぱなしにするのとほとんど変わりない。音楽やアルコールやタバコやカフェインやチョコレートと同じく、ユーモアは現代人の中毒物だ。ユーモアを理解しようというなら、この中毒の進化を観察できるような――そして検証可能な仮説を定式化できるような――生物学的な視座をとる必要がある。

ぼくらの体をつくってるどの細胞も、砂糖（グルコース）を必要としている。グルコースが燃料となってぼくらの命が保たれている。グルコースの良質な源泉といえば、果糖（フルクトース）だ。これは熟した果実に含まれている。摂取すると、肝臓によってグルコースに変質される。実は、身近な自然の砂糖で主観的な甘さの評価で最上位にくるものは——舌にある甘さセンサーがいちばん検出しやすく調節されているのは——この果糖なんだ。つまり、進化によって強力な果糖採取システムが開発され、これに高い優先度が与えられているわけだ——ぼくらの細胞は、こういう大まかな原則にしたがって動作してる：「果糖を採取する機会を察知したら、どんなときにもそいつにとりかかれ。」主にグルコースとフルクトースからなるハチミツは、とくにこれを摂取するのに適している。信じがたいかもしれないけれど、チョコレートケーキやメープルシロップやストロベリージャムのおいしさは、（ほぼ文字通り）せんじつめると、この実に実用本位なグルコース摂取命令にいきつく。これこそ、ぼくらが甘い物好きな理由を理解する方法だ。ぼくらがユーモアのセンスを持ち合わせているのはどうしてだろう？　甘い物を求めるのと同じようにユーモアを求め味わうのはどうしてだろう？　これも同様の実用的な理由による：もしやらずにいれば他でもなくぼくらの生活が脅かされるようなことをやるのに相当な時間とエネルギーを注ぐ必要があるんだ。…自然の仕組みによって、ぼくらはこの必要に合わせて行為するようになっていて、その行為にはなかなかの報酬がともなうようになっているんだ。

進化という現象は、しばしば描き出されるように単純にできてはいない。あれやこれの「ための遺伝子」が自然選択されるっていう話ではすまない——生き物のもついろんな特徴のうち、研究者の注意と好奇心を駆り立てたものを取り上げて、さあこれのための遺伝子はどう自然選択されたのか、なんてことではすまない。とくに、目的だけじゃなく手段も考慮するのが大事だ。それがなんであれ、目的となる仕事をやる有機的な機械を考慮するのが大事なんだ。生物学では、「なぜ」の問いと同じくらい「どのように」の問いも重要だ（Francis 2004）。また、進化のパズルのなかには、そのシステムの動作にかかる制約に関する情報がなくては体系的に答えるのがむずかしいものがある。しかも、そうした制約について知識をもとに推測をするにしても、その機械について少なくともおおまかなモデルがあるかどうかに左右される。このあと示していくように、ぼくらの「ユーモアのセンス」の進化は、脳の機能的機構に関する仮説なしにはとうてい説明できない。理由は単純で、ユーモアをもたらすいろんな項目の共通点は、それらが脳のいろんなシステムにもたらす効果と、それにより生じる主観的な経験しかないからだ。本書ではあちこちで、本当に重要な物理的なややこしい部分に注意を払う。ただ、これはあまりにあやういことかもしれないけれど、それと同じくらいの頻度で、本書の目的にとっては無視するほかないややこしい部分は避けて通る。とりわけ、遺伝子・生物・環境がおりなす関係において発達が果たす複雑で動的な役割に関する問いは次の機会に回す。

　ぼくらの生活にとって、ユーモアは際だって重要であると同時に、少なくともそれと同程度には不可解でもある。そもそも、どうしてユーモアは存在してるんだろう？　ぼくらが経験する物事の範疇がいろいろあるなかで、どうしてユーモアは生活にとってこれほど顕著な特徴になっているんだろう？　他にも問いはある：どうしてユーモアは楽しいんだろう？　なにも感じることなく淡々とジョークを検出するだけでもよさそうなもんじゃないか。それに、どうしておかしいときにぼくらは笑うんだろう？（たとえば、耳の裏をひっかいたりゲップしたりするんじゃなくて、笑うんだろう？）こういう問いは実にやっかいだ。なかなか簡単に答えられないのは、ユーモアに関する既存研究の大半をもたらしたある問いに答えられないでいるせいじゃないかと思えてくる。その問いとは、「ユーモアの本質とはなにか」「おもしろいものとそうじゃないものを区別する必要十分条件とは何だろうか？」という問いだ。本書では、この問いは見当違いだと論証していく。ダーウィン以後の生物学業界でたいていそうであるように、本質的特徴を推定しておいてこれを探し求めるのに集中するのはまちがいだ。なぜなら、どんどん変化する選択圧に応じて進化してきた類似の項目がならぶ系統がみつかるのが関の山だからだ。

この本質論のむずかしさには、二つの顔がある。いま言ったように、当該の範疇を定義する特徴をつきとめる難しさもあるけれど、その一方で、それと一部の特徴が共通していて近い範疇と対立する危うさもある：人間の認知特性がつくる空間において、ユーモアの近隣にはユーモアのないナゾナゾや言葉遊び、問題解決もみつかる。それに、名人の演奏を目の当たりにしたときに感じるうれしさのような、機知や知性のたのしみなんかもある。ユーモアの経験は、他のこういう多様な経験と混じり合っていて、明確な境界線は引かれていない。言葉遊びはべつに可笑しくはないけれど面白いって場合もある。その点は、魚釣りや園芸や仕事も同様だ。どんな場合にも、情熱が高まって比較的に歓喜にちかづくひとときはあるし、純粋なよろこびから笑い声があがることだってある。「可笑しい」の下位種と「愉快な」の属を区別する境界線をひける見込みはないにひとしい。こうした範疇は、本質が見あたらないことで悪名高い（Wittgenstein 1953; Lakoff 1987）。こういう本質論の問いに代えて、もっとマシな問いを立てられる：「あることを可笑しいと感じさせるのは、いったい何だろう？」

これには、ある種の因果関係の答えが必要になる。ぼくらの心で起きてるプロセスの観点から考えた因果関係の答えだ。本書では、認知モデルだけでなく、ユーモアの感情的・計算的なモデルも提示することを目指す。一見すると、これは唖然とするほど野心的だし、そればかりか、まったくもって不整合なように見えるかもしれない。「計算的」なモノがユーモアのセンスを持ち合わせているなんて発想は、長らく不可能だと考えられてきた。人工知能エージェントが登場するサイエンス・フィクションの物語（たとえば『スタートレック』の「データ」）ですら、感情全般の能力が欠落していて、とくにユーモアを生成し理解するたぐいの能力は皆無だと描写されているのがおきまりだ。[*1] ざっと見たところ、こうした物語の書き手は、非生物の計算的エージェントにこうした能力をもたせるのは不可能だと思っているらしい——あるいは、暗黙裏にこの点に関して世間の偏見に譲歩しているらしい。きっと、これを乗り越えようとすると、説明と正当化にあまりに多くの手間暇がかかりすぎてしまうんだろう。本書では、この偏見に真っ向から挑むことを提案する。真に知的な計算的エージェントは、ユーモアその他の感情がなくては設計しえないと論証していく。こうした感情は——あるいはこれらと機能的に同等なものは——、生物であろうとなかろうと、人間レベルの知能をもつエージェントには不可欠の条件なんだ。

本書で「計算的」という場合、この言葉で言わんと意図していることは、一般に認知科学での典型的な意味よりも広い。まだ、実際の検証可能なモデルを組み立てようと意図してるわけじゃない。たとえば、神経ネットワークの機構によるモデルは考えていない。そうじゃなくて、本書が選んでる出発点は、すぐれた設計なら必ず出発点に選ぶ地点だ——ぼくらは、そういう計算的システムに必要な機能上の仕様を詰めたいと考えている。そうすることによって、いつかもっと専門的なアプローチが（理想を言えば計算的神経科学によるアプローチが）本書で素描した概略に基づいて詳細な試作版の青写真を提示できるようにしたい。ぼくらが目標において取り組んでいる理論は、人間によって経験されるとおりの——そして創造されるとおりの——ユーモアを可能にする理論だ。この理論では、ユーモアは人間だけでなく人間以外のエージェントによって計算・経験される。そのエージェントは、デジタル機械としてたんにジョークを言えるだけでなく、人間のセンスそっくりに「ユーモアのセンス」を持ち合わせていると文句なしに言える。

これはどうみても単純な要求じゃあない。最低限の話として、人間がユーモアをふるまいで表現する環境の多数または大半でそういうふるまいをエージェントが示したってだけでは、その人工エージェントに紛れもないユーモアのセンスがあるとは言えない。それでは不十分だ。「これは人工的な計算的ユーモアだ」と言えるためには、そのふるまいによる表現はユーモアの指標として必要ではある（これぬきでどうやってユーモアを感じてるってわかる？）。でも、それだけじゃなくて、そうした表現は、自然なユーモアと同じなんらかの基底の処理手法と情報内容から創発し、これらによって産出されるのでなくちゃいけない。そういう基底の処理にはいろんな側面があるけれど、どの側面が重要なんだろう？　このあと述べるように、プロテインその他の生化学的な物質の存在じゃあない。それよりも、抽象的な情報を扱うプロセスの特徴およびその存在理由が重要だ。エージェントにユーモアのセンスをもたせるのには、厳密なアルゴリズムによるアプローチは不適切だと本書は論じる。なぜなら、ユーモアの構造は次の要因に大きく影響されるからだ。まず、リアルタイムでなされ結論への飛躍を許容するよう進化してきたヒューリスティックなプロセスのかかえるリスクに影響される。また、そうしたリスクからぼくらの心を守るよう進化してきたセーフガードにも影響される。まぎれもない愉しみと笑いを引きおこす決定的要因は、なんらかの方法で「検出」されてその引き金となる刺激じたいがもつ特徴ではない。決定的なのは、内的な反応の方だ。同じ引き金となる刺激であっても、ユーモアのネタが利用するいろんなプロセスに立脚するかなり具体的な計算的機構をもたないエージェントからは引き出せないような、内的な反応の方が重大なんだ。

議論を進めるにつれて、この計算的なユーモアは「AI完全問題」とでも呼べるものなのが明らかになっていく。（計算理論では、理論家たちが分類の図式を発展させている。「複雑性理論」と呼ばれる分野では、これによって計算問題が大まかに言って「かんたん」「むずかしい」「不可能」に分類される。いちばんむずかしい問題の集合は「NP完全問題」と呼ばれる——気になる人のために言うと、この問題を解くには非決定的な多項式時間が必要になる。そして、NP完全問題のうち一つが解ければ、他の問題も解けるようになる。）ここで「AI完全」という用語を使って指している一群の問題は、強いAI（Searle 1980）または一般的知能の問題に劣らずむずかしい——これらのうち一つでも解ければ、本当に思考する人工的エージェントができたことになる。[*2] ユーモアは思考に依存している——ユーモアはそれ自体におもしろさの含まれた刺激へのたんなる反射的な反応じゃあない。ユーモアには、特定の範疇の情報処理が必要で、この処理には思考のいろんな機能の大半が関わる。たとえば、記憶、推論、意味論的統合といった機能がここには関わってくる。そこで、本書では紛れもないユーモアのセンスを支えられるような一般的知能の理論を素描しなくてはならない。

　これと対照的に、計算的なユーモア・アルゴリズムを創りだそうという近年の試みを考えてみよう。こうした試みには、JAPE と STANDUP（Binsted 1996; Binsted and Ritchie et al. 2006）、WISCRAIC（McKay 2000）、および HAHAcronym（Stock and Strapparava 2005）がある。こうしたモデルはどれも本質においてアルゴリズム的かつ統語論的だ——言葉のナゾナゾ・音韻的な単語の置換・頭語を、それぞれ具体的なユーモア文の文法構造に使い、語彙テーブルから意味的・音韻的な置き換えの候補を当てはめてジョークを創りだしている。こうしたモデルすべてに共通した最大の問題点は、みずからが創りだしたユーモアを評価できないし、いかなる意味でも自分がユーモアを創りだしているのを知っているとは言えない点だ。それどころか、こうしたモデルはいつでもユーモアを創りだすとはかぎらない。せいぜいのところ、偶然よりは高い確率でほどほどに楽しげな反応を人間から引き出せるような刺激を創りだしているにすぎない。自分以外がつくったユーモアを理解したり評価したりする批評的な能力はいっさい持ち合わせていない。

ましてユーモアを楽しむ能力がないのは言うまでもない。*3 つまり、「ユーモアのセンス」のかわりに、こうしたモデルが備えているのは、伝統的な文法基盤の自然言語処理モデルを思い出させるような、すごく厳密な生成アルゴリズムなんだ。文理解の近年の研究では、文法基盤の言語処理ではこれと同じ仕事を遂行する人間の機構を記述できないのが示唆されている（Jackendoff 2002）。ぼくらもこれに賛成する。さらに言うと、非アルゴリズム的なアプローチの方が、理解全般の問題に適しているし、具体的にユーモア理解・鑑賞の問題にも適しているとぼくらは論じる。

すでに述べたように、実際に動作する計算モデルはまだ提示できない。そのかわりに、すぐれた計算理論がそなえるべき特徴がどういうもので、その理論に至るまでに道筋でどんな下位問題を解いて行かなきゃいけないかを示したい。本書の議論が新規な点は次の通り。まず、ユーモアの起源に新たに進化論的な説明を加えること：おかしみ（mirth）の感情的要素に関する、生態学的に同期づけられた理論：ユーモアと笑い（laughter）の認知理論（洞察にみちた先行研究に基づくが、本書ではこれをさらに精密化していく）。この認知理論は、人工的ユーモアを支えうる計算的基盤に必要な情報的・手続き的な仕様の概要を示す。ユーモアの基礎能力、それ抜きではユーモアが存在しえない既定的な機構をもたらす生得的な「笑いのツボ」（funny bone）は、ここではじめて記述される。だが、これも全容の一部にすぎない。本書では、人間という高度に社会的な種によってこの基礎能力が広範囲にわたってどのように利用されているのかも取り上げる。どんなものであれ、複雑で動くモノにでくわすと、ぼくらはこれに信念や欲求を「自動的に」帰属させる。このとき、それと意識せずに採られる視座を志向的構えという。この志向的構えによってユーモアの調理人と美食家たちがどのようにその匠の技の範囲を広げてきたのかを示す。おもしろがることは、たんにおもしろさのためだけにあるわけじゃない。ユーモアは、配偶者選択と性的競争、忠誠心探り、信念のあぶり出し、社会資本づくりなどのツールとしても拡張して利用されてきた。本書の理論は、恥知らずなまでに折衷的で、ユーモアに関する既存研究を大いに頼りにする一方で、新たな統合の枠組みを提供する。この統合の枠組みは、これまでに何世代にもわたってユーモア理論家たちがすでに見いだしてきたパターンを説明すると同時に、その理論家たちがそういうパターンを説明する生物学的な機構の十分に深い説明を見つけ損ねてきたことを説明する。

ユーモアは難問《ハードプロブレム》だ。おもしろいものを集めていくとどれだけ多岐にわたるか考えてみるといい：

1. ダジャレと言葉遊び
2. ジム・キャリーのラバーフェイスの道化芝居や、チャーリー・チャップリンの無表情な身振り
3. 戯画（カリカチュア）
4. シチュエーション・コメディ
5. 音楽的ジョーク
6. マンガ
7. 「現実世界の」ユーモア。

日常生活で発生し、笑いを引き起こすおそらく分類不可能な巧まざる自然の産物。コメディのネタになる場合もあれば、そうでない場合もある。

いったい、これらにどんな共通点があるだろう？　おもしろいという一点の他になにかあるだろうか？この当惑するばかりの多様さ（しかも前記に尽きない多様さ）をみると、誰だって、自分の理論にぴったり

当てはまるほんの一部の贔屓のジャンルに集中して、他は「当面」無視しておきたくなる。さらに、どこに目をやっても、明確な境界や敷居がないことに気がつく。たとえば、いろんな戯画のなかには、味わいはあっても滑稽ではないものもあれば、プッと一笑するものもあるし、バカウケするものもある。言葉遊びにしても、興味をそそるものから可笑しいものまで、なだらかなスペクトラムをつくっていて、どの中間点をとってみてもなにかしら具体例がみつかる。さらに困ったことに、誰が何を可笑しいと思うかは、おそろしく異なる。ユーモアは共通の背景想定、気分、態度によって大きく異なる。だから、二次的効果またはメタ効果として、いいジョークがすでに聞いたことがある人にももたらすよろこび、「感情的」というよりは「知的」なよろこびも、でてくる。そうしたよろこびは、特定のネタの傑出した設計を批評的な観点から鑑賞したときにでてくるものだ。（これはちょうど、ある料理に合わせる完璧なソースについて考えるだけでシェフの胸にわきでるよろこびに似ている。）

進化の視座をまじめに受け取ることこそ、こうしたバラバラの多様性に共通点を見いだす唯一の方法なんだとぼくらは考える。ダーウィンが自然選択による進化の理論を明確に打ち出す前は、生物は当惑するほど多様だった——生きてるという一点をのぞいて、こいつらにいったいどんな共通点があるっていうんだ？　ダーウィンは見事な観察や編纂された大量の自然誌の蓄積に依拠した。その自然誌は、それに相応しい基礎理論によって証拠へと変身を遂げるのを待っている壮大なデータベースだった。彼をお手本にして、ぼくらは「ユーモアの自然誌」とでも呼ぶべき先行研究の財産を詳細に検討し、そこにみつかる多くの洞察に満ちた分析と観察を利用して、それらを一つの理論上の構造に配置する方法を示したい。その理論上の構造によって、パターンと例外の両方が説明できるようになる。

第二章　ユーモアはなんのためにある？

"Genetic Analysis", Comic by Randall Munroe, <http://xkcd.com/830/>.

「遺伝子検査の結果がでたんですって？」

「ええ、どうぞ座って」

「悪い知らせ？　リスク要因はどうなってます？」

「確かなことは言えませんが、あなたの染色体を数本分析したところ、次の結論は避けられないようです」

「ある時点で、あなたの両親はセックスをしています」

「そんな！」

「落ちついて。一回だけの可能性もあります」

「ひ…一人にして下さい」

ユーモアに関する近年の研究は、可笑しさをもたらすものを突き止めることに注力してきた（あるいは、特定の刺激によってどのようにしてぼくらが笑うのかを突き止めることに注力してきた）。この研究は興味深いし洞察にも富んでいるけれど、不完全だ。ジョークを識別するものとして考えられるメカニズムがもたらす効果を調べるばかりで、そうしたメカニズムの究極の目的を考慮していないからだ。どんなメカニズムでも、その目的を知れば、そのメカニズムの動作を理解する助けになる。他方で、メカニズムの動作がわかれば、目的も明らかになることもよくある。アーサー・ケストラーは、ユーモアの目的がよくわからず困惑する気持ちを雄弁に表現している：

> こうしてしばしば抑えがたい特定のノイズをともなって15の表情筋が不随意かつ自生的に収縮する。その生存価値は、いったい何だろうか？　笑いは反射行動だが、これといってわかりやすい生物学的な目的に貢献していない点が独特だ。贅沢な反射行動とでも呼べよう。いま知られているかぎりでは、笑いがもつ唯一の功利的な機能は、功利的な圧力からひとときの解放をもたらすことしかない。笑いが発生した進化の水準で、このくだらない笑いの要素が熱力学の法則と適者生存の法則の支配するユーモアなき宇宙に忍び込んでいるように見える。
>
> (Koestler 1964, p. 31)

図2・1に写真で示した古風な装置を考えてみよう。この装置の目的をご存じない読者だと、しばらく考えてみないと、こうしたパーツがお互いにどう働いて、ほれぼれするほど効率よく一気にリンゴを皮むきしてスライスしてみせるのか、なかなか見当がつかないかもしれない。目的を知っている読者なら、動作手順は――リンゴの文脈でこの装置が提供するアフォーダンスは――自明だろう。そうと知らないでい

図 2.1

ると、なにをどうするんだか見当もつかない。ユーモアのセンスは、リンゴがまわりにない状態の、この皮むき器みたいなものだ。ユーモアのセンスは複雑な性質だし、一見するとぼくら人間という種に固有らしく、しかもいろいろとヘンテコな側面があって、そうした側面をみるとどうやらこれと決まった目的のために設計されたかのように見えるものの、その目的はいまだぼくらには推測がつかない。その目的は、どんなものだろう？

ときとして、ある特徴・性質が、かつては何かの問題への適応的な解決法だったのに、いまではその問題がなくなってしまっていることもある。（たとえば、凍えるほど寒いときには鳥肌がたつ。我らがヒト科のご先祖たちは体毛フサフサだったからこれは効果的だったけれど、比較的に体毛の少ない人間だと、むなしく体表の空気の層を保持しようとする無駄な試みにしかならない。）もしかすると、ユーモアもいまとなっては推し量りにくい目的にかつては貢献していたのに、その目的にはいまでは貢献する必要がなくなったのかもしれない。（ぼくらの甘い物好きだって、もはやあんまり役に立っていないけれど、昔の環境ならすぐれた適応だった。ぼくらの笑いのツボもそういうものだったのかもしれない。）あるいは、ひょっとすると、この性質は進化によって設計されてなんかいないのが判明するかもしれない――他になにかいまの持ち主の先祖たちの適応度を強めてきた性質があって、笑いの素地はその性質の無害な副産物でしかないのかもしれない。音楽の理解は――および、それにともなう音楽を産み出したいという欲求は――まさにそうした副産物の候補として有望視されている（が、論争中だ）（Patel 2007; Huron 2006; Pinker 1997; Dennett 2006; cf. Levitin 2006）。ひょっとすると、ユーモアもそういうものかもしれない。[*1]

これ以外の可能性もある。ユーモアのセンスにはいろんな側面がある。そのなかには設計されたものもあるとして、そうした側面はぼくら以外の複製子（replicator）の利益になるよう設計されたのかもしれない。言語がヒトという種にもたらす高速ブロードバンドの情報ハイウェイは間違いなく大きな適応だ。この情報ハイウェイのおかげで、（獲得された）価値ある情報を大量に親から子孫へと伝達できるようになっている。でも、このハイウェイは他の伝送にも使える。非血縁者によって操作された情報だって、適応に反しかねないのに、これで伝送できる（Boyd and Richerson 2005; Richerson and Boyd 2006; Sterelny 2003）。また、機会を伺っているゴミクズの転送にも使えてしまう――カゼのウイルスは、くしゃみの反射行動を利用するように進化して、じぶんの血族を新しい宿主たちに次々感染させていくようになったのかもしれない。それと同じように、情報のウイルスたちも、伝達しあう人間たちの性質を利用してみずからを（喜んでうけとる）宿主たちに次々と広めていくように進化したのかもしれない。この「ミームの目」の視座では（Dawkins 1989, 1993; Dennett 1990, 1991, 1995, 2006; Blackmore 1999）、こんな可能性にスポットライトを当てる――しだいに伝達を行う方向にぼくらが適応してきたことで、新しいニッチがうまれ、そこで特定の文化的複製子が栄えるようになった、という可能性だ。ユーモアをさそうミームたちは、実り多い文化的複製子としてとくに見込みのある候補だ。このユーモアのミームたちはこれといってぼくらの得にはならないけれど、愉しみをたっぷりと提供することによってガンガンみずからを複製していく。(考察されることは多いのにまだ証明されていないアイディアにこんなのがある。性行為により伝播される病気の媒介生物は、性的な悦びや欲求を強化することで性行を促進する適応の産物なのかもしれない、というアイディアだ。その結果として、みずからが新しい宿主に広まることが確実になる、というわけだ。同様に、ユーモアにぼくらが見いだす愉しみはぼくらにとっていいことというより、その楽しみを引きおこすミームたちの複製力にとっていいことであって、これは他の目的のために進化した情動(susceptibility)を利用しているのかもしれない。)

他方で、ユーモアが中立的または寄生的な文化的共生体(symbiont)としてはじまったにせよ、そうでないにせよ、ユーモアはどこかの時点でいろんな適合度強化の目的に流用されるようになった。すぐ思いつく可能性としては、「高品質のユーモアをたくさん持ち合わせていてこれを人々に分け与えられる(しかも上手に分け与えられる)人間の宿主ほど、他人に影響を及ぼす可能性が高く、したがってじぶんの繁殖適合を強化する社会資本を蓄積していく可能性も高い」というものがある。これよりもっと直接的な適合度へのつながりは、性選択仮説から提案されそうだ:つまり、女性は(男性の)ユーモアのセンスを知能と力のごまかしにくい広告として利用できる、という可能性だ:

ユーモアの理論はさまざまあり、これがなんのために進化したのかについて、いろんな候補を出している。集団の結束を強めるためであるとか、神経の緊張を解放するためであるとか、健康を保つためである、といった説がある。笑えば笑うほどよいことがある、というわけだ。こうした理論からは、どんなジョークにも笑った方がいいことになる。どんなに馬鹿げたものであっても、前に何度聞いたことがあろうと、笑った方がいいと予測される。だがそんなことにはなっていない。ユーモアのセンスとは、よしあしを判別するユーモアのセンスという意味であって、ドタバタ劇が何度繰り返されても毎回ハイエナのようにヒッヒッヒと笑うようなことではない。ユーモアのセンスが他人のジョークとばしの能力を評価して性選択の役に立つよう進化したのだとすれば、こうしたよしあしの判別は、理解しやすい。(Miller 2000, p.241)

じぶんで創り出す場合にも、あじわう(のをガマンする)場合にも、ユーモアはでっちあげにくいので、これは知能だけでなく永続的な人格の特徴・内心の誠実さ・社会的に重要な態度・信念を調べるリトマス試験紙としてとくに有益だ。いい若い男が、ガキっぽい「うんこ・しっこ」ネタを聞かされてくすくす笑うのをこらえずにいられないようでは、未成熟さを露見させてしまう。自分の政治信条を巧妙に標的にした風刺に笑うことができない人たちは、じぶんの政治的な忠誠をうっかり露見させているのかもしれない。ちょうど、それがなければうまく隠せていたかもしれない心のありようが、気軽に人種をからかう軽口をたたくことで露見してしまうのと同様だ。こうした兆候の検出も含めて、ユーモアの実用的な利用法は、それを採用し利用する個人たちが(完全に)そうと自覚することなく社会に確立されたのだろう。こういう有益なふるまいの文化的進化は、それを行う当人がその有益さの理由を理解しているかどうかに左右されない。カッコーのヒナが、卵から孵るやいなや巣にいる他のヒナたちを殺して育ての親たちから得られる食べ物の取り分を増やそうとすることの目的をべつに理解していなくてかまわないのと同じことだ。たとえば、しかじかの場面で笑い、しかじかの場面では笑わない他人を信用しない理由を、人々は少しも理解していないかもしれない。こうした人々は「笑いのツボがおかしい」とされる一方で、まっとうな笑いだと感じられ自分と笑いのタイミングが合う人たちは他から区別され仲間の範疇に入れられる。ただ、こうした効果が文化的に進化できるには、その前に、もっと根底的な理由のある基盤が遺伝的に進化していないといけない。こうした社会的目的によって故意にであれ無自覚にであれ手綱をとられうる性質が、先に進化していないといけない。

　ぼくらは、ユーモアが間接的に創発する起点となった中核的な機構はこれだと突き止められたと考えている。これは、ぼくらの遺伝的な資質の一部であり、脳が直面した計算的な問題を解くために進化した設計特性の一つだ。その計算的問題は、これまで「こういうもの」と同定されていなかった。ようするに、ぼくらには、マセラーティのソフトウェアを走らせているシボレーの脳が備わっているんだ。脳の資源にかかったこの制約が、優れた埋め合わせの進化につながった。既存の「情動による」報酬機構を利用しこれを新たな目的に転用する、ごく特定的なエラー消去の能力という埋め合わせの進化だ。このあとおいおい説明する用語を使ってぼくらの理論をひとくちで述べるなら、こうなる：

> ぼくらの脳はいつでもリアルタイムで（リスク含みの）ヒューリスティックな検索に従事している。これにあたって、あらゆる領域で次にどんなことが経験されるかについて推定がつねに次々と生成されている。この時間に追われ監督役もいない生成プロセスは、必然的にゆるい基準をもち、みずからの心的空間《メンタルスペース》にいろんな内容を導入することになる――そうした内容のすべてが完璧に事実にあうかどうかチェックを受けられるわけではない。検証されないままであれば、こうした意識の小部屋に避けがたく生じてしまうエラーは、最終的には世界に関するぼくらの知識を汚染し続けること

になる。そのため、こうした信念と推量の候補たちを再点検する方策が欠かせない。また、エラーを猛スピードで発見・解消する作業は、強力な報酬システムにより維持されねばならない――それがユーモアの情動、笑いだ。この報酬システムは、じぶんが考えをめぐらせうる他のいろんなことと競合しつつ、この〔エラー検出・解消の〕活動を支えなくてはならない。

第三章　ユーモアの現象学

最後に笑うヤツはいちばん頭のトロいヤツだ。

もともと、原義では、「現象学」（phenomenology）が指していたのは、いろんな現象を理路整然と並べたカタログのことだった。理論に先立って、いろんな特徴やふるまいのパターンを集めたもののことだったんだ。たとえば、ウィリアム・ギルバートは磁石の見事な現象学を蓄積している――磁石がやること、磁石がみつかる場所、磁石がどんな風に影響されうるか、などなど。すぐれた磁気学ができる何世紀も前、一六〇〇年のことだ。多くの人がユーモアの理論をつくりだそうと試みてきたけれど、たいした成功は収められなかった。ただ、彼らによって、ユーモアの現象学の立派なとっかかりは残されることになった。いろんな現象が、主観的なものと客観的なものの双方にわたって集められている。よい理論なら、こうした現象を説明しないといけない。本書もこの仕事をおおいに参照するけれど、こうした著者たちの誰一人として、すべての特性をまとめてはいない。本書ではこの課題もやる。また、他の理論家たちが言及していなかったり正当に評価していなかったりする特性にも注意をうながしたい。そうした特性はユーモアの周縁に位置するものだったり、ユーモアにはまったく含まれないものだったりするけれど、［ユーモアの］中心的な現象を理解するのには重要だとぼくらは考えている。

ユーモアが知能に依存していることは、さまざまな英単語に見て取れる。nonsense と absurdity は、どちらも二重の役割を演じている。一方では、これらは不整合・矛盾・非文法性をほのめかしている（「たわごと」）――つまり、かなり厳密な意味での理性の失敗を表している。でも、他方で、これらは愉快な異常事や不真面目な言葉遊びを特徴づけるのにも使われる。アルベール・カミュの「不条理」（absurdity）は、マルクス兄弟の「ばかばかしさ」（absurdity）とはちがうけれど、どちらを理解するのにもかなりの知性が必要だ。ridiculous（滑稽な）と ludicrous（冷笑をさそう）は、馬鹿げたことがからかいやあざけりの対象になりうることを思い出させてくれる。fool（阿呆）であるとは、愚かであるということだ。その一方で、playing the fool（道化を演じる）には、知性を発揮する必要がある。誰かが feels foolish（バカみたいな気持ちがする）とき、その人は自分のやった知性の低さを示す行いに恥ずかしい思いをしている。quick-witted な（機知の素早い）人は、利口ではあるけれど、必ずしも面白いわけではない。その一方で、witty（とんちのきいた）人は、（主に言葉による知的な）ユーモアを創り出すのに長けている。witless fool（思慮のない阿呆）と witty comedian（機知に優れたコメディアン）は、どちらもぼくらを心から笑わせる能力の持ち主だけど、一方は意図せずやっている一方で、他方は意図して笑わしている。

1　対象または出来事の属性としてのユーモア

森の中でジョークを飛ばして、誰もそれに笑わなかったら、それはジョークになるんだろうか？

――スティーブン・ライト

「いいかい、お前さん。このお釈迦様の言葉を深～く胸に刻んでおくんだよ」と言い聞かせる住職。二時間後、血まみれで病院に搬送される小僧の姿が。

例によって、世間の人が強く確信してお気に入りの理論をもっている難解な現象に取りかかるときには、ぼくらが提案するユーモアの定義の仕方についてちょっとばかり言っておく必要がある。ユーモアについて、ありがちなできの悪いとらえ方は、脇に押しやってしまおう。『オックスフォード英語辞典』がユーモアについてこう述べるとき、ありがちな考えが映しだされている：

a　動作・発話・文章に備わり愉快な感情を引き起こす性質；おかしさ、滑稽味、おどけた様子、ひょうきんさ、たのしさ。

b　おかしなものや楽しいものを知覚する能力、または、それを発話・文章その他の作品で表現する能力。

『アメリカン・ヘリティッジ辞典』では、「あるものを可笑しいもの、または愉快なものにする性質、おもしろさ」と提案している。ここには小さくぴっちり閉じた循環がある。「ユーモア」から「おもしろい」と「愉快」へ、そして「笑いを引き起こすもの」へとすすみ――そして、「笑い」（laughter）を辞書で引いてみると、今度は「あるものがおもしろかったり愉快だったりひょうきんだったりするときになされる感情表現」とある。ここからも、ぼくらの日常生活からも、二つの見かけ上の自明の理が生じる：ユーモアは笑いを引き起こし、ユーモアはぼくらが笑うモノの「性質」であるという、一見すると自明なことだ。どちらも、深刻なまでに手直しが必要だ。第一点は、すでにプロヴァイン（Provine 2000）その他によって反論されている：つまり、たしかにユーモアは笑いをともなうことが多いけれど、笑いはいつでもユーモアの結果とはかぎらないし、それどころか、おそらく滅多にそうなってはいない。こうした論点は、ゆくゆく論じるとしよう。笑いにはさまざまな原因がある。笑いがどうやって（なぜ）引き起こされているかよくよく観察してみると、「ユーモアとは知覚されたモノや出来事の性質だ」という考え方も放棄しないといけなくなる。あるいは、少なくともかなり馴染みの薄いかたちに変える必要がある。

ユーモアは笑いを引き起こすものや愉快なものという性質だという考えに加えるべき最初の修正点としてすぐに思いつくのは、おなじみの区別を利用できるようにしてやることだ。この区別は17世紀にチャールズ・ボイルが定式化し、さらにいちばん有名なところではジョン・ロック[*1]（Locke 1690）がそのあとすぐにまとめあげたもので、大きさ・形状・堅さのような一次的性質と、色・味・におい・あたたかさなどの二次的性質をわける。二次的性質は、特定の種類の生物に特定の種類の経験をつくりだす傾向性だとみてもいい。一次的性質は「内在的」なものと考えていい。それを観察する側に特有な事情にはまったく左右されない。他方で、二次的性質は、基準となる（正常な）観察者のクラスにもたらされる共通の効果で定義・同定されるし、そうするしかない。すべての赤いものに共通しているのは、ただこれだけだ：それらはたとえば正常な人間に「赤の反応」を呼び起こす（赤の反応は、現象学・心理学・神経生理学の観点で定義される）。化学的・構造的にみて赤い物体Aの表面とBの表面がどれほど似通っていても、通常の環境下で人々にBが赤く見えなければ、Bは赤くない。また、物体AとBの表面がどれほど異なっていても、正常な人間の観察者が視覚的に両者の区別がつかず、どちらも赤いと言うのなら、両者はともに赤い。

じゃあ、ジョークのユーモアは、赤さみたいなもので、ロック的な二次的性質なんだろうか？　とりあえずの確認点として、ユーモアはいかなるものの一次的性質では絶対にない。いくつかの観察から無批判にそういう結論を引き出してしまう人もいるかもしれないけど、間違いだ。ユーモアについて気楽にそう考えてしまう見解を一つ挙げると、「ユーモアは外界にある特定事物に備わっている性質だ」というのがある。たとえば、他の言語行為とくらべて、ジョークは「文脈自由」だと言われてきた（Wyer and Collins 1992）。でも、ユーモアは絶対に文脈自由ではないし、外界にある事物にとにかく備わっている性質じゃあない。そのとき念頭にあるいろんな内容しだいで、「その場のユーモアが見える」こともあれば、見えないこともある。これは、不注意のせいでなにかの大きさやカタチをとらえ損なうこととはちがう。ジョークは持ち前の性質によっておかしいのではなくて、ユーモアのセンスを安定して心に呼び起こす対象物なんだと考えられる。

ユーモアにも、赤さと似てるところはある。外界に関する特定タイプの情報を検出するよう進化によってぼくらが設計されてうまれたものだっていう点だ。外界には、あるタイプの情報がある（ぼくらが赤い物体と呼ぶものによって提示される情報だ）。まさにそのタイプの情報を検出するよう進化した認知機構のおかげで、この情報はぼくらの内に赤さの感覚を生じさせる。同様に、あるタイプの外界の情報（たとえばジョークによって提示される情報）は、（他でもなく）その情報を検出するよう進化した機構のおかげで、おかしさや滑稽さの感覚をぼくらの内に生じさせる。

通常なら赤さの感覚を生じさせる物体がないときにも、赤さを経験することがある。たとえば、白い物体を見ているときに赤さを経験することがある。赤だけをとおす赤いサングラスでフィルターをかけられた白い光のなかで白い物体を見ればそうなる。だから、赤い物体は――通常なら赤く見える物体は――必ずしも赤さの経験に必要不可欠ってわけじゃない。どんな物体だって、赤さの経験をもたらせる。また別のやり方もある。目を閉じて、しかるべき方法で視神経を刺激してやり、じぶんの心をだまして外界に赤さがあるよう思わせてしまう手だってある。赤さの経験（ホンモノの赤さであれ錯覚の赤さであれ）に必要なものは、特定の種類の情報を検出するよう設計された感覚・知覚の機構と、その種類の情報を感じ取ってきた履歴、ただそれだけだ。この履歴は「実用上」必要となる。なぜなら、哲学者連中が好んで語る想像上の奇跡やら途方もない偶然の一致やらを除外すると、まさにこの種類の情報だけに感応するよう感覚・知覚機構をかたちづくるのは、相互作用の履歴だからだ。

同じことはユーモアにも成り立つ。植物のなかには、進化して赤さを備えるようになっているものがある。この赤さは、一方では花粉を運ぶ生き物をひきよせる記号でもあるし、また他方では草食動物たちに「じぶんは毒をもっているぞ」と警告を発する記号でもある。赤い表面部分や赤い色素の構造を細かいところまで顕微鏡で調べてみたって、赤さが進化してぼくらや他の生物種にどんなことを意味するようになったのかは、わかりっこない。だから、ジョークやらおかしな絵やら、その他いろんな滑稽な物体や出来事に備わっている性質や構造上の特徴に視野を狭めてこれをひたすらとりあげてみたって、ユーモアを理解しそこなってしまう。

じゃあ、ある物事がおかしいというのは、どういう意味だろう？　それは、当該の物事がある情報のパッケージになっていて、その情報は特定の人たちにユーモアの反応を呼び起こすと安定して予測できるってことだ。同様に、ある人を「おもしろい人だ」「おかしな人ね」って言うとき、それが意味するのは、人々にユーモアの反応を呼び起こすことを言ったりやったりすることがよくあるってことだ。（赤いものは色盲の人たちには赤さの反応を呼び起こさない。）

本書で提案していることには、デイヴィッド・ヒュームによる因果関係の経験の説明と似通ったところがある：彼の説明によれば、多くの場合に何度もAにつづいてBが起こるのを目の当たりにすると、Aにでくわしたとき、そのうちBがくると期待する傾向をぼくらはやがて身につける。ぼくらの習性となったこの予感のことを、ぼくらはついつい外界にある因果関係の直接的な知覚だと勘違いしてしまう。この外在化や誤帰属という弱みには、よく知られた事例がたくさんある。たとえば、自分の怒りを他人に転嫁してしまうとか、そういう事例だ。それに関するジョークすらあるね：「そろそろ飲むのをやめた方がいいぞ。お前の顔、ぼやけてきちまってるじゃねえか。」ぼくらに言わせれば、おかしな物事とは、このぼやけた顔みたいなものだ——それが存在するかどうかは、受け止める側の主観的な状態に左右される。この誤りやすい傾向を——ぼやけ具合を顔の属性だと考えてしまう傾向を——ここでは「投射の誤り」と呼ぶことにしよう。

投射の誤りがユーモアの科学的な探求にすら影響しうる例を考えてみよう。プロヴァインは、滑稽でもない物事に吹き出してしまうことがよくあるという証拠を提示している（Provine 1993, 2000）。友人や見知らぬ人たちとくだけたやりとりをしている社交的な場で、笑いが起こる前になされた発言を調査したところ、「笑いに先立つコメントのうち、「プロヴァインの」助手たちによってかろうじて滑稽だと言えなくもないと評価されたものは、約10パーセントから20パーセントにすぎなかった」のを彼は見いだしている（2000, p. 40）。これだけをとりあげると、この主張は深刻な誤解をやらかすリスクがある。笑いには少なくとも区別される二つの種類があるからだ。

2　デュシャンヌの笑い

なんでドイツ人ってジョークを聞いたら三回笑うのかって？　一回目はジョークを聞かされたときだろ、

プロヴァインの主張によれば、笑いには特有の存在理由があり、笑いはユーモアにとって必要条件でも十分条件でもない――ここはぼくらも同意する。他方で、しかし、笑いとユーモアという二つの現象につながりがまったくないというわけでもないのは明らかだ。ここでは、プロヴァインとはちがった主張を追求したい：「ユーモアと笑いの関係は、思考と言葉の関係に似たところがある」という主張だ。思考は「心のなかに起こる」ものだけれど、言語行為でなされるその表現は、たいてい間接的でモニターされており、検閲されていることも多い（たとえば内心で「この人はほんとにバカだなあ」と思っていても、それを口にすることはない）。言葉にされない思考もあるし、思考をともなわない言葉もある。（モーズ・アリソンの歌にあるように、「きみの心は休暇中、きみの唇は超過勤務中」ってわけだ。）笑いとユーモアも、別物ではあるけれど、ちょっとばかり事情がちがう。言葉と同じく、笑いはたんなる個人の心理や生理の特性としてだけでなく、社会的な現象として理解しなくちゃいけない。ただ、進化で生じたその生理的な基礎はとても重要だ。

まずは、愉快になってわき出る笑いとたんなる社交的な笑いのちがいをみておこう。笑いには、生理的に異なる二つの種類がある：自発的な笑いと、模倣による笑いだ。自発的な笑いでは、眉がきゅっと寄せられ、口角が眼輪筋でぐいっと強くもちあがる。模倣による笑いでは、意識的なものだろうとそうでなかろうと、眼輪筋はほとんどあるいはまったく役割を果たさない。ギヨーム＝バンジャマン・デュシャンヌ・ド・ブローニュ（1862）は、自分の患者に見いだしたこのちがいを最初に述べた人物だ。これにちなんで、自発的な笑いは「デュシャンヌの笑い」の名で呼ばれている。本当のよろこびはデュシャンヌの笑いでしか生じていない。それに対し、非デュシャンヌの笑いは、たいていよろこびの表現以外になにか隠れた目的があって笑っていることが、これまでにわかっている。デュシャンヌの出した結論が頑健なものだということは、多くの研究によって確かめられている（Duchenne 1862; Frank, Ekman, and Friesen 1993; Frank and Ekman 1993; Keltner and Bonanno 1997）。冒頭のドイツ人ジョークなら、非デュシャンヌの笑いが二回起きてから、デュシャンヌの笑いが起きている。

デュシャンヌの笑いはユーモアの情動を示す信頼できる指標かもしれないと論じられている。だが、（Gervais and Wilson 2005 が述べているように）プロヴァインはデュシャンヌの笑いと非デュシャンヌの笑いの区別をつけていない。このため、彼の研究結果の何割かを非デュシャンヌの笑いが占めている可能性を検討する必要がある。また、もちろん、ユーモアの検出を表現するために非デュシャンヌの笑いが使われた事例が彼のデータに含まれている可能性もある――たとえば、すでに相手のジョークを聞いたことがあったり、とくに面白く思わなかったりしても、場の雰囲気を崩さないようにと非デュシャンヌの笑いを示すような場合も含まれているかもしれない。これも検討する必要がある。こうした問いに答えるには、プロヴァインがこれまでに使ってきたのとは異なる、はるかに難しい手法が必要になる。どんなときに人々が笑い、その笑いの前にどんな刺激が起きているかという単純な観察は、いい出発点ではあるけれど、もっと大きな見取り図を得るのには役に立たない。被験者たちが笑った物事にほんとうにユーモアがあったのかどうかを判断するには、研究者は笑った人たちに聞き取り調査をして、質問をしてみる必要があるだろう。つまり、自分が笑ったとき、なにか面白いことを感じたのかどうかをなんらかのかたちで尋ねてみる必要がある。それに、なにが可笑しくて、どうして可笑しかったのかも聞かなくちゃいけない。（研究者の目にはなにが可笑しいんだかちっとも自明じゃなくても、研究対象となってる人たちの内輪ではすごく当たり前なことだったりするかもしれない。）「なにがどうして可笑しいのか」という点を調べていくと、言葉・記憶・身振りなどの意味的相互作用が織りなす複雑な筋書きができあがることだろう——たんに、笑いの前になされたコメントをおさらいするだけにはおさまらないはずだ。プロヴァインがデータを収集したような自然な環境では、こうした要因を実験で測定するのはすごく難しいか、あるいは不可能だろう。もしうまく捉えられたとしても、そうしたデータはさらに実験にかけてやる必要がある。同じ刺激が同じ順序で提示されたときに、他の被験者にとっても客観的に見て可笑しいのかどうかを実験で判断しないといけない（いろんな範疇で、一定レベルの統計的有意性で判断しないといけない）。もちろん、その笑いがデュシャンヌの笑いの仲間なのかどうかを判別するのは役に立つ。これはかんたんな課題ではないけれど、それをしなかったら、多くの重要な問いが未解決のまま残されてしまう。プロヴァインは、（だいたい）すべての笑いがユーモアで引き起こされているわけではないという点で正しかったとぼくらは考える。ただ、プロヴァインの実験がこうした細部に照らして拡張された場合には、笑いに関わる事柄がもっとたくさんユーモアに結びついているのが証明されるだろうとぼくらは予想している。

本書が素描する理論の予想では、こうした研究を追求しようというなら、非デュシャンヌの笑いですら笑いによる一定レベルのユーモアの検出を示すことがよくあるはずだということを明るみに出さないといけなくなるはずだ（ここで示しているユーモアの定義により）。さしあたっては、滑稽でないものにも笑うことだってあるという仮説を引き続き追求するとしよう。この仮説を支持する証拠として論争の余地がないものはなかなか見いだしにくいけれど、ここでいくつかの展望を評価しておく。

しかるべきユーモアの刺激もないのに笑う行動（「不適切な笑い」と呼ばれることが多い）といえば、きまって持ち出される逸話がある。お葬式で笑い出してしまう話だ。たしかに悪目立ちすることではあるけれど、この行動が「不適切」だからといって、笑ってる当人の心になんにもユーモアが起きていないわけじゃあない。笑ってる方は、胸の内で独り言としてあれこれ滑稽な考えをめぐらせているうちに「ふふっ」と笑い出してしまったり、あるいは、厳粛な場面にもかかわらず、哀れにもみんなの見ている前で誰かがちょっとばかり面白いしくじりをやらかしたのを見て笑ってしまったりしたわけで、これは当人なりに適切な笑いだ。不適切なのは、そんな面白い内容を共有できるはずもなければ事情を知るよしもない周りの聴衆にまでこの反応を押しつけてしまうことだ。

また、葬式での笑いの引き金になりうる候補は他にもある——こっちは葬式以外でも起こりうる。誰だって、気持ちが不安定になっているとき、(見かけ上は) なんにも面白いことが起こっていないのに笑い出してしまった経験があるものだ。でも、この (逸話による) 証拠も、心の中であれこれと取り留めもなく考えをめぐらしたことから起こりうるユーモアとなかなか区別しにくい。そうした取り留めもない考えのなかには、気持ちがいつになく不安定になっていたことから自分に笑ってしまう場合も含まれうる。これとまた違った説明もできるかもしれない。さまざまな理由から、つくり笑いをしてしまうことがある。意識的にであれ無意識にであれ、自分自身や話し相手たちの緊張をほぐすためにつくり笑いをしてみたとか、他の恥ずかしい感情の表現をかくすためにつくり笑いをしたとか、そういう理由があるかもしれない。

ユーモアがない場面で笑えるという能力があることを示す証拠はもっとある。神経科学の研究と並んで、神経へのダメージの症例がそうした証拠になる。たとえばアンジェルマン症候群、仮性球まひ、笑い癲癇のような疾患は、刺激に喚起されたのでない笑いをもたらすようだ。クロイツフェルト・ヤーコブ病に似たプリオンの神経変性による疾患のクールーは、まさにそうした例にあたる (Provine 2000; Black 1982)。サンティアゴ・アローヨ (Santiago Arroyo) と共同研究者たちは、笑いや泣き叫びも含む発作が頻繁に起きる癲癇患者を報告している。患者の自己報告によれば、自分では笑いに結びつく喜びやおかしみをいかなる水準でも感じていないために、高レベルの混乱が起きるそうだ（Arroyo et al. 1993）。また、別の患者の観察（Sperli et al. 2006）によれば、帯状皮質を電気刺激したところ、この患者はおかしみをまったく感じていないのにほほえんだり笑ったりしたと報告されている。こうした事例をみると、どうやら、脳には機能的に他から区別されるネットワークがあってこれが笑いを制御している一方で、また別のネットワークはおかしみの感情に関わっているらしい。これは興味を引く。というのも、たしかにユーモアの識別と、それによって通常もたらされる笑いは、なんらかの複雑な因果関係の連鎖でつながっているにちがいないものの（おそらく、この連鎖は冗長で反復ループがいくつも含まれていることだろう）[*2]、こうした神経学的な変則から得られる症状以外には、病理学的にきれいに分離しうる別々の部分にこれが組織化されていると想定すべき強い理由はないだろうからだ。さらに言えば、アローヨの患者が報告する混乱は、笑いにおかしみが伴っていないときに「なにか間違ってる」という感覚があることを示している。ここから、意識下ですらぼくらは笑いとおかしみがつながっていると理解していることがうかがい知れる。

　最後に、他人が笑っていると、その人たちを笑わせた刺激を自分は受けていないのに笑い出してしまう傾向が人々にはあると主張する研究が挙げられる。テレビやラジオでは、笑い声を挿入する演出が広く使われている。これは、関連する効果の研究に基づいている。他人が笑っていると、自分が経験した内容に知覚されるユーモアが強められるという効果だ。プロヴァインは、他に刺激のない状況で笑い声の録音を笑い箱から流して被験者に聞かせることで〔笑いに〕関連する内容の混入を取り除いている（Provine 2000）。彼によれば、彼のテストに参加した学生の半数近くが、滑稽な内容もないのに、この笑い声の録音を最初に聞かされたときに笑い出したそうだ。用心深く受け止めるため、ぼくらとしては、なにも滑稽なことがなさそうな状況で誰かが笑い出すということ自体が滑稽だと受け取られるかもしれない点に留意しておいた方がいいだろう。また、この笑いが非デュシャンヌ・タイプの笑いだという見通しも考慮しておく必要がある。実験状況の社会的なあれこれの要請が、さらなる要因の混入になっているかもしれない。

さっき述べたように、圧倒的ではないものの、ユーモアがなくても笑いが起こるという証拠はいくらか挙がっている。ただ、プロヴァインが示唆するほど頻繁なことではないようだ。あとは、デュシャンヌの笑いがユーモアなしで起こるかどうかという問いが残る。ぼくらは、ジェルヴェとウィルソンの「起こらない――おそらく神経病理的な事例をのぞいて」という見解に同意する方に傾いている。

また、少なくとも滑稽な状況に似ている場面だとか、あるいは単にデュシャンヌの笑いへと自然にぼくらを駆り立てるほどの力がないとても弱いかたちのユーモアを「ちゃんと認識していますよ」と意図的に示すために、つくり笑いのデュシャンヌの笑いが引き出されることも頻繁にある。たとえば、ジョークやコメディの一節やステレオタイプ的な状況を見聞きしたものの、あまりによく知っているために心からの笑いを引き出すほどじゃないなと思いつつ、それでも一応その場では「なるほどおかしいですね」と認めておきたいとき、みんなの笑いの輪に加わってユーモアをたたえることができる。第一二章では、非デュシャンヌの笑いが進化上の軍拡競争で発生した可能性の是非を考察する：つまり、笑いの虚偽の顕示がちゃんと説得力をもっていれば、求婚者の方はこれを利用して配偶者候補の気を引く助けにできるわけだ。

とはいえ、随意的な（自然発生でない）非デュシャンヌの笑いがあるというだけでも、すべての笑いが必ずしもユーモアへの反応ではないのは十分よくわかる。（ベイツ擬態の例をあげれば、毒ヘビはあざやかな色をして捕食者に警告を発して遠ざけるけれど、毒のないヘビもこれと同じ色を誇示して模倣できる。毒のないヘビによる警告のシグナルも、たしかに毒「についての」シグナルにはちがいない――でも、これはただの虚偽シグナルでしかない。非デュシャンヌの笑いも、これと同様に笑い「についての」笑いではありうる。ユーモアが直接の原因でなくても、ユーモア「についての」笑いにはなりうるんだ。）他方で――これを示すのに実験の証拠は不要だ――面白いと思うことがあっても、いつでも笑うとはかぎらない。たとえば、本書を読んでいて、そこそこ可笑しいなって感じるジョークに出くわしても、読者は声を立てて笑ったりはしないだろう。（これを言い表すのに「内心で笑っている」とでも言いたくなったなら、それこそ本書でユーモアやおかしみの「情動」と呼んでいるものだ。）これには、なにか連続体みたいなのがあるようだ：ある場合には、周りのみんなは笑っているけれど自分はとくにすごく可笑しいと感じないながらも笑い出す程度には可笑しいユーモアがある一方で、またある場合には、笑い出したいのを――人目などの理由から――必死にこらえたりもする。あれはけっこうしんどいこともある。*3

つまり、笑いはユーモアの必要条件でもないし十分条件でもない。この二方面の分離からみて、どうやら笑いはユーモアとは別に固有の目的があって存在している――またはそのために存在していた――のであり、もともと生物学的・心理学的・社会的な用途に役立つために生じたのだが、やがていまの通則的ながら例外もある役割に転用されるにいたったらしい。ユーモアはたんにぼくらが笑うものと定義してすませられない。たしかに――我が身の経験から誰だって知っているように――笑いは一貫してユーモアに付随するものではあるけれど、この定義ではすまない。ユーモアを周到に説明するなら、次の点を述べないといけない。ユーモアが笑いと独立して存在する理由はなんなのか、笑いに固有の目的はどういうものなのか、そして両者の関係がどんなものかを説明し、笑いが通例はユーモアの検出を表現する理由を記述する必要がある。

3　ユーモアの体系的な言い表しがたさ

循環的定義：「定義、循環的」を参照。

言わないでおいた方がいいことが世の中にはあるってことはいまさら言うまでもない。それ自体、おのずとわかることだと思うね。言葉は少なくした方が少なくしただけマシになる。

——George Carlin, *Braindroppings* (1997)

ぼくらの目の前にあるのは、がっちりと連結してわっかになった定義、したがってなにも情報をもたらさない定義だ。ユーモアはある事柄が可笑しいという認識にある。つまり、心のなかに抱く感覚にある。可笑しいものは、おかしみの情動を喚起する。おかしみはユーモアへの反応だ——

ユーモアとは何なのか、〔空疎にならず〕新たに情報をもたらすように語るのは、赤さを語るのと同じくらい難しいのがわかる。誰だって、こうしたことは自分の内心の経験からよくわかってはいる。だけど、いざそうした経験をさらに分析しようと乗り出すと、なにかがそれをさえぎってしまう。赤さの主観的経験やおかしみが自分と他人で類似しているかどうか判断するのすら不可能なように思えるかもしれない。これは悪名高い哲学上の「他我問題」ってやつの一例だ。そして、ユーモアを定義するのが難しいのは、「逆転クオリア」または「逆転スペクトラム」の可能性という、とりわけ厄介な事例とどうも似ているらしく見える（e.g. Dennett 1988, 1991, pp. 389-398 参照）。

この「ユーモア」の語源を参照すると、いくらか興味深い直感は得られる。でも、最終的にはそんなに満足のいくものにはならない：古代の生理学では、ユーモアとは四種類の体液のことだった（血液、粘液、黄胆汁、黒胆汁)。この四つの比率によって、ぼくらの性格は決まるのだと信じられていた。そこから、「ユーモア」は気質・気分と結びつけられるようになった——たとえば、「あの人はいま『いいユーモアにある』ね("in good humor")」って言えば、その人の体液がいいバランスになっているという意味になる。やがて、この単語は主に「陽気さ」という良い気質と結びつくようになって、いまにいたる。でも、この歴史的な発展をたどってみたところで、ユーモアという現象の本質について得られる洞察と言えば、せいぜい、この単語を使ってある種の楽しみを表してますねってことでしかない。

現象学では、ちょっとだけ本質に迫っていける。おかしみというのは——「楽しみ」とか「愉快」と呼んでもいいんだけど——大半の情動と同じく、累進的な現象だ。おかしみは、かるく心がくすぐられるような感情から、強烈で圧倒されるような感情まで、段階の幅がある。ときには、どうにも手に負えないほどの笑いをもたらすこともあるし、またあるときには、ほんのかるく愉快な気持ちがちらっと起こるだけで、意図的な(非デュシャンヌの)笑いかほほえみでその情動を表さなきゃいけないように感じたりもする。こうした条件すべてに共通しているのは、まあ、情動だよね——心の底から愉快になったときにぼくらが笑う対象についてぼくらが抱く感情なら共通している。ジョークが「ピンときた」とき、そこには楽しさが起こる。これにはジョークを理解したことの満足感も含まれる。(ユーモアが問題解決と発見にどう関連しているのかという点は、あとの章で詳しく検討しよう。)さらに、ユーモアは美と同じように「見るものの目の中にある」。他の人たちが「なんにも面白くなんかないよ」と言ったとしても、自分は「ぼくにとっては面白いもん」と言い張りたくなることもある。さて、それでどこがどう面白いのか言ってみろと問い詰められると、うまく答えられなかったりするけれど、だからといって、面白いという主張を撤回しようという気にはならず、「理由はわかんないよ、とにかく面白いんだもの」なんて言い返したりする。

さっき、アローヨの患者について取り上げた。理由もわからず笑い痙攣を起こしてしまう患者だ。アローヨは他に二人の患者について報告している。この患者たちの紡錘状回と海馬傍回を電気で刺激されたところ、笑いが引き出された。こうして引き出された笑いにおかしみがちゃんと伴っていたものの、二人とも、そのおかしみを具体的に特定のユーモアある内容に帰することはできなかった。一人は「物事の意味が」おかしな風に「変わったんだ」、「物事がほんとに可笑しく聞こえたんだ」と言っているし、もう一人はおかしみをたんに可笑しい情動によるものだと述べて、特定の思考によるものではないと言っている（Arroyo et al. 1993）。これと同様の結果をワイルダー・ペンフィールドが何年も前に報告している。ペンフィールドは、意識のある患者の脳に電気刺激を与えて、やはり笑いを引き起こさせている（Penfield 1958）。イツハク・フリードは、癲癇の発作のテストを受けた患者でもペンフィールドの発見が再現されるのを確かめている。どうして笑ってしまうのか、正確なところを聞いたところ、どの患者も口をそろえてこう答えた――外的な〔電気〕刺激が与えられた瞬間に注意を向けていたと思われる特定の刺激のせいで笑ってしまったんだ、と（Fried et al. 1998）。明らかに、電気刺激はユーモアのニセモノまたは錯覚の情動を引き起こせる。おそらくは、幻肢の痛みや既視感《デジャヴュ》の経験、錯覚の匂い、癲癇発作に起こる主観的な前兆の感覚に類似する錯覚だろう。

ぼくらがおかしみと呼んでいるタイプの情動は、通常の発生環境や反応のなかに十分にたやすく位置づけれる。でも、ぼくらが知りたいのは、こういう種類の情動がそもそもどうして存在することになるのかってことだ――なにがこの情動を引き起こすのかだけじゃなく、どうしてそうした要因がこういう感情を引き起こすのかを知りたい。とはいえ、ユーモアに触れる唯一のアクセスは、ユーモアが起きたときの当人による報告しかない。デネットはこうしたことの調べようのなさに思考実験で注意をうながしている：

南アフリカには、ある哺乳類の種が暮らしている。この種は他の大半の哺乳類よりも社交的で、奇妙な行動をする。この種のメンバーは、よく大小さまざまなグループで集まって、お互いのおしゃべりのさなかに、実にさまざまな場面のもとで、息をヒーヒー言わせて不随意的な発作を引き起こす。この発作は大声を出しながらなされ、当人にはどうにもできずグループの仲間どうしで強化し合うあえぎのようなもので、ときには発作が深刻なあまりに行動不能に陥るほどだ。だが、これを忌避するどころか、この種の大半のメンバーはこうした発作を好んで求めているらしい。なかには、これに中毒になっているとおぼしきものまでいる。

こんな風に思う人もいるだろう――「この種のメンバーであることがどんな感じなのか、その身になって内側から知ることさえできれば、この奇妙な発作中毒ぶりが理解できるだろうに。」「もしもこれを『彼らの視点から』みることができたなら、なんのためにこういう行動をしているのかわかるだろう」と。でも、この例で言うと、そうして内実をのぞき見ることができたとしても、きっと事態は不可解なままになるだろうと自信をもって言える。なぜなら、ぼくらはとっくに目当てのアクセスを手にしているからだ。この種とはホモサピエンスであり（ちゃんと南アフリカに暮らしている。ただ、他の地域にも暮らしてるけどね）、この行動とは笑いのことなんだから。(Dennett 1991, p. 62)

「内幕から」のぞきみたとき、人間によるユーモアの経験ってどんな感じだろう？　自問して自答しようと試みたって、「内観できる」ものに限定しているかぎり、わっかをグルグルと回り続けることになる。可笑しなものすべてに共通している特徴はなんなのかという問いは、見るからに露骨に未解明だ。本書の草稿を読んでくれた匿名レビューアは、この問いをユーモア研究の「中心的難題」と呼んだ。たしかにユーモア理論家の多くはこの難題への答えのありかについては見解が一致している。答えは、滑稽な刺激によって主体のなかに喚起される内的過程にあるにちがいない。でも、意識によるアクセスのヴェールの向こう側でうごめいている認知と感情に関わる脳の仕組みがどういうものだと考えられるのか、その点について現実的かつ十分に細部にわたって理論化する準備が、大半の研究者たちはまったく整っていない。内部構造や部品の構成、歯車のかみ合い方を「見る」のが不可能なのに突き当たると、往々にして、研究者たちはついつい思いつきの即興理論家になってしまう。この種のデータを利用する研究で伝統的に混乱のもとになっていることがある。自分にはたんにあることが可笑しいということがわかるだけでなく、なぜそれが可笑しいのかという理由までわかるんだと被験者たちは主張してくれるんだ。彼らの説明をユーモアに関する権威ある記述として受け止めてしまうと、民間理論をあれこれたくさん受け入れなくてはいけなくなってしまう。見えないカベの向こう側にあるものについてこれといって情報に基づいていない説明を、聞き入れなくちゃいけなくなる。この伝統的な現象学への対案がヘテロ現象学だ（Dennett 1991, 2007a）。ヘテロ現象学とは、人々が口にする「じぶんはしかじかの現象学的な感覚を覚える」というさまざまな主張を受け入れる一方で、なぜ彼らがそうした感覚を覚えるのかについてみずから口にする主張については判断を保留する。被験者にどのように見えるかについての主張をヘテロ現象学アプローチによって他から選り分けてやれば、他の外的なデータ源（と論理的分析と実証的な理論構築）を利用して、どうして人々がこういう現象学的な経験をするのかを説明する筋道が展けてくる。

したがって、本書がユーモアとはどんなものでどのように機能しているのかを説明するためにとるアプローチでは、人々がジョークにユーモアを見いだす方法と理由の自己報告には依拠しない。本書のアプローチでもそうした報告から情報を得るけれど、そうしたデータを決定打とも権威とも考えない。ぼくらは、まずおかしみの感情に伴って起こるように思われる普遍的な特性を明らかにするよう試みる。なぜ・どのようにしてこの現象が起こりうるのかに関して、進化論的に妥当な筋書きを述べる理論的な素描をいったん手に入れれば、ユーモアを検出しこれに適切に反応できる人工エージェントの工学的な開発に向けて、青写真を描き始められるようになる。

4 「ワハハ-可笑しい」と「フム-おかしい」

Q：料理長がおどけ者か、どうしたらわかる？
A：料理がおかしかったらおどけ者さ。

オックスフォードの言語哲学者J・L・オースティンは、講義中にこんなことを言った――英語で二重否定は肯定の意味を含意するが、二重の肯定で否定を含意する言語はないのです。これに対して、哲学者のシドニー・モーゲンベッサーはいかにも侮蔑した調子で答えた。「はいはい。」

すでに言及しておいたように、ユーモアの愉しみと問題解決の愉しみには否定しがたい類似性がある。ジョークに「ピンときた」ときに感じる発見の感覚は、問題を解決できたときに覚える「してやったり」の感覚とよく似ている。また、なかなか問題が解けずにいるときに感じる混乱と知識不足の感覚には、ジョークがどうにもピンとこないでいるときの感情を思わせるところがある。

〔これまで「可笑しい」と訳してきた〕英語の funny には複数の語義がある。これを見ておくと、ユーモアそれ自体と、ユーモアと他の感情の関係について直観をえる呼び水になってくれるかもしれない。主要な語義は、これまでずっと論じてきたものだ：つまり、humorous（滑稽な）と同義の語義、おかしみの感情を呼び起こすものを意味する語義だ。funny の第二の語義は、これより微妙でちょっととらえにくい：笑いたくなるようなときではなくて、出来事や状態がいくぶんやっかいなかたちで異例だったり奇妙だったりしたときに、この単語を使うことがよくある。たとえば、帰宅してみたら、外出時にたしかに消しておいた明かりがついていたとき、この感情が生じて、こう口にしたりする。“That's funny, I remember turning them off...”「こりゃおかしいな、たしかに消しておいたはずだが…」）。田舎者のシェフのジョークはダジャレで、funny がもつこの二つの語義を理解しているかどうかに左右される。（第三の、これと密接に関連した語義は、たんに「独特な」「異例な」という意味だ。たとえば、「見た目の」おかしな（funny [looking]）木、吹雪、石ころなんかがこれにあたる。その異例さが注目に値したり脅威だったりするかどうかは、別問題だ。）★1

この第二の語義には、「狡猾さ・信用できなさ」が関連している。たとえばこんなとき——なにやら子どもたちがこそこそと忍び足でヒミツの企てをしているらしいのを目にしたお隣のおばあさんがこうたずねる。“What kind of funny business are you up to?”（「あら、どんなおかしなことをやろうっていうのかしら？」）。この問いかけからは、おばあさんがいぶかしんでいることが含意される。べつに、楽しい気分になることを予想しているわけじゃない。次の例からは、この意味の陰影がさらにわかる：“Doctor, my head is feeling funny.”（お医者さん、どうも頭がおかしな具合なんです）。この患者の言い分では、funny（おかしな）という単語は「ぼくの頭がいつもとちがう感じで、大丈夫なのか疑っているんです」という意味で使われている。この形容詞には二つの語義が見られる——「ワハハ-可笑しい」（funny-Ha-Ha）と「フム－おかしい」（funny-Huh）――けれど、口語では両方の語義で名詞の bone を修飾するのに使われて、目を見張るほど異なる意味を産み出している：一方の funny bone は「尺骨の端の保護されていない部分」という意味だ。ここをなにかにぶつけると――とくに子ども時分にはじめてぶつけたときなんかは――とても笑い出すどころじゃない。他方で、「ユーモアを解する心」のことも funny bone という（sweet tooth（甘い物好き）と平行している）。

こうした funny の二次的な用法は、たんなる語彙の偶然で、ちょうど bank が「銀行」と「川岸」を意味するようなことなんだろうか、それとも、語義のあいだに深いつながりがあったりするんだろうか？本書の主張では、いくぶん驚きなことに、こうした一群の意味には重要な手がかりがたしかに潜んでいる。これは英語だけに限られない

いろんな言語について言語学者や母語話者に略式ながら話を聞いてみると、普遍的というにはほど遠いものの、「ワハハ－可笑しい」を表す言葉が第二の語義も担っていることはかなりよくあるのがわかる。そうした言語では、「ワハハ－可笑しい」の他に、異例で奇妙で予想外で非論理的で意味不明といったたぐいの語義も、同じ言葉で表されている。メキシコ・スペイン語では、すべての方言ではないものの、それぞれの語義を担う単語が二つある。第一の単語 chistoso は次のように使われる：

(A) “¡Que chistoso! Pensé que había cerrado la puerta pero ahora está abierta” 訳すと：「なんて奇妙なんだ！　ドアを閉めておいたと思ったのに、開いてるぞ。」

(B) “Ayer vi una pelicula muy chistosa” 訳すと：「昨日はとてもおもしろ可笑しい映画を見たよ」

第二の単語はgraciosoで、chistosoの代わりにこれをさっきの例文に入れても語義は変わらず、ただいくらか格式張った語感になるだけだ：

（A'）"¡Que gracioso! Pensé que había cerrado la puerta pero ahora está abierta"

（B'）"Ayer vi una película muy graciosa." または："Ayer vi una película que me hizo mucha gracia."

アルゼンチン・スペイン語のごく一部地域の方言では、locoという単語があって、これは主に「頭がおかしい」とか「正気でない」（意味不明さの一タイプ）を意味するそうだ。このlocoは、普段とちがう物事を表すのにも、滑稽な物事を表すのにも使える。

（すべての方言ではないまでもブラジルの）ポルトガル語では、engraçadoという単語があって、これも二つの語義を両方とももっている。見たところ、この単語はイントネーションや発音の速さを切り替えることで語義を変えるよう合図できるらしい──決定的に変えるわけではないけれど、曖昧性を取り去る助けにはなっている。素早く軽く発音した場合、これは「ワハハ－可笑しい」を意味する──"Este filme é mesmo miuito engraçado!"（この映画、マジ可笑しいね）。他方で、ゆっくり丁寧に発音して、少し困惑のイントネーションをつけて発音すると、通例は第二の語義を含意する──"En-gra-ça-do, eu achei que tinha deixado a minha chave na bolsa ... "（「おかしいな、財布に鍵を入れておいたと思ったんだけど……」）。

フランス語にも、この属性をもった単語がたくさんある。まず、drôleはまさにこの二つの語義を持ち合わせている。marrantも「滑稽だ、おかしい」を意味する。ただ、こちらには「奇妙だ」という慣習的な意味はないものの、多くの文脈で奇妙さを含意して使える（e.g.「こいつはmarrantだな、カギならテープルにおいたはずだったのに（"that's marrant, I could have sworn my keys were on the table"））。rigoloという単語も、同じように使われる。ドイツ語ではkomischといい、通例は二つの語義で用いられる：ジョークがkomischだという言うし、「こいつはkomischだな、カギはここにおいたと思ったけど」とも言う。ギリシャ語では、αστειο (astio)がこれと同じ単語にあたる。笑いを意味するγελιο (gelio)は明らかにγελοιος (gelios)と関連がある。こちらは「ばかばかしい」を意味する単語だ。これはハンガリー語でも同様で、nevetség で嘲笑を意味し、nevetségesではかばかしさを意味する。komischとαστειοでは「可笑しい」と「奇妙な」につながりがある一方で、geliosとnevetségesの多義の拡張には、意味不明さまたはばかばかしさと笑いたくなる可笑しさのつながりがみてとれる。英語で「ワハハ－可笑しい」のfunnyが表す奇妙さまたは異例さ／意外性の語義から、nevetségesやgeliosが表す不合理性／意外性の語義までの意味の隔たりは、ほんの一歩でわたれる。ハンガリー語には他にもviccesという単語がある。こちらは、ふつう、「滑稽な」とか「可笑しい」を意味するけれど、「困惑させるような」を意味するのにも使える（ただし、ごく時折だそうだ）。たとえば、「こいつはviccesだな、出たときに明かりは消しておいたと思ったけど」という具合だ。

「可笑しい」を意味する単語に関連した語義は他にも見つかる。ブルガリア語では、смешно (smeshno)という単語があって、直訳すると「滑稽な」(humorous)になる。この単語は、おろかだとか不合理だという意味でも使える。たとえば、"Смешное да се мисли, чеможе дае така" ("Smeshno e da se misli, che tova moje da e taka") と言えば、「これがこうなると思うだなんて、愚かしい／ばかげている」という意味になるし、また、"Не мислиш ли, че е смшно да такива н w ща?" ("Ne mislish li, che e smeshno da iskash takiva neshta") を訳すと、「そんなことを望むなんてばかばかしいと思わないか？」になる。ロシア語の

смешной（smeshnoy）も同じように使える。また、ルーマニア語のモルドヴァ方言にある derîs もだいたい同じだ。ロシア語には別に курьёзный（kurieznii）という単語もある。これは英語の方の関連語 curious（好奇心をそそる）を思わせるところがある。英語と同じように、ロシア語でもこの単語は、見聞きした方がにっこりほほえんだり笑ったりするような奇妙なことや風変わりなことを言い表すのに使える――たとえば、「フォーラムにいく途中で kurieznii なことが起きたんだよ」なんて話を切り出して、その出来事の可笑しな話を語り始めたりできる。

この傾向は、アジアの諸言語にもみつかる。日本語にも funny と似た意味の単語がある。その第二の語義は、gelios や nevetséges に微妙に関連している。日本語の「おかしい」は次の二つの例文で使える：

(C) 彼はおかしい人ですね。
(D) 彼の頭はおかしい。

一つ目の例文は、「彼は滑稽な面白い人ですね」という意味だ。二つ目の例文はだいたい「彼の頭はどこか不具合がある」のような意味になり、彼はどこか不合理なことをしているという願意がでてくるそうだ。韓国語の웃기다（woot ggi da）も英語の funny の語義を両方とも表せる。これは一次的な語義で単純に「そいつは woot ggi da だね」などと言える。いま起きている状況が滑稽で面白いという意味だ。二次的な語義では、「そいつは woot ggi da だな、カギならテーブルのこのへんにおいたはずなのに」のような用法になる。この例なら、woot ggi da を訳すと「異例な」「奇妙な」くらいになる。

こうしていろんな単語を集めてみたけれど、略式の調査の産物であって、べつに厳密な言語学的探究をしたわけじゃあない。この二つの語義がそれぞれの言語で他の言語から独立に登場したのかどうかを見極める「言葉の遺伝学」とでも言うべき探究は、まだはじまってもいない。こうした意味が多くの言語で独立に採用されて文化的な進化の収斂によりこうなったのにせよ、それとも、こうした意味を継承するごくわずかなとくに息の長い系統が続いた結果であるにせよ、この分量とやりとりの多様さをみても、[*4] 多くの現代語の話者たちがこの関係に大いに安住しているらしい様子をみても、この"funny"という単語にはどこか funny なところがあるという直観がわいてくる。

5　ユーモアの知識相対性

Alexander the Great（アレクサンドロス大王）とWinnie the Pooh（クマのプーさん）の共通点ってなあに?　どっちも同じミドルネームがついてるよ。[★2]

状況のユーモアは、知識の有無に左右される。大勢の人前でジョークをとばしたとして、あるグループでは笑いにつつまれたのに、他のグループでは怒りの声がとんできたりする。[*5] 可笑しいといえば可笑しいジョークを挙げよう。人によっては可笑しいと思わないかもしれないし、ことによると気分を害すかもしれない：

(1) Q：二本足で血がドクドクするもの、なんだ?（What has two legs and bleeds?）
　A：犬の半身。（Half a dog.）

このジョークを聞かされても感情を切り離して受け止められる人だけが、このジョークを面白がれるだろう。

多くのユーモアは特定の文化に限定される。ごく極端な例だと、ユーモアは個別言語の事情に左右される。たとえば、語呂合わせや押韻、文法的な構文、同音異義といった特徴に左右されたりする。このタイプのユーモアは、なかなか他の言語に訳せない。一例を挙げよう：

(2) I wondered why the Frisbee was getting bigger, and then it hit me.
（どうしてフリスビーはだんだん大きくなってくるんだろうと思ってたら、〔それがぼくにぶつかった／答えがひらめいた〕）

ここでは、it hit me のあいまいさからユーモアが生じている。it がフリスビーを指していてぼんやり考え込んでいるぼくにゴツンとあたったという文字通りの意味と、「ひらめいた」を意味する熟語的な意味の両方にとれることで、おかしみが生まれている。

こういうのではないジョークなら面白さを損なわずに翻訳できるけれど、そうしたジョークにしても、ある文化に限定される背景情報をたよりにしてユーモアをかもしだしている。たとえば、次のジョークを対訳付きでみてみよう。

(3) 엄마한테 흔날절 뻔히 알면서 소금물이랑 맑은 물을 계속 섞어대는 사람이 어딨어?!
「正気の奴なら、オカンにぶたれると分かっていて真水と塩水を混ぜ返したりなんかするものかよ!?」

これは中学生・高校生くらいの韓国人には面白いらしい。三つの文化情報があるからだそうだ：第一に、韓国の学校では、数学で塩水と真水を混ぜて比率を算出する問題がよく出されるということ。第二に、韓国人にとって、台所でこれをやる（塩水と真水を混ぜる）のは当たり前のことだということ。そして第三に、韓国人の子どもたちは母親のいる台所を散らかすようなマネをあえてやったりはしないものだということ。この背景情報を踏まえると、こうした文を韓国人が面白がる理由が英語話者でも理解できる。でも、ユーモアを感じるかというと、ちょっとありそうにない。

ここから、ユーモアに見られるまた新たな特性に気がつく：ユーモアはたんに背景知識に左右されるだけではなく、その背景知識を利用する方法が決定的になるんだ。だからこそ、ジョークを解説するとユーモアの気が抜けてしまうわけだ。これはとくに、語る順序しだいでジョークが台無しになるのに典型的にみてとれる。

(4) ある男がホットドッグ屋にやってきてこう言った。「全部入りのをたのむ。」そうそう、その男は仏教徒なんだけどさ。

（A man walks up to a hot dog vendor and says “make me one with everything.” Oh, and the man is a Buddhist.[*6]）〔“make me one with everything”「全部入りをくれ」は、「私を万物と合一させてくれ」ともとれる〕

デネットは、多くのジョークが前提省略的な点を述べている（Dennett 1987, p. 76）。つまり、ジョークは一つか複数の「前提」を暗示にとどめたり表現せずにおくことで成立している。ジョークをうまく飛ばすときには、前提省略的な表現によって聞き手に含意や仮定（ことによると一連の仮定）を「埋め合わせる」よう手引きしている。これなしには、ユーモアはまるで検出されない。

(5)ある男が友人のニューフィー野郎のところに言ったら、そいつが両耳に包帯を巻いている。「どうしたんだよ」とその男がたずねると、友人はこう答えた。「シャツにアイロンかけてたら電話がなってさぁ。」――「かたっぽの耳はそれで説明がつくけど、もうかたっぽはどういうわけ？」――「いや、いけねえ、医者に電話だってんでね……」［「ニューフィー」（newfie）はニューファンドランド人のことで、カナダ人がこの民族集団をけなして呼ぶ伝統的な呼称］

このジョークがピンとくるのに必須なあれこれの事実に言葉でいちいち言及すると、面白みがそがれたり、台無しになってしまう。実際、このジョークは急速に絶滅に向かっている。いまどきの電話でアイロンに形が似ているものなんてめったにないし、もっと言えば、いまの若者の多くは衣服にアイロンがけしている様子をみたことすらなかったりするからだ。みんなの孫には、きっとこう説明しなくちゃいけなくなる：「いやあ、昔はね、電話ってのはずんぐりしていて、家において使うものだったんだよ。コードがのびてて、本体をこんな具合につかんで通話したんだ。ちょうど、アイロンをつかむときと要領がそっくりでね。このアイロンってのも、やっぱりコードがのびてて、金属製のずしっと重たいしろものなんだ。そんで、使う時には、表面がすごく熱くなる――その熱さときたら、肉がジュッと焼けちゃうくらいなんだよ。」こんな具合に説明しているうちに、ジョークの面白みはちょうどぼくらにとっての韓国語ジョーク並みになってしまう。

同じ宗教、趣味、職業の内輪でだけ通じるユーモアもある。これはきわめて限定された知識に左右されるジョークの極例だ。たとえば、コンピュータ技術者のあいだでこんなジョークがある：

(6)世の中には10種類の人間がいる――二進数がわかるやつと、わかんないやつだ。

「10」が二進数で「二つ」を表すと知らなければ、「はてさて残り八種類はなんだろう」と怪訝な顔をするはめになる。[*8]

極端な場合には、たった一人だけの聞き手を標的にしぼったユーモアの事例もあり、そうした事例では、その人物の個人史におきた特待の出来事に関する暗黙裏の想定を頼りにしたり、そうした出来事をそれとなくほのめかしたりする。一人でくすくす笑いをしてしまって、いぶかしんだ人に「なにがそんなに可笑しいのさ」と尋ねられてしまう現象は、これで説明される。笑ってる当人にとってはたしかに可笑しいんだけど、なにが可笑しいのと言われると説明するしかない。説明されてみれば、なるほどそうかと可笑しくなる。なにかを考えていて笑い出すには、特定の順序と方法で考えられることじゃないと、笑えない。よく世間でユーモアは「普遍的だ」と思われているけれど、実のところ、これは統計的標本の誤解から生じた錯覚だ：ユーモアが生じうる文脈で出会う人たちの大半は大量の知識がぼくらと共通している。そのため、「ほんとに可笑しい」ことなら誰もがユーモアを理解するという考えが思い浮かび、確証されてしまうわけだ。そんな風に確信を抱いていると、自分が共有していない共有知識に依存しているユーモアと思われる事例に出くわしたときに、当惑してしまう——けど、当惑すべきことでもない。韓国人のユーモア感覚が突拍子もないものだってわけじゃない。たんに、韓国人どうしが共有してる知識を、ぼくらは共有していないってだけのことだ。

テッド・コーエンは、クマのプーさんネタのジョークを引き合いに出して、こう考察を述べている（Cohen 1999）：

> もちろんぼくとしては相手にクマのプーさんネタを好きになってほしい。なんで好きになってほしいかと言えば、ぼくは相手のことが好きだし、相手の好きなものを与えたいし、そういうものを提供したぼくに感謝してほしいと思ってるからだ。でも、相手にこれを好きになってほしいのにはまだ理由がある。相手が好きになってくれれば、それがぼく自身の好みの確証になるからだ。このことを言い表すのに、ぼくはこのジョークが「可笑しい」と言う。まるで、これが客観的な事実であるかのような言い方をする。まるで、メーン州の海辺にしょうもない砂があるというのと同じような言い方だ。だけど、これでぼくが言わんとしているのは、ぼくはこのジョークに笑うし、もしみんながこれに笑ってくれるのなら、ジョークは本当に可笑しいんだ（あるいは可笑しいと言っていいものになる）ってことだ。だから、相手にはぜひこのジョークで笑ってほしいとこんなにも望んでいるわけだ。（Cohen 1999, pp.31-32）

彼の最後の論点は、少しばかり誤解がある。コーエンが言わんとしているのは、みんながジョークに笑ったら本当に可笑しいものだということではないはずだ。彼が言わんとしていること（あるいは言わんとするべきこと）は、もし「ぼくらみたいな人が」みんなジョークに笑ってくれたら、そのジョークは本当に可笑しくなる――ぼくらにとっては、可笑しくなる。そして、「ぼくら」とは、いまここで大事な面々のことだ。あることがしかるべき理解者の選択参照クラスにとって「本当に可笑しい」という事実は、熟れたトマトが（正常な人間の観察者にとって）「本当に赤い」という事実と同じくらいに、客観的なことだ。*9

6　男女の事情

二人の行動主義科学者が情事をおえてベッドに横たわっている。一人が相手にこう言った。「キミにとってはよかったね、ぼくにとってはどうだった？」

女がセックスしたくなったときに見せる「あの表情」知ってるかい？　ぼくもさっぱりだよ。

――スティーヴ・マーティン（Carr and Greaves 2006, p. 140 の引用から）

プロヴァイン（Provine 2000）は、ユーモアに関する多くの先行理論で見過ごされていた特性をもう一つ挙げて、注意をうながしている：性差だ。会話中の笑いの研究で、話し手の性別に関係なく、女性の聞き手は男性の聞き手よりもはるかに頻繁に笑っている。また、聞き手がどちらの性別であっても、男性の話し手の方が女性の話し手よりずっと頻繁に笑いをとっている。さらに、個人広告では、男性の二倍以上の女性が、「ユーモアのセンス」または自分を笑わせてくれる相手を探し求めている（Smith, Waldorf, and Trembath 1990）。また、個人広告でも自然な会話でも、女性は自分からユーモアを披露するよりも披露してもらう側に回ろうとする傾向があるのに対し、男性は披露してもらうよりも披露する側に回ろうとする傾向がある（Crawford and Gressley 1991; Provine 2000）。ブレスラーら（Bressler, Martin, and Balshine 2006）によれば、さらに質問してみると、男性が考える「いいユーモアのセンスをもっている女性」とは、実はユーモアのよき理解者のことであるのに対し、女性が考える「いいユーモアのセンスをもっている男性」とはいいユーモアを作り出す人のことだという。さらに、プロヴァインの報告する研究によれば、男女の交際における行動を観察してみると、女性が笑う量と、その男性と女性がまた会いたいと望む度合いの自己報告は正の相関を示している）。*9

他の研究者たちは、さらなる性差を産出の成績に見いだしている：マクギー（McGhee 1976）の報告では、男の子たち（六歳から十一歳）は同年齢の女の子の集団よりも優位に多くユーモアを模倣しようと試みる（他に Goldstein and McGhee 1972; McGhee 1979; Chapman, Smith, and Foot 1980; Ziv 1984 も参照）。ただ、ワイスフェルド（Weisfeld 1993）に言わせれば、発達初期にみられる男性のユーモア産出パターンは子どもの支配序列の安定化の方にうまく重なるのであり、たんにこの序列の安定から生じた見かけ上の性差にすぎないそうだ（他に Omark, Omark, and Edelman 1975 も参照）。これに加えて、グリーングロス（Greengross 査読中）はこんな証拠を提示している：両方の性別の判定役に性別を伏せた状態で独立に評価してもらったところ、女性の書いたものに対して男性の書いた漫画の台詞の方がより可笑しいという点数がついたそうだ。もちろん、これは生まれつきの能力差を示すものではなくて、ユーモアの技能を男性の方が練習しがちなのかもしれないし、たんに男性の方がもっと笑わせるという課題をがんばるのかもしれない。

少なくとも、ユーモア理解について言うと、性差は脳の活動にも反映されている：漫画評価課題に取り組んでもらいながら機能的磁気共鳴画像化（fMRI）をかけたところ、共通する賦活領域は他に多くあったものの、女性は男性よりも左前頭葉（PFC）がより多く賦活した他に、右側坐核（NAcc）を含む中脳辺縁構造にもより多くの賦活が見られた（Azim et al. 2005）。著者たちの示唆によれば、このことから、ユーモア理解にあたって女性は言語と実行処理を（PFCの賦活をとおして）より多く使う一方で、（NAccにおける）報酬予測はより少なく、そのため、実際の報酬〔漫画の面白さの経験〕に際して予測エラーの信号はより多くなっているのではないか、とのことだ。こうした結論が成り立つかどうかはさておき、彼らの見いだした神経生理学的な相違はたしかに性別によるちがいを示している。

こうした研究を考え合わせると、どうやら、可笑しな人であることは少なくとも男性に望まれている特徴であるとともに、男性のユーモアのセンスを理解するのは女性に望まれている特徴ではあるようだ。こうした興味深い事実は、のちほどまた取り上げよう。

第四章　ユーモア理論の学説略史

ある紳士が洋菓子店にやってきて、ケーキを一つ注文する。だが、それをすぐさま返品して、かわりにお酒をグラス一杯頼む。これを飲み干した紳士は、会計もせずに帰ろうとし始める。店主は紳士を引き留める。「お酒の代金がまだです」「だが、かわりにケーキをあげたではないかね」「あちらの代金もいただいていません」「だが、ケーキは食べなかったぞ」

——フロイト（Freud 1905）；（Minsky 1984）にも引用あり

これまで何世紀にもわたって、さまざまなユーモア理論がたくさん提示されてきた。どれも、ユーモアのどこかの側面については正しそうに思えるが、それ以外の部分は見過ごしているか、あるいはたんに間違っている。理想としては、こうした諸説の長所を組み合わせて完全な理論をつくりあげ、ユーモアのあらゆる側面を統一的に説明できれば、それにこしたことはない。大半の総説では、ユーモア理論に三つの範疇をわけている（優位理論、解放理論、不一致理論）。だが、パトリシア・キース＝スピーゲルの分析では八つの主要範疇をわけるに至っている（Keith-Spiegel 1972）。どの範疇も、ユーモアのなんらかの側面をうまく取り扱っている。こうした範疇を組み合わせて調整し、もっと近年の研究による分析をもとに更新してやれば、このユーモアという領野の鳥瞰図をえられる。たしかに境界線がぼやけているところもあるし、複数範疇に属す例が融合していることもざらにある。ただ、主要な範疇は次のとおり：

・生物学的理論（biological theory）
・遊戯理論（play theory）
・解放理論（release theory）
・優位理論（superiority theory）
・不一致解決理論（incongruity-resolution theory）
・驚き理論（surprise theory）

うまく範疇にわけられないが無視できない要素を導入している見解も、ごく一握りながら言及する。

1　生物学的理論

適者生存のためにはたらくより、口達者生存のためにはたらくべきだ――その方がみんな笑って死ねるから。

――リリー・トムリン（Lily Tomlin）

生物学的理論の動機は、ユーモアと笑いは生得的だという観察にある。こうした理論はどれも、幼児がおのずと笑うようになるらしい点に着目する（生まれつき盲目や聾啞であってもおのずと笑うようになる――e.g. Thompson 1941; Eibl-Eibesfeldt 1973 参照）。また、ユーモアの存在はあらゆる人間文化にまたがって普遍的にみられる（ただし、その現れ方は文化によって異なる）。笑いとユーモアにはプラスの生理的な効果があるらしいことを引いて、ユーモアを遺伝的な適応とみるさらなる根拠とする場合もある。だが、この主張は魅力的ではあるものの、根拠に欠ける。直観の基盤がなくったって、みんなして――あらゆる社会がまるごと――プラスの生理的効果をともなう営みにたまたまいきつくことがあっても、おかしくないんじゃないだろうか？　仮に、一日一個のリンゴで病気知らずになるのが事実だと仮定しよう。ぼくらがみんな毎日リンゴを食べて元気いっぱいに栄えたとする。この規則性を説明するのに、リンゴを食べる直観なんて必要ない――文化だけで事足りる。

もし笑いとユーモアが選択・淘汰されたのなら、その特徴には適応機能を果たすなんらかの存在理由があったにちがいない。こうした「直観」の青写真は、ぼくらの遺伝子になんらかのかたちで符号化されているにちがいない。キース＝スピーゲルは感情の要素を含む直観理論をいくつか引いている。たとえば、笑いは（ばかばかしさの感覚により誘発される笑いは）共感がもたらす憂鬱な効果を補正するものであるといった仮説が挙げられている。他にも諸説あって、その妥当性はさまざまながらも、たとえば「笑いとユーモアはかつての適応行動がすたれて残ったもの」だと提案する説がある（Goldstein and McGhee 1972, 6）。たとえば、もともとその集団にとっての安全シグナルだったとか、言語が現れる前に集団の意見の一致を表現する役をしていたとか、闘争行動のなごりだ、といった候補が挙げられている。

こうした説明は、たしかに重要な問いの探求に乗り出してはいる。ユーモアと笑いはいったいどんな便益をぼくらのご先祖たちにもたらし得ていたのか、という問いだ。でも、基底にある仕組みについてもっと細部にわたる分析をすれば、もっとよい手がかりが得られることだろう。こうした生物学的理論はどれも、笑いとはユーモアを認識したことを伝達する表現だと考えていて、どの理論も笑いの便益について伝達中心の説明を組み立てようと試みている。この着想にはいいところもあるし、本書でもあとで笑いを説明する際に念頭に置くことになる。でも、プロヴァインが強調しているように――ぼくらも同意見――ユーモアと笑いはかつて考えられていたようにぴったり重なっているわけじゃあない。

2 遊戯理論

幼い頃、うちは貧乏だったから、もしも男の子じゃなかったら、ぼくには遊び道具もなかったろうな。

――ディッキー・スクラッグズ、ピーター・ボイヤーが"The Bribe," New Yorker, May 19, 2008 で引用している[*1]

遊戯理論は生物学的理論の重要な下位範疇だ。その最初の理論は、ダーウィンみずからが提案している(Darwin 1872)。ダーウィンは、ユーモアとは「心のくすぐり」だといっている。エルンスト・ヘッケルも、だいたい同じことを提案している(Hecker 1873)。くすぐりとユーモアは、その基盤となっている仕組みが似ているか同一なのではないかという見解は、その後、ダーウィン＝ヘッケル仮説と呼ばれるようになった(e.g., Fridlund and Loftus 1990; Harris and Christenfeld 1997)[*2]。近年になって、ジェルヴェとウィルソン(Gervais and Wilson 2005)はこれに賛同して、ユーモアもくすぐりも、ともにデュシャンヌの笑いを引き起こすものであり、ジョーク・くすぐり・じゃれあい遊びから生じる笑いには「否定しがたい関係」があるし、さらには幼児が「いないいないばあ」でキャッキャとあげる笑いにも関係があると論じている。類人猿の一部の種がくすぐられたときに笑いに似た反復的な声をあげること、そして、こうした類人猿たちがお互いにくすぐりあったりもすることを踏まえると、くすぐりに起因する笑いが笑いの他の使用法（現代のユーモアも含む）より系統発生的に先立っていることはきわめてありそうなことだ。

遊戯理論全体としては、ユーモアではなく笑いと遊戯とのつながりに関心を集中させる傾向がある。ただ、もっと最近では、理論家たちはユーモアから生じる笑いとくすぐりから生じる笑いに関連していると主張するようになっている（遊戯とユーモアの自然な橋渡し概念）（Ramachandran and Blakeslee 1998; Ramachandran 1998; Provine 2000; Gervais and Wilson 2005）。こうした諸説では、遊戯がユーモアそのものだとは主張していない。たんに、ユーモアは遊戯から進化したのであり、そのため、同様の表現をいまも維持しているのではないかとだけ言っている。たとえば、ジェルヴェとウィルソン（Gervais and Wilson 2005）の提案によれば、二足歩行がはじまった初期にデュシャンヌの笑いは仲間との遊戯を促進したのではないかという。また、彼らによれば、「深刻でない社会の不調和の一般的な集合」は相対的に安全な状態にあることを示すものであり、これが笑いの有益な誘因に変わったと考えられるという。この深刻でない社会の不調和が、ぼくらの知る現代のユーモアへと進化していったというわけだ。これは興味深い仮説だ。でも、深刻でない社会の不調和を検出することがどうやって安全の保証になるのか、はっきりしない。遊戯中の――あるいは笑っている――ヒトは、大声をだし、潜在的な脅威への注意を減らすことで、部外者や捕食者からの攻撃に我が身をさらけ出しているとも考えられる。ユーモアと笑いには、たんに「ここは他のところより安全らしい」と知らせる以外の便益があるはずだ。でも、ジェルヴェとウィルソンが指摘するような遊戯・くすぐり・ユーモアのつながりは否定しがたいし、説明する必要がある。もしかすると、ユーモアは他の目的のために発達し、そのあと類人猿の遊戯行動のいろんな側面を取り込んだのかもしれない。もしかすると、たとえばジェルヴェとウィルソンや他の人たち（Eastman 1936）が提案するように、笑いを使ってユーモアを表現する行動は、遊戯やくすぐりで攻撃・敵意の緩和をうながす用途から進化したのかもしれない。

　ユーモアの遊戯理論の支持者たちは、ユーモアが進化上どのように発展し、笑いがどのようにしてユーモアを表現するにいたり、くすぐりとユーモアにどんな関係があるのかを説明する必要を認めている。こうした関係はどれも、完全なユーモア理論なら説明すべき対象だ。

3　優位理論

テキサス人：「どこの出身だい？」（"Where are you from?"）
ハーバード卒業生：「文末に『〜だい？』なんて言わないところですね」（"I come from a place where we do not end our sentences with prepositions."）
テキサス人：「そうかい——どこの出身だいトンマ野郎？」（"Okay — where are you from, jackass?"）[★1]

生涯を通して自分を持ちこたえさせるものはただひとつ、誰も彼もが自分よりとてつもなく劣っているという意識だ。これこそ、ぼくがつねづね研鑽しているものに他ならない。
——オスカー・ワイルド

　優位理論は、トマス・ホッブズによる定義を中核にしている。笑いとは、標的となった他の誰かよりもあるレベルで優っている、または卓越しているという感覚または認識から生じる「突然の栄光」または勝利のことだ、という定義だ。その標的となる誰かは、ジョークでからかわれる対象だったりもするし、あるいは、滑稽な逸話の主人公だったりもする。ユーモアの役割は、問題や失敗を指摘することで見下される相手・集団とくらべて自分がいま優れているという見解を強化することにある。ホッブズによれば、標的はかつての自分であってもいい。笑いの対象となっている弱みをいまの自分が乗り越えてさえいるならば、昔の自分も標的になる（Hobbes 1840）。アリストテレスも、同様の理論を支持している。いわく、ユーモアとは失敗や醜さの認識であり、ある人物やモノの高貴な状態と卑しい状態とを暗黙に比較することから生じるのだそうだ。

確かに、ジョークや人とのやりとりで起こる笑いには、これによく当てはまるものが大量にある。誰かを笑いものにすることは多い。それに、暗黙の優越感こそ、おなじみの弁解を意味あるものにしている：「いやいや、キミのことを笑いものにしているわけじゃないよ、キミのとなりで笑ってるだけさ」（あるいは：「ひとりで勝手に笑ってるだけだよ」とか、「この状況に笑ってるだけだよ」などなど）。競争相手をこきおろす愉しみは、得意げな笑いで表現される。ヨッパライやおばかさんのふるまいに笑ったりするし、ものを知らない人やお行儀のわるい連中が障害者を笑いものにするのはよく知られている（かつて遺伝・発達により醜い身体になった人たちが他でもなくこのために道化師といっしょに雇われていたのは、言うまでもない）。学校でのいじめ沙汰でも、それにつきるわけではないけれど、おうおうにして、誰かを嘲笑してやんやと騒いでいるものだ。笑い、とくに人づきあいの場面で起こる笑いは、典型的に、「自分はエリート集団に属してますよ」ということを含意している――この件にいろんな笑い方で笑い声を上げている連中は、そこでのエリート集団の一員であり、その行状や環境が笑いの種になっている連中はそうでないというわけだ。そして、これは笑っている側にとっては心強いことでもあり、だから愉しいことでもある。ただ、そうは言っても、ユーモアがこうした優越感を生み出す目的のために存在しているというのは、明快というにはほど遠い。

優位理論の例示になるジョークをいくつか挙げよう：

(7)四人の外科医がコーヒーをすすって休憩しながら、仕事について雑談している。一人がこう言う、「会計士がいちばん手術しやすいね。なんたって、中身にぜんぶ数字がふってあるんだから」。

するともう二人目がこう言う。「司書がいちばん手術しやすいよ。切開したら、中身がアルファベット順に並べてあるんだから。」

さらに三人目がこう言う。「手術するなら電気技師がいいね。切開したら、中身が色で識別できるようになってるもの。」

そして四人目。「手術するなら弁護士さ。心〔臓〕がないし、骨もないし、腸《ガッツ》もないし、頭と尻穴は交換可能ときてる。」〔heartless: 心臓がない／心ない、spineless：背骨がない／気骨がない、gutless：内臓・腸がない／根性がない〕

(8)二〇〇五年に中絶をめぐるロー対ウェイド最高裁判決について意見を聞かれたブッシュ大統領の答え。「いや、ニューオーリンズからの避難は、ボートを漕《ロー》ごうと、泳《ウェイド》ごうと、どちらでもかまわない」

こういうものとちがうジョークは、優位理論のモデルでは説明しにくい：

(9)劇場の看板の書き間違い：Ushers will eat latecomers.「遅れてきたお客さまは係員が食べます」

〔本来なら Ushers will *seat* latecomers「遅れてきたお客さまは係員がご案内します」と書くはずだった〕

係員（まさか遅れてきた客をとって食おうなんてつもりはない）にしても、遅れてきた客たち（食われやしないかと心配してないしそんないわれもない）にしても、別に笑いものにはなっていない。優位理論の支持者でも、慎重派はこう主張するかもしれない——ぼくらが笑っている対象は、この看板で書き間違いをした人物の無能ぶりなんだ、と。だが、この失点は、必ずしも看板屋の失敗のせいともかぎらない——たんに看板からｓの字がポロッと落ちてしまった場合や、いたずら好きな中学生がｓをとってしまった場面だってかんたんに想像できる。そういう場合にも、この看板はやっぱり滑稽だ。看板に書いてあるはずのことと、実際の看板にみつかる意外な意味のへだたりに笑ってしまうのだと考える方が妥当なように思える。たった一字のちがいで、こんな大違いになってしまうなんて！　また、ダジャレも優位理論の型になかなかはまらなかったりする：

(10) 二匹の金魚がタンクのなかにいる。

一方が他方に向かってこう言う。「おまえは砲手、おれは操縦士な」

〔tank が「水槽」と「戦車」にあいまいなことによるダジャレ〕

イーストマン（Eastman 1936）の指摘によれば、他にももう一つ、ユーモアには嘲笑おことわりの場所がある。「もしかすると、〔優位理論家は〕赤ちゃんを見たことがないばかりか、赤ちゃんだったこともないのではないだろうか。」赤ちゃんや子供たちが他愛なく喜ぶさまを見たり、自分じしんのそうした思い出を振り返ったりしてみれば、注意深く自分の優位理論を再検討して、おそらくは赤ちゃんや子供を自分たちが扱う人の範疇から除外しなくてはならなくなるだろう。

これまで、優位理論を提唱した人たちは大勢いる。おそらく、ユーモアの説明として二番目に人気のある説だろう。それには相応の理由がある。優位理論は幅広い事例を説明できる。それだけに、一部理論家たちはみんな懸命になってうまく説明がつかない残りの事例をどうにかしようと試みた(たとえばBain 1875を参照)——が、しだいに説得力を失っていった。すべてのユーモアで価値判断が含意されているという主張にはもっともらしさがあるが、その多くの出所をたどると、誰かが抱く概念にはどれも判断がからんでいるという事実にいきつく。知覚したものであれ、概念で思い描いたものであれ、あるモノを(Fであるとか G であると)同定する(目の前のものをとりあげて、「これはコーヒーカップだな」と同定する)ためには、いつでも、自分の目的にてらしてそれがいいFかダメなFか、模範的なGか、かろうじてGなのか、といった判断をつける問題が生じる。さらに、この判断にもとづく非難は、典型的にユーモアに見つかりはするけれど、ユーモアの十分条件ではない。人間どうしのコミュニケーションの事例には、滑稽さもないし誰も笑いだしそうにないけれどあざけりをともなう場合はたくさんある。比較による価値判断がすべてあざけりの根拠になっているわけでもない。

だが、優位理論の弱みの核心部分は、次の点にある。たしかに優位理論は(全部ではないが)多くのユーモアを支える総称的な理由は提示するけれど、ユーモアの仕組みは提示しない。つまり、この理論はユーモアにそういう理由がある理由を提示してないんだ。「なにをきっかけに自分が優位だと感じたときに(たしかに)笑うんだ」とは言うけれど、じゃあ、そうなる原因は何で、どうしてそうなるんだろう? 優越感を表現する強い傾向があると、いったいどんな便益がえられるんだろう? この問いがそもそもまちがった仮定に立っているんだろうか？　ユーモアにはなんにも目的なんてなくって、たんにぼくらの神経系の普遍的にそなわったちょっとした欠陥でしかなかったりするんだろうか？　つまり、ユーモアは、フランシス・クリックの言う「凍結した偶然」ってやつじゃないだろうか？——別にこれといった理由もなく、ただ歴史的な偶発事によってぼくらの遺伝子に定着して生き残ってる変異じゃないだろうか？　もちろん、それも論理的には可能ではある。でも、どうしてこの偶然が哺乳類のたった一つの種にはずっと残って、選択・淘汰により消え去らなかったんだろう？

周到な優位理論なら、少なくとも、ユーモアの感覚にどんな適応上の意義があるのかという問いに答えるべきだけれど、いままでそんな理論は提示されてこなかった。もしそういう理論が提示されるなら、次の四点を説明する必要がある。

(1) ある人やモノがなんらかの点で劣っているという認識に、ぼくらはどうやってたどり着くのか。
(2) そうした価値比較の滑稽な例と、そうでない例を、ぼくらはどう区別しているのか。
(3) そうした見下しをぼくらが通常愉しんでいることが、どんな目的に役立っているのか。
(4) これを笑いによって伝達することがどんな目的に役立っているのか。

もしそうした「見下しから笑いにいたる」システムがぼくらの脳に進化してきたのだとしたら、このシステムをもっている個体が生殖適応度を高めるどんな推進剤をもたらすことになったのか、問う必要がある。一見したところ、そうしたシステムは情動面でも伝達面でもエネルギーのものすごい浪費になりそうに思えるし、そればかりか、優越感によるリスクをはらんだ嘲笑をうながし、あまりにも大胆にエージェントを危険へ誘い込んでしまいかねない。

とはいえ、この優位理論の動機は筋がいい。たしかにぼくらはユーモアに愉しみを感じてるってことを思い出させてくれる——笑いは、どれほど自動的だろうと、膝頭をコツンとやるとピンと動くたぐいの反射とはちがう。また、この理論では、ユーモアが競争的に使われるという事実に照明を当ててもくれる。他人と競い合うことはユーモアのもともとの機能や成立基盤ではなかったとしても、たしかにいまはそういう機能を果たしている。アリストテレスが言ったように、ユーモアは失敗に注意を向ける。ぼくらはユーモアを使って、お互いに失敗を指摘し合っているし、おそらく、他の理由によって昔からずっと存在している人間の競争心は、この目的のためにユーモアを利用したんだろう。最後に、そしてこの点がいちばん重要なんだけど、優位理論はユーモアで否定的な価値判断が果たす役割に注意をうながしてくれる。ただ、ぼくらが欠陥があると判断しているものはなんだろう？　優位理論は、ユーモアのカモや標的に欠点を見ているけれど、本書の主張では、欠陥があるのはぼくらじしんなんだ。欠点は、この世界とその住人たちに関するぼくらの動的なモデルにある。そしてこの欠点を認識し訂正するのは、強い愉しみをもたらす。これがユーモアの「突然の栄光」だ。他人の失敗や欠点にユーモアを知覚する傾向がぼくらにはある。これは、自分じしんにそうした欠点を検出する能力に寄生している。優位理論が焦点を当てているこうした欠点の転移または外在化には、それ独自の発生理由があるんだ。

4　解放理論

昨晩、フロイト的な言い間違いをしてしまった。うちの母と夕食を食べていたところで、「そこのバターをとって」と言おうとして、「そこのババア、おまえのせいで人生台無しだ」って言っちゃったんだ。

解放理論では、ユーモアとは高まりすぎた神経の興奮を解放する形式なんだととらえる。キース＝スピーゲルは、ユーモアの精神分析的な理論を解放理論から区別しているけれど、ここでは両者をまとめて論じる。[*3] 一般に、解放理論の主張はこんなものだ：思考により緊張がしだいに高まっていって、この緊張がさらなる思考がもたらした肯定的な感情によって解放されたとき、そのエネルギーが笑いに変形する（または笑いに費やされる）。ハーバート・スペンサー版（1860）のこの理論では、無目的な神経エネルギーがたまると放出が必要になるのだと語っている。フロイト版（Freud 1928, Keith-Spiegel 1972 での引用を踏襲）では、特定の出来事は抑圧された性的および／または攻撃的なエネルギーをつくりだし、徐々にではなくあるとき劇的なかたちで（突然に、または驚くようなかたちで）この緊張が解消されると、この神経エネルギーが解放されるという原則にもとづいている。これはフロイトがそれ以前に考えていたジョークの理論（Freud 1905）に基づいていて、この理論では、ジョークとは特定の思考を禁じる心の中の検閲を乗り越える1つの方法だと考える――つまり、ジョークはこの検閲をすり抜けることで抑圧されたエネルギーを流出させ、おかしみの喜びをうみだし、笑いを通じてこのエネルギーを解放するのだ、というわけだ。

いろんな理由で、この解放理論は人気を失っている。第一に、この情報時代にあって、心的エネルギーだの、心の中にある空想の配管やら貯蔵タンクにゴーストみたいなガソリンがたまっていくとともにつくられる緊張と圧力なんて比喩は、時代遅れだし安直に思える。なんで、へんてこなエネルギーを特別に貯蔵して保存することになるんだろ？　どこにそれは貯められるんだろう？　そんなことをするより、最初からさっさと発散させてしまった方がいいんじゃないだろうか？　ただ、もしかすると、神経の調節器の重要性がもっと認識されるようになり、すべての様々な関連システムどうしのホメオスタシスを達成するよう機能する相反的なプロセスが認められれば、こうした奇妙な理論のあれこれの側面があらためて評価されて再利用されるかもしれない。いまだに「緊張」と呼ばれるもの（用語法の土台になっているニセ物理学は放棄しているけれど）からの解放は、顕著な心理学的現象だし、多くの人にユーモアに顕著な特徴とみられている緊張から安らぎへの切り替えは、ぼくらが探し求めている理論にとって重要な要素だと判明するかもしれない。ただ、それも、この理論を構成するいろんな観念を一変させて明瞭にできたらの話ではあるけれど。*4

情動の負荷がかかった話題のからむユーモアは解放理論にまずまずうまい具合に収まるものの、たとえば論理的ユーモアなどのような他の種類のユーモアは解放理論ではうまく説明されない。たとえば、次に挙げる単純なダジャレや文法的なトラップには別に攻撃的な緊張も静的な緊張もからんでいない：

（11）フロイトに言わせれば、fear（恐怖）とsex（性）の中間にはなにがくる？ Fünfさ！（Cohen 1999）（ドイツ語で「いち、に、さん……」と数を数えていくとEins, zwei, drei, vier, fünf, sechs … となり、vier（フィア）とsechs（ゼクス）の間にはfünfがくる）

（12）Eメールは男性と女性の幸せな媒体だ。（Douglas Hofstadter）〔「Eメール」が「男性」（male；メール）と「女性」（female；フィーメール）を合わせたような発音だというダジャレ〕

（13）ニュートリノに質量《マス》があるんだって？ そもそも光子がカトリックだってのを知らんかったよ。（"Neutrinos have mass? I didn't even know they were Catholic."）〔mass「質量」には同音異義語でMass「ミサ」がある〕

(14)子供の顔はすべてを物語る。とくに口の部分はね。("The face of a child can say it all, especially the mouth part of the face.")

解放理論の魅力はいくつかある。その一つは、優位理論とはちがったかたちで、ユーモアで性的なネタや攻撃的な内容が目立つことを説明しようと目指している点だ。また、解放理論はユーモアに対してぼくらが示す反応の感情的な性質を重視している――なんといっても、心からワハハと笑えば、たいていとても気が晴れ解放されるように感じられるものだ。これに関連した点で、解放理論は、少なくとも笑うこと(および笑いものにする対象を探すこと)に費やされるエネルギーを説明しようと試みてはいる。他の大半の理論とちがって、解放理論はこの消費になんらかの理由を見つける必要があるのを認識している。なぜそうした理由が必要かと言えば、こうしたエネルギーの消費には目的が必要だというのは生物学の基礎的な事実だからだ。その目的がどこかの時点で消え去ったり他の用途へ切り替わったりしていたとしても、必要にはちがいない。

5　不一致と不一致解決理論

ユーモアとはトチ狂った理性のことだ。

――グルーチョ・マルクス

現行のユーモア理論のなかでいちばん力強く支持を集めているのは不一致解決理論だ("incongruity-resolution theory"; 以下、「I-R理論」と略す)。名前から見当がつくように、この理論では、不一致が生じて、

それが解決されればいつでもユーモアが起こると考える。古典的な例をサルス(Suls 1972)から引こう:

(15)オライリーは武装強盗で裁判にかけられていた。陪審員がでてきて、判決を述べる。「無罪。」「最高だ」——とオライリー。「てことは、あの金は返さなくていいんだろ?」

サルスの説明によれば、このジョークのユーモアは、オライリーが判決を受けて発した言葉が無罪の状況に不一致を生じ、そこで考え直すと意味をなすように再解釈がなされることで生じている。この考え方は幅広い事例にとても有効だけど、欠点もある。いちばん顕著な欠点を挙げると、たしかにI-R理論はユーモアで不一致が一役買っていることを教えてはくれるかもしれないし、どの刺激が滑稽なものになるか指し示す助けにすらなってくれるかもしれない。でも、それではこの理論に説明力があることにならない——たんに記述しているにすぎないんだ。不一致が一役買っているとして、それがどのようにして・なぜ一役買っているのかを解き明かす理論が必要だ。不一致のどのへんが可笑しいんだろう? 文献では不一致を起こす要素のペアとその解決方法を分析したものはたくさんある。それに、刺激を滑稽かそうでないかに分類する助けにもなってくれるかもしれない。だが、それではユーモアとはどういうものでなぜ存在するのかまではわからない。

I-R理論には他にも問題点がある。理論家たちが使う不一致の定義に合意がないという問題だ。どの著者も、ユーモアが見られるときになんらかの種類の不一致がそこに関わっているという直感は持ち合わせている。でも、それがどんな種類の不一致なのか、あるいは、不一致を起こしているとは正確に言ってどういうことなのか、そこにはすべての意見が一致しているわけではない。「不一致」という言葉の使い方をみると、なかには、あいまい性を意味していることもあるし、通例からの逸脱を意味していることもあるし、論理的にかみ合わない図式が同時に2つでてきている場合（i.e. ナンセンス）を意味していることもある。意味論的スクリプト理論の研究者たちが主張するところでは、物語の場合、不一致とはその語りの途中に何カ所かでてくるスクリプトどうしが対立して不一致が生じるのだという（Attardo 2001; Raskin 1985）。不一致の定義で合意している研究者どうしですら、ユーモアで不一致が果たす役割については見解がちがっていたりもする。リッチー（Ritchie 1999）の指摘によれば、シュルツ（Shultz 1976）とサルス（Suls 1972）は――両者のI－R理論はともに最初期のモデルでもっとも尊重されているのだが――不一致がどう働いているのかついて、大きくちがった解釈をとっている。シュルツの主張では、最初の設定にあいまいさがあり、一方の解釈がオチと不一致をきたすことで、もう一方の解釈を認識せざるをえなくなる。サルスに言わせれば、オチは設定について不一致をつくりだし、そのあと、論理によって不一致が解決される。どちらの著者も、自分の概念の好例を挙げている。そうした例はたしかに不一致を示しているものの、2つのモデルが求める情報はずいぶん異なる。すべての理論家たちが見解をそろえて、たんに「不一致のなんらかの側面」が関わっているという以上のことを言えるような見解は、なかなか見つけられない。とはいえ、I－R理論は、少なくともユーモアがなぜ・いかにして生じるのかをとらえるモデルのすぐれた基礎を提供してくれるという広く受け入れられた意見には、ぼくらも同意する。本書では、不一致についてもっと厳密でもっと多くのことを教えてくれる説明の提示を試みる。

カントは基本的な不一致理論をはじめて表現した人物だ。『判断力批判』（Kant 1790）で、カントはこう記している。「腹の底から笑わずにいられないようなものには、必ず、ばかげたものがある（したがって、これに悟性は満足できない）。笑いとは、ピンとはりつめた予想がいきなり無に変わることから生じる情動だ。」この「予想」を例示するのに、カントはインド人をとりあげたジョークを挙げている。あるインド人が、ビール瓶を開けると泡を立ててビールが出てきたのを見て驚きの声をあげる。それをみたイギリス人が、なんでそんなに驚くのかとたずねると、インド人はこう答える。自分が驚いたのは、ビールが泡を立てて流れ出てきたからじゃない、そんなものをどうやって瓶に詰めていたのかと驚いたんだ。このカントのジョークでは、ぼくらはある予想を経験する。この話にでてくるイギリス人と同じ予想だ。瓶からビールが流れ出てきてどうしてインド人は驚いたのだろう？——ぼくらからすれば、そんなことはなんにも驚くようなことじゃないように思える。ところが、ぼくらの予想が間違っていたことをインド人が示して、今度はぼくらが驚く：このインド人は、そっちにはちっとも驚いていなかった——ぼくらの予想は間違いだったわけだ。（あるいは、イギリス人の予想は間違いだったと言ってもいい。）インド人が話す追加の情報を聞いて、その予想は即座に消え去る——突然、無に変わってしまう。いまや、そんな予想をいだく理由はひとつもない。確かに、これで話が終わりになりはしないけれど、カントは見事な出発点を用意してくれている。

ただ予想が消え去るという以外にカントは自分のモデルを精緻化してはいないので、ぼくらの解釈にゆだねられていることがたくさんある。もっと限定されたバージョンならうまくいくかもしれない。I－R理論でいちばん影響力のあるバージョンは、ショーペンハウエル（Schopenhauer 1969）にはじまる。ショーペンハウエルに言わせると、カントのモデルにはあっさりと反例が見つかる。たしかに予想は生じて消え去るけれど別に面白くない例があれこれ見つかると言う。なるほどショーペンハウエルは正しいかもしれない。それに、カントのモデルにはまだまだ詳細を加える必要がある。でも、この「予想」という用語を使うのには利点がたくさんある。

ショーペンハウエルのモデルは、多くの現代的理論の土台となっている。ただ、そうした新しいバージョンの大半は、彼の言った細部の一部を無視している。ショーペンハウエルは、まず、自分が語っている不一致がどういうものなのか、もうちょっと精密に特定するコメントから説き起こしている。「ばかげたものに関する私の理論は、対比にも左右される。この対比とは、知覚の表象と抽象的表象の対比のことであり、私が大いに強調してきたものでもある」（Schopenhauer 1969 強調は引用者）。ショーペンハウエルが明言するところでは、不一致は心の中の表象と現実の対象との間になくてはならない（心の中の表象のことを彼は「概念」と呼ぶことがある。ショーペンハウエルの言う「現実の対象」とは、対象の知覚のことだ。）。概念に誤解があり、知覚が事実を捉えている場合にのみ、不一致は起こる。これはとても説得力あるモデルだ。あらためて、明瞭に規定し直しておこう：「ユーモアが起こるのは、外界の知覚が突然にぼくらの誤解含みの先入見（preconception）を訂正したときである。」ショーペンハウエルはさらにこう付け加えている。おかしみの感情がわき起こって笑いがでるとき、その度合いは、そのときなされる訂正に関わる驚きの度合いに比例する。この意味深な主張を言い直して検証可能な定式にいくらかでも近づけるためには、まず、カギとなる概念と知覚それぞれの範疇をもっと精密に同定しておかなくてはならない。この課題は、あとのセクションでとりあげるとしよう。

　不一致理論は有効だ。大方の評価では、この理論は少なくとも優位理論と同じだけの事例を説明できているし、くすぐりで生じる笑いを説明するのにすら使える（Ramachandran and Blakeslee 1998; Ramachandran 1998――詳しくはのちほど）。それに加えて（そして、とても重要な点として）、他の理論とちがって、この理論はユーモアにおいてぼくらがナンセンスの感覚を抱くことに注意を向ける。不一致理論は、笑えることと非論理的なことに深い関係があることを示している。

不一致理論への主要な反論は、反例を示すかたちで展開されている。たとえば、アレキサンダー・ベインは、滑稽さの感覚を呼び起こさないと考えられる不一致の一覧を示している。ベインによる例示はこんな具合だ：

重荷を背負わされたよぼよぼの老人、大群衆に対して五斤のパンと二匹の魚、身体的な欠損や不均衡、音程の外れた楽器、化粧クリームのなかのハエ、五月にふる雪、敵に占領された街で幾何学を研鑽しているアルキメデス、その他もろもろの不似合いな事柄：羊の皮をかぶったオオカミ、契約不履行、および虚偽全般：私刑をくわえる群衆、および無秩序すべて：宴会の席に死体、親による虐待、恩知らずな子供、そのほか不自然な物事すべて：〔旧約聖書「伝道者の書」で〕ソロモン王が空しいと列挙する物事すべては、すべて不一致をきたしているが、どれも痛みや怒りや悲しみや嫌悪の感情を引き起こしこそすれ、おかしみは引き起こさない。(Bain 1875, 257)

ピンカー(Pinker 1997)★2が指摘するように、乗り物酔いもこの主張への反例になる。前庭器官から得られる知覚が視覚系からの知覚とうまく対応しないとき、乗り物酔いがおこる。たとえば、嵐に大揺れになっている船倉にいるとき、視覚系にくる入力からは、自分の体が周りのモノに対してほとんど動いていないらしいと示唆されるのに、前庭器官からは、はげしく上下するしっちゃかめっちゃかな平衡感覚が記録される。この二つの入力が不一致を起こしてせめぎ合ってでてくる効果は、とうてい愉しいなんてものじゃない。笑いどころか、抑えがたい吐き気が衝動的に引き起こされる。おそらくこれは、進化によって設計された回路の副産物なのだろう。つまり、めまいがしたとき、これは偶然に摂取した神経毒をお腹からはき出すようながす仕組みになっているのだろう。この例をあらためて考え起こしてみると、ぼくらから見てユーモアにふさわしい反応として笑いがどれほど自然なものに思えようと、どうして嘔吐なんかより笑いの方がふさわしいことになるのか説明する必要があることを思い出すことができる。なにか可笑しいことにでくわしたときに笑うように配線ができているのはどうしてなんだろう、そして、そもそもあるものを可笑しいとぼくらが受け取るのは、どうしてなんだろう?

ベインが挙げている例のなかには、しかるべき文脈においてやればちゃんと可笑しなものになるものもある。また、視覚と前庭感覚の不一致の事例のなかにも、笑いがおきるかもしれないものがある（お祭りのびっくり屋敷を考えてみるといい）[*5]。楽器の音程が外れているとき、そのヘンテコさに驚いて思わず笑いがでてくることもある。五月に雪が降り出すのを目の当たりにすると、目を見開いて不思議に感じる。親による虐待も度外れたものだと（「ブラックジョーク」や残酷劇でなら）、それがたんにいじわるだったり残酷だったりするだけでなく不可解なほど理不尽だったり常識外れだったりすると、思わず笑いたくなる衝動がわき起こったりする[*6]。そう考えると、ベインが言うようにすべての不一致の事例が笑いを引き起こすわけではないというのはなるほど正しいものの、不一致理論には追求してみるだけの値打ちがあるかもしれない。不一致理論によれば、いつでもそうとは限らなくても、ある不一致が滑稽な状況に見えるようになる文脈を考案できる場合は多い。それがどうやって達成されるかよくよく考えてみると、他にどんなことでちがいが生じるのか、その要因を明るみに出して、この不一致理論をもっとしまりのあるものにして救うことができるかもしれない。

サルス（Suls 1972）は不一致理論の拡張を提案している。不一致がたんに検出されるだけではなく、理性によって解決されてはじめてユーモアが生じるのだというのがその主張だ。この不一致解決（I-R）

理論によれば、不一致はある物語の設定とそのオチのあいだに存在している。解決が起こるのは、論理規則にしたがって心がその設定からオチが導かれるような筋道を見つけたときであり、その解決案がみつかったときにぼくらは笑うのだと言う。ただ、ここでもワイアーとコリンズ（Wyer and Collins 1992）によれば、不一致が解決したからといっていつでもユーモアがうまれるとはかぎらない。一例を挙げよう（最近やった会話から）：ある友人が病気にかかった自分の父親について語り、父親の示すいろんな症状どうしが不一致を来しているのだと言う。医師たちは、こういういろんな症状の混合がどうしておきているのか首をひねっている。医師たちの経験では、そうした症状は「この病気によるものだ」と腑に落ちないんだ。そこへ突然、解決案が見つかったとしよう——たとえば、医学誌の論文でまさに問題の症状を示すまれな病気を詳しく述べてあるのを医師たちが見つけたとしようか。この解決はまちがいなく興奮をもたらすだろうし、ひょっとすると医師たちは大喜びするかもしれないけれど、笑いは起きない。問題解決はときに不一致への解決を突然もたらしたりするけれど、その過程でいつでもユーモアを生じさせるとはかぎらない。ここでも、この同じ状況がちゃんと可笑しくなりうる文脈をあれこれ想像することはできる——たとえば、この病気は自分たちも知っていたはずだった、自明なはずだったのに見過ごしていたと医師たちが発見したときなどがそうだ。ワイアーとコリンズの提案によれば、I－R理論には追加で必要な事項がある。これはマイケル・アプター（Apter 1982）が提示したモデルに基づいている。アプターの提案には、もう二つの側面が含まれている。この二つをワイアーとコリンズはそれぞれ「無置換」（nonreplacement）と「減価」（diminishment）と呼んでいる。無置換の原則によれば、再解釈がなされるとき、その新解釈が旧解釈を圧倒して抑制するのではなく、両解釈がともに妥当でなくては、ユーモアは生じない。他方の減価の原則はどこか優位理論に似たところがある。この原則によれば、新解釈はなんらかの点で当初の解釈と比べて価値が減じていないといけない（Wyer and Collins 1992）。

ここまでくると、「不一致」という用語の意味が変わってしまい、ショーペンハウエルが提案したときの意味やカントがほのめかしたときの意味とちがっている。もはや、予想とそれを解消するものの間でおきる不一致でもなければ、知覚対象と概念的な対象の間でおきる不一致でもない。アッタルドとラスキン（Attardo 2001; Raskin 1985）は、もっと洗練された不一致理論を提示している。この洗練された理論では、刺激そのものが滑稽だと主張されることがない。そうではなく、その刺激のもついろんな要素が心の中に活性化するスクリプトどうしが重複しながらも対立する（または不一致をきたす）と、それによってユーモアの感覚が惹起されるのだと考える。だから、たとえば、アッタルドとラスキンがともに例に使っているジョークではこんな具合だ：

（16）「お医者さんはご在宅で？」と患者が聞き取れないほどかすかな声がたずねる。「いませんわ」と医者の若く美しい妻がささやきかえす。「さあ入って。」

患者の問いかけによって医師スクリプトが喚起され、さらに彼の途切れがちな息で確証される。ところが、医師の妻の返事を聴いて、ぼくらはそれと別のスクリプトを知らされる。浮気のスクリプトだ。こちらも同じくらいうまくこの状況を記述してくれる。こうしたスクリプトどうしの対立こそが、ジョークを可笑しくしている。なぜなら、両方を同時に呼び起こすことはできないからだ（＝不一致）。このモデルは、言葉によるユーモアの限定された範囲ではとてもうまくいく。だが、ユーモアを実際に説明するのには失敗している。純粋に記述的なものにとどまっている（しかも、一部の言葉によるジョークだけを記述するものでしかない）からというだけでなく、複数のスクリプトがどうやって喚起されるのかわからないかぎり、せいぜいのところ、説明ぬきの記述しかもたらさないからだ（これについては第六章でくわしく）。さらに、毎度おきまりの話を繰り返すと、重複し対立するスクリプトがテクストによって喚起されてもユーモアが生じない事例がある。いちばん顕著なところだと、順序を間違って提示したジョークがそうだ。まずオチが先に来ても、やはりスクリプトどうしが重複し対立するけれど、典型的に、ここにはユーモアが起こらない。また、アプター（Apter 1982）は、刺激には不一致をもたらしつつも特定の解決がでてこないユーモアの事例があることをぼくらに思い起こさせることで、いかなるバージョンのI－R理論にも冷や水をかけている。不一致はあっても解決がないユーモアの例とは、たとえばこんなものだ：『パニックにならないで』と言っている声がビビっている。」滑稽なヘンテコ推論の集合は、まるごと、さらなる反例となる。たとえば、スティーヴン・ライトによるこういう珠玉のネタがそうだ：「光の速度は30万km秒かー。んじゃ闇の速度は？」とか、「あんたのブレーキは修理できんかったから、せめてクラクションがでかく鳴るようにしておいたよ」とか。さらに、こういうヘンテコ推論もある：

(17) 夕食の席である男がマヨネーズを手に塗りたくって、髪を梳かし始める。隣の人が驚いた様子なのを見て、男は弁解する：「いや失礼。てっきりほうれん草かと思いましてね」（Freud 1912、Minsky 1984 からの孫引き）

ミンスキー（Minsky 1982）は、フロイトによる検閲モデルと解放理論は論理に基づくユーモアや文法的ユーモア（例(12)－(16)のようなダジャレなど）を説明できないと述べ、このモデルを拡張しようと試みた。

そこでミンスキーが提示している斬新な主張はこういうものだ。刺激的で性的なユーモアは、彼の言うナンセンス・ユーモアとそれほど大きく違ってはいないかもしれない：つまり、人間はとりかえしのつかない失敗を避けることを学習するために、フロイト的な検閲でそれを予測し阻止する必要がある。こうした検閲は、フロイトの理論のように特定タイプの内容を禁じるのではなく、特定タイプの論理操作を禁じるのだとミンスキーは言う。「通常の『フロイト的』願望が『けしからん』とされるのとまったく同じように、『認知的無意識』は誤った推論を『けしからん』『ふしだらだ』と考えるのだと理論化してみると、知性と情動にちがいはないように思える」(Minsky 1984, 176)。このモデルのもとでは、道義的に曲がった思考を抱くのは、論理的に不整合な思考を抱くのと似たようなものとして扱われる——どちらも、それをふるいにかけるフィルターを発達させることを心が望んでいる対象だからだ。

ミンスキーはマチガイ論理のモデルを操作可能にするために、検閲に加えて「フレーム」やフレーム転換の用語と概念を使っている。フレームはシャンクたち (Schank and Abelson 1977) のいう「スクリプト」に似た仲間だ。スクリプトの方は、アッタルドとラスキンのモデルの土台にもなっている。フレームは、一般的な知識表象パッケージで、心に呼び出され、なにかを理解するとき、実際の状況のいろんな細部をまとめ上げつつ、これに肉づけがなされていく。細部を肉づけする末端は、フレームの変項を表象している (cf. Minsky 1974, 1975, 1984; Coulson 2001)。*7 たとえば、ぼくらの文化に暮らすふつうの現代人なら、誕生日パーティーのフレームだとか、レストランでの食事フレームだとか、ATMからの預金引き出しフレームだとか、駐車場で自分の車を探すフレームだとか、バナナの皮でつるっと滑るフレームだとかを持ち合わせている一方で、虎との格闘フレームだとか、鎌を研ぐフレーム、あるいは、秘薬の調合中にどの悪魔を呼び出そうか決めるフレームなんかは持ち合わせていないはずだ。ミンスキーの提案によれば、ジヨークに発見される論理のマチガイを引き起こすものは、「不適切な割り当て変更」であり、これがフレーム転換を引き起こすのだという（この不適切な割り当て変更は、〔たとえばあるペンをとりあげて、インクは青だとか固いとかだいたい10センチくらいの長さだとかいろんな性質を他でもなくそのペンにまとめていくような〕統合で矛盾が起きたときに発見されることが多い）――つまり、いまその場で理解しようとしている出来事を表象するのに使われているフレームの再分析と置換が、そこでなされているというわけだ。新たに切り替えられた方のフレームは、もとのフレームよりも、統合されるすべての細部にもっとうまく整合するものでなくてはならない。

たしかに、フロイトによるユーモア理解に関連こそあるものの、ぼくらとしては、ミンスキー理論は不一致解決理論のリストに入れたい。ミンスキー理論は、矛盾検出（不一致）、フレーム再分析（解決）および関連する認知特性の方により顕著に依拠していて、解放理論が言う感情・緊張・心理的検閲にはそれほど依拠していないからだ。認知的検閲という着想（フロイト式であれミンスキー式であれ）にぼくらは説得されないけれど、ミンスキーがマチガイ推論に言及しているのにはなにか深くて正しいところがあると考えている。本書でも、この路線をあとで追求する。ただ、ここで想起すべきことがある。すべてのユーモアがマチガイ推論の遂行によって生じる産物ではないという点だ（たとえば、ドタバタ劇とか）。[*8] また、いつでもマチガイ推論に続いてユーモアが起こるわけでもない（めんどくさい足し算問題をやっているとき、一つ繰り上げる項目があったのに気づいても、ふつうは笑い出したりしない）。

クールソンとクタス（Coulson and Kutas 1998, 2001; Coulson 2001）は、さらにすすんで、フレーム転換モデルを擁護している――クールソン（Coulson 2001）は、ミンスキーよりもずっとこの概念を発展させている。彼らは、一連の ERP（事象関連脳電位）実験を行っている。これは、脳の電気的活動を計測する実験だ。フレーム転換は多くのジョークで作動しているように思えるとは指摘しているものの、これがすべてのユーモアの説明だとまでは主張していない。それどころか、クールソン（Coulson 2001）はフレームを周到に取り扱って、これはぼくらのやる意味構築の多くに広く登場しているものの、そうした意味過程の大半はべつに滑稽ではないことを示している。

たしかに意味の再分析は多くのジョークに登場するように思われるけれど、ユーモアのモデルとしてのフレーム転換は、両立不可能な重複する意味論的スクリプトその他の不一致解決理論と同じ問題を抱えている：なるほどフレーム転換はときにユーモアに結びついているし、ある程度までならユーモアを記述できるけれど、ユーモアを説明するわけじゃあない。どうしてあるフレーム転換はユーモアを生み出し、また別のフレーム転換はユーモアを生み出さないんだろう？　同じフレーム転換がちがう文脈で起きたり、ちがうフレーム転換が同じ文脈で起きたりしても、やっぱりユーモアは生じるんだろうか？　ぼくらは、もっと根本的な問いに答える必要がある：「フレーム転換のどのへんが可笑しいのか――可笑しいものになりうるのか？」

6　驚き理論

無神論者の探検家がアマゾンの奥地でとつぜん血に飢えた現地民に取り囲まれてしまう。状況を見渡しながら、探検家はしずかに独白する。「神よ、万事休すか」

そこへ天から一条の光が差し込み、声がとどろく：「いいや、万事休してはおらぬぞ。足下の石を拾い上げ、目の前に立っている族長の頭へ打ち付けてやるがよい」

そこで探検家は石を拾い上げ、飛びかかって族長の頭をかち割った。
死体を見下ろして、息を切らして立ちつくす探検家を、ショックに顔色を変えた百人もの現地民が囲い込む。そこへふたたび神の声がとどろく：「よろしい……さあ今度こそ万事は休したぞ」

理論家のなかには、驚きはユーモアの十分条件ではないまでも、少なくとも必要条件ではあると主張する人たちがいる。デカルトの主張では、ユーモアとは喜びとショックの混合物だった。解放理論家たちに言わせれば、緊張の解放は「突然、意外なかたちで」やってくる必要がある。驚きには、不一致理論と優位理論も言及している：前述のとおり、ホッブズは「突然の栄光」によって笑いは生じるのだと述べているし、ショーペンハウエルは〔問題の〕解決において驚きの要素が生じることをよく強調している。アリストテレスも、謎ときと「新規なもの」について語る際に、「これらにおいて思考は人を驚かす。テオドロスが言うように、持ち合わせの考えにうまく合わないのである。……その効果は、単語の綴りを変えただけのジョークですらつくりだされる。これもまた驚きなのだ。散文にも韻文にもこれは見受けられる。聞き手が想像していいなかった単語が現れたときに驚きが生じる。」(*Rhetoric*, Book III, ch. 11;『弁論術』[★3]：強調は引用者)。驚きは、典型的に予測しなかったものが引き起こす特徴的な感情として定義される。たんに予測していなかったものならなんでも驚きを引き起こすわけではない。ぼくらが経験する世界の大部分は、予測しようもない事物で成り立っている：聞いた事のない文を話しかけてくる人たち、すぐ脇を飛び去る鳥、どこか遠くでクラクションを鳴らしている車、ポーカーの手札で7が2枚と9が1枚だったり、天気が変化したり。それでもぼくらはのべつ幕なしに驚きの状態にあるわけじゃあない。ぼくらを驚かすのは、起こると予測していなかった事物じゃあない——世の中で起きていることの大半はまさにそのときその場所で起こるとは予測していなかったものだ。そうじゃなくて、起こらないだろうと予測していた事物にぼくらは驚く。それとちがうことが起こると予測していたから、驚くんだ。ぼくらを驚かすのは、予測していた出来事または状態と知覚された出来事または状態の矛盾だ。

7　ベルクソンの機械的ユーモア理論

弁護士に悪魔メフィストフェレスが話をもちかける。メフィストフェレスは、被告側弁護人として輝かしいキャリアを与えようともちかける。いずれは最高裁判所の席を手に入れ、いずれハリウッドで伝記映画がつくられるような経歴だ。対価は彼の妻と3人の子供たちの魂だという。弁護士は額に汗をにじませつつ考えに考える。ついに弁護士は顔を上げてメフィストフェレスに向き直る。「ひっかけがあるだろ」

ベルクソンはこう言った。「社会は性格が柔軟でない人を信頼しない」(Bergson 1911)。うまく(環境や状況に)適応できない体や心や社会は、それぞれ、病弱さ、心の欠陥、貧困や犯罪を抱えこむ。ベルクソンの提案によれば、そこで、適応性を強化するメカニズムがこうした問題すべてへの解決策になるのだという。ベルクソンによれば、硬直性がユーモアを引き起こす。もうちょっと言い換えると、ユーモアは硬直性への解決策だ、というわけだ。笑いは「社会的な調整薬」として機能する。ある人の行動に柔軟性がないとき、他の人たちがあげる笑いは、このことを思い起こさせ、もっと適応的に行動するようにうながす圧力の役目をする。ベルクソンはもう一つ驚くべき主張を出している。「笑いにとって最大の天敵は感情である」という主張だ。ベルクソンによれば、滑稽な状況は他でもなく知性に訴えかけるのだという。

コメディアンのマイク・マイアーズは、『ニューヨーカー』誌の記者にあてたメールでこう言っている。「コメディの登場人物は『ほにゃらら』マシーンな傾向がある。つまり、クルーゾー警部はかっこつけマシーンだし、ペペ・ル・プーはラブ・マシーン、フェリックス・アンガーは潔癖マシーン、オースティン・パワーズはセックス・マシーンって具合」(Friend 2002)。これは、実に見事にベルクソンによるユーモア理論を例証している。こうした登場人物たちを設定した創作者たちは、登場人物の性格で滑稽味の核心部分を選び出し、その部分をマシーンに仕立て上げている――つまり、その部分は融通がきかずその人物のみせる反応を主に決定する要因に仕立てている。すると、その特徴によって登場人物が非適応的なかたちでふるまう様子にユーモアが見て取れるようになる。その場の状況で普通とちがう(あるいは予想外の)行動をくりだすんだけど、そうした行動はそれまでのその登場人物の振る舞いぶりの素描からすればいかにも当然にやりそうなことだったりもする。

ベルクソンのモデルには特筆すべき長所がいくつかある。このモデルは、ユーモアに有益な目的を――存在理由《レゾン・デートル》を提示する。ユーモアを検出したり産出したりするおおむね機械的な方法を素描している。また、ユーモアの社会的意義も説明しようと目指している。このモデルは、優位理論や不一致理論との共通点もある(融通のきかない機械的なふるまいは、人間の心に予想期待されるしかるべき適応性と不一致をきたすという点で)。また、そうした理論どうしの共通点は、無理なくすんなりと両立するかもしれないと示唆している。ただ、たしかにベルクソンのモデルは面白い挙動がもつ特定のあり方はうまく予測する――たとえば、デフォルメや物理的な状況(バナナの皮で人がすべる様)や「機械的な」行動などから生じるコメディをうまく予測してくれる――けれど、多くのジョークや機知にみつかるいろんな種類のユーモアはまったく説明しない。ケストラー(Koestler 1964, p.47)は、多くの反例を見つけている:

有機的なしなやかさと対比される融通のきかなさがそれ自体で笑えるものであるなら、エジプトの彫像やビザンチンのモザイク画は、これまで生み出されたなかで最上のジョークになることだろう。もし自動的な反復行動が滑稽なものの必要十分条件なら、癲癇の発作などこのうえなく滑稽な見せ物になりそうなものだ。思いっきり笑いたいときには、たんに自分の手首の脈拍や心臓の鼓動の単調な拍に耳を立てればすむはずだ。もしも「誰かがモノのような印象を与えるときに笑いがおきる」というのなら、死体ほど可笑しいものもあるまい

最後に、ベルクソンは、ユーモアが厳密に人間らしいものなのを思い起こさせてくれる（ケストラーはぼくらのことを「ホモ・リーデンス」――笑う動物と呼んでいる）。ベルクソンは、人間が笑うことを述べているだけでなく、「それと同等に、〔我々は〕笑いものにされる動物として〔ヒトを〕定義できよう」とも述べている。ぼくらが笑いものにするのは、ヒトか、あるいは擬人的な特徴を読み込んだ動物や物体にかぎられる。ここから、どうやらユーモアとは、知性が人間または人間の失敗を笑うこと――もっと具体的には、人間の心的な失敗を笑うこと――らしいのがうかがい知れる。そうしてみると、なぜ人間だけが笑うのかと言えば、人間だけが高階の志向的システムを持ち合わせているからだと考えられそうだ。つまり、他の実体に対して志向的構え（Dennett 1987）をとれるのは人間だけだからだ。*9 この点は、このあと詳しく説明するぼくらのモデルの特性となっている。

第五章　認知的・進化論的ユーモア理論のための20の問い

肉体労働者が二人、農場で話している：
ボビー・ジョー：「おい、20の質問やらね？」
ビリー・ボブ：「ええで。考えるけん、ちょい待てや。」
ボビー・ジョー：「ええか？」
ビリー・ボブ：「ええで。きいてみ。」
ボビー・ジョー：「そいつはモノかよ？」
ビリー・ボブ：「おう。」
ボビー・ジョー：「ファックできるか？」
ビリー・ボブ：「おう。」
ボビー・ジョー：「ヤギか？」
ビリー・ボブ：「おう。」

ここまで、ユーモア理論の略史を要約してきた。ここからは、いろんな特性の細目リストがえられる。これを網羅すれば、ユーモアに関する完全な認知理論ができあがるだろう。このリストを、ここでは問いのかたちで提示しよう。どの問いも、先行研究ですでに提起されているし、ある程度までは答えられてもいる。ぼくらの目標は、既存の理論の最良部分を総合して、統一したモデルに仕立て上げ、これらすべての問いに答えることだ。すぐれたモデルなら、それと認識できるかぎりのユーモアをどれも見過ごすべきではないし、おかしみをもたらさないものを滑稽だと同定するべきでもない。さらに、すごくよいモデルなら、驚くべき予測も立てるべきだ：そういうモデルは、滑稽な出来事を最小の変更で滑稽でなくする方法を明らかにするべきだし、理想を言えば、ユーモアを生成する立派なレシピを示すべきだ。既存の理論で説明されているとされるお気に入りの事例を説明できるのと、新しい事例を生成したり既存事例の新しい分類法を生成したりして、どのようにしてそうした事例が滑稽になり、その理由はなぜなのか明らかにするのは、また別々の問題だ。ようするに、よいモデルはいろんなかたちで検証可能であるべきだ。反証可能性の一般的な問題についてはさらに詳しく第10章でとりあげよう。

《1》ユーモアは適応なのか？

ユーモア形質は遺伝子になにか便益があるんだろうか？　また、あるとしたら、それはどんな便益だろう？　その形質は持ち主の遺伝子を複製する確率を上げるのにどんな関わりがあるんだろう？　ユーモアは生得的だ（序文の＊4を参照）。また、ユーモアはすべての人間文化にあまねくみられる。笑いは個体発生の初期の幼児にも現れるし、どうやら生まれつき盲目・聾唖の子供たちにも自発的に現れるらしい。ユーモア形質はどんな人間集団からも遺伝的に失われたことがない。どうしてだろう？

《2》ユーモアはどこからやってきたのか？

ヒト以外の種はユーモアまたはそれに類するものを持ち合わせているんだろうか？　ユーモアに先行して登場していた各種の行動について、明快な筋書きが語れるようになる必要があるし、やがては、そうした先駆的な形態が変異を重ねてこの現代のユーモア形質の表現型にいたった経路を追跡できるようになるべきだ。

《3》ぼくらはどうしてユーモアを伝達するのか？

不必要な音を立てては、捕食者の注意を引いてしまう。また、伝達には当の生き物にエネルギー消費というコストをもたらす。ユーモア伝達の初期には、適応的な目的があったはずだ。伝達はユーモアそのものとどうちがうんだろうか？　また、もしあるとすれば、どんな便益が、そうした行動によって遺伝子にもたらされるんだろう？

《4》どうしてぼくらはユーモアに愉しみを感じるんだろう？

笑ったときには、たんに愉しく感じられるだけではない。ユーモアに固有の愉しみの形式には、独特の質がある：おかしみがそれだ。おかしみは質の面で他の愉しみとどこがちがっているんだろうか、また、なぜそうなっているのか説明できるだろうか？　おかしみという特定の現象に費やされるエネルギーのコストを補うだけの便益がぼくらの遺伝子にはもたらされているんだろうか？

《5》どうしてユーモアに驚きを感じるんだろう?

大半の——少なくとも多くの——滑稽《ユーモラス》な刺激には、驚きの要素が含まれている。そのため、一部の人たちは驚きがユーモアの根源的な原因だと考えているほどだ。(他の人たちは、自説の末尾に、これといって動機のない追加の必要事項として驚きや唐突さを付け加えている。) 驚きの要素は、どうしてこうも広く見受けられるんだろう?

《6》判断が滑稽な刺激の内容に必ず含まれる構成要素となっているのはどうしてだろう?

優位理論家たちは、あるものの崇高な状態と下劣な状態の差を判断することがユーモアを引き起こすとよく主張する。どうして、そうした価値の比較がユーモアには含まれているんだろう? そうした判断をするユーモアの目的はどういうものだろうか?

《7》ユーモアがよく侮り・見下しに使われるのはどうしてだろう?

だれかを笑いものにすることは、その人を侮り見下すことだ。人のことを笑いものにするとき、ぼくらは相手に屈辱を与えていることが多い——ただ、そこから派生して、「ただ面白がるために」屈託なくからかってみたりすることもある。そうしたからかいには、ユーモアをもって機嫌よく応じるものとされている。どうしてこういうことが起きるんだろう? 誰かを侮辱しても、ユーモアなしでは相手を「笑いものにする」ことにもからかうことにもならない。優位理論家たちの考えでは、それこそがユーモアの存在する理由だ。これは、ぼくらの理論にも取り込むべきだろうか? また、優越感や侮蔑から派生する生殖上の便益はあるんだろうか?

《8》ユーモアがこれほど頻繁に失敗を指し示すのはどうしてだろう?

アリストテレスの主張によれば、ユーモアは失敗に注意を向ける。善意からでたユーモアにすら、しでかした失敗を取り上げる側面がある:取り違えの失敗、誤解、誤認、などなど。どうしてこのつながりが存在しているんだろう?


《9》ユーモアでは、どうしてナンセンスの感覚を抱くんだろう?

不一致のモデルはたくさんある——そして、どれも他とちがっている。これらをすべてもっと一般的な基礎的クラスの下位クラスとして扱えるような、もっと単純化できる考え方はないんだろうか?(それと関連して、カントが考えたような予感にはどんな役割があるんだろう? ショーペンハウエルによる知覚 vs. 概念的把握のモデルはどうすれば説明できるだろう? サルスやシュルツやアッタルドやラスキンらのモデルをまとめてひとしなみに説明できるだろうか?)


《10》不一致がユーモアを引き起こすのだとしたら、どうやって引き起こしているんだろうか?

たんなる記述的な解説につきないものが必要だ。不一致が引き金となっているのはどういう因果的な仕組みで、どうしてそうなっているんだろうか?(第一〇章で述べる、リッチーが不一致に関して立てた問いを参照。)


《11》人間や擬人化された対象にしか笑わないのはどうしてだろう?

どうやら、心をもつものや、心をもつものとなんらかのかたちで相互作用するものしか、滑稽になりえないらしい。そうだとすると、心のなんらかの側面がユーモアの源泉なのかもしれない。人間のどういうところが人間をたんなるユーモアの知覚者にとどまらずユーモアの話題にもしているのだろう？

《12》ベルクソンが言う機械的ふるまいが滑稽だという主張のどのあたりが正しいんだろう？　ベルクソンによれば、非適応的にふるまうのは有害・不利益で、機械的ふるまいを暴露する証は、環境の微妙な要因に適応してかみあうのに失敗するところに見いだせる。ユーモアはぼくら〔の硬直的なふるまい〕を抑制する方法だという彼の言い分は正しいんだろうか？　機械的ふるまいは、ユーモアの有標な下位クラスなんだろうか？

《13》ユーモアを社会的な調整薬に使えるのはどうしてだろう？　なにか不適切なことをしている人をみて笑うのはどうしてだろう？　ある種の不適切な行動は「笑えるふるまいだ」と判断する一方で、他はそう判断しないのはなぜだろうか？　人に笑いものにされたとき、屈辱を感じるのはどうしてだろう？　このプロセスによって、ぼくらの行動は変わるんだろうか？　このプロセスはぼくらを「正常」にもどす傾向があるんだろうか？

《14》滑稽な刺激には幅広くいろんな種類がみられるけれど、これらをひとくくりにしているものはなんだろうか？

いろんな事例の集合を挙げられると、ソクラテスは飽きることなくこう言ってみせた：よろしい、だがそれらの共通点はなにかね？

《15》遊びはユーモアとどう関係しているんだろう？

遊びのどういう側面がユーモアに似ているんだろう？　どちらも内容にマジメでない側面があるし、どちらも愉しみにつながる。遊びが笑いにつながることもよくある。両者に共通の原因がありうるとしたら、どういうものだろう？　くすぐりと両者の関係はどんなものだろう？

《16》問題解決・発見・ユーモアにはどんな関係があるんだろう？

なにか新しいものを発見したり問題を解決したときに、ぼくらはよく「そうか！」と声を上げる。ときには、笑うことだってある。これと同じ発見の感情は、「ジョークがピンときた」ときにも感じられる。こうした現象どうしの関係はどんなものだろう？

《17》ぼくらがこれほど強くユーモアを欲するのはどうしてだろう？

ぼくらは、ユーモアを探し求めるよう動機づけられている。コメディみたさにチケット売り場でクレジットカードを提示するし、スタンドアップ・コメディアンの話を聞くために行列に並んだりもする。雑誌は講読者をよろこばせておくために、ほんの数ページおきにきまって滑稽な漫画を挿入しているし、どこの書店に行っても、ユーモア関連の棚は繁盛している。毎年、何百億ドルというお金が、コメディ産業に費やされている。どうしてコメディはこんなにも魅力的な商品なんだろう？

《18》ユーモアによくみられる固有の特殊性はなんだろう？

滑稽《ユーモラス》な刺激は、普遍的と言うにはほど遠い範囲にしかウケないことがある。ごく限定されている場合には、「内輪ジョーク」を楽しめる人物は一人しかいないかもしれない。どういう特性の持ち主が、どういう種類のユーモアをおかしがるんだろう？

《19》ユーモアにみられる一般性はどんなものだろう？
他方で、多くのユーモアは普遍的だ。ユーモアのなかには、世界中のほぼ誰にでも確実におかしみを感じさせられるものだってある。典型的に、ぼくらはユーモアをもっと多くの人たちに広めたがるものだけれど、これはどうしてだろう？　どうしてユーモアは滅多に一人っきりの愉しみにならないんだろう？

《20》どうしてユーモアに性差があるんだろう？
男性は笑いを取りにいくことが多く、女性は笑わせてもらいにいくことが多いのはどうしてだろう？　出会い系個人広告を書くとき、どうして女性の方が男性よりも「ユーモアのセンス」を相手に求めることが多いんだろう？　また、女性よりも男性のコメディアンの方が圧倒的に多いのはどうしてだろう？

こうした問いは、ユーモアの重要な部分に注意を向けている。これら全部に満足に答えられない理論は、なにかを見過ごしている。今日では、前章でみた多くのモデルのうち、不一致理論だけがその候補となりえている。ただし、一握りの理論家たち（e.g. Alexander 1986; Gruner 1997）と多くのアームチェア理論家たちは――友達にちょっと話を聞いてみれば、何人か見つかるはず――は、いまでもどうにかして優位理論をその競争相手にしようとがんばっている。でも、前章で説明したように、進んでいる方向は正しいものの、現行の不一致理論はこの問いのリストで示したすべての現象を記述するにはいたっていない。ぼくらがこのあとの数章で提示する理論は、いくつかの点で、この不一致理論を新たにひねりなおしたものとなっている。ただ、それ以外の点では、ぼくらの理論はこれらとずいぶんちがっている。この理論はこの20の問いすべてに答えるというのが、ぼくらの主張だ。

第六章　情動と計算

1　笑いのツボを探す

まっとうな理由から、こう信じていい。ヒトが直立歩行をはじめたのは、空いた手でマスかきをするためだ。

——リリー・トムリン

これまでの数章で、ユーモアの現象学を簡潔に検討し、さらに、これを単一理論ですべて説明しようという研究者たちの試みをざっとふりかえっておいた。これで、次の結論が納得いくはずだ：

(1)（潜在的に）「可笑しい」という一点をのぞいて、ダジャレ・ドタバタ劇・古典的喜劇・下ネタの共通点を見つけ出すのは非常に難しい——不可能の一歩手前だ。ユーモアの部分部分をあつかう理論がよってたかって実証しているように、こういうすごく多種多様なユーモアの種類をひとくくりにするものがあるとしたら、それはきっと自明からほど遠いものだ。

(2)ユーモアは、内容の制限と時間を追って展開する提示方法の両方に左右される（または影響を受ける）。抱腹絶倒のジョークでも、順序もぐちゃぐちゃで間の取り方もわるいヘタクソな語り方をしてしまっては、おかしみもほぼすべて抜け落ちてしまう。すぐれた喜劇役者なら、本のどこかからランダムに一節を選び出したってほぼ必ず笑いをとれる。キーワードは「ほぼ」だ。書き言葉のかたち（や絵に描かれたかたち）でも、提示の手段として、それとわかる助けをほとんどあるいはまったく借りていないにも関わらず傑出したユーモアは存在する――たとえば、フォント・文字サイズ・照明・読み手が読み進める速度などの助けなしに、見事なユーモアになっている例はある。また、物理的なユーモアは、ほぼ全面的に、動的な展開で生み出されているようだ：絶妙なテンポと音量でまるで共通点のない光景や音声を次々に並べ立ててバカウケをとってみせたりする。

(3) それ自体の性質によって面白い話題なんて一つもない。だから、内容に求められる条件は、（どんな話題についての内容であれ）その内容が推論されたり、隠蔽されたり、使用されたり、誤用されたりする、その方法と関わりがあるにちがいない。つまり、その条件は内容の認知処理の関数になっているにちがいない。

(4) 時間を追った変化・展開はとても重要で、この認知処理の操作の実際の物理的、「機械的」なパラメータに左右されるユーモアの条件があるにちがいない：つまり、さまざまな処理速度だとか、しだいに興奮が高まっていくときのさまざまなペースだとか、処理の各段階の強度と所要時間だとか、そうした条件があるにちがいない。この神経生理学的な筋書きの詳細がどういうものであれ、それは被験者当人にはまったく感じ取られないもののはずだ。その点で、これらは消化や血液循環と同じように「直観的に」わかるはずもない操作になっている。（たとえば、なんらかの神経調整物質の形成を「たんに」阻害する「だけ」で、あるいは、二つの準独立的な過程の相対速度を変える「だけ」で、ユーモアの感覚を消したり中断させたり高めたりする薬品があったらどうなるかと想像をめぐらすこともできる。こうした機械的な中断は、ユーモア検出の土台となっている仕組みに関するとても具体的なモデルを踏まえずにユーモアを説明しようと試みる理論にとっては、まったくわけがわからないことだろう。)

(5)認知処理を行うこの生得的な神経系――「笑いのツボ」[*1]――は、なにかのためにあるにちがいない。それはなんだろう? ここで、初歩的な進化に関して考察しておく必要がある。この神経系は、なんらかの実際問題として重要な認知課題を遂行するために、進化によって設計されたにちがいない。なぜなら、あらゆる人間にもれなく見られるし、その活動には強力な報酬がともなうからだ〔=ユーモアは快感をもたらす〕。この課題が少なくともここまでよく発達しているのは、人間だけのはずだ。というのも、ユーモアによく似たものは他の種にまったく見あたらないからだ。「いったい、これがなかった場合よりうまくやっていることとはなんだろう? 払うに値する対価を払ってぼくらが備えているこの仕組み、笑いへの感受性――いっそ中毒といっていいほどの感受性――のおかげでうまくできていることとは、いったいなんだろう?」(Dennett 1991, p.63)。

(6)ぼくらがこういうかたちで配線されていることで過去にどういう切迫した必要が満たされていたにせよ、それは現在の生活でユーモアが果たしている役割とあまり似通っていないかもしれない。たとえば、ユーモア・システムは、かつて人間の脳に課せられていたなんらかの負担を補っていたんだけど、いまではとくに適応的な意義をもちあわせていないのかもしれない。これと似たものを考えてみよう:進化の観点からみて、人間に性衝動《リビドー》が存在しているおかげで生殖が確実になることがちゃんと割に合う重要プロジェクトだってことはわかっている。精子と卵子をこんにちはさせるのは自然の至上命令であり、多くの種ではたんに生きながらえることよりも重要だ。だけど、ヒトでは、非常に多くの場合に、このプロジェクトが体系的に妨害されている。その結果、〔性衝動・

生殖の〕土台となっている仕組みは、〔生殖以外に〕派生したいろんな役割を果たすことになったけれど、そうした役割は誰の遺伝的適応度も上げる結果になっていない。たとえば、この仕組みが提供している報酬システムは、ポルノだとか広告の性的妄想だとかを楽しむための土台になっていたりする。二〇〇七年に開かれた宗教の進化に関するカンファレンスで、デネットは「ひとつでも例をあげてみせてくれないか」と挑戦を受けた。人間にあまねくみられる現象で、遺伝的な基盤をもち、しかも文化により進化・伝播されながらも、遺伝的適応度を強化する上でプラスの適応的意義をもたないようなやつをひとつ挙げてみせろってわけだ。デネットの答え：「マスターベーション。」このときデネットにとって驚きだったのは、討論者のうち数人が、「ともあれ、こうして残っているからには、マスターベーションは『なにかの役に立っている』にちがいない」とどうにかして論じようとしたことだ。その人たちは、「きっと、受精の技術を改善するよう設計された事前練習の意味があるんだろう」とか、そういう議論をやりはじめたんだ。ユーモアに関してあれこれと妥当な可能性を描き出すときには、この手の素朴な進化理解によくよく警戒しないといけない。心理的な現象を進化論的に説明するのが大好きな人たちの間では、熱狂するあまりに厳密さがお留守になっている。ぼくらの見るところ、そのせいで一部の懐疑論者たちは進化論的な説明を一切合切避けて通るというお手軽な道を選んでしまっている。でも、ああいう間抜けな進化心理学者たちと同じくらい、そういう方針は非科学的だ。独立に観察されたさまざまな現象がこれまで統一的な説明を拒んできたとしても、すぐれた進化論的理論ならそうした現象を説明するし、理論の反証になりうる明快な実証的テストの見通しを立てるんだ。

こうした推論から、ぼくらは、このあと続く章で発展させていくモデルにたどりついた。このモデルは、いま述べた必要事項のすべてをかなりいい具合に満たす仮説のひとつだ。他にもっといい仮説があるかもしれないけれど、ぼくらには考えつかなかった。そこで、いまはこのモデルをたてている。これがぼくらに構築できた最善の候補だ。進化的・神経計算的・認知的・社会的なぼくら自身の理解を統一するための架け橋としてとくに効果的なものにユーモア理論はなりうる。それにはこんなかたちがあるんだってことを、ぼくらはこれを使って例証したい。ただ、ぼくらのモデルを提示する前に、ちょっと片付けをすませておく必要がある。脳とコンピュータ、情動と論理に関しては、ありがちな誤解がいくつかある。そうした誤解を明らかにして排除し、それと入れ替わりに、ぼくらのモデルをたてる土台を据えておく必要がある。

2　論理か情動のどちらかがぼくらの脳を組織しているんだろうか？

情動ぬきの知識なんてありえない。我々はたしかに事実を意識はする。だが、その力を感じないかぎり、事実は我々のものにはならない。脳の認知には、魂の経験が加えられねばならないのだ。

——アーノルド・ベネット（Arnold Bennett）

情動なき知性は、馬のいない騎手みたいなものだ。

——ローレンス・ゴンサレス（Laurence Gonzales 2003）

アリストテレスと彼の三段論法にまでさかのぼる長い伝統では、論理学者たちは適切な推論を定義するのに、一群の規則をもちいている。そうした規則は、もとをたどれば直観にいきつく。日常推論の直観は、なにが合理的でなにが非論理的かを決める唯一の情報源であり、唯一の審判だった。アリストテレスは、三段論法を『オルガノン』(Organon) という本で提示した。「オルガノン」とは、ギリシャ語で「道具」という意味だ。アリストテレスは、思考の道具を考案したわけだ。この人工装置は、いわば「素手で」考えていたときに遭遇していた直観を研ぎ澄まし体系化する狙いをもっていた。こうした規則は形式化され、時代が下って19世紀に記号論理学へと発展を遂げる。これは一つのテクノロジーだった――ミームによって進化したテクノロジー、ホーグランド (Haugeland 1985) がいう意味で「形式的」なテクノロジーだ。この記号論理学・数理論理学は、いまでは哲学、計算機科学、工学などいろんな分野に広がっている。ときには、特別に注意を払う必要があるとき (たとえば契約書や保険証書を書いたりするとき) には、日常の推論・論証にも応用されている。数理論理学の内的な整合性はとても説得力があり、ふつうは疑念を抱かれたりしない。たしかに論理学者はときに他の内的整合性のとれた論理体系の領域に手を伸ばす。そういうときには、こうした直観が適切なのかどうか疑いを向けられることもある。ただ、ここでぼくらが問うのは、数理論理学の頑健性ではなくて、その起源だ:「『pである』と『pでない』が両方とも真になりえない」[*2]というのはどうして正しく思えるんだろう? あるいは、「『pである』または『pでない』のいずれかが必ず真である」が正しく思えるのはどうしてだろう? こういうほんの少数の基本的規則は「アプリオリ」または「自明な論理的原則」なんだとよく言われる (e.g., Russell 1912)。でも、その宣告をなるほどそうかと受け入れたとしても、ひとつ、不明なままになることがある。ぼくらの脳の心理的・神経生理学的な構成によってそうした原則が自明だと判断されることはどうやって保証されているんだろう。たとえば、幼児はべつに訓練を受けなくても、対象の永続性みたいな論理的構築物を自力で発見する

(Piaget 1936/1952, 1937/1957)。[*3] 対象の非永続性があるかのようにみせかけるトリックを目の当たりにしたとき幼児たちがみせる「ぎょっ」とした反応は、無矛盾則を幼児たちがしっかり信じていることを示しているのだと、ついつい解釈したくなる――「『pであり・かつ・pでない』なんてことはない」と幼児たちが信じている事例がここにあるんだと考えたくなる。でも、そうした事例でpの内容が正確に言ってどんなものかはっきりさせるのは、たいへんな難題だ。ともあれ、こういう自明な推論原則にはなにか生得的なもの――あるいは少なくとも特に世話されなくても生得的に学習可能なもの――がありそうに思える。

こういう自明な性質は、たしかに形式的論理学を離陸させるのに大いに貢献した(定理を導出するには公理が必要だ)。でも、それと別のグループの研究者たちにとっては、絶え間ない問題の源泉にもなっている:推論システムの設計にたずさわる研究者たちだ。人工知能(e.g. GPS すなわち一般的問題解決器(General Problem Solver))をうみだそうという企てに乗り出す人たちの多くは、この推論の形式的体系を自分たちの設計にそのまま直接もちこんだ――精魂傾けたじぶんの頭脳の産物に、こうした公理からでてくる定理をできるかぎりたくさん詰め込んだりすることもよくあった――けれど、ごく限られた成功しかもたらさなかった。こうした初期の設計者たちも、そのあとこの伝統につらなった人たちも、それで責めるわけにはいかない:論理は現代の計算電子回路のプログラミングで基礎になっている。だから、論理の範囲をさらに広げて、その計算回路の上にその知的子孫を生み出そうとしたとき、論理の領域をその精神にまで広げようとしたのも当然と言えば当然のことだった。ただ、ぼくらとしてはこう示唆したい――こうしたモデルにまず人間のものに似た自明な公理の感覚だけを資性として備えさせておいて、それから、このエージェントたちが自分の生態的ニッチで直面した問題を解決するのに必要な非形式的推論(ぼくらのによく似た推論)に携わるのをそうした資性が助けるようにしてやる方がもっと適切かもしれない。その結果としてもしかすると形式論理学の定理をエージェントたちが発見するにいたるかもしれない。いまではよく受け入れられていることとして、人間は模範どおりの合理的な思考者ではないけれど、しかるべき条件のもとでは合理的に考える力をもっている（Samuels, Stich, and Bishop 2002）。ぼくらの思考の特色であるヒューリスティックスやバイアスは、特定の種類の認知的機構がもたらした産物かもしれない。その全貌はまだ記述されていないけれど、こうした認知的機構は、論理学の公理に近似してなくもないものにもとづいて、非形式的に推論する。だが、それと同時に、認知的な足場（Clark 1997; Clark and Chalmers 1998）と道具を提供する役目も果たしているのかもしれない。もっと効率のいい非ヒューリスティックで真に合理的推論を可能にする形式体系のようなテクノロジーを学習するには、この足場と道具が必要となるわけだ。

人工知能の分野の基礎には、こんな推定がある。計算機の登場によって、形式的推論がそのまま機械化・自動化できるようになり、その結果うまれた「推論エンジン」によって、多数の「公理」から、知的エージェントに情報を与えその行動の手引きとなるのに必要なあらゆる命題を導き出せるようになった、という推定だ。その知的エージェントは、現実世界を「ウィン、ガシャ、ウィン、ガシャ」と歩き回るロボットでもいいし、どこかに鎮座してチェスを指したり入力された種々雑多な話題の質問に答えたりするエージェントでもいい。実際、その後、とてつもない進歩がなされてきた。現実世界のデータをたっぷり詰め込んだ推論エンジンが統括する巨大システムが、あれこれつくりだされた。そうしたシステムは、ちょうど図書館司書のように、記録された項目のなかから正しいものを見つけ出したり、それらをまとめて様々な質問に答えを導き出すのに長けている（e.g., Lenat and Guha 1990）。でも、「人間の脳は基本的に巨大データベースを記録媒体に備えそれを活用する傑出した推論エンジンを搭載したコンピュータだ」という着想（Dennett 1984で心の「歩く百科事典」モデルと呼んだもの）は、このところ苦境にある。ずいぶん前からわかっていることだけど、こうした超合理的エージェントは、現実世界でほぼ確実にまごついてしまい、その認知資源をちょうどいい頃合いに適切なかたちで活用することができないんだ。

認知科学者のなかには、この筋書きから「論理では不十分なのだ」という教訓を引き出している人たちもいる。巧みに行動し資源のやりくりに長けたエージェントをつくるには、知覚の下位システムや記憶の下位システムや推論の下位システムなどなどを備えている認知システムに、さらに情動の下位システムも一つ（なんなら二つでも三つでも）補ってやらなくちゃいけないんだ、と彼らは考えている。でも、ぼくらとしては——他の人たちと同じく（e.g., Damasio 1994; de Sousa 1987; Elster 1996; Frank 1988）——もっと急進的な結論を導き出したいと思っている：それは、「情動はたんに認知の下位システムと併存する重要な下位システムの集合じゃあない；脳では、情動が支配しているんだ」という結論だ。ぼくらのいう「支配する」は文字通りの意味だ。脳におけるすべての制御、認知プロセスのなかでなされるすべての優先順序決定、すべての組織化、すべての抑制・促進、開始・停止、強化・抑圧は、本書のいう認知的情動によってなされている。もっと厳密に言うと、認識的情動（epistemic emotions）によってなされている。[*4] 認識的情動とは、特定の形式の推論や認識的確信を構成する心のふるまいを後押しする効果をもたらす一群の情動のことだ。この着想が検討されたのは、なにも本書がはじめてじゃあない。「オーガズムとしての説明」で、アリソン・ゴプニック（Alison Gopnik 1998, p.109）は、得心・ひらめき（insight）または発見の感覚を同様の観点で記述している。ゴプニックはこう書いている——「説明を手に入れたときそうとわかるだけではなく、説明を欲するし、手に入れたときには満足を覚える。」ぼくらにはものごとを説明しようという動機がある。ぼくらは、この世界に意味をなしてもらいたがる。そうした認識的情動は得心だけではなくて、他にもいろいろある。おかしみ（*mirth*）とは、推論中になされた微妙な手抜かりがぼくらの知識のまとまりを汚染しないように探し出してつぶすよう心を動機づける情動だ。ただ、このおかしみに目を向ける前に、他の認識的情動をざっと見ておいた方がいいだろう。そうした認識的情動は、それぞれちがった目的をもっているように思えるけれど、どれも人間が遂行する特定の種類の推論を組織立てるのに重要だってことは共通してる。

3　情動

ものの本によれば、脳ってのはこの宇宙でいちばん驚異的なものなんだってね（だけど、そう語ってるのはどいつなのか考えてごらん）。

——エモ・フィリップス

ぼくらがうまれつき好奇心旺盛な理由はわかっている：かつてジョージ・ミラー（George Miller）が言ったように、ぼくらは情報喰らい（*informavore*）なんだ。新奇なものへの渇望に駆り立てられて、ぼくらはいつの日か必要になるかもしれない事実をあれこれ自分の頭にため込もうとしたがる。これは脊椎動物全般と共通の特性だし、他のおりこうな動き回る生き物たちの少なくとも一部とも共通している——イカのような頭足類は、なかでもとりわけ目を見張る。いろんな生得的な経験の欲求は、特定の話題に合うよう調整されている（Dennett 2006）。たとえば、その進化の歴史をくわしく知らなくても、性的な欲求《リビドー》がなんのためにあるか、ぼくらは知ってる。これが進化したのは、あらがうのが不可能に近いほどの衝動を組み込むことによって、たいていの場合に交配の機会を確実に利用するようにするためだ（呼吸をとめるのと同じくらいあらがいがたいってことはないけれど、何か食べたいという気持ちや無事息災でありたいという気持ち、眠りたいという気持ち、釣りに行きたいって気持ちを抑えてしまう程度にはあらがいがたい）。また、ぼくらは甘い物好きだけど、これがなんのためにあるのかもわかっている：ぼくらは高エネルギーな食べ物を好むように配線ができあがっているんだ。また、ぼくらがかわいさに夢中になりがちな理由もわかっている：知覚・動機システムには、幼児の顔を好むようにバイアスがかかっている。このバイアスがあることで、それがない場合よりも高い優先順位を幼児たちの世話焼きや保護に与えてもいいなという意思がぼくらにわいてきて、これを頼りにしている幼児たちにとって有益な結果になるわけだ。どの場合にも、より深い進化論的な説明は、ぼくらの日常の通説の逆になっている：つまり、砂糖が好まれるのは、持ち前の性質によって甘いからじゃなくて（それがどういう意味であれ）、砂糖を好むようにぼくらの配線ができあがっているから、甘いんだ。男子どもが女の子を口説きたがるのは（あるいは男の子を口説きたがるのは）、相手が持ち前の性質によってセクシーだからじゃなくて、ぼくらにとってセクシーだと知覚される相手を口説きたがっているんだ。[*5] 赤ちゃんのかわいさも、子供を養いはぐくむぼくらの本能の引き金から派生した効果であって、かわいいから養いはぐくむわけじゃあない。[*6] ぼくらが経験する欲求の「フレーバー」をいま三つ述べた。これらはいまでは文化的に進化した人工物のシステムによって利用されている。そうしたシステムは、多くの隠れた目的のためにあるぼくらの好みを喜ばせるように設計されている。世間には、ポルノ作家とかお菓子職人なんて仕事があるし、かわいらしいネズミさんだのクマさんだのワニさんだのオニさんだのをつくりだす方法を熟知している漫画家たちもいる。また、こうしたいろんな好みをあれこれ利用して、交配したり食べたり育てたりさえできないモノを売る方法をよく知っている広告屋もいる。（コメディもこれらと同じようにおかしみ本能を利用している。その方法も、のちほど述べるとしよう。）

すべての情動は、ぼくらの神経生理に根ざしている。ただ、情動には脳以外での生理的な効果もある。さまざまな情動によって、たとえば汗をかいたり、よだれがでたり、涙が出たり、呼吸・心拍・血圧などが変わったり、瞳孔が開いたり閉じたり、赤面したり青ざめたり、いろんな筋肉が収縮したり弛緩したりする。こうした効果は体内のホルモン・神経調整物質の拡散に媒介されている。こうしたホルモンや神経調整物質はそれぞれに他と違った個性があり、「直接的」にも「間接的」にも、それとわかる。直接的には、それによって体内に生じる効果――アドレナリンの放出感だとかオキシトシンによる恍惚感――を識別することによって。また、間接的には、自分や他人の外部に現れる効果を観察することによって、それとわかるようになっている。[*7]

ウィリアム・ジェイムズは、有名な情動の理論を提示している（James 1884; Lange 1885; James 1890 も参照）。ジェイムズの情動理論によれば、いろんな情動の生理的な効果は、特定の知覚的・認知的な事象への反応として生み出されるのであり、その後に続いてこうした生理的効果が感覚により検出されることで、五感で直接感じられる質が当該の情動に与えられる――その質によって、あのときの情動、このときの情動で、場面こそちがっていても、それぞれの情動にぼくらは一貫性を感じることができる、というんだ。もし顔が熱くならなかったら、恥ずかしさはどんな風に感じられるだろう？　ジェイムズとランゲに言わせれば、きっと、「それではどんな風にも感じられはしないだろう」となる。この見解も、やはり日常の通説をひっくり返したかたちになっている：つまり、悲しいから泣くんじゃなくて、泣くから悲しいってわけだ。これはまあ、単純化しすぎたキャッチフレーズではあるけれど、勘所はちゃんと伝えている。一部の研究者は（e.g., Griffiths 1997; Solomon 1976）、この見解に反論して、特定の情動（e.g. 羨望、罪悪感、嫉妬）は生理的な反応をともなわずに起こりうると主張している。また他の研究者たちは、ジェイムズ＝

ランゲ説を批判して、脊髄と内臓のつながりを断っても情動的なふるまいは変化しないように見える点を力説している（e.g., Cannon 1927；また、Chwalisz, Diener, and Gallagher 1988も参照）。彼らによれば、同一の生理的な変化であっても、ちがった情動が導かれることがある（Cannon 1927; Marañon 1924; Schachter and Singer 1962）。ぼくらの見解では、プリンツ（Prinz）はうまくジェイムズ＝ランゲ理論の擁護をやってのけている。プリンツはキャノン（Cannon）およびシャクター＆シンガー（Schachter & Singer）それぞれの実験結果は決定的でなく、まだ複数の解釈ができるとして、これらの説得力を割り引いている（詳細はPrinz 2004を参照）。また、プリンツによれば、グリフィス（Griffiths）が念頭においている「嫉妬」とは嫉妬する傾向のことであって、嫉妬がわきおこった個別事例《インスタンス》のことではない。なるほどそうした傾向によって、ぼくらは恋人が毎晩時間通りに帰宅するように望んだりはするけれど、恋人が実際に遅れて帰宅したときにわいてくる嫉妬の実際の生起には、ちゃんと生理的な効果がともなう。

ジェイムズ＝ランゲのモデルはさらに拡張されている（e.g., Damasio 1994, およびPrinz 2004による拡張。プリンツは情動のことを「身体化された評価」（embodied appraisal）と呼んでいる。また、情動的情報がどう身体化されるかを簡潔にまとめた文献としてNiedenthal 2007も参照。）こうした拡張版のジェイムズ＝ランゲ・モデルでは、情動とは情報のフィードバック・ループであり、これは脳だけでなくそれ以外の体内でも起こると主張される——一部の刺激は認知的事象を引き起こし、これを受けて体内にホルモンが分泌され、今度はこの分泌によって生理的な変化が生じて、さらにそれが固有受容感覚をとおして知覚され、その事象に統合された感覚要素となる。こうしたループには、純粋に大脳で完結する処理システムにはない属性がある——と言うより、もちえないのだ。第一の重要な属性は、「時間がかかる」という属性だ：情動は一定時間にわたって起こる。そこで引き起こされた生理的効果も、そうした効果を引き起こすべく交感神経系・副交感神経系によって放出される伝達化学物質も、ともに、純粋に認知的な事象（ニューロン発火）より展開に大幅に長い時間を要する。

第二に、情動はいつでもプラスマイナスの誘因価（*valence*）をもっている。[*8] プラスマイナスの誘因価があることで、いま言ったようなフィードバック・ループをとおして感じ取られる出来事は、たんに自分の利益になったり危害のもとになったりしうると認識される事物なのではなくて、そうした理由から「よい」「わるい」と知覚される事物でもあるということだ。[*9] この種の誘因価を帯びたフィードバックにより、「たんに認知上の」出来事が（e.g. 誰かが死ぬのを目撃したり、我が子が綴りテストで一等を取るのを見たりといった出来事が）、痛ましい出来事や喜ばしい出来事になりうる。この点は、もっと「身体的な」出来事（e.g. オーガズム、疲労、満足など）が痛ましかったり喜ばしかったりするのと同じことだ——つまり、出来事の誘因価がそれとわかるのは、そこに誘因価をともなった生理的なもろもろの影響が体をとおして生じてくるからだ。[*10]

もっと「はらわたで体感される」条件では、快感や痛みは直接に（物理的に直接に）体のなかに引き起こされる（たとえば性行為、重労働、食事などによって）。そして、情動のフィードバック・ループでそれが情動システムに影響をもたらすには、事実に関する内容や暗黙の内容がすばやく（自動的に）評価・判断される必要がある。すると今度は情動システムが刺激されて、身体的な反応のシグナルが引き起こされる。こういうかたちで、体感することのかなわないものが、かなり文字通りに「体感できる」ようになる——さっきまで認知的にしか評価・判断できなかったものが、いまや実質のある物質的な誘因価をそなえるにいたったわけだ。たとえば『プライベート・ライアン』の〔ノルマンディー上陸作戦をリアルに描写したエグイ〕冒頭シーンを視聴するのは、比喩ではなく本当に「はらわたで感じる」経験だと言える。

おおざっぱで効率的な危険転換感覚回路（danger-transducing sensory circuit）は、もっと遅い認知プロセスによって危険の原因が同定される前に、パッとすばやく行動を方向づける反応の引き金を引くことができる。遅い方の認知プロセスは、もしかすると危険がないかもしれない場合にいったん誤報を発してしまっても、そのあと〔やっぱり危険はないと判断して〕アドレナリン放出開始を取り消したりできる（e.g., LeDoux 1998, 2002 参照）。こうして取り消しが起こると、ほとんど知覚できないほどかすかで消え入りそうなほど束の間の情動的なズキズキがもたらされることがある。それでも、このズキズキは強力な動機づけの効果を継続してもちうる。一般に情動は感じられねばならないけれど、これを定義により真にするべきではない。根本において〔情動に〕似たプロセスであっても、ぼくらが気づくことのできない閾下にひそんでいるものはあるからだ。

このずいぶん広義の「情動」定義は、もっと限定的な範疇分類の逆を行っている（e.g., Descartes 1649/1988; Ekman 1992, 1999; Tomkins 1962; Izard 1971; Oatley and Johnson-Laird 1987）[*11]。ただ、この広義の定義にはいくつか近年になってなされた見事な擁護論がある。これには、ダマシオ（Damasio 1994, 1999）とヒューロン（Huron 2006）が含まれる。

情動を分類する際によく言われることがある。一つ一つの情動が成り立つ時間の尺度は大きく異なる。ときには数秒単位で起こることもあれば、愛情のように数年にまたがるものもある。この捉え方は誤解だ。数年にまたがる愛情といっても、それは愛することを絶え間なく続けているわけではなく、愛の情動が個別に生起する事例《インスタンス》が繰り返される傾向がその年月にわたってつづいているんだ（e.g., Solomon 1976 参照）。つまり、配偶者に感じる愛は、持続的な活動ではなくて、比較的に短時間における情動の生起が何度も繰り返されるのを経験する傾向性だ。そうやって愛情が繰り返しわき起こる経験は、たしかに長年にわたって続くかもしれないけれど、情動の個別生起が数年続いているわけじゃあない。そうした生起は一日に何回も起こるかもしれないし、当人がそれを自覚していることもあるだろう。たしかに、そうした生起のせいで（甘酸っぱくも）思考の流れが中断されることだってあるかもしれない。でも、そうであってもとにかく情動の生起は（通常は）すぐに終わる。すると当人の注意は自由になって、もとの考え事や他の用事に戻っていく。ただ、こうして1つの情動がわき起こって終わったときにも、当人が内観でわかる以上に長く後を引く効果はもたらされるかもしれない。それによって、一途さや信頼、共感といった人との結びつきが強まり、これも「愛」と呼ばれる対人関係の長期的な状態がつくりだされはするかもしれない。でも、それ自体は情動の状態とはちがう。

これと対照的に、怒り・うわつき・罪悪感といった多くの情動は中断されることなく少なくとも数時間にわたって続くように思える。その数時間のどこかで一回の生起が目立って途切れることはないようだ。ただ、この種の一貫性は、一連の生起が次々と重なり合っているのだと説明できる。当該の情動を絶え間なく再始動し続けるフィードバック・ループがあったり、絶え間ない刺激がもたらされていたりすると考えられるわけだ。ある情動を引き起こす刺激がずっとそこに現れていれば、その情動も継続的に引き起こされることになる。もっと興味深い点がある。ある情動が強烈なあまり、それを引き起こした出来事について考えていると、当初の刺激の代わりに、後に続く思考の方が絶え間なくその情動の引き金を引きつづけることになる場合もある。そもそも自分ががっくり落胆するきっかけになった事柄についてずっと考えていると、いっそう惨めな気持ちに落ち込んでしまうという、あれだ。こうしたフィードバック・ループは、周知のとおり、なかなか逃れがたい場合もある。

こうした知覚ではなく思考による情動の引き金は、人間のような考えるエージェントの心で際だった役割を果たしている。大半の動物は、どうやら予想や記憶に関連した情動をもっているようだ――エサを入れる皿を目にした犬は、まずまちがいなく、ある情動的な欲求を駆り立てる食事の「思考」を抱いていることだろう。それはぼくらも同じだ。経験だけでなく、記憶や予想も、こういうかたちでプラスマイナスの誘因価を帯びている。仮想の未来や反事実的な過去を夢想するのは、おそらくぼくらに固有の能力だろう。記憶や予想が誘因価を帯びているところに、この能力が加わると、たんにそうした想像上の出来事を実行に移すことができるだけでなく、それらを評価できるようになる。ダマシオ（Damasio 1994）は、この考え方を「ソマティックマーカー仮説」と名付け、こう示唆した――こうした評価が利用できるおかげで、過去の出来事との類似性を尺度に使って可能なあれこれの未来の出来事がもつ情動的な誘因価を比較することにより、未来のいろんな選択肢からどれかを選び取る能力が、ぼくらには備わっている。（予測を原動力とする情動については Huron 2006 を参照。）

　要約しよう。情動とは、ぼくらの内部に引き起こされる快感や痛み――誘因価を帯びた知覚――のことで、その原因となるのは、外界にある情報の形態を転換するさまざまなプロセスだ。誘因価を帯びているので、こうした情動は、それに関連する刺激に誘発性をもたらす――この誘因価は、一種のデフォルトな動機だ。ぼくらは情動的な誘因価を帯びた知覚に対して無関心ではいない。知覚的なので、こうした情動は他の知覚データと同じように情報処理に関与できる。これにより、情動面で似ている出来事どうしを同じ範疇に分類できるようになっている。だが、おそらくこれよりもっと重要なことがある。それは、記憶や思考がなんらかの感覚《フィーリング》を呼び起こしたり、ある感覚《フィーリング》がある記憶を引き出す「情動の呼び水《プライミング》」（emotional priming）が可能になるということだ。*12 こうした呼び水《プライミング》は、潜在的な未来の展開をあれこれ評価することによって情報に基づく意思決定をする能力をもたらすソマティックマーカーの操作の土台となっているかもしれない。一般に、情動は、体に起こる生理的変化の時間尺度で生起する。神経調整物質やホルモンの放出と、その再吸収または放出の不応期が引き起こすそうした生理的変化は、数秒から数分ほどの長さだ。だが、これよりもっと短くてもっと気づきにくい効果も——意識下での情動的効果も——排除されておらず、経験のダイナミックスで重要な役割を果たしているかもしれない（Booth 1969; Huron 2006）。どんな場合であれ、生理的変化やその効果が消え去ったときには、もはやその情動は感じられなくなる。ただ、これにとどまらない効果は、その情動の引き金となる内容と認知システムや外界が相互作用を起こした結果として生じるのかもしれない。

4　情動の合理性

認知と情動を対立させる古来からの二分法を、いいかげん変える必要がある。我々の情動は、社会的なふるまいをもたらす燃料なだけでなく、さまざまな水準の知能をもたらす燃料でもある。

——スタンリー・グリーンスパン

英単語の emotion も motivation も、ともにラテン語 movere に由来している（「動かす」という意味）。このことから、情動が行動の動機であることが早くから認識されていたのがわかる。現代の情動理論も、情動の目的は動機づけることだと結論している：ザイアンス（Zajonc 1980）の見方では、情動は、それと対になる刺激をぼくらの好きなもの・キライなものとして特徴付け、そうした種類の現象に近寄ったり遠ざけたりする傾向を、ぼくらのなかに引き起こす。フライダ（Frijda 1986）は、「行動傾向」（action tendency）という用語を使って、特定のふるまいの確率を高めるものとして情動を記述している。また、プリンツ（Prinz 2004）も同様の見解を主張している。それによれば、動機の出所は情動の評価的な質（appraisal quality）ではなく、情動が帯びているプラスマイナスの誘因価にあるとされる。情動に関する本書の見解も（快感や痛みは餓えや飽満感と変わらないという考え方であって）こうした理論と同調している。この点は、ここではっきり言ったおいた方がいいだろう（Damasio 1999 も参照）。

さて、ここまで本書では、高次の情動とは身体的なフィードバック・システムだと特徴づけてきた。他の形態〔感覚〕に直接転換させる変換器《トランスデューサ》（前述、一二六頁参照）がないあれこれの内容に、このシステムが誘因価を帯びた評価をもたらす。こう考えると、情動が行動におよぼす効果は、外的な報酬[*13]や罰と同じようなものだとわかる。たしかに内容に媒介されてはいるけれど、情動は強化学習システムに報酬や罰を与える力をもっている。その点では、内在的な痛みや快感と変わりない。ソーンダイク（Thorndike 1911）のいう「効果の法則」（law of effect）は――罰や報酬はそれに関連した行動が繰り返される確率を下げたり上げたりするという考えは――、直接的な感覚だけでなく、こういう媒介された感覚にも同じように当てはまる。また、これにより、行動の傾向も食べ物・お砂糖・コカインのような報酬と同じくらい情動のフィードバックによっても調整される。それどころか、どんな情動であろうと、もれなく他の身体的なプラスマイナスの誘因価を帯びた感覚となんら変わりないのだと考えれば、効果の法則に一致するもの以外に動機を考える必要はなくなる。問題となっている行動が外的で大々的になされている場合に、これは一目瞭然になる。たまりかねるほどの空腹、おいしいものを食べたときの喜び、〔万が一食べ物が腐っていた場合の〕吐き気、満腹感は（さらに、食べ過ぎてふくらんだお腹の鈍痛も）、ものを食べる行動の進行表をつくりあげている。これほどパッとその場でわからない情動による調整もある。そちらもいくつかの情動が協調したり別々の対立するプロセスにわかれたりしながら機能し、全体としてさらにいろんな種類の行動への動機をもたらしている。そうした行動には、表に出てこない内的な行動も含まれる：動機づけられる行動がどういうものであれ、それは痛みを減らしたり快感を得るのに効果的なものである見込みが高い。

ソーンダイクの主張によれば、もし学習曲線がなめらかなら（実際にそうなっているのを彼は見いだしている）、動物の行動を説明するのに豊かな内的な心の生活を仮定してかかる必要はない。報酬によって一定してある行動の確率が高められているかぎり、強化学習だけでそうした学習は説明される――のちにこれをヘルンシュタイン（Herrnstein 1970）が数理的に定式化している。一つ一つ個別の報酬に対するその動物の内在的な感応性と、いろんなタイプの報酬と罰の相互作用とにもとづいて、あとは環境に現れる偶発的な事態――報酬と罰の規則的な生起――によって、その動物がとる行動の傾向が構造化される。この定式化のもとでは、動機づけ要因としての情動は一種の合理性をもたらすことになる。情動はぼくらの行動を指図する。そして、情動が理にかなったかたちで行動を指図しなかったら、子孫が途絶えるというかたちで進化に処罰を受けるハメになる。また、空腹や渇きや嫌悪感や性欲のような「はらわたで感じる」衝動を考えてみると、遺伝子の複製という至上命令への便益は自明だ。有無を言わせず強制してくるこうした種類の感覚があるおかげで、ぼくらはいつ食べていつ眠りいつ交配すればいいかわかる。こうした感覚のおかげで、ぼくらは鋭利なモノや熱すぎるモノや冷たすぎるモノを避けることを知っているし、固いモノにぶつかるのを避けることを知っている。筋肉が働きすぎているとき、息をとめるべきとき、深呼吸すべきときもわかる。こうした行動は、まさしくなすべきときにいちばんよくなされる――いちばん理にかなったときにいちばんなされやすい。ただ、もっと洗練された情動が果たしている役割は、これほど明快じゃない。かわいい子供たち（や動物たち）を見ているときに喜びがわき上がるのはどういう理由があるんだろう？　また、熱烈な恋におちたり、はずかしさで赤面したりするのはなぜだろう？　ブチキレたとき（自分自身や家族にとってすら）破壊的なふるまいを見せるのは、なんでだろう？

フランク（Frank 1988）は、こうした事例その他を明快に整理している。フランクによる進化論的な説明は、さまざまな激情に関して経済学的な見方をとっている。その主張によれば、純粋に合理的な見通しに立っていたら選ばれない行動でも、その個体（の遺伝子）にとって便益となることがある。そうした行動の便益をつくりだす方として、情動はそれぞれに自然選択されたというんだ。たとえば、愛や罪悪感は、「コミットメント問題」への解決策になっている。一見すると、コミットメント問題は「あとになってかえりみれば自己利益に反していそうに思えるだろう行動に盲目のコミットメントをとるのがその人の利益になるときに生じる」（Frank 1988, 47）。自分の配偶者になりそうな相手が、自分以外にもっといい相手を見つけようとしてとあちこち物色して回るかもしれないと信じられているとき、二人の合理的な——過剰に合理的な——エージェントが配偶者市場で相手を決められずにあぶれてしまう。決めてさえしまえば最善の取引になるかもしれないものを、ぐずぐずと決められずじまいになってしまうわけだ。「恋に落ちる」というおおげさで頭がどうかしているかのような行動は、自分の気持ちのゆるぎなさを保証する立派な手段になりうる。だけど、そうなるのもひとえにそれが（明らかに）そのエージェントの合理的制御におさまっていないからこそだ。[*14]さらに、こうした情動がなかったら、間男や女たらしが世間にあふれかえることになる。もし愛という情動がなかったらあの人この人にフラフラするかもしれない人たちが、愛がもたらす愛着の満ち足りた感覚や身をかきむしるような喪失の感覚、罪悪感により悪いことをしているという心苦しい感覚から生じる身体的な効果の結果として、強制的なコミットメントを感じるようになっている。こうした情動をぼくらに感じさせることで遺伝子にもたらされる便益は、ぼくらが家族の一体化にコミットする、というものだ——子孫の生存確率を高める一種の暗黙の経済的な合意という便益がこうしてもたらされる。[*15]

もう一つの例は罪悪感だ。トリヴァース（Trivers 1971）による互恵的利他性の説明をさらに精緻化した研究で、罪悪感を扱っている。フランクの仮説が断定するように、罪悪感があるのは、社会的なズルを抑制すること、および／または、不正行為のおわびをうながすためだ——こうした行動パターンは、将来の社会資本を増やし、これが社会的なズルを行う短期的なみせかけの便益を上回るようになる。隣人が見ていないスキをついて夕食を盗まないのも、長い目で見てお隣さんとの協力関係からえられる利得の方が、たかが一回分の夕食より大きいからだ。しかし、フランクの説では、これが便益になると当人が知っている必要はない——お隣さんの夕食を盗もうなんて考えることに罪悪感を覚えることさえわかっていれば、それで十分なんだ。ぼくらにかわって膨大な社会的な損得勘定を学んでくれた進化によって、ぼくらは罪悪感を覚えるようにできあがっている。ぼくらは、それと知らずに、損得勘定がすんだ残りの作業をやっているわけだ。

どの情動にも、それに関連した一群の行動があって、それぞれに持続的な便益をもたらす。そうした便益は、当の生物個体のセンサーでは計測できないこともあるだろうけれど、個体からみて直接にパッとすぐわかる短期的な便益を上回ることが進化によって見いだされて［こうして選択されて］いる。こうして、それぞれの情動は特定の行動に結びついている。その理由は単純で、そうした行動こそ快感を引き出したり痛みを取り去ったりする効果を因果的にもたらすと学習されているからにほかならない。そして、その快感や痛みは情動そのものなんだ。[*16] こういう風に情動による動機づけモデルと絡み合った強化学習システムは、ソーンダイクが記述しているような学習曲線を使って、こうした快感・痛みの（おおざっぱな）バランスをとり、それが進化した目的を達成するためにいろんな行動を最適化する方法を学習していく。こんな具合に、互いに作用しあういろんな情動のシステムは、行動に関する意志決定を駆り立てる。その意志決定は、大半が妥当な選択を下す（もっとも、次のセクションで見るように失敗することもあるけど[*17]）。

　こういう種類の情動によってもたらされる合理性は、すごく多くのタスクに役立っている。こういう合理性は、すべての動物にとって、この物理世界を――ひいては社会的世界を――渡り歩いて暮らしていく助けになってくれるし、たいていの場合に理にかなった行動の方向を選ぶ役に立ってくれる。ただ、他の動物たちから人間を区別する種類の合理性もある：それは、無矛盾則みたいな公理に基づく（とされる）方法にのっとった論理的推論だ。こちらにはまたちがった種類の情動が必要となる。ちがうとは言っても、その動作の仕方がちがうわけじゃなくて（なにしろ情動にはちがいないので）、引き金を引いたり軽減したりする対象となる内容がちがっている。別の言い方をすると、相違点は、情動が引き起こす行動の種類にある――こうした認識的情動の結果としてぼくらが近づいたり遠ざけたりする物事の種類がちがうんだ。ぼくらがやってる認識的な行動の多くは、表に現れることなく脳内で起きているいろんな行動によって成立している。でも、それでも行動にはちがいない。他方で、行動としての共通点をのぞくと、表に現れる行動はその多くが注意を必要とする意図的な活動も含んでいることだってよくあるものの、たいていは知覚された出来事により引き起こされていて、条件付けだってなされうる。

　思考と行為の区別は慣例でもあるし、直観にもあっている。でも、この区別を比喩的にでなく厳密に受け取ってしまうと――思考は「なされる」のではないプロセスだとみなすと――二元論になる。本書の主張では、思考はたんに物理的プロセスであるばかりか、動機づけられた故意の物理的プロセスですらある。ぼくらの見解では、思考と行為の区別は、そこで起こる神経的なプロセスが運動ニューロンにまで行き着くか、それとも、運動活動を惹起せず思考に関わる概念に対応する他の内的ニューロンでとどまるかのちがいでしかない。ダンスの場合なら、運動ニューロンが活性化されないことには、この外界を体が動き回ってくれない。でも、ダンスについて考えるだけの場合なら、神経学的なプロセスの大半はほぼ同じでありつつも、運動ニューロンが実際の動作を引き起こすのは抑制されるという見込みが高い。*18

そうすると、広く考えて、認知的な行動は心的な機能ということになる――つまり、意図的に志向的状態を変えるという機能だ（「意図的」も「志向的」も intentional だけど、前者はカジュアルな意味、後者は哲学の専門的な意味だ）。認知的行動は、脳の状態を変える効果をもたらす。そして、この変化によって神経上のダイナミックスがこの先もちうる状態が制限される。組織化した認知的行動の例をいくつかみれば、言わんとすることがもっとわかりやすくなるかもしれない：特定の種類のデータ収集（e.g. 注意を差し向けること――知覚的な空間をあちこち探索すること――によってなんらかの必要な情報を検出し、進行中の意味処理を支えること）もあるし、問題解決の行為を成り立たせるいろんな行動もあれば（問題解決では、メンタルスペースへ選択的に情報を挿入したり、逆に情報をそこから削除したりすることがよくある。そうしてできた情報の総和の一貫性によって、結論への経路が短縮されるか、その挿入または削除された情報の妥当性が示唆されるかを確かめるためにそうするんだ［この「メンタルスペース」という用語はフォコニエ（Fauconnier 1985）から借用したもので、次章でもっと詳しく紹介する］）、また、意味の再結合という創造的な行為もある。

表面に現れる行動に情動による動機づけが必要なのと同じように――社会的な行動は社会的な情動によって方向を与えられるし、生存のための行動は生存に関わる情動によって方向を与えられる――認知的行動のような表に出ない行動にも、行為者にそう遂行させるよう駆り立てるインセンティブが必要となる。最近の論考の冒頭で、デニス・プロフィット（Dennis Proffitt）はこう書いている。「知覚に労力はかからない。たんに起こるだけだ。知覚とちがって、考えたり、思い出したり、話したり、推論したりといった行為には労力と計画が必要となることが多い」（Proffitt 1999）。思考というタスクをやるようにうまく誘い込まれなくちゃいけないばかりか、ぼくらはそのやり方まで示されないといけない。ぼくらは生まれつきの思索上手じゃあない——いつ・どうやって考えるかを教わらなくちゃいけない。もちろん、これには指導が必要となる。でも、そうした指導は、誰か他人が——親や教師が——やってくれないといけないと読者は思うかもしれないけれど、必ずしもそうではない。そのかわり、自動的指導が認識的情動によってシステム内でなされている。このおかげで——ちょうど痛みによって熱いものから手を引っ込めるべきときがわかるように——いつ疑い、いつ想像し、いつ笑ったらいいのかがわかるわけだ。

　ゴプニックと同僚たちは、子供が問題解決できたとき、そこに肯定的な感情的反応（affective response）が結びついている（し、それにともなう喜びの表情も結びついていることが多い）と述べている。ゴプニックはこれを適切にも「理論欲動」（theory drive）と名付けている（Gopnik 1998）。こういう考え方だ——うまく説明をうみだせたとき、そこには肯定的な情動が結びついている（この情動の方をゴプニックは「説明」と呼んでいるけれど、ぼくらは「ひらめき」または「発見」と呼ぶことにしよう）。断片をまとめてその場の状況や一連の関連した出来事を説明する一貫した理論をつくりあげたときにわきでる「そっか！」（Aha!）という感覚が、それだ。このひらめき、「そっか！」感覚は、理論を発展させていきこうした種類の理論／説明にいたる隠れた認知的行動の遂行をうながす主要な動機づけ要因だ。ぼくらは生まれつき理論構築にとりかかる欲求を備えている。さらに続けて、ゴプニックは幼児と科学者それぞれに見られる理論構築は同じ行動だと説明している。それぞれ、切れ目のない連続的な尺度のどこかにのっかる行動であって、ただ、科学者バージョンの理論構築は幼児の（というか、万人の）基本的な理論構築の仕組みを拡張して社会的に組織化しているんだ、とゴプニックは言っている（Gopnik and Wellman 1994; Gopnik and Meltzoff 1997; Gopnik 1998）。実際、子供たちは自分の理論を発見し検証するとき、まさに科学者とそっくりなことをやっている：実験作業だ。子供たちはこの世界になにか手を加え操作し、そうした操作から因果関係の規則性を発見する。なんでそうするの？　規則性を発見すると、ひらめきの愉しみがブワッとわきでてくるんだ。ぼくらは誰だってそうだけど、とくに子供と科学者は、まるでお菓子のボンボンやアヘンのようにこの愉しみを絶え間なく探し求めている。ゴプニックは、フランク（Frank 1988）による論証を真剣に受け止めて、こう述べている。「ここでも、性的な欲動との類推関係は一目瞭然だ。自然によって、我々は長期的には自分にとっていいこと（少なくとも自分の遺伝子にとっていいこと）を確実にやるように仕向けられている。短期的に、そうしたことを愉しくすること（少なくとも抑えがたくすること）によって、これを保証しているのだ」（Gopnik 1998, 107）。

ひらめきは単独でこの仕事をやってのけるわけではないし、動機づけの必要がある認知的作業は別に理論発展だけじゃあない。安定して信頼の置ける世界の「表象」を構築するようぼくらを駆り立てることには、他にも一連の認識的情動が関わっている。ゴプニックの喩えで言われるとおり、ひらめきがオーガズムみたいなものなら、同様に、好奇心は性欲のようなものかもしれない。好奇心という認識的な餓えによって——道理と秩序を見つけ出したいという燃えさかる欲求によって——ぼくらは説明の行使を必要とする状況に熱心に挑むよううながされる（クタクタになるまでがんばってしまうことも多い）。最終的にはひらめきという宗教的なまでに崇敬される瞬間を目指して、そうするんだ。ちょうど、オーガズムをむかえたとたんに性欲がどうでもよくなるように、好奇心という餓えの情動も、ひらめきを達成したとたんに、潮が引いていく。「好奇心は猫も殺す」とは言うけれど、好奇心はそのコストを補ってあまりある：これがなかったら、理論や答えを探し出すことはないかもしれないんだから。

認識的情動がすべてセックスの喩えにすっぽりハマるわけじゃあない。認知はおそらくセックスほど単純ではない。退屈（boredom）は、認知的な倦怠から遠ざかるようぼくらを駆り立てる役目がある。たしかに好奇心は、まだ説明のない個別の規則性を探して詳しくかぎまわるようぼくらの認知装置を駆り立てるけれど、その一方で、退屈感のつらさなしに骨折ってわざわざものを考えるのにとりかかることは滅多にない。退屈感のつらさがなかったら、なんにも考えず無責任でいられる状態を抜け出して、わざわざ骨折ってものを考えようとしないだろう。切迫して考えなくちゃいけない問題がないときにすら、ぼくらはいちいち物事を考えるし、しょっちゅうそうやって考えてる。それもひとえに、考えないでいるのはつらいからでしかない。

たしかに好奇心と退屈感はひらめきの逆で、ちょうど餓えと満腹感が反対なのと同じかたちになっているけれど、発見に対応するものは他にもある。その逆の情動というのは、餓えよりも、むしろ痛みにちかい情動だ（それに、発見したときの驚嘆みたいな喜ばしい情動ともちがうのは間違いない）。それは混乱の情動だ。あるバージョンの混乱は、なにかが「フムーおかしい」だと感じたときに覚える不安のなかでも、なやましい種類にあたる。整合のとれた理論をうまくつくりあげたときは報酬が得られる。これと対照的に、この否定的なシグナルは不整合の罰をもたらし、矛盾を一刻も早く解消するようにうながす。うまく物事が腑に落ちたとき、すごいぞ（すごいひらめきだぞ）とぼくらは感じる。ところが、それと対照的に、うまく腑に落ちず意味をなさないとき、それとまるでちがった心のうずきを覚える：深く、ときに狂おしいまでの、混乱［の情動］を、ぼくらは感じる。*19

認識的な不確かさ――切迫した問いに対して、説得的な答えのもちあわせがないこと――には、それにともなう独特な情動がある。こちらも同じく「不確かさ」（uncertainty）と呼ばれている。これは、注意深い探査にともない、それをさらに駆り立てる否定的な情動だ。不確かさの情動は、警告への感受性を高め、ほんのちょっとした刺激に定位反応（orientation-response）を返す。いま述べたようなもの以外にも認識的情動はもっとありそうだし、認識的情動の下位区分ももっと洗練したものができそうではある。[*20] いま述べたことは、認知的／認識的な行動を分析するにあたって、それを動機づけ、方向付ける情動の観点で考えるための出発点だ。思考の機構について言えることはもっとありうるし、単純な快感と痛みによってまさにしかるべきときにこうした仕組みが有意義に合理的なかたちで方向付けられうる方法についても、言えることはもっとある。ただ、そうした拡大版の研究は今後の課題としよう。

5　情動の非合理性

> 愛はパイみたいなものだ――自然で、非合理〔無理数〕で、すごく重要。
>
> ――リサ・ホフマン

> 人間を定義するのに、とんでもなく手に入りにくそうな報酬を追求して非合理的なことをやろうとする意欲にまさるものはない。これこそ、宝くじ、デート、宗教の背後にある原理だ。
>
> ――スコット・アダムズ

> 理性はいかにしてこの世界に生じたのだろう？　ちょうどいい具合に、非合理なかたちによって、偶然に生じたのだ。これは謎かけのつもりで推測をしないといけないだろう。
>
> ――フリードリヒ・ニーチェ

前のセクションではこう論じた――広く捉えた場合、情動は合理的な動機づけ要因であり、これまでにぼくらの遺伝子が淘汰をくぐりぬけてきたときとだいたい同じ（物理的・社会的）環境にぼくらが生きているという仮定のもとで、ぼくらが直面するすべての生存・生殖に関わる必要事項にうまく釣り合いをとらせるために、しかるべきときにしかるべきことをやるようぼくらをうながすんだ。物理的な飢渇感の情動や、心的な倦怠感のおかげで、エネルギーをいつ注ぎ込み、いつ節約すればいいかがわかる。そこからさらに話を進めると、餓えによって、いつさらにエネルギーを摂取すればいいのかわかるし、渇きのおかげでいつ水を飲めばいいのかもわかる。また、恐れのおかげで命惜しさに逃げ出すべきときもわかる。こうした行動をとるタイミングをうまく調整できるエージェントは、すでに、重大な環境による挑戦をいくつも解決しているとみていい。この見解をフランクによる説明で補強してみると、熱情にかられた恋みたいに表面的には非合理にみえる情動も、実はコミットメント問題のようなもっとややこしい自然の難題を解決するものだとわかる。これにより、ぼくらはよりいっそうややこしい社会環境にうまく参加できているわけだ。最後に、いちばん複雑な問題——自由無碍な思考を必要とする問題も、特定の情動の集合によって解決されるのだとも示唆しておいた：好奇心、退屈感、疑い、混乱、ひらめき、おかしみ、などなどの情動がそれだ。

進化によってぼくらへ引き継がれた、このうまく計画の練られた行動制御をもちあわせながらも、ぼくらはやっぱりけっこう理性的でない連中だ。情動によっては、過剰反応に思える行動をぼくらにとらせるものもある。情動におされて、費用の方が便益を上回っているように見える行動をとってしまうことがある：たとえば、嫉妬や憤怒にかられて極端な暴力を爆発させてしまったり、傷心のあまりに自殺してしまったり、みたいな行動だ。自分の女を寝取ったアンチクショウを殺して牢屋に入るのは、理性を踏み外しているように思えるかもしれない。でも、ここで思い出そう。かなり最近になるまで、人類が歩んできた歴史の大部分では、そうした結末をもたらす法制度なんてなかった。だから、この一見すると不合理なことも、たとえば「こうした情動が進化したときの環境は今日のぼくらが生きる環境とちがっていたからだ」と説明がつけられるかもしれない。本書の考えでは、これよりいい答えがある。それは、「こうした情動はたしかにときとして過剰反応の費用をもたらすけれど、通常の環境においてもこうした情動が一生涯にもたらす便益の総和は、こうした滅多にない費用を上回るんだ」という説明だ。過剰反応は非合理性の一例だ。でも、過剰反応よりもっと広く行き渡った――したがってもっと重要な――不合理な行動の取り方があったりする。

大事な仕事があるとき、どうしてもぼくらはズルズルと引き延ばしてしまう。肺ガンのイメージが印刷されたパッケージからタバコを一本ひょいと取り出してスパスパ吸ってしまう。酒やドラッグにハマり、むざむざと職業生活・家族・人生が台無しになるにまかせてしまう。ダイエット中で控えなきゃいけないとわかっていてもついごまかして食べ過ぎてしまう。配偶者を裏切ってしまう。未来のために貯金するのに失敗してしまう。苦労して稼いだお金を、確率は自分に不利だとわかっていながらギャンブルにつぎ込んでしまう。こういう自滅的な行動に手を染めるのを控えるのに適した情動の仕組みを、どうして進化はぼくらによこしてくれなかったんだろう？　たしかに、コカインやダイエットみたいに比較的に新しい環境による問題もあるけれど、それが主要な理由じゃあない。ズルや引き延ばしは、大昔からの問題だ。それに、ぼくらはこれを進化の手抜かりのせいにできなくもない。ズルや引き延ばしは今後に残された未解決問題ではあるけれど、別にこれといって生殖の成功を妨げるわけでもないのだとも考えられるだろう。でも、これにはもっと説得力ある答えがある：「だってムリなんだもん」

いま挙げた例はどれも、必要不可欠な欲求が暴走した例にあたる。この欲求はヒューリスティックなシステムの一環をなしていて、このシステムはあれこれの必要な目標にあたえる資源を管理して、その共同使用のバランスをとっている。こうした暴走は、どれも中毒の具体的なありさまとなっている。ドラッグ、アルコール、ギャンブルはどれも中毒をおこす活動としてよく知られている。グズグズ引き延ばすのも怠惰への中毒だ――怠惰というのは、エネルギー節約戦略として効果的なんだよ。ダイエット中についつい食べてしまうのは、砂糖や脂肪の味わいがもたらす悦びへの中毒だし、配偶者を裏切る不倫は、いろんな社会的・性的な情動への中毒だ。また、貯金をついつい無駄遣いしてしまうのも、なんらかの中毒の結果かもしれない。ここでカギとなる要点はこれだ：こうした行動は、どれをとっても、そうするよう動機づけられてしかるべきことなんだ――ほどほどに、ではあるけどね（ドラッグは例外。化学レベルでぼくらの報酬システムをのっとってしまう）。ところが、不適切な価値づけによってバランスがとっぱらわれてしまうと、不合理な行動をとってしまう。

不確実性のもとでの行動の取り方を選ぶには、ヒューリスティックな選択プロセスが必要になる。すぐれたヒューリスティックスは、多くの場合に最善の策への見事な近似をもたらしてくれる。ところが、そうしたヒューリスティックスも（設計により制限された）領域では失敗してしまう。すると、予想通りに――それどころか病理的なまでに――ダメな結果をもたらす。情動は合理的だけど、情動システムっていうのは行動を駆り立てるヒューリスティックな仕組みであって、不完全情報のもとで動作してる。だから、場合によって情動が失敗することもあるのは受け入れるしかない。過剰反応だとか中毒みたいな失敗は、解決不可能なんだ。

エインズリー（Ainslie 2001）は、双曲割引を論じている。これは、ぼくらに備わったシステムがどんなところで失敗してしまうのかを見事に説明している。その一方で、エインズリーは、これまで何世紀にもわたって人間がいろんなレイヤーでこしらえてきた矯正策によって、情動による制御システムの厄介なクセをいかにしてなおせるかってことも示している。多くの策は、個人的な経験でよくおなじみだろうし、エインズリーの分析は何百という映画やドラマのネタになっている。たとえば、『オデュッセイア』でオデュッセウスがセイレーンに遭遇するとき、彼は船の乗組員たちに指示して、自分をマストに縛り付けさせ、彼らには耳栓をさせることでセイレーンの歌声の誘惑に抵抗してみせる。こうした策は、ユーモアの格好の標的でもある。自分のための賭け金をつり上げると、自分が直面するいろんな自己規律のタスクが変わる。たとえばこんな具合だ：

(18) 昔のメーン州の農夫の話。便所で用を足してズボンをずりあげようとしたら、25セント硬貨がコロンとポケットから便所穴に落ちてしまった。「クソァ！」と言って、農夫はさらに5ドル札を財布からとりだし、穴に投げ込む。「いったいなんでそんなマネを？」と聞かれた農夫はこう答える。「おれがたかが25セントのために便所穴にもぐりこむようなタマと思うのかよ」

6　情動的アルゴリズム

よくある見解では、心という器官は三つの異なるプロセスが相互作用して成り立っているんだとみられている。その三つとは、認知、情動（emotion）、意欲（コネーション、または意志）に関わるプロセスだ（Hilgard 1980）。認知科学は、ずっと一貫してこの認知に関心を集中させてきた——知覚・範疇化・合理的意志決定を可能にする情報処理が主な関心事だった。その一方で、情動や動機づけの研究は大半を心理

【人間もいまのところ安泰】

Figure 6.1

「はいはい，チェスは上手だね．でもムカッ腹を立てられるようになってから出直しな．」

〔スーパーコンピュータの「ディープブルー」がチェス世界王者（当時）のカスパロフを負かしたときの漫画〕

学者におまかせしてきたし、最近では経済学者にさえまかせている。たとえばジョセフ・ルドゥは、認知ばかりに目を向けるのは近視眼的だと述べている：

たとえば認知科学でモデル化されているような心は、とてもうまくチェスをやってみせるし、ズルをするようにプログラムさえできる。だが、この心には、ズルをしたときの罪悪感・後ろめたさもなければ、恋で気がそぞろになることもなく、また、怒りや恐れで動揺することもない。それに、この心は競争心や羨望・同情などによってみずから動機づけられたりしない。脳をとおして心がどうやってまさにぼくを他でもなくこういうぼくらにしているのか、そこを理解しようというなら、思考に役立つ部分だけではなくて、心の全体を考察する必要がある（Le Doux 2002, 24）。

認知・情動・動機づけをまとめてモデル化するのはむずかしい。そこで、認知科学者たちは自分たちの研究をモジュール化することに決めた。まずは、いちばん重要そうな部分——思考——に関心を集中させておいて、情動や動機づけは別個の研究におまかせしておいたわけだ。研究をモジュール化するとなにが問題かと言うと、そうした研究によってうまれた心のモデルは、心をモジュール化させてとらえるんだけど、自然の区分を反映していないかもしれない〔心が現にそうなってる実態に見合った区分でないかもしれない〕かたちでモジュール化してしまう傾向があるんだ。こうしたやり方に替えて、本書では、かつて純粋な合理性と目されていたものは、それ自体が情動・動機づけと複雑精妙にがんじがらめになっているのかもしれないよ、と提案する。

ルドゥは、見事にある論点を立てている：心の科学は心のあらゆる側面を説明する必要があるのはたしかで、理想化された認知的合理性だけではダメだ。知覚や推論だけではダメなんだ。それに、心の科学はあらゆる側面を説明したってだけでもダメだ。いろんな側面をひとまとめに、同じ心のなかにあるものとして説明しなくちゃいけない。この論点は部分的には主張されてきた。最近になってますます、情動と動機づけは一体のものとして考えられるようになってきている。この考え方では、情動と動機づけは一体となって、原則として報酬システムにより行動を駆り立てるのだとされる。その一方で、この報酬システムは、おそらく神経学的に見るとややこしく入り組んでいながらも、現象学的にはいろんな強い感情

(passions) から成り立っていると考える (Frank 1988; Ainslie 2001; Damasio 1994, 1999, 2003)。エインズリーの説明によれば (Ainslie 2001 の第四章参照)、快感や痛みは、かゆみ・飢え・中毒・衝動・欲求などとならんで――さらに、これらと結びついた行動を実行することによりそれぞれの情動に屈したがるぼくらの傾向ともども――すべて同じ双曲割引関数の適用結果だという。いろんな時間の尺度で、直接経験や予想から導き出されたあれこれの情動の誘因価に双曲割引関数を適用して、すべて導き出されているのだとエインズリーは言う。

　これでも、認知と感情の二分法にとどまってしまう。ただ、本書で提示している認識的情動の説明の素描は、この3つ組〔認知・情動・動機づけ〕を統合するさらなる一歩になるとぼくらは考えている。思考はあれこれの行動によって成り立っている――ただしその大半は内部の心的な行動だけど。外面に現れる行動と同じように思考もいろんな情動の下位集合によって完全に動機づけられているとみることで、高次の認知は――推論・問題解決に頭を悩ませること・意志決定は――どれもたんに情動的な心のいろんな要因による合力でできた要素にすぎないと分類できる。

　人間の高次認知は、こういう実に多様な情動に左右される――こうした情動ぬきには、好奇心もないし、ひらめきもないし、問題解決もないし、創造性も、ユーモアも、ありはしない。人によっては、「こうした喜びや技能は、これまでに獲得された合理的思考の基礎ができあがった後に可能となった贅沢品なんだろう」と推定するかもしれない――つまり、標準的な合理性におぶさってるオマケなんじゃないか、というわけだ。でも、ぼくらとしては、読者にこう申し上げたい。認識的情動はたんに推論を活用するよう促すだけじゃない。認識的情動は、推論を制御して★1るんだ。

　ぼくらの主張はこうだ。たとえば、混乱の感覚がなかったら矛盾がどんなものだかわからないだろう

——この他に類を見ないヘンテコな痛みがみんなの生体に（したがってみんなの現象学に）備わっているからこそ、矛盾に気づくことができる。この痛みがなかったら、矛盾なんてわからない。これは量の問題じゃない。混乱の感覚が起こるおかげで合理性を活用してもっと矛盾を見つけ出す助けになるとか、そういうことじゃない。それだと、矛盾をどうやって見いだせばいいのかわかってることになる。そうじゃなくて、本書で提案しているのはこういうことだ——混乱の感覚がなかったら、そもそも矛盾が存在する（し、そいつはわるいものだ）という基礎的な感覚がなくなっちゃうだろう。（Jackendoff 1987, 第一五章・第一六章および 2007 第三章では、この主張の先駆的なバージョンが展開されている。）矛盾検出のメカニズムを考えるかわりに、ともかく矛盾を検出する技能があるんだと仮定して合理性を説明しようとしても、それはなんの説明にもならない。混乱こそが（神経レベルのトリガーと併せて）その検出メカニズムであり、無矛盾律をぼくらがうまれながらに理解し重きを置いているいちばん基礎的な土台なんだ。（誤解なきように。たしかに痛みは肌を切ったり打撲ができたりしたときにそれと知らせてくれるけれど、これには専用の特別な神経——侵害受容器／痛覚器官（nociceptor）——が必要だからね。同様に、混乱の感覚にも神経レベルでその引き金になる「たわごと受容器」みたいなものが必要だろう。これには、コネクショニストによるおもちゃモデルがある [e.g., Shastri and Grannes 1996]。でも、いまのところ、そうしたモデルと実際の神経構造のあいだにどういう種類の相同性があるのか、まったく見当もついていない。）

同じことは、一つ一つの認識的情動についても言える。それに、まるごとひっくるめて、認識的情動というものはもっとずっとややこしくて微妙に加減をつけた合理性を提供している：矛盾を検出し、それをあたかも指のささくれみたいにいやがるような合理性、解決すべき問題がないときにもどうにか問題を見つけ出してこれを解決したがってやまないような合理性、欠けていたパズルのピースが見つかると興奮してゾクゾク・わくわくしだすような合理性でもあるし、さらに、次章で示すように、自分がすっとんきょうな間違いをしていたのを発見するとゲラゲラ笑いたくなるおかしみに喜び出すような合理性でもある。高次認知は実にいろんなかたちで——それこそ人間らしく考えるってことだけど——たんに快感を追いかけ痛みを裂けて回っているんだ。そして、その快感や痛みは、多種多様な認知的情動がもたらしている。もちろん、その認知的情動も、突き詰めていけば神経生物学的な情動ってことになる。

「認知とはXにすぎない」って言うと、そのXがどういうものだろうと、どうしたって行きすぎた単純化になってしまう。人間の認知は、類推《アナロジー》、隠喩、概念融合などになって成り立っている（ホフスタッターと流体アナロジー研究グループ［Hofstadter and the Fluid Analogies Research Group 1995］; Lakoff and Johnson 1980, 1999; Fauconnier and Turner 2002）。それに、人間の認知は豊かに身体化された文脈で起こるものだし、分散し足場をたくさんくみ上げたかたちでなされる（Hutchins 1995a; Clark 1999; Clark and Chalmers 1998）。また、人間の認知は、知覚・範疇化・注意・記憶といった他の動物と共通した生得的で自動的な技能を土台にしている（動物たちはユーモアも複雑な論理も人間みたいな創造性も示さないけれどね）。でも、まずとっかかりとして、この単純化による不正確さを受け入れておいて、単純さがもつ修辞的な価値を使って、伝統的な見解に対抗したい。ぼくらの論点はこれだ：より高等な知能の大部分は、認識的情動に仕えるかたちでこうした基本的機能を用いることで成り立っている。ここでは、ちょうど会社の業績全体をその経営者の手柄に帰すのと同じように換喩で語っている——つまり、ここでは認識的情動が指示監督した作業を、ひとえに認識的情動の手柄ということにしてある。もちろん、この作業を遂行しているのは心全体なんだけれど。

本書では、認識的情動に関心を集中させる。この集中が認知科学にもたらす含意は他にもある：こうして関心を認識的情動に集中させると、計算論的なモデル化でとられているかなり標準的な仮定を根本から見直すことになる。「情動的アルゴリズム」と呼ぶものを設計する難題にぼくらは取り組む。[*21] これはかんたんな仕事じゃない。ぼくらが構想しているような情動的アーキテクチャは、根本からして今日の機械学習アルゴリズムや統合AGIモデル（たとえばSOAR［Laird, Rosenbloom and Newell 1987］、ACT-R［Anderson 1976］、OSCAR［Pollock 2008］、LIDA［Franklin and Patterson 206; Franklin 2007］）とちがった性質のしろものになる。[*22] こうした既存のアーキテクチャはいかなるかたちでも情動を説明しない——ただ、これらを修正してやるにせよ、ぼくらが考える修正とは、たんにワーキングメモリ・モジュールや記号操作といった「推論エンジン」の横に新しく「情動モジュール」を加えて並べることではない。本書が考えている情動的アルゴリズムの考え方からは、ある含意がでてくる。ぼくらが構想しているのは、互いに競争し協調しているあれこれの情動状態にもとづいてシステム内の状態変化をあれこれ引き起こし身体的な行動と認知的な行動の両方を駆り立てる制御構造であって、情動の内容をあたかもその出力であるかのように計算するアルゴリズムじゃあない、という含意だ。本書が言う情動的アルゴリズムは、たとえば「怒り」と呼ばれるものに相当する状態変数をもつようなアルゴリズムとはちがう。そうした状態変数があれこれの事象によって上がったり下がったりの調節を受け、それをなんらかの観察者が読み取り、閾値とつき比べてシステムがいま怒ってるかどうかを決めたり、あるいは、また別の下位ルーチンによって状態変数が読み取られ、「怒り行動を開始するよう決定する」わけじゃあない。ロボットのアーキテクチャでは、そういう考え方をとっている。たとえばMochida et al.（1995), Shibata, Ohkawa, and Tanie（1996)、Yamamoto（1993）がこれを論じている（けれど、よちよち歩きをはじめたばかりの研究ながらも、正しい方向に向かっているものとして、Kismet［Breazeal 2000］を参照)。そうじゃなくて、ぼくらが構想している認知のアーキテクチャでは、情動の機能上の実装は、計算的な回路基盤となっている。この回路基盤では、いろんなかたちでデータを操作するように動機づけることを経由して理性が創発する。データ操作の方法はいろいろあるけれど、そのなかには、データ収集（好奇心、退屈感）とか、組み合わせを変えた思考（発見）、矛盾回避（混乱）などが含まれるし、さらには——この話はもうすぐやるんで辛抱願いたい——まちがい修復（おかしみ）もあるわけだ。ここでは、「論理的」能力と認識的情動アルゴリズムを区別する。「論理的」能力は、自動的に推論からいろんな含意を生成する土台となる。他方、認識的情動アルゴリズムが相互作用することで推論が創発し、これによって推論が誘導される。

ここで提案している対比を理解してもらうには、おそらく、計算と人間らしい心のちがいとして素人が思い浮かべる紋切り型を考えてもらうのがいちばんだろう。世間の人も、コンピュータがいろんな必要と仕事の実行をほぼ完全に独立させた設計になっているのは理解している。ハードウェアのレベルでは、電力は均等にたっぷりと分け与えられていて、どの回路も電気不足に陥るキケンがないようにできている。ソフトウェアのレベルでは、善意のスケジューラがいて、いちばん優先順位が高いプロセスに処理の順番を回している。たしかになんらかの種類の「セリ・入札」をして優先順位を決める仕組みはあるけれど、それは整然と秩序だった順番待ちであって、生きるか死ぬかの闘争じゃあない（マルクスなら、「能力に応じて分け与えるのをやめて、必要に応じて分け与えるのだ」と言うところだろう）。ふつうの人が「コンピュータはなんにも『心配』できない」と直感的に考えているのは、おそらくこの事実をぼんやりとつかんでいることからきているんだろう。部品の素材がふさわしくないから、というのではなく——心配をする回路基板として有機分子よりもシリコンの方が劣っているなんて理由はないだろう——内部の経済にリスクや機会が組み込まれていないからこそ、コンピュータは心配事なんかしないんだ。[*23]

認知科学における計算的モデルは、伝統的なソフトウェア開発の階層的な制御と冷酷無情な効率性を採用してきた。理由は自明だ：できるだけすみやかにサクサクなされるべき処理がたくさんあるんだから、浪費なんぞは回避すべきなんだ。でも、その結果として、つくられたあれこれのモデルは、情動に駆り立てられることのありえないものになっている。その結果として、その結果として本書で人間の高次認知を説明するのに駆り立てだと主張している基礎的レベルのいろんなプロセスは除外されてしまっている——そう、もちろんユーモアも除外されている。こうしたプロセスは「ムダ」なんだ。[*24] それぞれのプロセスの目的が深刻なまでにくいちがってしまうことだってよくあるし、さらに高階の制御を受けているわけでもない（その点、伝統的な計算システムでは高階の制御によっておだやかに対立しあうプロセスが呼び出されタスクを与えられ、タスク完了とともに解散される）。こうしたプロセスも、つきつめて言えば情報に駆動され情報を加工するプロセスだという点で、やっぱり計算的なプロセスにはちがいない。ただ、それが産出するものがいろんな行動の誘発と制御なだけだ。（この拡大した意味で「計算的」というなら、ニューヨーク株式市場のトレーディングフロアで起きていることだって、計算的なプロセスに該当する。どれほど乱雑で競争的であろうとね。あそこでやられていることの唯一の産物は、株式の所有権の交換だ。今日、その副産物には、〔トレーダーたちから〕はき出された二酸化炭素、潰瘍、体臭なんかがある。ただ、こうした副産物をもたらす部品ども〔人間のトレーダーたち〕は、彼らと同じように競争的で私利私欲をもち情報に飢えている計算機械に置き換えられうるし、そのうちホントに置き換えられてしまいそうではある。）

ＡＧＩ研究者たちが直面している問題を解決するためのいろんな手法を試すかわりに、人間の思考の仕組みを模倣するよう試みるべきだって言い分は、彼らにしてみればちょっと面食らうほど、自分のやってることをやめろと言っているように思えるかもしれない。本書の匿名レビューアが言っているとおりだ：

「人間よりうまくチェスをさせる無感情な機械（たとえばディープブルー）がつくれるんだったら、他の技能についても、同じことをやれるんじゃないだろうか?」ぼくらの答えはこうだ。たしかに、多くの技能については、そうできる。でも、できるかできないかは、個別の技能や解かれるべき問題によって変わってくる。人間よりうまくチェスをさせる無感情な機械は、人間とずいぶんちがったかたちでチェスをさしている。ホフスタッターと同僚たち(Hofstadter 1995)の説得力ある主張によれば、たしかにディープブルーはぼくらを打ち負かせるけれど、そうした機械が存在するってことから理解が進むのは、知性よりもチェスの領域の方なんだ:チェスは必ずしも完全な人間の知能を必要としない種類の問題であって、他の領域ではまたちがうかもしれない。チェスはＡＩ完全問題じゃあない。[*25] だから、多くの領域ではＡＩ研究者たちはさっきのレビューアが示唆するとおりにできるし、そうすべきでもある——チェスをさすシステムとか、限定された領域の家事仕事をやるシステムとか、相手が関心をもっていそうな本をおすすめするシステムとか(cf. Amazon.com)、こうしたシステムは、べつに情動的なアーキテクチャを必要としない。

他方で、汎用の思考機械をつくりだそうと意図しているＡＧＩ研究者たちは、自分たちのエージェントが直面している認識的な課題を注意深く考えて、こう自問してみた方がいい——「自分たちが組んでいるアーキテクチャには、時間に追われるなかで、いつ・どの行動を実行するかを選ぶヒューリスティックな意志決定のプロセスを備えているだろうか? しかも、単一の行動を駆り立てる要因が複数あって融合しているようなプロセスを備えているだろうか?」さらに、こうも自問するべきだ——「自分たちのアーキテクチャは、認識的な駆動要因が身体化されていて、これらが他の駆動要因と競合して表に出ない認識的行動を遂行するようになっているだろうか?」と。この認識的行動は、考えることに制限のないエージェントならかならず遂行せざるをえない。

本書では「情動的アルゴリズムが必要だ」と訴えているけれど、だからって、認知的なモデル化アーキテクチャとしてまるっきりちがうものが必要だと言いたいわけじゃない（結局そういうことになるかもしれないけれど）。認知モデルとしていま競合しているパラダイムは、どれをとっても、認知のなんらかの重要な特性をつかまえている（きっと、盲目の群衆が大きな象をあちこちまさぐってその大事な特徴を一人一人それなりにつかまえている様子になぞらえられるだろう）。[*26] ぼくらとしては、ぜひともこの洞察に優れた研究をできるだけ採用し取り込みたいと思っている。個別の「情動モジュール」を実装する建て増し方式の弱いバージョンには反論しているけれど、記憶・学習・理解のなんらかの側面をちゃんと説明しているこうした既存パラダイムをもっと根底からすみずみにわたって増強するものとして、認識的情動は実装可能なんじゃないかとぼくらは期待している。さしあたっては、実行のありかたについて時期尚早にコミットメントをとって探究の幅を狭めてしまう事態は避けたいと思う。

7　若干の含意

プログラマの夫に妻が言った、「買い物にいって牛乳を一つ買ってきてちょうだい。卵があったら六つお願い」

夫はしばらくして、牛乳を六本買ってきた。

妻「なんで牛乳を六本も買ってきたのよ！」

夫「だって、卵があったから……」

【論理学の公理への含意】

論理体系を導出する公理は、生まれつきぼくらに命題的な知識として組み込まれているわけじゃあない。ただ、これが正しいと信じる直観は部分的には正しい——ちょうどソクラテスが『メノン』で奴隷の少年に幾何学の手ほどきをしてみせたときのように、公理はなんらかのかたちで生得的だ。各種の学習プロセスでは公理が意識されるようになるけれど、学習システムが直接にアクセスできる自然環境（外部環境であれ内部環境であれ）に含まれているわけではない。自明な論理原則を、ラッセル（Russell 1912）は理性の基盤として当然視した。こうした論理原則は、自己監督（autosupervision）のフィードバック・ループをとおして意識されるようになる。論理原則は知識のデータベースに基本命題として埋め込まれているわけではなく、外界に知覚された内容がもつ特定の構造に対して情動的な反応を生成する隠れた仕組みとして備わっている。進化により、適切なバランスのとれた報酬と罰で誘導されたり、自動的な随伴事象が組み込まれているおかげで、ぼくらは一貫した（なんらかのかたちで）合理的な思考者としてふるまうようにできている。人間が生まれながらに備えている才能や思考習慣をよくよく考えてみたプラトンやアリストテレスその他の人たちは、思考のためのすぐれた規則を定式化し、形式論理の基礎を築き、ぼくらの思考を拡張しもっと適切なものに改善するいろんな技術の土台をつくった。

こうしたシステムは、動物にも存在しているような認知にとって代われるようなものではない。長らく確立されているこの既存の認知を補うことしかできない。それどころか、これはすべての行動を制御する情動的な動機づけ・意志決定システムの一部でしかない。人間の行動と意志決定は、他の動物たちと同じく、ありとあらゆる情動どうしの相互作用の結果にもとづいている。認知的情動による下位システムが取り仕切っているのは、知識維持と高次の思考でしかない。呼吸する選択は合理性以前になされている。息をしないと苦しいからそうしてるだけだ。モノを食べる選択も、おなじく合理的な判断以前になされている。こちらを駆り立てているのは、飢えの「情動」だ。その点はチンパンジーはじめ他の動物たちと変わりない。ただ、人間の場合に他の動物とちがうのは、こうした生《ナマ》の情動を部分的ながらも抑制しているものがさらに他にもあるという点だ。それが、認識的情動によって提供されるもっと柔軟で微妙に手心を調節した行動制御だ。どんなに空腹だろうと、おそらく敵が毒を盛っているはずと推理した食べ物は食べないことをぼくらは選べる。一酸化炭素が充満していそうなガレージでは息をとめてさっさとでていくことを選べる——そのとき、空気が呼吸不可能だと検出することなく、たんにこの結論を推理できる。こういう複雑な思考には、論理的にメンタルスペースを構築する必要がある——しかも、そういうメンタルスペース構築には、そうした論理をつくりだせる情動も必要だ。

もし合理的思考が情動的プロセスだとすると、明らかに、これは他の情動に駆り立てられたプロセスと競合していることになる。情動の生起は、時間・エネルギーを奪い合って競合しなくてはいけないし、それぞれの情動が存在を展開する時間的な具現化という大地に占める機能上の不動産も奪い合わないといけない。それに、他の感覚と同じく、情動の生起も知覚システムからの注意をめぐって競合しなくてはならない。この点を踏まえれば、パニック・苦悩・激怒などの情動のせいで人間が理性を失いがちな理由もよくわかる。たしかにぼくらには合理的思考の生得的な能力があるけれど、実践では理にかなっているとは言い難い有様になることがよくあるのも、これであらましがみえてくる。他のどの動因とも同じ程度に、理性も認知的な誘惑に屈してしまいやすいし、双曲割引のために二の次にされてしまいやすい（Ainslie 2001）。それでも、少なくともときどきは、推論する能力によって自分の世界の込み入った理解をくみ上げていけるし、それによって類人猿たちからホモサピエンスが区別される。

【認識論への含意】

ぼくらが推論をつくりだすのに使っている推理方法が情動的な処理の産物だとすると、〔「さっきまで雨が降っていたんだな」とか「姉ちゃんが俺のプリン食べたな」といった〕信念そのものがこうした情動に左右されることになる。加工を受けていないこのうえなく基本的な信念ですら——その場の知覚にもっとも直接につなぎとめられる、世界のあり方に関する信念〔「右手の横にコーヒーカップがある」みたいな信念〕ですら——強く偏った情動によっては中断されたり歪曲されたりされうる。願望混じりの思考《ウィッシュフルシンキング》の影響は、視神経・聴覚神経でいきなりはじまっているんだ〔適応的な誤信念と考えられる事例の分析は McKay and Dennett 2009 参照〕。あることを信じているというのは、「混乱やユーモアの情動の引き金を引くことなく情報が首尾よく自分の心に入ってきましたよ」ということだけれど、そのとき、ひらめきの感覚が引き起こされている可能性は大いにある。このあと続く章でこの点はもっと明らかにするけれど、簡潔に言えば、人間の認識に関わるあれこれの能力は情動的な能力なんだ。

【身体化への含意】

デカルトの考えでは、あらゆる抽象的かつ意識的な思考は、非物質的なシステムで起こっているとされていた。そのシステムを res cogitans〔考えるモノ〕と言い、これには身体的な属性は一つもないとされる。でも、たしかに唯物論〔物質主義〕は——自然科学と同様に——あらゆる認知科学でふつうに採られる推定になっているものの、推論や理解は「身体から切り離された」現象だというイメージ・含みはいまだに根強く残存している。分散的で状況に埋め込まれ身体化された認知という新しい伝統により、こうした残滓はだんだん駆逐されてきている。本書もこの伝統に連なる：知識維持・推論プロセス・理解は、豊かに身体化されたプロセスであって、いろんな種類の身体感覚に表れる情動から切り離せないとぼくらは考えている。ぼくらの思考をつくりあげるいろんな概念が外界との身体化された相互作用から派生しているというだけじゃない（この主張はたとえば右を参照：Lakoff and Johnson 1980, 1999; Lakoff and Nuñez 2000）。こうした概念を操作するいろんな方法も、純粋に抽象的で利害中立に規則に従うものではなく、身体的なフィードバックと豊かにからみあっている。なにかが意味をなすかどうか、「本当だ」とピンとくるかどうかをぼくらは感じるし、なにか問題解決をするとき、その道筋をぼくらは感じ取る。その点は、腹痛や悪寒を感じるのと同じことだ。このうえなく抽象的な思考、難解きわまる高尚な論理も、身体的な感覚のおかげではじめて存在するにいたるんだ。

第七章　ユーモアをこなせる心

1　すばやい思考——頓知の費用・便益

図 7.1

Reprinted by permission of United Feature Syndicate, Inc., doing business as United Media ("UM").

【業績評価】

「キミは問題の予測をもっとうまくやる必要があるね。」

「問題の予測ができてたら、アンタの下で働くのなんて断ってましたよ。」

「怒ってるみたいスね。予想外でした。」

拳銃強盗：命が惜しけりゃ金だしな！
ジャック・ベニー：………
拳銃強盗：命が惜しけりゃ金だしなって！
ジャック・ベニー：いま考えてる！　考えてるから！[*1]

なんでスピードが大事なんだろう？　敵ミサイルの発射を検出する「スターウォーズ」システムでスピードが大事なのと同じ理由だ。センサーとソフトウェアがどんなに正確で信頼できるものだろうと、行動の好機を逸する前にその正確な判断を伝えて適切な反応の引き金を引くことができないなら、そんなシステムはものの役に立たない。無脊椎動物の単純きわまりない神経系から、ぼくらの立派な器官まで、あらゆる脳は予測生成機だ。その主な機能は、周りの世界から取り急ぎ情報を抽出して、予想を生成することにある。外界には自分を脅かす物事だってよくあるのだから、それについて予想を生成しなくてはならない。生成された予想は、不確実でしばしば敵対的な世界をその生物が渡り歩くのを助ける役目を果たす。脳に備わったこの力には、神秘的なものや錬金術めいたものは一つもない。経験から予測を導き出す機械学習の技法は、いろんな種類が実証されている。監督を伴うエラー駆動型手法と監督なしの連想手法、どちらもある。脳は、組み合わせ数の爆発という手に負えないリスクに直面している。組み合わせ数が爆発的に増えると、有意な脅威や好機を探ろうとして、展開中の状況のありとあらゆる細部が文字通り無限に検討されることになってしまう。数千もの駒と数百万とおりものルールに沿った次の一手があるチェスの早指しをするようなものだ。しかも、チェスで死んだりはしないけれど、それとちがって、ぼくらが時間に追われつつやっているゲーム――それも、同時に他のエージェントたちと競いつつ進行しているゲーム

——ときたら、究極的には生死に関わる。ぼくらが暮らすこの世界に、ついついぼくらは目的があるように想定してしまいがちだ。というか、そんな目的があろうとなかろうと、ぼくらの脳は可能なときはいつでもどこでも目的を見いだす設計になっている。目的は、まるで呼吸する空気のように当たり前のもので、普段はべつに考えたりせず、なくなってみてはじめて気づき、慌て出す。そうした目的の一つは、ヘマをしたり手傷を負ったりしないこと——たとえばバナナの皮で滑って転んだりしないことだ。また、ともかく生き延びるという目的もある。この時間に迫われた行動環境では、すべての重要な案件に関してリアルタイムで予測をつくりだすという脳の課題はたくさんたくさんリスクをとってでも時宜にかなうことを重視するように進化によって設計されたあれこれのプロセスによって達成されている。★1

　ヒューリスティックな検索の仕組みを発達させるとなると、こういう「計算された」近道をとることが、心を設計するプロセスで避けられないタスクになった。どんな思考のアーキテクチャであれ、その構造は必ず何らかの戦略を——またはいろんな戦略の集合を——具現して備えている。その戦略は、こうしたリスクをとるための戦略でもあるし、そのリスクに内在していた失敗を受け入れたりそこから回復したりするための戦略でもある。こうした戦略は、リアルタイムで行動しているエージェント当人が計算しているわけじゃない。計算しているのは、エージェントの心と関係ない適応度を尺度に採用する設計者だ。適応度によって、戦略の成功度合いを測っているわけだ。ここで取り上げているヒューリスティックがもつリスクは、組み込み済みの機構に備わったリスクだ（architectural risks）。たしかに、エージェントは自分で学習したヒューリスティックを使って特定の行動のリスクを計算するかもしれない。だけど、そのエージェントは、自前の脳に備わった機能的な性質を知る感覚を持ち合わせてはいない。

　進化はぼくらの設計にあたってこの問題に直面したし、人間のエンジニアたちも人工認知の青写真を描くときにこれと同じ問題に向き合う必要がある。この問題の解決法はいろいろとたくさんあるかもしれない――効率的なヒューリスティック的検索ツールをつくる方法はあれこれとたくさんあるかもしれない。でも、ここで関心を寄せる解決方法とは、他でもなく母なる自然がたまたま発見した方法だ。どうして発見されたかと言えば、それがうまく機能している既知の方法だったから、というのがその主な理由だ。無制限な認知（i.e. 知覚・注意・範疇化 etc.）がもたらす他の問題へのいろんな解決法と首尾よくやりとりをしてくれる方法がそれだった。ぼくら人間が即座に機転をきかせられるのは、進化の途上で次々に建て増しされたあれこれのクラッジどもの成果だ――そうしたクラッジの一つに、ユーモアを理解するという形質がある。本章では、ユーモアのニッチをつくりだす思考のいろんな特性のあらましを見ていく。

　ここで、簡潔に但し書きをつけておく必要がある：思考を説明するすぐれた理論は、たんにぼくらの思考方法を説明するだけでなく――情報を組み合わせ直して新しい信念や予測にする方法を説明するだけでなく――なすべきタスクを遂行するのに必要なことだけについて妥当に考えてそれ以外のことはあまり考えずにすます方法も、うまく説明する。いまの科学の進展度合いでは、思考の完全なモデルはこれだと断定するのはあまりに強引すぎて、誰にもできない。ただ、こうした路線に沿った説明は、ぼくらが提示しようと試みているものの浮標《ブイ》を浮かべておくために必要だろう：それが、ユーモアという認知的形質の完全なモデルってわけだ。第一章で言っておいたように、ユーモアはＡＩ完全問題であり、いまだ説明されていない認知機能の大半を必要とする。このより広い文脈でぼくらのモデルを明快に提示するためには、まず思考の特定のモデルを印象派風にぼんやりと素描することから手をつけるとしよう。この素描は、別にあらゆる認知を新奇に説明しようと意図したものじゃあない。たんに、ぼくらの研究の土台となっている仮定を提示することだけを意図していて、主に他の理論家たちの手ですでに与えられているいろんな断片をまとめなおし敷衍して、この素描はできあがっている。この素描の草稿ができあがったら、それが提供するインターフェイスだけを採用して、ユーモアのモデルに枠組みを与え、制約をつける。議論を進めていく途上で留意しておいてほしいことがある。それは、「この認知モデルしかありえない、他のモデルの余地はない」なんてぼくらは考えていないっていう点だ――認知の理解にあたってさらなる発見がなされて、このモデルがやがて見直され洗練されていく余地が残っている。認知科学の発展とともに人間の心がさらにどんどん明らかになっていったとき、ぼくらの説明で残るものは、他でもなくこうしたインターフェイスだろうと予想している――ユーモアが思考と関連するいろんな方法（のちに明らかになる思考の詳細がどんなものにせよ）と、ユーモアが他の認知・感情と相互作用する方法は、今後の発展に耐えて残るだろうとぼくらは予想している。

2　メンタルスペース構築

ありがちな比喩では、我々が知覚したものは、しっかりと封をされて、受動的で変化しないまま、ただ時間がたつにつれて風化して消え去っていくのだと考えられている。だが、それはちがう。知覚したものは、むしろタネとして脳という耕された農地にまかれるのだ。あるいは、一樽ほどの火薬に点火する火花として脳に入ってくるのだと言ってもいい。一つ一つどのイメージをとってみても、百ものさらなるイメージに増えていく。あるときは地中深くでゆっくりと育ち、またあるときは（導火線がはげしく点火されたときのように）心象が突然に炸裂する。

――ジョージ・サンタヤナ

図 7.2

"Hypotheticals", Comic by Randall Munroe, <http://xkcd.com/248>.

「アイスクリームがあったらなぁ。アイスあったらサイコーじゃね？」

「おいよせ――」

「やれやれ、反実仮想状況にハメてくれちゃって」

「アイスうまー」

「ナイフがあったらここから脱出できるかも…」

「オラ、これ使え！」

「アイスうまー」


またしても、カギとなる問題は、ぼくらの思考の関連性と妥当性だ。ぼくらの心は、主に大事な物事だけを考える――しかも上手に考える――ように設計されているにちがいない。たしかに、オムレツをつくりながらペンギンについて考えることも論理的にはありえるけれど、そんなことは起こらない（ただ、これを読んだあと、次にオムレツをつくるときはちがうかもしれないけれど）。なぜ起こらないかと言えば、進行中の状況や、自分の過去の経験に、そんなことをするのに関連した理由がないからだ。[*2] 思考は、そんな風に機能しない。ぼくらはたいていの場合に関連性があることを妥当に考えるよう設計されている。

これにより、脳はきわめて難しいタスクを抱えることになる。この点をはじめて明快に述べたのは、マッカーシーたち（McCarthy and Hayes 1969）だ。彼らはこれを「フレーム問題」と呼んだ（入門的な解説は、Dennett 1984 を参照。これは Dennett 1998 に再録されている）。脳は、ちんたら手間をかけることなく検索の仕事をやってのけて、組み合わせ数の爆発に陥ることもなければ、重要な要素を表象し損なうこともない。脳はどうやっているんだろうか？　将来起こりうることを洗いざらい考慮し尽くすのに貴重な時間とエネルギーを浪費することもないし（こっちは「ハムレット問題」と呼べそうだ）、[*3] また、一日に何度も無防備に頭をからっぽにしてしまうこともない。フレーム問題を概念化するには、次の点を考えてみる方法がある――「フレーム問題への完璧な解決法では、本質的に驚くことのできないエージェントができあがる」もちろん、このエージェントにも予測できないことなんてたくさんあるんだけど、そうした問題について肯定でも否定でも予想をすることがない（ちょうど、コインを投げるようなものだ――表が出ようと裏が出ようと、ちっとも意外じゃない）。このエージェントが実際に生成した予想は、すべて充足される［そもそも予想しないこともたくさんあるけれど、予想を立てれば必ず的中する］。こいつは、予測の達人／推定の達人で、組み合わせ数の爆発を起こさずにこういう予想をやってのけるんだ。フレーム問題へのこの完璧な解決は、ほぼ確実に、永久機関みたいなものだろう：厳密に言って不可能ってわけだ。この世界に存在するものは、結びつきはあまりにゆるすぎて、有限の検討をもとに完璧に予想することがかなわない。だから、どんな解決法だろうと、必ず近似にしかならない――どんな解決法にせよ、ぼくらがいつでも物事にうろたることなく、つねに周りの状況の最新情報をわきまえているようにしておくのにすぐれた仕事をする、ひとそろいの日常的な工夫にしかならない。

この設計問題に応えて進化がとった決定的な一歩がある。それは、活性化を広げるプロセスをとおして、メンタルスペースをその場の必要に応じてつくりだす技能を心に備えさせるという一歩だ。長きにわたって、認知を研究する理論家たちはいろんな心的構造を提案してきた――フレーム、スクリプト、スキーマなどなど。これらは、学習と理解をもっと効率的にし、またフレーム問題をどうにか手に負えるものにすることを意図している。そうした心的構造をこの先おいおい考察していくけれど、その前に、もっと基礎的な設計特性を一つ述べておこう：メンタルスペースだ。ジル・フォコニエ（Gilles Fauconnier）は大人の人間の心がもっている複雑な認知の力を分析していくうちに、情報の取り込みと操作で、ある役割が果たされていると主張するようになった。それがメンタルスペースだ（Fauconnier 1985; Fauconnier and Turner 2002; Ritchie 2006 も参照）。メンタルスペースとは、ワーキングメモリの一領域のことで、活性化したいろんな概念や知覚はここで意味論的に全体論的で状況に埋め込まれた理解のモデルに結びつけられる。（きっと言うまでもないだろうけど、このメンタルスペースっていうのは、機能的な場所――論理的な場所――であって、脳の解剖的な部位じゃあないからね。）メンタルスペースは、漸増的に、しだいに要素を加えつつ構築され、絶えず改訂を繰り返している。フレーム、スクリプト、スキーマその他の理想的認知モデル（ICM）（Lakoff 1987; Fauconnier and Turner 2002）は長期記憶に定着したデータ構造と考えられているのに対して、メンタルスペースは抽象的・創造的な思考や理解タスクの進行にともなってしだいに構築されていく。当初のフォコニエの提案では、メンタルスペースは指示理論の基盤だった。これがのちに発展を遂げ、概念融合（conceptual blending）の理論となった（Fauconnier and Turner 2002）。この融合理論では、スペースどうしが写像によって組み合わされ、創造的で理解可能な組み合わせを思考にもたらし、複数スペースで別々の指示を維持する。彼らの説明の発想全般にぼくらは説得されているけれど、構築の素材としてICMを取り込む点については留保しておく。この点については、またすぐあとに話をするとしよう。

単純な心なら、一人称の現実に対応する一つのメンタルスペースだけを含んでいたりするかもしれない（その場合、概念はあってもなくてもいいかもしれない）。他方で、現代の発達を遂げた人間の心のようなもっと複雑な心だと、こうしたメンタルスペースは思考のいろんな領域を区分する仕分け容器の役目を果たすことになる。このおかげで、ぼくらは映画を見ながらぼんやり白昼夢を見ていても、それぞれを別個のものとして区別できるし、もちろん進行中の現実感覚からも2つとも区別しておけるわけだ。ハムレットがオフィーリアに「尼僧院へ行け」と言う台詞を聞くと、みんなはこの物語を入れておくのにつくったスペースにこれを取り込む。そうすることで、ハムレットが自分に「尼僧院へ行け」と言ったと信じなくてすむわけだ。注意の研究から、おそらく一度に活性化できるメンタルスペースは一つきりらしいことがわかっている（Broadbent 1958; Treisman 1960）。ただ、それでもぼくらはほとんど苦労せずにあっちのスペース、こっちのスペースとすばやく切り替えることができる（Lacher, Forster, and Ruthruff 2004）。

新しいスペースはいろんなかたちでらくらくと次々に構築される：スペース構築表現には、たとえば前置詞句（in this picture「この絵のなかで」）や結合子（if ___ then ___「もし…なら〜」）をはじめ、いろんなものがある。[★2] こうした表現をはじめ、新しいスペースを開始する方法はたくさんある。また、こうしたスペースを精緻化する多くの方法がこれまであれこれと列挙されている（Fauconnier 1985）。新しい話題がでてくると、新奇な環境を直接知覚することで導入されたのであれ、言語行為を耳にして導入されたのであれ、あるいは、内発的なあれこれの「想起」によって導入されたのであれ、目下構築されて活性化しているスペースにこの話題を平常運転でひっかかりなく取り込めない場合には、新しいスペースがつくりだされて、その情報の受け入れ先になる。一種の無意識の選別《トリアージ》によって、必要なだけ新しいスペースが生成される。とりわけ、現在のスペースと矛盾するいろんな詳細が際だってくると、そのスペースはその新しい情報には利用不可能になり、別途、新しいスペースを構築してこれを取り込む必要がでてくる（Coulson 2001）。事実、虚構世界はそれ専用のメンタルスペースのなかに呼び出され、それ独自の局所的な一貫性をもつことができる。局所的な整合性（個別のメンタルスペース内部での整合性）が必要とされることこそが、新しいメンタルスペースの生成を駆り立てる要因の一つなんだ。リッチー（Ritchie 2006）が述べているように、この整合性の探究こそ、ユーモア認識に特徴的な発見をもたらすものに他ならない。

　近年になって、文理解は漸増的で予測によって進むことが示されている（Kamide, Altmann, and Haywood 2003; Spivey 2007）。袋小路文（garden-path sentences）はたっぷり研究されてきた。これは、紛らわしい統語的特性——あるいはときに意味論的特性——によって聞き手を釣って、間違った予想をさせてしまう文だ〔どういう袋小路なのかを訳注で解説してある〕。

(19) The horse raced past the barn fell.（チョムスキーが論じた有名な例[★3]）

(20) That deer ate the cabbage in my garden surprised me.[★4]

(21) She told me a little white lie will come back to haunt me.[★5]

(22) Uncle Henry finally found his glasses, on the mantelpiece, filled with sherry.[★6]

(23) Bundy beats latest date with chair.（連続強姦殺人犯テッド・バンディがどうにか電気イス送りを避けようと試みて執行延期を勝ち取ったとき実際に新聞に載った見出し）★7

袋小路文には可笑しがられるものも多い。そうした文にはダジャレとの共通点がたくさんあるし、似ているどころか、ダジャレそのものだったりすることもある。

実験で理解を研究したこれまでの文献によれば、人間は規則的にあいまいな文断片の意味を予測し、それからあいまい性を除去する情報がでてくるにしたがって、自分のメンタルスペースを再調節していくのがわかっている（Spivey et al. 2002; Chambers et al. 2002; Kamide, Altmann, and Haywood 2003; Chambers, Tanenhaus, and Magnuson 2004; Spivey 2007）。これはつまり、メンタルスペースは漸増的に組み立てられる、ということだ：問題の文が単語が一つ一つでてくる度に、そのスペースが増強され、その時点で利用可能なデータ全部をモデル化する。こうした研究からえられたデータをみると、語用論的・概念的・知覚的な情報は、利用可能になるとすぐさまスペース構築タスクに追加されるのがわかる。これを踏まえると、どうやら文理解だけでなく、状況・出来事の理解も統合された連続的システムで漸増的に動作しているらしい。以上をまとめると、こうした研究結果（および他の研究結果――e.g., Marinkovic 2004）により、「どんなときも、あらゆる情報源からもたらされ、その時点までに脳に到達している情報を統合しようとする『全体論的な』試みによって理解は達成されている」「そして、さらなる情報（どんな意味論的情報源からきた情報であれ）が到着し、それまでに得ていた情報のあいまい性をその情報で除去できるときには、それに合わせてそのモデルは再調整される」という見解が強く支持される。理解プロセスのあいだ、心は、ずっと受動的に待ち受けていて、「十分な」情報がバッファに溜まったところで、それまでに受け取っていた情報のあいまい性を除去するようにできてはいない。そうじゃなく、心は「そうじゃなかった」と立証されるまで「こうだ」と仮定してあいまい性を除去しようと試みるんだ。こうした予測は、大きな手がかりとなる特性にかなり明示的に留意することによって「教育された」仮定かもしれないし、ある可能性を他よりもありそうなものにみせる局所的プライミングによって教育された仮定かもしれないし、あるいは、下意識的に学習された統計的規則性から一方の意味が他方の意味よりありそうなものだと示唆され、それによって生じるものなのかもしれない。*4

かつて、あいまい性除去における再評価プロセスは「フレーム転換」(frame-shifting) と呼ばれ、ジョーク理解の一特性にとどまらず、日常的な理解の大黒柱と暗黙に目されていた (Minsky 1984; Coulson 2001)。フレーム転換というプロセスでは、その時点までに喚起されていたフレームを放棄し、もっと完全にデータ全体に適合するフレームが新しく喚起される。旧フレームから得ていた情報は、この新フレームに再統合される。ミンスキー (Minsky 1984) によれば、フレーム転換は「非常にすばやく行われる。なぜなら、関連し合ったフレームそれぞれの「対応する」点どうしは、すでにあらかじめつながりあっているからだ。これにより、行き詰まった解釈やうまくいかなくなった予想を変更するのが容易になる」(p.183, 強調は引用者)。ミンスキーが考えるユーモア理論には、統合した要素どうしの矛盾に端を発するフレーム転換が関わっている。ユーモアの意味論的スクリプト理論 (cf. Raskin 1985 および Attardo 2001、あるいは本書九五頁を参照) も、これと同じように、スクリプトの概念を使ってユーモアを記述する。これによれば、ユーモアの文脈のうち重複する部分で喚起された二つのスクリプトが両立不可能なときに、ユーモアが生じる。これまで歴史的にユーモア理論がこうした種類の表象に立脚してきたことを踏まえると、ちょっと立ち止まって、こうした表象的スキーマの魅力を中和しておく必要がある。たしかにミンスキーとシャンクは認知の際だったパターンこそ見て取ったけれど、彼らは中核となる理論上の実体を扱う際に失敗をしている――その実体とは、脳における基本的な種類の「データ構造」のことだ。実は、スクリプトやフレームはむしろ雲みたいなものだ。たしかに十分に実在的だし、まずまず確かに見て取れるけれど、雲は気象上の基本的な実体じゃあない（Hofstadter and the FARG 1995, p.125）。理由は次のとおり：

出来事の個別タイプに対応するフレームやスクリプトを構成するのがどういうものなのか、言うのは難しい。たとえば、古典的な「レストランに入る」というスクリプトを考えてみよう。レストランに入ると一口に言っても、その詳細は文化や店の豪華さによってずいぶんと異なる。レストラン・フレームなら必ずこの特徴はあるという条件の集合を絞り込むのは、ゲームであることの必要十分条件を与えるのと同じくらい、難しい（Wittgenstein 1968）。かといって、レストランにでかけるのはどういうことなのか、民族によっていろいろと違うわけで、そうした変異ごとにいちいち個別のフレームを設定しはじめたら、「滑りやすい斜面」を転げ落ちる最初の一歩になるだろう。やがては、考え得るかぎりありとあらゆるレストラン行きの個別例にフレームをつくることになって、もともと意図していた一般性をすっかり失うことになってしまう。この理論を救おうとして、ごく一般的なフレームをつくって（なにが「一般的」かについてはまったくもって恣意的な線引きをすることになるけど）、さらに追加で、個別状況がもつ固有の意味論的な内容に合わせて一つ一つのフレームを調整するもっと細々とした道具立てを用意したらどうかと提案したところで、だったらそのもっと柔軟で巧みに細部を扱う道具で意味構築の仕事をまるごとやってしまえばいいんじゃないかと疑問がわくのは目に見えている。そして、この後者こそ、ぼくらが「実際それでうまくいく」と考えているものに他ならない。

フレームやスクリプトやICMみたいな、まとめてはっきりと区別できる構造を仮定するかわりに、ぼくらが依拠するモデルでは、「カンバン方式拡散賦活」(just-in-time spreading activation; ＪＩＴＳＡ)を使う――このプロセスは、ミンスキーやシャンクが捉えていた直観を説明でき、しかも、基礎的な実体としてフレームその他の存在を必要とせずにフレームの構造に近似できる。「拡散賦活」という用語は、認知科学のモデル研究者たちのあいだでいくぶんゆるい定義で使われてきた(e.g., Collins and Loftus 1975; Bower 1981; Anderson 1983; Hofstadter and the FARG 1995)。なぜなら、拡散賦活の考えはいろんな種類のモデルに幅広く適用できるからだ。概念から概念へと賦活が広がるというとき、それは活性化概念モデルかもしれないし、意味論的ネットワークかもしれない。あるいはまた、局所主義のネットワークかもしれないし、分散表象神経ネットワークかもしれない。さっき言ったように、いま考えているのは認知のインターフェイスだけを扱う高次レベルなので、神経上または中枢神経上での実装モデルに関して「これ」と立場を固める必要がない。大事なのは、一般的な考え方の方だ：最初に、感覚(sensation)によってワーキングメモリ内のメンタルスペースで意味論的内容が賦活され、この第一陣の意味論的内容につづいて、それに関連した意味論的内容を拡散する引き金がひかれたり、拡散の妨害がなされたりして、知覚またはもっと深い思考のプロセスが起こる。

まずは、出だしから断り書きをしないといけない。矛盾が検出できるばかりか十分に一貫性も維持して世界の知識を順次更新して貯蔵できるようなＪＩＴＳＡのシステムを、いったいどうやって神経構造に実装すればいいのか、著者のぼくらにはわからないし、いまだに誰にもわかっていない。小さな「概念実証」モデルならある(Collins and Loftus 1975; French 1995; Shastri and Grannes 1996)。そうしたモデルにより、原理上、こうした能力がネットワークで実現できる方法はわかっている。でも、こうしたモデルを大きくしてやるにはどうすればいいのか、疑問はある。そこで、ぼくらとしては、現時点において、脳の機能的なアーキテクチャはこうしたモデルと有用な類似性をもっているのがやがて証明されると勝手に想定しておくことにする。これは、ぼくらの理論が抱えているなによりの弱点だ：認知科学でなされてきた幅広い予備的研究（前述の文献を参照）に触発・啓発されて、ぼくらは脳がＪＩＴＡシステムに本書が述べる情報さばきのいろんな能力が備わったものだと想定しておいて、そうしたシステムでユーモアがいかにして創発しうるかに注目している。

また、ソフトウェア工学のデータ供給モデル（data provision models）から借用した用語で、「カンバン方式（ＪＩＴ）処理」（just-in-time processing）をこのモデルが使っていると特定しておくのは、重要だ（脳におけるＪＩＴ処理を示す心理実験を議論した文献は Milner and Goodale 2006 を参照）。ＪＩＴ処理は処理の経済的モデル（ぼくらの場合なら「思考の」経済的モデル）で、このモデルでは計算は必要になる瞬間まで遂行されず、いわばオンデマンドでなされる。もちろん、これはたんに生物学的にありそうな話だというだけでなく（選択できるときには、生き物というのはエネルギーを節約する方を選ぶものだ）、現象学的にみた思考の働き方に関しても現実的だ。いつでもうまく管理されているようには思えないかもしれないけれど、振り返ってよく考えてみると、思考はけっしてランダムじゃないのがわかる。いつでも、それに関連する知覚・欲求・情動へのリンクが返されている。この論点を明確にしておこう：処理がオンデマンドでなされているのでないとしたら、心がどれくらいたくさんのことを（そしてどの件を）あらかじめ考えておく必要があるのかという、すごく深い泥沼にはまることになる。思い出そう：「速度が大事。」必要もないのにあらゆる様態の思考を計算するのは、すばやい方略じゃないし、経済的原則に違反してしまうのは言うまでもない。

ここでできそうな不満の意見を退けておきたい。ＪＩＴ処理を採用すると先読み思考が欠落することになりそうなものなのに、その一方で、さきほど本章では人間は突き詰めると予測生成機なんだと特徴づけている。これは矛盾じゃあない。みんな、絶え間なく、世の中について関連のある予測を次々に生成している。でも、そうした予測は未来にありえるいろんな事態をいちいち苦労してすべて列挙し、それぞれの確率を個別に評価して、互いに比較してでてきているわけじゃない。そうじゃなく、ぼくらの手元にある予想はどれも目下の状況に関連した思考や、かつてその場では関連のあった思考の想起の産物であって、これらはどれもＪＩＴＳＡの産物だ。ぼくらは未来の出来事は自分の経験と合致するだろうと予想している。そして、そうした推論を経ていま抱いている予測は、いま、あるいはこれまでの出来事の理解にあたってつくりだす機会がすでにあったものなんだ。こうして、実に多くの予想がつくりだされる。ただ、多いと言っても、列挙マシーンがつくりだすほどに多くはないかもしれない。さいわいなことに、（自然選択による進化のおかげで）ＪＩＴＳＡがつくりだす予想は、全体としては、論理的に可能な思考からなる無限の空間のなかで、いちばん関連性のある予想となっている。どうしてこの関連性がでてくるかと言えば、その理由は単純で、こうした予測はそれを導くもとになった環境にいちばんぴったり当てはまる予測だからだ。

　カンバン方式処理は、前に言及した理解データ（comprehension data）と調和したかたちで少しずつばらばらになされうる。一群のいろんなフレームをしつらえ、それをあとから検索できるようにしておいて、大仕掛けにメンタルスペースにインストールするかわりに、フレームと機能上ほぼ同等のものが、有意味な節点からなる巨大ネットワーク内でＪＩＴＳＡによって育てられるのだと考えたい。確率と連想がこのネットワーク相互のつながりの強度や近接性というかたちですでに取り込まれているおかげで、この拡散賦活には、幾重にも折り重なった条件付き確率の連鎖を備え、フレームを個別に具体化した機能的構造を帯びるだけの能力がある。[*5] 脳内でのＪＩＴ賦活の拡散の並列処理によりつくり出されるスピードだけでも、ワーキングメモリ内で認知的にできあがっているかのような錯覚を引き起こすのに事足りる。これは「フレーム錯覚」とでも呼べそうだ。フレーム錯覚が生じるのは、単純な事実のせいだ。その事実とは、理解・思考・想起は（後述する労力のかかる問題解決とちがって）、あまりに素早く起こるので、どんな状況や思考であろうと、それに関する多くの要素に瞬時にアクセスできていて、あたかもこうした詳細がすでにワーキングメモリに活発に呼び出され済みだったかのように感じられる。[*6] 現実には、一部の詳細は強力に賦活され、また別の詳細は周辺的に賦活され（たとえば、いまみんながもっているレストランモデルにはワイングラスが含まれるかもしれないけれど、赤ワイン用か白ワイン用かまでは絞り込んでないはずだ）、さらにまた別の詳細はまったく賦活されない。それでも、ＪＩＴＳＡ賦活の能力があるおかげで、こうしたことすべては、ほんのちょっとでも検討してみるとたちどころにアクセスできるようになっている。

　こうして、たとえばぼくらがレストランに入る架空の人物のことを聞き及ぶと、拡散賦活がテーブルとイス、ウェイターとメニュー、他の客たちにおよぶ。このとき、節点どうしのリンクのなかには、なくてはならないように見えるもの（レストランの「まさしく定義そのもの」に含まれるもの）もあるし、また、あり得そうな選択肢に見えるものもある。こちらの方は、そのフレームに含まれた値としてきわめて優先される「デフォルト」があるかもしれない。こうしたデフォルト値は、チェックなしに受けいられるか、さもなくば経験によって除外される。こうした賦活のダイナミックな構造によって、見せかけの「空所補完」（filling in）が頻繁に起こることが説明される。この空所補完は、メンタルスペースにおける虚偽をもたらす主因だ。たとえば、人から「トムとビルがビーチでキャッチボールをしているよ」と聞かされたときに、メンタルスペース内に自然と構築されるものは何通りかある。あとから、たとえば「どんな種類のボール?」と聞かれてはじめて、そうした構築は浮かび上がってくる。JITSAモデルからは、一部の統計的なデフォルトはすでに考え済みで――野球ボール、フットボール、ビーチボール――それを考えることなく（それと気づくことなく）メンタルスペースに挿入していたのかもしれないと考えられる。他方で、どんな種類のボールとも別に考えてはいなくて、ただ質問されてはじめて、この上なくすばしっこいカンバン方式賦活によって、これという答えがすぐさま提示できるのかもしれない。カンバン方式賦活はすごくすばやいので――質問してきた相手だけでなく――自分にとってすら最初からその答えがあったかのように思えてしまう。ちょうど、フレーム要素のデフォルトみたいなものに思えるわけだ。[*7] でも、それ以外の可能性もある。メンタルスペース内にこれといってなんのボールもなく、質問への答えも用意していない場合もあるかもしれない。「知らないよ」という答えは、完璧に妥当なものになる。ただ、質問に直面して答えを出すよう社会的な圧力にせきたてられている状況では、経験的に、これはあまりありそうにない。いろんな候補を比べてみてとくに他の候補よりありえそうなボールはなさそうに思えると言って、(「知らないよ」という) 自分の答えを説明する人もいるだろうし、あるいは、ボールはたぶんビーチボールだろうけど、他のボールかもしれないね、と言う人もいるだろう。

こうして確率の問題を持ち出すと、いろんなレベルの認識的コミットメントの問題がでてくる。コミットメント抜きのデフォルトを取り込んで――野球ボールで「空所補完」をして――そのあとで実はビーチボールだったとわかったとしても、この修正が気づかれることはめったにないかもしれない。他方で、トムとビルが生きた魚でキャッチボールをしていたんだとわかったときには、必ず「えっ」と安逸を破られる。メンタルスペース内で、少なくともデフォルトの（あくまで総称的な）「ボール」にコミットはしていたからだ。このあとのセクションで、認識的コミットメントをもっと詳しく論じよう。

JITSAモデルにより、ユーモアに必要な認知のインターフェイスの基盤がえられる。この基盤の上に築き上げていくかたちで、こうした残りのインターフェイスを示すとしよう。

3 活発な信念

Q：生き物で、緑色で、世界各地にみられ、17本足のものといえば？
A：答えは草。足の数はウソ。

信念とは、世界に関する事実へのコミットメントのことだ。おそらく、みんなは太陽が毎日のぼることを信じているだろうし、ニール・アームストロングが一九六九年七月二〇日に月面への第一歩を記したと信じているかもしれない。きっと、みんなはいま自分が読書中だと信じていることだろう。こうしたコミットメントのおかげで、この世界で行動をとれる。自分がとる行動に意図した帰結がともなうはずだといくらか確信を抱いて、行動をとれる。こうして平然と異論の余地がない一般化をすると、コミットメントといってもいろいろちがった種類があるということが見えにくくなってしまう。このセクションと次のセクションでは、いろんな種類の信念を区別していく。こうした区別は、ユーモアの仕組みを記述するのに必要不可欠なんだ。

本書の目的にとって、ワーキングメモリ信念は最重要の信念だ——この信念は、メンタルスペースの内容だ。ワーキングメモリ信念は、なにかを理解しようと試みたり問題解決に取り組んでいるとき、原因にも結果にもなる。また、ワーキングメモリ信念は、あれこれたくさんある意味論的ソースのどれだってもちうる。次に挙げるのは、ワーキングメモリ信念をもたらすあれこれの方法にあたる：誰かが、カップに入った液体はコーヒーだと言う（そしてキミはそれを信じる）。あるいは、それを味わってみて、なるほどコーヒーだとわかったりすることもあるし、その色やコーヒーカップに入っているという事実からコーヒーだと推論したりすることもあるだろうし、昨日の朝コーヒー休憩をとったときにテーブルにおきっぱなしにしていたのをたんに思い出すだけの場合もあるかもしれない。言語による理解、かなり「直接的」な感覚的知覚（味わい）、推論（「ぼくにはコーヒーっぽく見えるなあ」）、あるいは長期記憶、これらはどれもワーキングメモリ信念をもたらすことができる。*8 たしかにこうしたソースそのものはたんに潜在的な思考の内容でしかない。でも、いったん情報がワーキングメモリ信念になると、これは思考に一枚かむようになる。こうして思考に参与するワーキングメモリの内容を、活性化信念と呼ぶことにしよう。

他方で、長期記憶信念は、特定の活性化ワーキングメモリ信念を抱きがちな「獲得した傾向性」(acquired disposition) と見た方がいい。生きている間に、ぼくらはいろんな物事を学ぶ。そうして学ぶうちに、特定の拡散賦活の環境下で特定の信念をワーキングメモリに活性化させる確率をもつような傾向性をもつようになる。長期記憶とは一種の代理世界なんだと考えよう。外界は広大な情報ソース（当の世界じたいについての情報ソース）であり、ぼくらの感覚システムのおかげで、そこに注意を向けると活性化信念の引き金が引かれる。それとちょうど同じように、長期記憶は追加情報のソースなんだ。その情報は、いま現在は外界に知覚できないけれど、必要とあればいつでもすぐに利用できるようになっている。だから、フォークランド島について考える理由がなにかないかぎり——環境や拡散賦活からの手がかりがないかぎり——例の紛争について活性化した信念を抱くことはない。どれほどフォークランド紛争について博識だろうと——したがって長期の意味でこれについて信じていようと——それは変わりない。信じがちだという傾向性は潜在的な思考だという事実は、ワーキングメモリ信念が活性化した状態にあるのと対照的だ。たしかに長期記憶信念をぼくらは何十億と抱いているけれど、どの瞬間をとってみても、活性化信念はほんのわずかしか抱いていない。

ここで一つ、この区別に関してあまりにも普及してしまっている見方をとりあげておこう。ぼくらとしては、ぜひともこれにきっちり反論しておかねばならない：その見方とは、「長期記憶は、文みたいなもの（「思考の言語」で表現された命題）の貯蔵庫であり、これらは検索されると「ワーキングメモリ」という特別な場所に移動（またはコピー）されうる。ちょうどみんなが使ってるコンピュータでディスクドライブからRAMへ、RAMからアキュムレータへとデータがコピーされ、そこで作業がなされるのと同じような具合になっている」という考えのことだ。なにより第一に、＊7ですでにほのめかしておいたように、内容を個別化して別々の信念にわけるのは（それこそ何十億という信念にわけることは）、説明の便宜上として必要になっている人為的な架空のもので、長期記憶における情報のいろんな側面のうち、とくに焦点をあてたいところに注意をうながすために提案している。だから、ここからGOFAI処理モデルが含意されるとは受け取るべきでない（Dennett 1987, 1998）。第二に、この文脈でもっと大事な点として、ワーキングメモリとはあれこれのものが送られてくる場所なんだという誤解されたイメージがある。この見方から目を覚ますには、ここで発展させているのは拡散賦活モデルなんだってことを思い出してもらうといい：ワーキングメモリは、たんに広大な神経ネットワークのあちこちに分散していま休止状態でなく起きてはたらいている「ワーキング」部分のことだ。（なに一つとしてどこにも移動してなんかいない。）これには、自然と、いろんな度合いがある。たとえば、さっき述べておいたように、Swinney その他の研究から、あいまいな単語が知覚されたとき、その単語がもつすべての意味が賦活されるけれど、典型的には、それと気がつくほどに強く賦活されるのはそのうちの一つだけでしかない。（巧妙な実験をしてみないと、内観してみたかぎりでは休止状態に思える意味も、実は起きているけれどパッチリ目が覚めてるってほどじゃないということはわからない。）活性化信念について語るとき、たいてい、いちばん強く活性化された信念のことを指している。でも、このあと見ていくように、ユーモアがもたらす数多くの効果は、「パッチリ目が冴えた信念」と「眠たげな信念」の間にスパッとした境界線がないという点に決定的に左右されている。

このことの意義をわかってもらうには、「驚き」という現象をくわしく考えてもらうのがいい。なにかに驚くためには、その対象は意外なものじゃないといけない——だけど、これはたんに予想していなかったというのとはちがう。たとえば、ぼくらが来るのをキミが待っていたとしよう。キミの家に、ぼくらが青い車でやってくる。車が青いからって、キミは驚いたりしない（とくにこういう色と予想していなかったはずだ）。だけど、これがもしも『ザ・キャンディカラード・タンジェリンフレーク・ストリームライン・ベイビー』（Wolfe 1965）だったりすれば、きっとキミは驚く（すでにそうと知っていたり、ぼくらがそういう車を乗り回す手合いなんだと見当をつけていたりするのでなければ）。こっそりコーヒーカップをキッチンテーブルに接着剤でくっつけておいたとしよう。カップを持ち上げようとしてちっともとれないと、キミは驚きをあらわにするだろう。

コーヒーカップはふつうテーブルに接着なんてされてないしちゃんと動かせるという信念がどういうわけか（本書の語義で）活性化していないとき、持ち上げようとしてもテーブルからカップがとれないことで裏切られる予想なんて一つもないわけで、キミは驚きを示さない。活性レベルは低い場合もあり得るけれど、これこそ、五感からやってくる刺激の流れに反応してJITSAが大量かつ迅速に産出するものに他ならない。だんだんと経験をつんでいくにつれて、みんなは通常のキッチン状況に「安心して」落ちつくようになる（その途上で、たとえばビックリ屋敷のフレームまたはスクリプトなんかじゃなく、通常のキッチン状況のフレームまたはスクリプトに事実上相当するものが構築されていく）。だからこそ、カップが持ち上がらないとみんなは掛け値なしに驚くわけだ。同様に、熱湯の蛇口をつかんでポロッととれたりすると、みんなは驚く。不案内な環境では——生化学ラボとか、工場の組み立てラインとかでは——そうしたことに関する予想がまるっきり欠けているので、どんなことを発見するにせよ、なるほどこうなってるのかと見識を得ることはあっても、驚くことはない。

こういう自動的な予想生成はどこまで及ぶんだろう？　これは実証の問題で、さまざまな個別の環境によって敏感に変わってくる。ぼくらはみんな、フレーム問題への近似的な解決を備えている。また、共通の方略もたくさんもっている一方で、一人ずつちがっているところもある。本書のユーモア理論をちょっぴり予告するかたちで言っておくと、トムとディックはジョークがわかったけれど、ハリーにはわからなかった場合があったとして、それはおそらくハリーによるフレーム問題への解決（この場面での解決）がやったヒューリスティックスの筋道がトムとディックとは同じじゃなかったんだと考えられる。

各人なりのＪＩＴＳＡが場当たり的に採用する個別的なヒューリスティックスの筋道を決めているのは、どうやら、賦活の速度を制限・調整する二種類の「力」のようだ：

(1)【摩滅（friction）】：あれやこれの経路を伝わる賦活は、やがて持ち合わせの「力を使い果たして」しまい、減衰してけっきょく特定の内容をおおざっぱにすら貢献することなく消え失せる。伝播する賦活にどういうエネルギーの制限があるにせよ、この賦活の経路に充てられたエネルギーは枯渇し、どこであろうとそこで操作を止めてしまう。

(2)【打ち切り（closure）】：ある経路における内容に関する何事かが、さらなる探査を能動的に遮断する：「この道筋にはなんにもなかったぞ！　時間とエネルギーを節約しろ！」というわけだ。この種のヒューリスティックな検索の打ち切りは、必然的にリスクを伴うし、雑にならざるをえない。その経路のさらなる分析が関与しないいんだ。チェスプレイヤーがリスクを犯してでも相手の手駒に生き残っているビショップをあえて無視するのは（彼は暗黙にこう自問している：「この局面で、あのビショップがまさか一考に値する役目を果たすことなんてありえるか？」）、ビショップについて考える時間がとにかくなかったのとは異なる。

個人個人のＪＩＴＳＡがもつ認知的な力はすべて、打ち切りの使用にある。というのも、摩滅は内容に盲目で、とにかく時間かエネルギーが切れれば他になんの理由もなくそこで検索を終わらせてしまうからだ。これと対照的に、打ち切りの方は教育可能で、経験によって調整されうる。これは倹約的なトリアージシステムであり、そうやたらと盲目的にではなくリソースを割り当てる助けになっているのだと考えられる。どう助けになるかと言えば、「利己的に言い訳をつくりだして」、目下のタスクが自分の才能を生産的に利用することがありそうになく、だから自分のリソースを保存してもっと活用できるいい機会のためにとっておくべきだとそこの局所的な直観がはたらいたときにはいつでもみずからの賦活を中止することによって、その助けになるんだ。[*9]

ある場面で摩滅により休止状態にとどまる長期信念は、たんに、その環境でまったく確率を割りふられていなくて、なんの予想も生成しないだけだ。打ち切りにより休止状態にとどまる長期信念は、それとちがう。打ち切りはある種の信号を生成する。この信号は、ちゃんと活性化した――だけど典型的には「眠たげ」で総称的な——予想をつくりだす。たとえば、オフィスを想像したとしよう。このとき、「そこにハイエナはいない」という信念は、たいてい、活性化しない。また、その空想のオフィスにはバブーンやヌーもいない。だけど、みんなの脳はこうしたいろんな可能性をいちいち活性化信念として取りざたなんてしない。なぜなら、打ち切りによって、「オフィスに（もちろん）野生動物はいない」というざっくり一括りにした信念が弱く活性化されているからだ。だからこそ、ハイエナ（であれ、ヌーであれバブーンであれ）がオフィスにいたりなんかしたら、予想が裏切られてみんな正真正銘にびっくりするわけだ。こんな質問がでたとしよう（誰かから聞かれたのでもいいし、自問でもいい）。「そのオフィスにバブーンはいるかな？」すると、「即座に」答えがでてくる——「いるわきゃない」でも、他ならぬこの問いかけによって、認知的な状況は変わってしまい、みんなのＪＩＴＳＡが呼び起こされ、いまの答えで表現した信念を生成し、活性化させる。他方で、次の問いかけならどうだろう。「そのオフィスに植木鉢はあるかな？」「弁護士はいるかな？」こんどは、おそらく、摩滅が発生し、みんなのＪＩＴＳＡはこの検索経路の開始にも打ち切りにもいきつかないだろう。

こうした場面でなにを含めなにを排除するかという問題を、ジョン・マッカーシーは「限定問題」(qualification problem) と呼んでいる。この問題は、有名な宣教師と人食い族のパズルで鮮明に例示されている。

三人の宣教師と三人の人食い族が川にやってくる。渡るのには、二人乗りの手こぎボートが利用できる。どちら側の岸でも、もし人食い族の人数が宣教師を上回ってしまったら、宣教師は食べられてしまう。どうやって川を渡ればいいだろう？　明らかに、このパズルはボートを川のこっちとあっちへ行き来させて全員を渡し惨劇をさけることを意図している。(……)こんな想像をしてみよう。誰かにこの問題をやってみなよと渡し、しばらくパズル解きの時間をあげてみたところ、相手がこんなことを言い出したらどうだろう。「半マイルほど上流に行って、橋を渡ればいいよ。」橋がなんだって?――こちらはそう言いたくなる。「問題文に、橋なんて一言もでてこないじゃないか。」すると、このトンマ野郎はこう返す。「いや、だって、橋がないなんて言ってないじゃん。」もう一度その日本語文章を読み返し、さらには日本語文を一階論理に翻訳してよくよく見直してみるけれど、なるほど橋がないと「言っていない」と認めるしかない。そこで、問題を手直しして、「橋はないですよ」と除外し、出題しなおす。すると、このトンマ野郎はこう言い出す。「よしヘリコプターだ。」そこで「ヘリコプターもナシ」と除外すると、翼の生えた馬だのなんだのと、二人乗りボートは脇に置いてあれこれと繰り出してくる。トンマ野郎とはいえ、頭の回るトンマ野郎ですな。相手にどうにかこのパズルの本来の趣旨で問題を受け入れてもらうのをあきらめて、答えを教えてしまう。すると、うんざりに追い打ちをかけて、相手はこちらの言った答えを攻撃しはじめる。オールがないかもしれないだの、浸水するかもしれないだのと言い立てるのだ。

(McCarthy 1980, 29-30)

パズル出題者と「文面をみて同じ考えをもつ」ためには、相手と十分にJITSAを共有し、いちいちそれを言葉で正確に言い表すことなく(どうみても際限のないタスクだ)パズルの設定を共有できないといけない。このあと見ていくように、同様の合致は、ユーモアがうまく炸裂するためにも必要となる。

4 認識的な警戒とコミットメント

自分が知らない物事のせいで窮地におちいることはない。窮地におちいるのは、ぜったいこうだと知っているのにホントはそうじゃない物事のせいだ。

——マーク・トウェイン

ユーモアに必要な、信念の種類の区別をもう一つ。繁華街にある一軒のレストランが、この午後は開店しているかもしれないと自分が思っているとしよう。ただ、開いてない確率もいくらかあるとも意識している。ランチに車で乗り付けて、開いてなかったらガッカリはするかもしれないけれど、ランチとディナーの間にしばらく閉店していたり、改装中だったり定休日だったりするのを知っても、別に驚いたりはしない。この種のコミット抜きの信念はありふれている。これと対比されるのは、コミットした活性化信念と呼べるものだ。

バンジージャンプやスカイダイビングをやるとき、その装置や装備が落ち度なくしっかりしていることにみんなは自分の命をかけている——装置や装備を調べて「大丈夫だ」と直接に知っている場合もあれば、代金を払ったアドベンチャースポーツの係員の知識・意図を信頼するというかたちの代理信念を抱いている場合もある。こうして自分の命をかける信念は、たくさんあるコミットした信念の一部だ。

また別の例を考えてみよう：ボートを停泊させようと、錨を船外に投げる。このとき、いろんな信念が抱かれている。たとえば、「錨はどこか舳先よりも低い位置に着地する」という一般的な信念は抱いているけれど、正確にどこに着地するとまではコミットしていない。投げた錨が、予想したところよりわずか数フィート左にズレて着地しても、べつに驚きはない。他方で、ある錨鎖の端っこはしっかりと甲板側のクリートにしばりつけてあるという信念にはコミットしている見込みが高い。だから、投げてみたら錨のあとを追って錨鎖の端っこまでもろともに海中に消えてしまったらガックリきてしまう。特定の環境では（どういう環境かは、あとで説明しよう）、おかしみを覚えることすらある。傍らで投錨の顚末を眺めていた人は、きっと笑い出すはずだ。

こういうコミットした活性化信念とは、ぼくらが自信満々で頼りにして行動をとる信念だ。認識的な警戒は、行動上の警戒に先だつ。また、認識的コミットメントをとることで、行動の思い切りがよくなり、ブレがなくなる。これは一般的になりたつ話で、こうした用心深い行動や思い切りのいい行動が表に現れるものであろうと内心にとどまるものであろうと、変わりない。蛇口から流れ出しているのは熱湯かどうかよくわからなければ、きっと用心深く熱いかどうか試してみるはずだ。でも、やけどするほど熱くないと確かにわかっていれば、ためらいなく手を差し出すだろう。「ぜったいこうだと知っているけれどホントはそうじゃな」かったりすると、手をやけどするハメになるわけだ。同様に、意味理解という内心の行動を考えてみよう：こんな文の断片を耳にしたとする。「そいつらはタンクに入ってたんだ…」この「タンク」の意味がなんなのか定かでなければ、これが生け簀のタンク（水槽）なのか、ガスタンクなのか、糖液タンクなのか、それとも戦車の「タンク」なのか、どれのことと推測するか用心深くなるはずだ。でも、誰かが「ペット屋に行って、ウチに魚用のタンクを買って帰ったんだ」と言ってきたら、その人が家に置いてるタンクは透明で水をいっぱいに張ってあって、そのへんの車よりは小さいとためらいなく結論できる。例の金魚のダジャレネタは、まさにこれを利用している――トリックを使ってほどよく十分な情報を与えて（魚の文脈と、「タンク」という単語の使用）、「これは自分が確かに知ってることだ」と相手に間違って思わせる。まだ「タンク」のあいまい性が完全に払拭されていないうちから、相手に「これは魚を入れるタンクのことだ」という信念に時期尚早なコミットをさせるわけだ。

信念に対するコミットメントのレベルは、活性化のレベルと完全に別の尺度だ。蛇口からでてくる水に平気で手を突っ込めるかどうか〔コミットメントのレベル〕は、水が安全だとどれくらい「意識的に」信じているかの度合いにまったく左右されない。それどころか、「水は安全だ」という強い確信〔コミットメントの強い信念〕が〔活性化の点で〕周辺的で弱いものであることで、この自分の信念が疑いによって和らげられない理由がおそらく説明されるだろう――自分のデフォルトなコミットメントが具体的にこの場面で正当化されているかどうかわざわざ一考せずにいるのは、おそらくこのためだ。信念コミットメントは、長期記憶とワーキングメモリ、二つのシステムの相互交通で枢要な部分をなしている。ワーキングメモリにおける信念のコミットメントのレベルは、その信念が長期記憶に転じたときに強まるし、その信念を思い起こしたときには、新しいワーキングメモリ・スペースに戻される。たとえば、アイマスクをつけたような顔のアライグマが家のゴミ箱を賢く開けようとしている様をじっと見たときには、近所にアライグマがいるというのを思いだし、その信念にコミットするようになる。他方で、アライグマが家のガレージに駆け込む姿をチラッと見かけたとしよう（「ふむ、あれがアライグマじゃないとしたら――他にそれっぽいのっているかな。あんなに素早く動いてたし」）。このときには、いくらか保留をつけて、認識的な警戒をしつつ、「近所にアライグマがいる」という信念に接近するだろう。こうした信念がもつ確実性の度合いは、神経ネットワークを拡散賦活が変化させる方法のちがいに体現されているだろうと予想される――おそらくダマシオのいうソマティックマーカーみたいなものによって体現されているのだろう。こうした信念のマーカーは、その信念をどれくらい信頼できるかを示していて、したがって、そうした信念が活性化したときに引き出される推論をどれくらい信頼できるかを示している。

システムがなにか間違いを犯したとき、これの重要さが明らかになる。ワーキングメモリにあるコミットされた信念は、長期記憶内のコミットされた信念になりやすい。また、長期記憶内のコミットされた信念は、この先いつか活性化信念を構築しその内容を推論行為で使うことになる傾向がある。コミットした信念のどれかが「ホントはそうじゃなくて」事実とちがうのに、こうして膨張するプロセスが続くのをチェック抜きで放置していると、誤信念がカスケード式に次々と生成されていき、間違いだらけの世界表象をもたらすことになってしまう。この問題は途方もない規模になりかねない。なにかを経験して、その後で最終的に思い出す情報は、どれほど鮮明であろうとその経験の高精細コピーじゃなく、その経験の低解像度な変換結果であって、理解の助けにできるもともとの文脈の多くが失われてしまっている。思い出したかつての経験から文脈情報が抜け落ちているとすれば、その経験から生じた信念にあとから発見されたエラーのバグ取りはむずかしくなる。そこで解決策は、バグを芽のうちに摘んでしまうことだ——つまり、たよりにする文脈がまだ残っているうちに、〔経験そのものからその低解像度な記憶へと〕圧縮して符号化される前にできるだけ頻繁に誤信念を摘み取るようにしてやればいい。その誤信念を再活性化する傾向がついてしまうことのないうちに、早めに摘み取ってやるんだ。

進化は、ぼくらに二つほど解決法を提供してくれている。ぼくらの認識的な感情を利用した解決法だ。ひとつは、前章で述べた混乱〔という情動〕だ。混乱はワーキングメモリ内でおきた衝突を検出して、その衝突し合ってる信念どもに疑いを投げかけ、迅速に再検討して修復をはかる役に立つ。できれば、長期記憶信念をつくりだすチャンスを与えてしまわないうちに不適切なコミットメントを検出してやれば、誤推論が連鎖的につくりだされてしまうのを防げる。次章で提案するように、これこそ、ユーモアがもともともっていた目的だ——これはすごく重要なタスクで、〔そのために必要となる〕コストが高くつく報酬システムも、認識的な大惨事からぼくらを守ってくれるので割に合う。

5　衝突、そして解決

ウチでは古風なやり方で感謝祭を祝ったんだよ。近所の人をみんな我が家にお招きして、盛大な宴を催してさ。そんで、彼らを皆殺しにして土地を奪ってやったのよ。

——ジョン・スチュアート

ポーランド王が公爵や伯爵たちを引き連れて鹿狩りに出かけた。森に近づいたところで、木の陰から奴隷が一人躍り出て、興奮して腕を振りまわしながら叫んだ。「オレは鹿でねえですよ！」王は狙いをさだめ、奴隷の心臓を射貫き即死させた。

「なんということを」と、ある公爵が言った。「どうしてあんなことを？　鹿ではないと言っておったではございませんか」

「なんたること」と王はこたえた。「鹿ですよと言ったものとばかり思ったが」

——Cathcart and Klein（2007）

認識的な衝突を感じるのは、活性化信念要素どうしがワーキングメモリで矛盾を起こしたときだ。長期記憶では、信念どうしが衝突してもそうと認識されないまま、枕を並べて眠っていたりする。同じワーキングメモリ・スペースに持ち込まれてはじめて——「眠りから起こされて」という意味であって、ホントに移動させられるわけではないんだけど——二つの信念は認識的衝突に参加できる。

認識的衝突から生じる可能性がある結果は三つある。未解決衝突（unresolved conflict）では、混乱が自覚され、両方の情報に衝突中との註記がつけられて貯蔵される（おそらく、混乱の感情というソマティックマーカーのようなものによる註記）。これにより、そうした情報が思い起こされると、かなりかんたんに（JITSAで）不確かさの感覚とともに衝突相手の情報も思い起こされる。協調的解決（cooperative resolution）では、両方の信念が真だということを受け入れる道がみつけられる。創造的なひらめきをとおして、見かけ上の矛盾を解消し両立させるんだ。さらに、非協調的解決（uncooperative resolution）では、一方の信念が残される一方で他方の信念は破棄される。

　信念のどんなペアでも、もともとどこから派生したのであれ、衝突に参加しうる。でも、信念のペアを衝突に参加させるのは、よく考えて一苦労した結果であることが多い——あるいは、幸運の結果かな。自分たちの「常識」にすっかり入り込んでしまっている矛盾に、おしあわせにも社会全体がまるで気づかずにいたのが、あるとき思慮深くて勤勉な思索家が矛盾をかぎつけて明るみに出したり、あるいは、たまたま偶然の出来事をきっかけにみんなの注意が問題に集まったりすることがある。みんなのためにいろんな衝突をしだいに探り出し解決してきたプロセスはいろいろあって、そのなかでも焦点のおかれるプロセスには、科学と文学がある。また、ぼくらは一人一人が自分なりの科学的なアジェンダをもっている：世界に関する自分の知識に残っている衝突を探り出して解決するというアジェンダだ。（気づくと愉快なことが一つある。コメディアンは非正規の——でも専門の——科学者だとみることができるんだ。道を切り開き、これまで気づかれずにいたぼくらの常識の不具合を暴露してみんなが解決する助けをするという科学者だ。[*10]）単純に時間上で並列させることは——二つの信念を両方同時に活性化させることは——最初の一歩として欠かせない。これで混乱の火種がポッととつき、死にものぐるいで解決策の探索が開始される（動機づけられる）。また、ちょうど科学者たちが思考実験を——容易に理解される単純化された虚構を——使って理論的な困難を解決する助けにするのと同じように、ぼくらは誰でも、日常の理解に生じる衝突を描き出すのに虚構が事実の物語と同じくらい役立つことを理解するようになる。「誤」信念を破棄することで衝突が解決されるとき、その信念はそこで考察している虚構の文脈という局所でだけ誤っているわけじゃなく、客観的にも誤っていることがよくある。

ここで、ぼくらのモデルはショーペンハウエルとちがってくる。ショーペンハウエルのモデルでは、知覚と概念把握（conception）の区別をもちだす。近年の研究から、この二つの範疇を区別するのは人工的であるか、少なくとも明確に境界を引きすぎているらしいのがわかっている——知覚と概念把握は、実のところ、かなり共通の回路を使っているんだ（レビュー論文として、Goldstone and Barsalou 1998; および Kosslyn, Ganis, and Thompson 2001 を参照）。ショーペンハウエルが知覚と概念把握をわけようと試みたのには、一つ、重要な要因があった。それは、神経学的にみて両者がどう実現されるか（実現されうるか）ではなくて、たんに、知覚と概念把握のお互いの時間的な関係という要因だ：「概念把握」は「知覚」が到着してこれと衝突する前からすでに心のなかにある。「概念把握」そのものは到着したばかりな場合もある（典型的には「知覚」から到着する）。そのため、この時間的な区別はあやうく、ズルズルとなし崩しになりやすい。情報が知覚をとおして心に到来したあと、その情報はどれほどはやく知識または推定の地位を獲得して定着できるだろう？　そうした線引きをする自明な方法はないし、ハッキリ明瞭な線引きがあると言い張る必要もない。ショーペンハウエルは、知覚が概念把握を打ち負かしたときにユーモアが生じるのだと考えた。そう考えたのは、おそらく、流入する知覚情報が確証・強化・疑い・統合によって既存の概念把握を変化させることが頻繁にあるからだろう。だが、たしかにありがちなことではあっても、あくまで可能性の一つにすぎない。内発的に生じる「概念把握」によって、進行中の「知覚」が阻止され

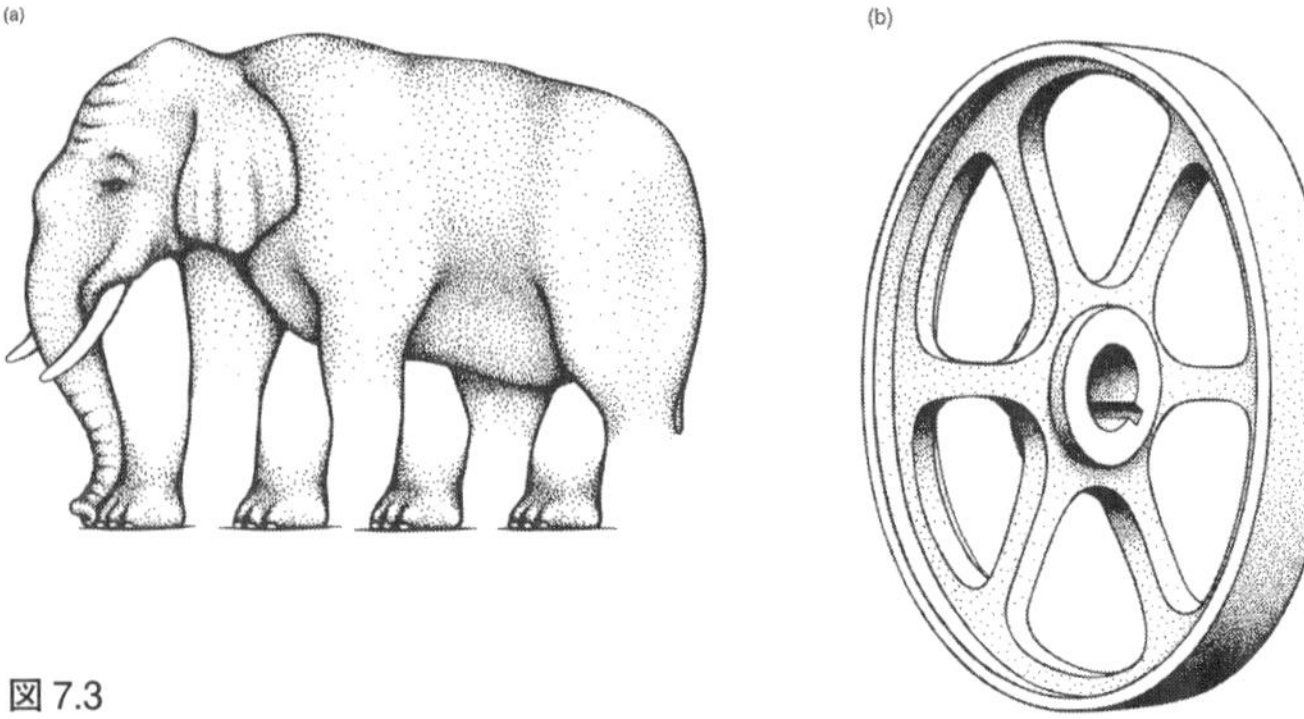

図 7.3
Reprinted by permission of Roger Shepard

疑われたり、あるいは二つの知覚的な特性が衝突することもある。後者には、ロジャー・シェパードの図が該当する。この絵では、象のおしりと足先をみると脚と矛盾を来しているのがわかるし、車輪をみると、スポークがハブとリムにつながっているものの、車輪に対する向きがアベコベになっている。

また、そうではなくて「概念把握」が別の「概念把握」を打ち負かす場合もある——たとえば、白昼夢によって心の中でやっていた勘定が中断され、そのあと、みずから「こうしていてはいかん」と良心で言い聞かせてまた勘定仕事に戻る、といった場合がそうだ。メンタルスペースの構築と変更に関わるものならどんな形式の情報であろうと、ぼくらは自分の目的にとってどれも同等だと考えて、概念把握と知覚を区別しない。問題となるのは、その区別ではなくて、認識的コミットメントの度合いだ。ショーペンハウエルの概念把握／知覚の区別は、このスペクトラムの両端と密接に重なっている。

漸増的に進む理解において、活性化した信念はいくぶん直列的にメンタルスペースに入り込む。そうして入り込むとすぐさま、そのスペースにいまある内容との認識的な調停の双方向プロセスにかけられる。図7・4をみてもらうと、おおざっぱな図式ではあるものの、この調停のチャートが示してある。これには、二つの活性化信念（傾向的な信念〈長期記憶信念〉ではないので注意！）が衝突にいたったときに起こることを近似的にわかってもらえる。チャートの一段目には一方の信念の認識的状態を記してある。左端の列も同じようになっている。縦と横が交差したところにあるそれぞれのマスには濃淡のちがうグレーを塗ってある。これは、こうした2種類の信念が互いに矛盾をきたしたときに起こることを示している。パッと（濃いグレーの範囲を）ひと目みておわかりのように、マスの多くは争いなく解消される「頭を使わなくていい」ケースだ：つまり、コミットされた信念がコミット抜きの信念とぶつかった場合（あるいはコミット抜きの信念でもより強い方が弱いものとぶつかった場合）、後者（かならずコミット抜きなもの）は典型的にみずから消え去ってしまう（「降参するよ、かまわんでくれ」）。このときには、まったく戦いは起こらない（また、戦いが起こらないので、「まず気づかれることがない」――「意識にのぼりつめる」ほど「脳内の名声」を十分に響かせていないんだ［Dennett 2005 参照］）。ただ、同等の力をもった二つの信念がぶつかったときには、どちらかが譲らねばならず、戦いがはじまる。混乱が生じ、両者が殴り合いをはじめ、それぞれに仲間を召集していくと、（どれほどつかの間であれ）脳内で有名になる。そして、やがて解決法がでてくるかもしれない。もちろん、解決が確実にでてくる保証はない：でてくるかどうかは、それぞれの陣営についている仲間の強さに左右される。ただ、解決が出た場合、ぶつかった二つの信念の一方はもっとコミットされた範疇に分類される。これにともない、調停チャートでの衝突の位置が変わって、黒い部分から明るいグレーか暗いグレーのどちらかに移る。解決法がでてこなかった場合は――衝突が解消不可能な場合は――「認識的な決定不能」（epistemic undecidability）と呼ぶことにしよう。この種の事例は、第一〇章でくわしく検討する。

図7・4が示すように、五感からもたらされる情報の方が、あとで知覚からもたらされる情報よりも信

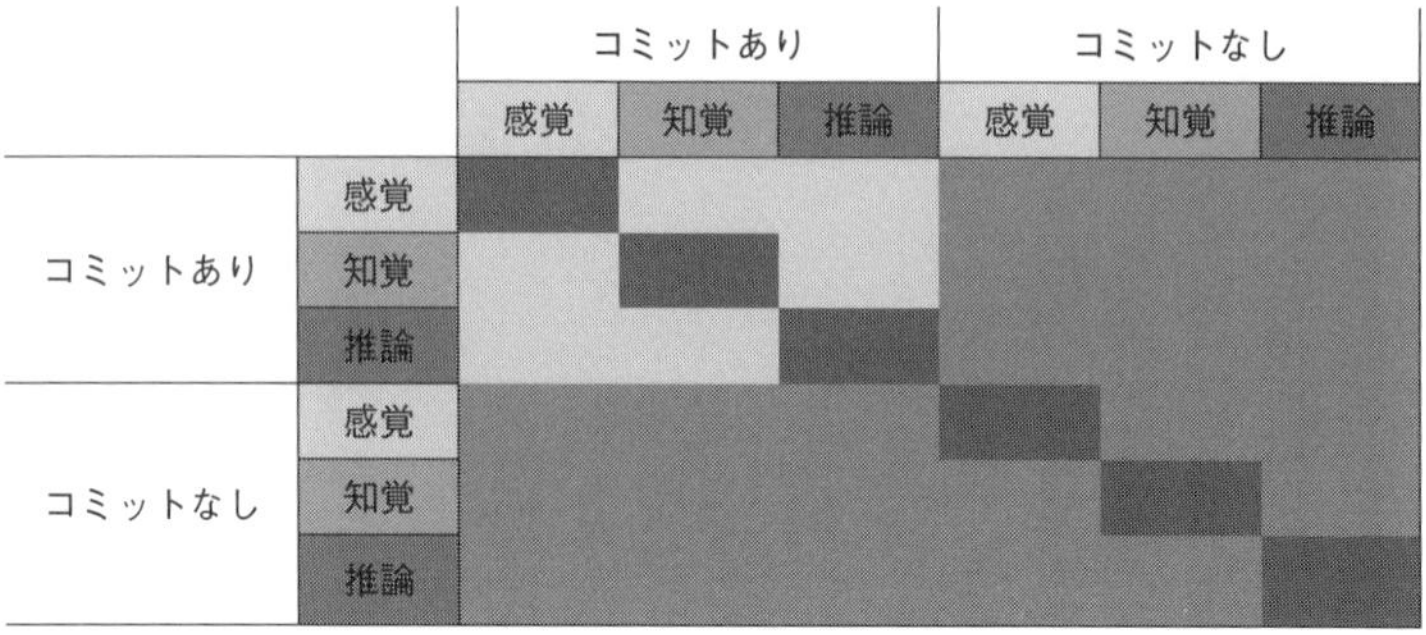

図 7.4

頼が置けると考えている。知覚からの情報は（他の感覚との統合やトップダウン認知圧力の両方によって）加工されていて、五感からの情報と比べて圧縮されている。たしかに五感も間違いを犯しうるけれど、五感は典型的に知覚よりも信頼できる。さらに、推論となるといっそうもともとの感覚情報から遠ざかる。環境から知覚したものをさらに加工・圧縮したのが推論だからだ。

(24) どっちを信じるの。私？　それともあなたの嘘つきな目玉？
(Who are you going to believe? Me? Or your lying eyes?)

チャート内の明るいグレーの範囲こそ、ユーモアが起こりうる領域だ。暗いグレーの領域と同じように、一方の信念の方が他方よりも強い認識的な力をもっていて、これにより、弱い方の信念は降参することになる。ただ、明るいグレーの領域でだけは、こうした弱い方の信念も強い方と同じく人がコミットした信念となっている。こうした信念は、長期記憶に貯蔵されている。ぼくらが行動にあたって保留を入れずアテにする用意ができている信念であり、また、長く続く影響をもたらしうる信念でもある。というわけで、調停チャートのこの小さな一角では、コミットされた信念どうしがぶつかるっていう、チャートの他の部分とは重大なちがいがある。ここでしか、ユーモアは起こりえないんだ。

第八章　ユーモアとおかしみ

機転の利くヤツが、おしゃべり好きな床屋に聞かれた。

「どう切りやしょう?」――奴さんが答えた、「静かにな」

――バブ（Bubb 1920）

認知の計算的なアーキテクチャと、そのアーキテクチャで起こりうるいろんなプロセスの制御で情動が果たすダイナミックな役割について、これまで素描してきた。この素描から、いろんなものを分類する地図がえられる。最終的には、この地図のなかに、ユーモアとおかしみという「基本的」または「元素的」な現象を位置づけられる。（このあとみるように、人間の創意工夫と文化的進化が組み合わさって、基礎的な仕組みを驚異的なまでに活用するいろんな方法を精緻化している。高級喜劇は、ぼくらの笑いのツボを巧妙にくすぐるよう専門家たちによって設計されている。でも、これができるためには、そのまえに、ある種の低級な喜劇がなくちゃいけなかった。比較的に単純で低出力な、認知に駆りたてられた快感のモーメントがなくちゃいけない。これは、ジョークや機知の言葉ではなくて、そのご先祖たちだ。）

ようするに、（基本的な）おかしみとは、活性化信念の構造に含まれた特定の種類のまちがいを明るみに出すことに感じられる快感、愉しみのことだ。また、（基本的な）ユーモアとは、意味論的な環境（内容をもったいろんな要素がある特定の時点で一つにまとまった環境）の一種だ。外生的なものであれ内生的なものであれ、意味論的な環境でこうしたまちがいがなされ、首尾よくそれが発見されれば、どんなものでもそれはユーモアにあたる。

1　メンタルスペースの汚染

小をするときはご注意を。あと、大を踏まないように!
(Look out for number 1, and don't step in number 2, either.)

「自動的なヒューリスティック的検索」という現象は、ある帰結をもたらす。精査されることなく確率基盤でその場の表象に多くの情報が組み込まれるという帰結だ。*1 こうして舞台裏ではたらいている仕組みには、いきすぎた単純化とバイアスが積み重なっていくものの、事実への近似として通常は無害だ——それどころかきわめて有用でもある。だが、これらはつねに潜在的には弱点であり、致命傷になりかねないエラーをいつはきだしてもおかしくない。そうした潜在的弱点をほじくり出すのは——ぼくらのヒューリスティック的な推論機構のバグとりをするのは——時間がかかるし、そのプロセスは、他のすべての認知活動と競り合わないといけない、脳内の「マシンサイクル」と時間とエネルギーを適当な量だけ手に入れて自分に割り当てるためだ。

相対的に隠れている暗黙の仮定からなるこの範疇と対比されるのが、真剣な問題解決で熟慮して明確化され、注意を向けられ、解説される仮定だ。そうした仮定が目下のメンタルスペースにもたらす貢献はだいたいハッキリとわかりやすい。メンタルスペース構築はそうした活動の一つで、意志による熟慮した行動から、無意識な反応まで、幅広い。大半の場合、日常生活で次々と絶え間なくメンタルスペースを生成するのは、ぼくらにとって苦労なく自動的で、非意志的にすら思える。「ぼくら」は、このタスクを無意識なトリアージの仕組みにお任せしている。このトリアージの仕組みの方は、「ぼくら」からさらなる監督や勧告や注意を受けることなく機能する。たとえば、ＪＩＴＳＡはその場でとりいそぎにフレームに似た構造をつくりあげる。こうして蓄積された荷物と一時的なデータ構造は、進行中の事態をぼくらが把握するのに効率よく貢献するし、もっと大事な点として、これから起こりそうな事態の把握にも貢献する。でも、ぼくらは問題解決に入って構築の活動をうまく整理することもできる。そうやって熟慮しながらコミットしないかたちでメンタルスペースになんらかの情報を導入し、そこからどうなるかをみてみるんだ。その結果、矛盾にいたることが判明すれば、驚きを感じることもあるし、さらには愉しみを感じたりもする。だけど、それはおかしみの混じった驚きとはちがう。ジョークを語るのが下手なヤツは、スローモーションでいちいち自分の聞き手たちにカギとなる想定を明示して教えてしまってから、語りに入る。メンタルスペースに暗黙裏に導入された情報でないと――入ってくるときに注目をひかない情報でないと――いざ発見されたときにおかしみは引き出されない。典型的には、あまりにもあからさまに想定を立てると、ありうるまちがいに注目を引いてしまう。そのため、聞いてる側は警戒してその想定に接近したあと、回避してしまう。

　理解が時間をおって進行していく際に、ＪＩＴＳＡプロセスによってひそかにメンタルスペースに入り込んだ要素は、もし疑いをかけられなければ、そのスペースの顕在的な要素になる。fish（魚）と tank（タンク：水槽）が同時に活性化すると、自動的に「魚の水槽」が心にもちこまれる。するとすぐさま、かなり顕在的に魚の水槽が心に浮かんでくる。こうして顕在さの度合いが変わると、おかしみのでてくる機会が取り消されるどころか、これが確実になる――ひそかに忍び込んだ要素が疑われないまま顕在的な要素になると、それに認識的なコミットメントをとらねばならないからだ。JITSAからでてきた他の要素がうまく当該の要素の認識的な地位を疑わないかぎり、こうしたコミットメントは必ずなされる。

認知的プロセスを意識的なものと無意識的または隠れたものとに分けるとはいえ、後者がなんらかの中央実行系だか自我だか自己だかによって「注視されて」いると言いたいわけではない。この区別で言わんとしているのは、隠れたプロセスは機能的に局所で生起していて、そのためリソースをけちけちとしか使わないということだ。そうしたプロセスからシステム全体に送り出す波はほとんどない。そうした隠在的要素を活性化させるのと整合するかぎりでしか、全体に波を送り出さないのだ。また、活性化しているいろんな要素どうしを――たとえばメンタルスペース内にある要素どうしを――比べて、その一部は隠れた暗黙の要素だ（が活性化しているにはちがいない）と本書では言っている。このとき、それ以外の要素がぜんぶ思考においてすっかり明瞭になっていると言わんとしているわけじゃあない（たしかに、どの時点でも、なかにはすっかり明瞭になっているものもあるはずだけど）。ここで言わんとしているのは、たんに、そうした要素の方がもっとグローバルで、もっとリソースをたくさん食い、もっと影響を及ぼす、ということだ（デネットは［Dennett 1996, 2005; Dennett and Akins 2008］これを「脳内の名声」と呼んでいる）。そのため、明瞭になっている要素の方がもっと持続的であちこちへ波及する効果（ようするに「記憶」）をもたらしうる。

このように目下のメンタルスペースに要素がこっそりと入り込むのは、ユーモアを惹起するバグの必要条件ではあるけれど、十分条件ではない。おかしみにはこの隠密行動が必要だけど、それだけでなく、最終的にはこれを理解することも必要となる――必ずしもすべてを理解するという意味ではなくて（cf. ナンセンスな不合理推論ユーモアや解決しようのない錯視――一九四－五頁参照）、たんに、そのエラーがなされていたことが理解されるというだけの意味だ。「ジョークがわかる」ためには、いま起きていることを、少なくともある程度まで知らなくてはならない。ドリツキ（Dolitsky 1992, p.35）が観察するように、「滑稽《ユーモラス》な効果は、自分が袋小路に誘い込まれたのを聞き手が認識し受け入れたときに起こる。……ユーモアでは、聞き手がまんまといろんな想定を受け入れさせられしまってから、そのあとで実は根拠なく受け入れてしまっていたのが暴露される」んだ。ここまではいい。ユーモアの現象学について、洞察に満ちた観察だ。でも、発見のプロセスがまさにそういう風に展開するのはどうしてだろう？　どうして、ぼくらの脳はこの種の愉しみに遊び場を提供しているんだろう？　また、どうして、それはこうもおもしろいんだろう？ぼくらの答えは、ある問題・必要・解決を同定する。ある問題が必要をつくりだし、その必要には解決法があてがわれる。このうえなく巧妙かつ倹約に努めて、脳内の利用できるリソースを利用して、解決法が見つけ出される。

その問題とはこうだ：「世界知識」の蓄積は便乗主義的なプロセスで、とくに注意せずに取り込まれた要素がたくさん含まれる――つまり、意識的に考察して受け入れたわけでない項目がたくさんここに含まれる。たとえば、野生のキリンがゴム靴を履いてないのはみなさんよくご存じのとおり。だが、たった今まで、そんな問題は考えてもみなかったはずだ。ぼくらは世界知識をため込んでいるけれど、そうした内容についてメタ知識〔この知識はちゃんと根拠がある、あの知識はなんとなくそう思っているだけだ、といった知識についての知識〕が伴っていることは、ごく時折のことでしかない。その結果どうなるかと言えば、ぼくらの世界知識の弱点は本質的に「不可視」で、メンタルスペース構築中に、水面まで釣り上げてはじめて見えるようになる。99パーセントの時間はうまく機能するものが、あるとき機能しなくなって、破滅的な結果をもたらすこともある――虚構の場面設定で表沙汰にしたときか、あるいは現実世界の場面でもたまたまそのときは許される状況だったときなら話は別だけど。

この問題からでてくる必要とは、他ならぬぼくらの賢さによってもたらされたこういうリスクから、適時で信頼できるシステムがぼくらを守らねばならない、という必要だ。こうしたまちがいを検知して「ここにある」とつきとめれば、エラーなしに(そうしたエラーにもとづいて行動してしまう前に)目下の推論を進められるようになるというペイオフがすぐさまでてくる。でも、それだけでなく、未来への財産も残される。誤謬による結論が正しい信念であるかのように長期記憶に登録されてしまうのを防止することにもなるわけだ。時間に追い立てられつつヤマをかけるよう設計されているプロセスによって、ぼくらのデータ集約的な知識構造はつくりあげられている。この知識構造に決定的に左右されるシステムにとって、整合性チェックの仕組みは欠かせない。監督を受けておらず、信頼性の度合いがさまざまに異なるこうした知識構造は、頻繁に「事実かどうかのチェック」にかけられる必要がある。そうでなかったら、これらをアテにしている生き物は健全さを維持できない。

その解決策となるのが、人間の認知の卓越した革新の一つ、メンタルスペース構築の活動だ。メンタルスペースを構築する際に水面に浮かび上がってくるガラクタを注意して見るのは、認識的なまとまりを維持するのに実際問題として必要なことだ――そして、このタスクはその場面の切迫した要求と競合する。そのため、首尾よくガラクタ監視を完遂するためには、その実行には独立して報酬を与えなくてはならない――そして、その報酬がおかしみなんだ。この清掃業務は無意識の背景プロセスによっては達成できない。理由は単純で、当該の弱点が姿を現すのは、特定の、リソースを大食いする文脈にかぎられるからだ――つまり、目下活性化している他の内容とこれらを直接に衝突させるメンタルスペースにしか、そうした弱点は姿を現さない。ぼくらが構築するメンタルスペースは、事実上、ぼくらの世界知識のいろんな要素を検証する試験台となっている。この試験台の上で、ぼくらはこうした要素がいろんな場面設定のもとでどのように機能するかを観察できる。これに対する報酬によって動機づけられなければ、この雑用がなされる頻度は低くなってしまうだろう。

　ぼくらの脳は「未来をうみだす」ためにある（詩人のヴァレリーがかつて言ったように）。しかも、迅速に、安定して。速さと整合性にはトレードオフがあって、これによってリスクがつくりだされる。そのリスクを、こうしたバグ探しの仕組みが警邏する。メンタルスペースを創出することにより、電光石火の予測生成を仮想的に敷衍した帰結をオフラインで比較的に安全に検証できる。この活動は、他の活動と競合して、時間と脳のリソースを奪い合わなくてはいけない。無意識のバグとりなんて不可能だ。バグとりには、特定の内容を活性化し、さらに、そうした内容の含意や前提をじっくり調べるのに十分な時間を競合から確保して、その間ずっと活性化させっぱなしにしておく必要がある。このプロセスでは、どれほど短時間であろうと、必ず大脳皮質のリソースを大量に独占することになる。*2

　ここで浮かび上がってくる見取り図はこうなる：時間に駆り立てられつつ、「こうしよう」と意志せずに妥当な予想をヒューリスティック的に検索すると、メンタルスペースが生成され、そこでいろんな要素が絶え間なく検証される。すると、このモデルによれば、基本的ユーモアが生起するのは次の場合だと考えられる：

(1) メンタルスペース内に活性化した要素があり、
(2) それは（理由はどうあれ）暗黙裏にそのスペースに入り込んでいて、

(3)そのスペース内で真だと受け取られており(i.e. 認識的コミットメントがあり)、
(4)それが当のスペースで偽だと判定される――「偽」とはたんに「認識的な調停プロセスで敗者だ」という意味だ
(5)そして、(自明ながら)その偽だという発見に、いかなる(強い)マイナスの情動的な誘因価もともなわない。*3

もっと単純に言うとこうなる：ユーモアが起こるのは、ある仮定がメンタルスペース内で認識的にコミットされていて、そのあと、実はまちがいだったと判明したときだ。いま挙げた五つの条件は、ユーモアという愉快な経験をもたらすための必要にして十分な条件だ。これらの条件は、ジョークのような刺激そのものに直接あてはめられるものではない点に注意しよう。これらの条件は、心的な行動に関わる――ジョークその他の刺激からこうなるだろうと予測できることはときどきあるにせよ、いつでも予測できるわけではない。このユーモアのモデルは、はっきりと投射の誤りを回避している。

2　認識的情動のなかのおかしみ――ミクロダイナミックス

いまオレは記憶喪失と既視感が同時に起こってるんだ。――スティーヴン・ライト

すべての認識的情動は、言葉に言い表せない心的な感覚の性質が共通していて、互いによく似ている――でも、とりわけおかしみと発見〔という認識的情動〕は、よく似ている。認識的情動の仲間のなかで

もいちばんなじみ深いプラスの誘因価を帯びた情動だという点が、よく似ている。これに加えて、この二つの情動は、（とくにうまく段取りのできたジョークでは）実にすばやく同時に起こるので、ほぼいつでも両者が区別されることなく過ぎ去ってしまう。ユーモアと発見に関係があることに気を留めたのは、断じてぼくらがはじめてなんてことはない。これまでにもさまざまな著者たちが両者のふかい結びつきを見いだしている。たとえば、テレンス・ディーコン（Terrence Deacon）はこう書いている：

> どれほど熱心に現代人がミステリーや科学的発見やパズル、ユーモア、そして、問題が解決されたときの高揚を追求しているか考えてみるといい。嘘か誠か、アルキメデスが全裸でとおりを駆け回りながら「エウレーカ！」と叫んだという逸話は、この経験をうまくとらえている。こうしたひらめきと結びついているこの肯定的な情動は、ここにたんなる認知的行為につきないものがあることをほのめかしている。なじみ深いものをこうして首尾よく再符号化できたときには、その達成じたいが、ひらめきの行動を強化する。このことは、そういう結果を得るようにと我々の思考にバイアスをかける適応の重要な一部となっているかもしれない。潜在的には仲間への侵害になりかねない行動を友好的な仲間同士の遊戯として再符号化するときの印という役割を果たすことで主に淘汰されてきた叫び声を、ユーモアと発見の背後にひそんでいる同じような再符号化のプロセスが「奪取して」いるように思える。どちらの条件においても、ひらめき、驚き、不確実性の除去は決定的に重要な構成要素となっている。
> （Deacon 1997, p. 421）

同じく、アーサー・ケストラー：

発見の瞬間にでてくる情動には、二つの顔がある。このことは、気の利いたジョークにぼくらが示す反応に、ささやかで他愛ないかたちで反映されている。ジョークを理解すると、心地よい賞賛と知的満足がわき出て、ゆっくりと消え去っていく。ここには、カタルシスの反応が反映されている。その一方では、自画自賛したくなる衝動が――「エウレーカ！」の叫びのかすかなこだまが――できて、笑いのかたちで爆発したもともとの充電に、さらに電圧を供給する：この「突然の栄光」（ホッブズの表現）は「我々みずからの卓越性から生じる」のだ。（Koestler 1964, p. 90）

さらにまた：

原初的なジョークは、最小限の創意工夫を使って、粗雑、攻撃的、あるいは性的な情動を引き起こした。だが、こうした情動が炸裂する雑な笑いにすら、そのジョークの機知に対する賞賛という要素が追加で含まれていることがよくある――それに、そのジョークを理解した自分じしんの賢さへの満足感の要素も、含まれていることが多い。この賞賛と自画自賛という追加の要素を、ジョークが提供する知的な充足感と呼ぼう。（Ibid., p.88）

おかしみの情動を、他の心地よい情動、とくに発見の喜びから区別しようとするなら、「エウレーカ！」の瞬間と冗談（rib-tickler）と大失敗（lead-balloon）のちがいをもたらしうる認知の出来事をじっくりと詳しく見ておく必要がある。ある場合にはひらめきを生成し、またあるときにはおかしみを、さらにまたあるときには（おそらくはいらだちと混ざり合った）理解のささやかな満足感を生成するものは、いったいどんなものだろうか？　内観では――つまり「純粋な」現象学では――なにも見いだせないたんに、空疎な循環的説明をもたらすだけだ：いやいや、タイミングがぴったり合えばそのエピソードは実に可笑しく（あるいは天啓のように）なるんだよ！――というように。*4 言葉に言い表せないことで悪名高い意識の「クオリア」に、ここで直面してしまう。オーボエの音とクラリネットの音のちがいって、どういうもの？ふむ、一方の音はですな…うう、オーボエらしく聞こえまして、もう一方の音は、クラリネットらしく聞こえますぞ！　ここでは、舞台裏をのぞいて、こうした問いへの答えを見つけ出す必要がある（Dennett 1991, 1996c）。

発見の基本的な愉しみは、おそらく、動物界で広く共有されている。たとえば「バイソンは新しい――したがって予想外の――牧草が茂る土地を見つけると喜ぶ」とおそらく想定していいだろうし、「鳥たちは新しい餌箱やすてきな巣の材料を発見すると喜ぶ」と考えていいだろう。ぼくら人間は、もっと発達した種類の発見を愉しめる。ひらめきという種類の発見だ。ちょうどジグソーパズルのピースがピタッとはまったときのように、頭を悩ませていたいろんな要素があるとき突然にスッと収まりがつくと、ぼくらはそのひらめきを愉しむ。おかしみには、これとまたちがった「風味《フレーバー》」の愉しみがある。その独特な味わいは、前述の定義（二〇五－六頁）の特定の条件からでてくるのだと本書では想定する。これも、人間に固有の認知的アーキテクチャによって可能となっている。

いろんな報酬ごとにちがった風味《フレーバー》があることで、学習メカニズムはそれぞれの異なった源泉を区別できる。それぞれの報酬は、世界の別々の状態に合わせて調節されていて、その状態を達成する行動を訓練する：「甘さ」があることで、ぼくらは甘い物を食べるようになっているし、「しょっぱさ」があることで、ぼくらはしょっぱいものを食べるようになっている。どちらも、ぼくらが遂行しなくてはならない行動だ。もしもこの二つが区別されていなかったら――塩っ気も甘味もたんに「おいしい」だけだったら――ひたすらしょっぱいものだけを食べてしまうといったまちがいをしがちになってしまうことだろう。そうなれば、生物として必要な砂糖をのがしてしまう。他方で、甘みも塩っ気もともにぼくらが必要とするものでありながら、いつでも二つそろって外界に登場するようになっていたなら（e.g. すべての果物には砂糖と塩が必ず同じ比率で含有されていたなら）、両方の必要を満たすのに、ぼくらはたった一つの報酬さえあれば事足りていたはずだ――塩っ気と甘味にべつべつの報酬があったとしても、いつでも共起するのだから、意識にとってはまったくもって区別がつかないことになる。だから、ある報酬のクオリアと、そのクオリアを引き起こし同定する特有な環境とには、一対一の対応関係が成り立っている――いったんそうした対応関係が存在するようになると、エージェントは、その環境を実現する方法や、とんでもない見当違い（たとえば塩がほしいあまりに砂糖を避けてしまうような間違い）をしでかす恐れなくその報酬を手に入れたりする方法を、いろいろと自由に発見できるようになる。このことから、発見とおかしみの感じがちがっている理由がわかる：この二つは、それぞれに特有で他から区別される認知的環境と結びついているんだ。おかしみの生じる条件は、すでに正確に述べておいた――暗黙裏に忍び込んだ信念への過剰なコミットメントが発見される、という条件だ。[*6] ひらめきの条件はどんなものだろう？　両者はどうちがうんだろう？また、どんなところが共通しているんだろう？

第一印象とちがって、ひらめきは矛盾の解消や混乱の減少ではない。たしかに、そうしたことにつながることもあるけれど、別物だ。また、ひらめきはユーモアに見られるような誤信念の発見と同一でもない。これも、たしかに誤信念発見にいたることもあるけれど、別物だ。ひらめきは、たんに、どんなものであれ意味内容が心の中でうまくまとまって新しい概念把握をつくりだしたときに感じる情動のことでしかない。ひらめきとは、なにかを考えつく喜びのことだ。その意味のまとまりができるまえに、矛盾に直面していて、深刻な困惑が生じている場合もあるだろう（ここで問題です：あるカウボーイが日曜《サンデー》から月曜《マンデー》にまたがって街にやってきた。さらに二日間滞在し、月曜《マンデー》にまたがって出ていきました。どうしてそうなったんでしょーか？）*7

あるいは、ひらめきの前に矛盾ではなくてなにか問いを抱えている場合もあるだろう（また問題です：それをつくるヤツはそれを必要としない。それを買うヤツはそれを使わない。それを使うヤツは自分がそれを使っていると気づかない。なーんだ？）*8。あるいはまた、ひらめきの前に、たんになにかのモノで遊んでいただけの場合もあるだろう（べつに抽象的なモノでもいい）。遊んでいたら、新しい規則を発見し、その新情報で心が興奮する場合もあるだろう。子供のころ、みんなもなにかの自然法則を発見したことがあるんじゃないだろうか。たとえば、固ゆで卵を十分にすばやく回転させてやると、転がらずにまっすぐ立つとか、そういう法則だ。ずっと頭をひねりつづけて発見したわけでもなく、また、おそらくはその法則がなぜ・どのようにして成り立っているのか仮説を考えたりもしなかっただろうけれど、それでもその法則の新情報はピカーとひらめいたんじゃないだろうか。

多くの場面、とくに多くの上出来なジョークでは、ひらめきとおかしみがほぼ同時に引き起こされることがよくある。ひらめきは誤信念をぼくらが発見するのにかかせない場合がある。でも、いつでもそうと決まっているわけではない――信念が間違っていたと示してもらうことだってよくある。頻繁に共起するからといって、それでは、ケストラーとディーコンの観察の理由にはならない。おかしみと「あ、そっか！」（Aha!）の対比は、多くの場合にとても鮮明ではある。でも、ユーモアとパズルやなぞなぞといった問題解決の人工物の境界線には、抜け穴がたくさん開いている。なんといっても、多くのジョークはまさにナゾナゾのかたちをとっているし、多くのパズルはうまく隠れていたダメな想定を否定してはじめて解決できるようになっていたりする。それに、そうした場合に、うまく解けたときには――あるいは、降参して答えを教えてもらったときには――しばしば笑いがあがるものだ。

でも、どうしてぼくら人間だけがおかしみとひらめきをこれほどまでに愉しむんだろう？　このシステムの初歩的な要素は、おそらく、ヒト科の系統全体の大半にみつかることだろう。類人猿や、ことによると他の哺乳類たちにも、それらしき類似品はあるからだ。[*9] チンパンジーたちやその他の類人猿たちと共通しているこの基本的な認知的アーキテクチャに、ぼくらのご先祖たちがあらたな革新を加えたときに、新しい情動的現象が存在するに至ったんだ――ケストラーが言うように、発見に頻繁に同伴する情動的現象、発見の喜びにとても近しい近縁が、そこではじめて生じた。

近年になってわかったことがある。実験神経解剖学で長らくとられてきた仮定に反して、ヒトとチンパンジーでは、驚くような神経解剖学的な性質のちがいがいろいろとあるんだ（Kaas and Preuss 2007; Gazzaniga 2008）。こうしたちがいは、進化の上で行動面の革新に後押しされて生じたのだということを、ぼくらは疑わない――ここで思いだそう：思考は内的な行動の一種だ！　ただ、いつ・どのようにしてこれが起こったのかをごく具体的に述べた仮説は、まだ誰も考案していない。そこで、ヒトとチンパンジーのちがいのうち、どれくらいがハードウェアで（「ハードの配線」のなかに神経解剖的に検出しうるちがいで）、どれくらいがソフトウェアなのか（生まれつき備えているハードウェアを新奇な方法で使うように獲得された傾向性なのか）という点については、考察を先延ばしにしておこう。コンピュータ技術の場合と同じように、ソフトウェアの革新は典型的にハードウェアの革新を後押しする。そして、ぼくらの仮説を比喩的に提示するなら、ぼくらはシボレーの脳をもって生まれ、その脳のうえでマセラーティのソフトウェアを実行しなくちゃならなくなっている。それでどうにかせんといかんわけだよ。[*10]

ヒトという種におきた行動の革新は二つ挙げられる。第一に、外界の変化だけでなく、外界に対するじぶんの反応やそうした反応への反応（以下同様）につづく再帰的な反応の変化にも気づきはじめる反省的な自己意識。第二に、もちろん、言語だ。こうした革新から──「やってみようと試みることなく」──複数の反事実的・仮想的なメンタルスペースを構築する能力がもたらされた。（メンタルスペースを構築する強い傾向をともなって言語と自己意識が進化する過程で、そのどちらが先に登場したんだろう？　ありがちな話ながら、こうした「卵が先かニワトリが先か」式の問いを立てる代わりに、もっと細やかな問いを立てた方がいい。その問いを立てるにあたっては、まず、共進化はふつうによくある事態だと認める。原型的な現象が最初にあって、これがさらなるブートストラッピング〔足場の上に足場を組んでいくプロセス〕の土台となったのであって、言語と自己意識どちらかの現象が完全なかたちで奇跡のようにポンと登場したわけではない。そんな、海の泡からヴィーナスが誕生するようには進まなかった。メンタルスペース構築に言語が果たす役割は──そしてその逆も──重要な研究課題で、他の人たちがすでに詳しく検討している──e.g., Fauconnier 1985; Fauconnier and Turner 2002; Coulson 2001。さしあたってここでは、ヒトは二つの能力をもっているところがチンパンジーとちがうとだけ言っておけばすむ：言語と自己意識の二つだ。チンパンジーの思考は、ぼくらと同じくＪＩＴＳＡに基づいている。これは、チンパンジーたちが周りの外界を予測する助けになっている。でも、どうやら彼らはその再帰的なステップで大飛躍はなしとげていないようだ。[*11] 同様に、チンパンジーは環境に見つけ出した薬草で自分の治療ができるかもしれないけれど、医者やシャーマンにはなれない。自分自身の医者にすら、なれないんだ。）ヒトがもっているこの二つの認知能力から、発見の喜びとおかしみへの感受性が高まった──し、その利用も生じた。

3　報酬と首尾よくいった汚れ仕事

すんごい大男とケンカになってさ。そいつが言ったんだ、「てめえのツラで床をモップがけしてやらァ」そこで言い返してやったさ。「後悔すんぞ。」「そうかい、なンでだよ?」そんで言ってやったんだ、「オレのツラじゃ隅っこの方がうまくモップがけできねえだろが」

——エモ・フィリップス

ようやく、基本的なユーモアのメカニズムの完全な定義にまでたどりつくことができた。なぜ、どのようにしてユーモアが存在するにいたったのか、これでいちおうの説明ができた。ここでおさらいしておこう。ぼくらがもっている認識的情動にはすごく重要な仕事がある。できるだけ素早く正確に予測をうみだし、自分がもっている知識表象のデータ整合性を維持するという仕事だ。ぼくらの予測生成機構が猛烈な勢いで大量に予測をうみだす上に、創意工夫に富んでいるだけに、このタスクはいっそう難しいものとなっている。この知識の清掃業務はコストがかさみ、リソースをたっぷり食う。もし、自然選択で配線された報酬システムがなかったら、ぼくらの普段の生活でこの清掃業務に与えられる優先順位は、十分に高いものになっていないところだろう。「発見への報酬」システムの副産物またはその子孫としてうまれたこの報酬システムは、メンタルスペース構築という非随意的な習慣をヒトが新たにつくりだすようになったこの好都合な環境によって強化されている。メンタルスペース構築によって（一時的な〔信念の〕並置が活性化されることになり）、ぼくらの知識基盤への永住権獲得候補たちが衝突する。暗黙裏にぼくらのメンタルスペースに入り込んだ仮定には、自動的な快感増幅器がともなっている。この快感増幅器は、進行中の予測探査で仮定どうしの衝突が発見されたときに発動する。この報酬は、（おそらく）ヒトのみが経験する。これは自律的なターゲットとなり、この報酬を手に入れようと、もっと強力で効果的な刺激を設計してやろうという試みを引き出すこととなった。かくして、ユーモアはぼくらの世界に関する知識表象のデータ整合性を維持するべく進化したプロセスの中核的な部分となったわけだ[*12]。

この結論は、なんともしょぼくれた話でガッカリに思えるかもしれない。このユーモアマシンの中核部分をさらに掘り下げてみると、きわめて功利的な事務仕事が実行されているのだとわかる。そして、他でもなくユーモアマシンがこれを担っている理由はただひとつ、場あたり的に調整されてきた報酬システムを、たまたまユーモアマシンが利用するようになったからだ。その報酬システムは、最初は自然選択により調整され、のちには文化的進化によってさらに調整されてきた。でも、ここで省みてみよう：同じことは、奇妙なことながら、性的な繁殖についても成り立つ。繁殖のタスクとは、オスの配偶子を卵子と安全に接触させることだ。一部の種では――たとえば魚だと――親どうしは別にお互いに接触しない。それに、多くの種では、会うことすらなくて、「うまくいきますように」とばかりに自分の配偶子を環境にばらまくだけだ〔たとえば花粉〕。こうしたありふれた機械的タスクが、ぼくらの間にみられる――さらには他の哺乳類や鳥や昆虫にすらみられる――性的魅力やら競争やらの精緻なシステムを支えるようになるなんて、奇妙なまでに無駄の多いことに思える。でも、もし報酬システムがなかったら、いったい、どうしてぼくらが生殖にはげんだりするだろう？「こいつァ汚れ仕事だが、誰かがやらにゃァならんのだ。」あるいはこんな格言に仕立ててみてもよさそうだ：「仕事がキツくてキケンなほど、その完遂を保証する報酬システムはいっそう強固でなくてはならない。」意識的思考をまもるセキュリティシステムの維持はコストがかかるけれど、やるだけの価値はある。だから、そのための報酬はコストに見合うだけのものじゃなくてはいけないいんだ。

この進化論的かつ機械論的な視座は、大事なメッセージをもたらしてくれる：「疑いなく、滑稽《ユーモラス》な経験の生成に決定的な役割を果たすメカニズムの内在的なダイナミクスが存在している。」その経験があまりにゆっくりしていたり、あまりに自明だったり、あるいはあまりに難しかったり etc. すると、おかしみは生じないか、ほんのわずかのおかしみしか生じない。ここで、芸術・人文学が神経科学と協力し合わないといけない。さもなければ、純粋な現象学の循環説明と神秘にひたすら惑溺するしかない。笑いガス（亜酸化窒素）の効果や、脳のシミュレーションに関するペンフィールドの発見（前述、五五頁）、アルコールやドラッグがユーモアにもたらす周知ながら未解明の効果を説明できるのは、神経科学しかない。まっすぐ立つこともおぼつかない酔っ払いがべつにどうってことない言葉にゲラゲラ笑い出す様子をしらふで眺めたり、マリファナ集会で目が回るような情動の激発が部屋中に感染していくのを見たことがある人なら、誰だって理解しているように、世間にはユーモアのセンスがいまいち発達していない人がいるのと同じように、毒を入れられると自分の経験を過剰に愉快に感じたり、このうえなく当たり前の言葉に機知を見いだしたりする人たちもいる。もちろん、こうした現象の大部分は正常な神経的反応が化学的に失調をきたしたのだと説明できる。

　この時点で、きっと読者の半分はこんな風に思ってるはずだ：「わかったから、とっとと話をすすめて、その仕組みの神経科学的な細部を聞かせてくれよ」――その一方で、もう半分はこう思っていることだろう：「おいおい、神経科学の細かい話はかんべんしてくれよな！」芸術・人文学分野のユーモア理論家たちは、いくらかごもっともではあるけれどこう考えている――、「神経科学的な細部の大半は、それがどういうものであろうとユーモアの社会的かつ内容豊かな側面にそれとわかる「適切な」かたちで結びつくはずがないだろう。*13」でも、彼らが気にかける分析の伝統的な話題と比べて、ぼくらに備わっている生物学的な仕組みから考えれば、たんなるナマの事実として、そうした細部こそがダイナミックな特性として重要であり、これが首尾よいジョークとダメなジョークをわけているんだ。すると、彼らはこう考える――そんなのは二重にガッカリだ。なにしろ、彼らがユーモアに関して立てる問いは――内観をとおしてアクセスできる視座から見て、あれやこれが可笑しかったり可笑しくなかったりするのを決めるのはどういう内容なのか、という問いは――たんに答えなしで放置されるばかりか、その要点を外した問いと答えにむりやり置き換えられてしまうのだから。でも、実はそうじゃない。ヒューロン（Huron）による音楽の先駆的研究をみれば、「クオリア」と神経的な仕組みの説明的な相関をどうやって考案し検証できるか、よくわかる。ただ、ぼくらはまだヒューロンが音楽研究でやったほどにユーモア理論を明示的にする用意が整っていない。

さしあたって、妥協することで誰も彼もを失望させてしまうリスクは、どうしても冒すしかない。とりあえず、こうした統一的な説明がユーモアに関してどうなるか、ザッと素描してすますことになる。たしかに、こうした話題に関する近年の新しい提案や発見はぼくらにとって心強いし、ぼくらなりに正しいと思う考えもあるけれど、進行中の論争でどれかの立場に肩入れするのは時期尚早というものだろう。本書で意図している貢献は、計算的アーキテクチャの機能的仕様を明確化することであって、技術的な実装じゃあない。どんな理論でも、真剣に取り扱ってほしければ、いつかは劇的なかたちで検証可能な予測を生成しなくちゃいけないけれど、分不相応に具体的に細部をつめることで失敗し理論をツブしてしまう危険を冒すよりも、さらなる洗練と改善を期して理論を生かしておく方が賢明だとぼくらは考えている。*14 ただ、これまでのいろんな理論からだんだんはっきりしてきたパターンをみれば、この仕組みの仕様について間接的に言えることははっきりと浮かび上がっている。コメディアン志望たちがこれまでに説明に成功したり失敗してきたりを積み重ねているおかげだ。コメディアンたちは、ちょうどレース車の走らせ方についてあれこれとよく知っているレーサーのような立場にある。どの状況でアクセルを踏み込めばいいのかよく知っているけれど、ボンネットのなかでなにがどうなっているのかは知らないんだ。初期の理論家たちは、コメディアンたちがつくりだしたものを研究して、うまくいくものといかないものを選り分けてはみたものの、その仕様にはまったく踏み込まなかった。たんに、自分たちの手元にあるいろんな材料を見て、そこにあるいろんなパターンを心が安定して識別して反応を返すらしいことを見つけたにすぎない。それでも、こうした理論家たちは、じぶんたちが運転しているこの機械が返す反応の概要について目を見張る事実をたくさん入手している。これは、彼らの専門知識の成果だ。そして、ぼくらも彼らの発見を礎にして理論を構築している。

4 「笑いどころをつかむ」——基本ユーモアをスローモーションでみる

ジョークを正しく解説してみたところで、可笑しくなんてないし、それればかりか、正しい解説らしくも聞こえない。

——イーストマン（Eastman 1936）

イーストマンの言うとおり。ユーモアの一例を取り上げて記述し、認識的整合性の仕組みが特定の事例でどう作動しているか説明しているうちに、おかしみと楽しさは消え失せてしまう。うっかり見過ごされていたプロセスのいろんなステップを「こうなってますよ」と提示してみても、それが本当にそのジョークを心底おかしなものにしているのかどうか、いぶかしまずにはいられない。「どうみたって、そんなわけないじゃん――ぜんぜん可笑しくねえよ!」というわけだ。でも、考えてみてほしい:日常の言葉を録音して、十分の一くらいまでスロー再生してみると、とうてい理解不可能なうめき声になってしまう。そんなのが、まさか可笑しな発言になんて、なるわけないでしょ? ぼくらの理論によって、いろんなジョークがおかしみを引き起こすプロセスがどう説明され、また、そうしたジョークにどんな最小の変更を加えてやるとおかしみが喚起されなくなるか説明されたとして、その説明じたいはちっとも楽しくはない。でも、そうやって説明する以外に、理論が統一されていていろいろと多様なユーモアを十分に説明できると実証する方法はない。あとのセクションでは、もっとややこしいデータを検討するけれど、ここでは基本ユーモアから手をつけるとしよう。

基本ユーモアは、けっこう単純バカっぽいユーモアだ(そこは仕方ない)。基本ユーモアは一人称の視座をとる。そのため、ユーモアがはたらく内容の種類はきびしく制限される。基本ユーモアが起こるのは、他でもなく自分自身がそれと気づかないうちにコミットしていた信念が妥当でなかったと判明して、おかしみにおそわれたときだ。基本ユーモアには、言葉によらないものもたくさんあるし、ものによっては意識にのぼってこないヤツだってある。基本ユーモアは一人称なので、その出来事には対人的なコミュニケーションは別に必要にならない――基本ユーモアの出来事は、いつも頭をめぐっている内心の思考だ。ただ、それで大声をあげて笑い出すことなんて滅多にないし、典型的には、それを言葉に表して他の人たちと共有しようとも思わない。なにしろ、その同じ一人称の経験を、独特な細部までそっくり同じJITSAの設定値で味わう他人なんていないからだ。また、基本ユーモアは、幼児たち、類人猿、あるいは他の動物たちにも存在していると予想される。以下に示す例は、読者のみんなも「ああ、あれね」とピンとくるはずだし、少なくとも、これまでの人生ででくわしたことのある他の事例を想起させるものにはなっているはずだ。

(A)ちょっと思い出してみよう。サングラスを「どこにやったっけ?」と必死になって探してみたら、実は頭の上にのっけていた場合とか、「カギはどこだ?」と困っていたら、実はポケットのなかに入っていたとか、そんな場合はいろいろあることだろう。そういうとき、「あっ、ここだったか」とわかると、おかしみをもたらす環境ができる。

(B)他の部屋にいる誰かに、大声で話しかけてみたところ、実はその相手はどうも数分前にとっくにどこかに立ち去ってしまっていたとわかった場合はこれまでになかったろうか? あるいは、電話の相手にえんえんと話をしていたら、実は相手がとっくに電話を切ってしまっていた、なんて場合はなかったろうか? そういうときは、相手がいなくなっていると知って、ちょっぴりバカみたいな気持ちになったりするかもしれない。

(C)想像してみよう。エレベーターに乗り込んでドアがしまった後、携帯でぼんやりとメッセージを打ち込んでいたら、フッと(ドアが開いて誰かが乗り込んできたときや、エレベーターにのってもうずいぶんたつように感じたとき)、目当てのフロアのボタンを押し忘れていて、エレベーターがずっと最初の階で止まったままだったのに気づいたりする。とっくにボタンを押していたものとばかり思い込んでいたことにおかしみを感じずにはいられない。「俺ってほんとバカ…」

ときに、こうした場面を細かく腑分けする作業がトリッキーなことがある。まずは、どうしてこういう場合におかしみがでてくるのか、理由を押さえよう。状況の特徴をどう変更したらユーモアがなくなってしまうか、調べるとしよう。(A)に関して言うと、サングラスをなくしてしまって、家中を探し回り、ありそうな場所を二度も三度も確認してみたりなんかしていくと、そのうち、「これは家のなかにはないな」という信念にコミットするようになる（だって、ありうるところは全部調べ尽くしたんだもの）。そうなると、「メガネについて考えた覚えがあるのは、雑貨屋に行ったときが最後だったな」と思い当たり、もしかしてあそこにあるのかな、と考えが浮かんだり、さらには、いやぜったい雑貨屋だ、なんて思い込みはじめる。あるいは、どこかに落としてなくしてしまったんだ、でもどこで落としたか見当もつかないぞ、もう見つからないだろう、という信念にコミットする場合もあるかもしれない。そのあたりで、自分の頭にのっけていたのに気づくと、いちばんありそうなところを調べ忘れていた手落ちのせいで、「なくしてしまった」という信念に過大なコミットをしていたのが判明する。例(B)では、相手はちゃんと他の部屋にいてこちらが大声で話しかけている内容を聞いているとばかり自分は思い込んでいる。相手がどこかにいなくなっている可能性をチラと思い描くことなく、そこにいるのだと当て推量をしている——その当て推量にコミットしてしまっている。この当て推量の失敗を取り除くには、ひとつ条件を加えてやればいい。実は相手がいなくなっているという可能性になんらかのかたちで注意を引くような条件だ。たとえば、ドアがパタンと閉められた音を聞いても話し続けているとか、こちらが話している途中で電話の向こうで「ガチャ」というかすかな音が聞こえたとか、そんな条件を加えてやるといい。すると、この出来事は居心地のわるいものにはなるかもしれないけれど、おもしろいものではなくなる。例(C)では、暗黙の仮定がとられる必要がある。すでに目当ての階に向かって動き始めているという仮定だ。そう思い込んでいなかったら——たんにずっと突っ立っているだけだったら——エレベータが動いていないのに気づいたとしても、ただ漫然とした認識への反応がなされるだけで——「おっといけない」——別におもしろくはならない。

こうした例はそこそこ可笑しいけれど、もうちょっとおもしろい基本ユーモアの例をひとつ挙げてみよう：

(D)想像してみよう。テレビをみていて、「いまの場面をリプレイで」を待ってみたあと、はたと気づく――そういえば試合の生中継だった。

こんな具合に心のなかで大失敗をしでかしたときに感じる「バカだなぁ」という痛みは、基本ユーモアの核心をなしている。すぐにリプレイがはじまるだろうという信念には、べつに認識的に強い土台なんてない。ピーター・セラーズの最後の映画『チャンス』(*Being There*)でいちばん可笑しい場面と言えば、ノロマで保護を受けているチョンシー・ガードナーがチンピラに脅されて、この状況はすごく不愉快だと気づき、どうにか「チャンネルを変えよう」と、上の空でいつも携帯しているリモコンのボタンを押すところだろう。彼にとっては困ったことに、ボタンを押してもイヤな場面は終わってくれない。次に挙げる例も、これと似ている。コンピュータをふだんよく使ってる人たちなら一度くらいでくわしたことがあるはずだ：

(E)机の上に置いていた飲み物をひっくり返してしまったとき、なぜか編集画面に目を走らせて「取り消し」コマンドを探してしまう。

ここではアナロジーによる転移が起こっている。「コンピュータのインターフェイス領域」から、現実世界への転移だ。これによって、誤信念が立ち上げられる。こういうとき、ハタと気づいてひと笑いこぼす人もいるだろう。「ほんの一瞬でも、世の中がそんな風に動くとホンキで信じちまったなんて！」

ピーター・セラーズ効果は、現実世界を転覆するようなはたらきをする。この転覆は、ラヴァジャ他（Ravaja et al. 2008）が発見した興味深い実験結果から生じている。彼らの実験では、「一人称シューティング」ゲームで起こるいろんな出来事への心理生理学的な反応を（顔面の筋電図を使って）計測する。その結果、プレイヤー自身のキャラクターが負傷したり死んでしまったときには、プレイヤーが敵キャラクターを負傷させたり殺したりしたときと比べて、より強い興奮（皮膚コンダクタンスで計測）が起こっただけでなく、眼輪筋の活動に増加が見られた（眼輪筋活動の増加は、真性の「デュシャンヌの笑い」の紛れもないしるしだ）。[*15] この論文の著者たちはこれを直観に反する結果だと考え、敵に負けたことに対して一見したところプラスの情動が現れるのは、おそらく一時的な解放感（ゲームのストレスからの解放感）に関係しているか、あるいは、ゲームが虚構だということを改めて認識したことに起因していて、ゲームの挑戦を肯定的に評価したことに関係しているのではないかと示唆している。一方、ぼくらの考えでは、このプラスの情動はたんに過大にコミットしていた一人称信念を発見したことに関係している。ラヴァジャたちはたしかに計測した数値の平均を報告しているだけだけど、データには出来事ごとのちがいと並んで被験者間のちがいも見つかるのではないかと予想している。ただ、ぼくらとしては、被験者の一部には、状況を自分で制御できると考えていたところでいきなり弾をくらって、おかしみまじりに驚いた人たちもいるんじゃないかと思う。

こうした例はすべて、語り手のいない「ジョーク」だ——自分ひとりのなかから勝手に可笑しな瞬間がつくりだされ、笑いが起きたり、声に出さないまでも内心でくすくす笑いがわき起こることもある。エラーを同定し修復することで、自分自身のメンタルスペースのバグとりをして、そこに喜びを見いだすわけだ。これは、原《プロト》ユーモア、または疑似ユーモアとでも言うべきもので、もっとハデなユーモアによく似ているので、ぼくらはここから手がかりを引き出せる――ユーモアを支える仕組みとその目的についての手がかりを。

この一人称の現象は、ぼくらのモデルでユーモアの根本的な源泉となっている。こうした現象は、ありとあらゆるユーモアの種を含む属（genus）であり、人間か擬人化された主体がいないかぎりユーモアはでてこないというルールにとって見かけ上の例外となっている（第五章でみた「20の問い」で挙げた問い11を参照）。こうした現象は別に例外じゃあない。理由は単純で、このジョークにでてくる人間主体は、そのジョークでウケている主体と同じだからだ。その（一人称の）人物は、一人で失敗を犯し、一人でその失敗を発見している。他人を笑いものにするのは、笑いのツボがさらに洗練されたものだ。あとで論じよう。

自分でしでかす失敗を他人に伝えることもできる――あるいは、もっと正確に言うと、他人にそういう失敗を喚起できる。言葉の誤解を喚起するジョークを言えばいいんだ。その誤解は、語彙的な単語の意味の誤解でもいいし（ダジャレ）、文法的な誤解でもいいし（e.g. 袋小路文）、語用論的な文脈の誤解でもいい。よく決まり文句のように言われる「ダジャレは意図していません」を考えてもらうと、ダジャレは言っている当人の意図とかなり独立して生成されうるのに注意がいく。典型的には、そういうダジャレの理解を左右するのは、統語的・意味論的な特徴であって、そのときの場面の語用論的な理解の特徴ではない。[*16] ダジャレはユーモアの形式として弱いことで悪名高い。ときに、驚くほどうまいダジャレに出くわすこともあるけれど、そういうのが驚くほどよくできてる理由は、たいてい、まさにそれがダジャレで、ダジャレはユーモアとして弱いという予想があるからだったりする。ただ、この弱さこそ、基本ユーモアの出発点としてダジャレがいい題材になってくれる理由でもある。もっとゴテゴテした追加は——もっと魅力的なユーモアにみられる装飾は——典型的に、こうしたダジャレには見られない。ダジャレは、いちばん小さなユーモアなんだ。

(25) The butcher backed up into the meatgrinder and got a little behind in his work.
〔前半はパッと読むと「肉屋が肉挽き機をつまらせた」と解釈される。しかし、後半は「そしてちょっとばかり自分の背中も挽肉に混ぜてしまった」と続く。実は、backed up into は「肉屋が肉挽き機にもたれかかった」という意味にとれる〕

(26) A hole has been found in the nudist camp wall. The police are looking into it.
〔「ヌーディストたちのキャンプの壁に穴が見つかった。警察が〔そこからのぞいていたんだ／キャンプを調査していたんだ〕」〕

(27) Did you hear about the fellow whose whole left side was cut off? He's all right now.
〔「左半身がすっかり切りとられたヤツの話、聞いたかよ？　いまじゃすっかり大丈夫《オール・ライト》だってよ。」〕

右のダジャレは、どれをとっても、読者が意味の誤解をしでかすようにできている。いったん意味を間違って解釈して、それから考え直す段取りになっている。三つとも、最初に浮かんだ解釈が、あとで第二の解釈によって再評価される。文章そのものは、べつに一方を言っておいてからもう一方を言ってはいないからだ——文章は、両方を言っている。多くのジョークや一方通行のダジャレ（たとえば八六頁にでてくる四つのダジャレ）では、最初にでてくる信念は、そのあとジョークの完全な情報を与えられてから実際に「反証される」ようになっている。それに対して、ここにあがっているダジャレでは、どちらの解釈もこれといって「間違って」はいない（それどころか、二つの解釈がアトラクタ状態に落ち着いて、両方が意味論的に活性化される）。どちらかの解釈が間違っていると確信を持って判断するのは時期尚早だ――そうした確信あふれる判断は、あとになって根拠なしだったと判明する。（また、もう一つ注意してほしい。いま挙げたのはただでさえしょうもないダジャレだけど、出だしであいまい性に注意を促すとさらに台なしになってしまう。たとえば、"The butcher patted his behind, and then backed..."（「肉屋が自分の背中で肉団子つくっちまって…」）なんてはじめると、台なしだ。）

余計な手出しをしなければその場のメンタルスペースに暗黙裏に忍び込むはずの仮定に注意を促すと、他のユーモアの形式と同じく、ダジャレからもおかしみをもたらす望みを奪い去ってしまう。この点は、失敗したダジャレをあえてつくってみるとよくわかる。下記の例はおかしみが弱い。ある程度までネタを目配せしてネタをバラしてしまっているためだ：

(28) As I have no checkbook, the Left Bank is where I kept all my money.
（「ぼくは通帳をもってないんで、レフト・バンク（レフト銀行／左岸）にお金を貯めているんだ」）

(29) Dr. Jones was very inexperienced, so we all hoped that his medical practice would make perfect.
「ジョーンズ博士は非常に未熟だ。だからぼくらはみんな〔彼の手術が成功するようにと願っていた／彼が実践で慣れてくれるのを願っていた〕」

次の例がしょうもないのは、たいていの場合に、聞いてる側に(暗黙裏に忍び込んだ)信念を抱かせるのに失敗するからだ：

(30)“I like your dog.”「ぼくはキミの犬が好き(ライク)だな」
“Not really, you're more like a cow, I'd say.”「そうでもないよ。どっちかっていうと牛に似てる(ライク)じゃん。」

(31)Sign on the wall in a bar: IN CASE OF BEER LIFT BOTTLE
(「バーの壁にこんな標識が：IN CASE OF BEER LIFT BOTTLE」)
〔In case of beer があいまい：「ビールの場合はボトルを掲げてください」／「ビールケースに入れてボトルを持ち上げてください」〕

賞味期限が切れたダジャレに、こんな標識がある。トラックのバンパーにあったヤツだ：

(32)CAUTION: HAIR BREAKS(「注意：切れ毛」)
(トラックにエアブレーキがつきはじめた頃、“CAUTION: AIR BRAKES”という標識はいたるところで見られた。バイク乗りたちにはあまりにおなじみだったので、これが人によく知られていることが、ダジャレ利用にとって理想的な微小生息域となっていたんだ。)

そして最後に、次に挙げるダジャレはおもしろくない――自分自身に向けた言語行為としてこれを耳にする人にとっては。なぜなら、強いマイナスの誘因価をもった一人称ユーモアの候補だからだ：

（33）Your cancer is improving remarkably it is now able to resist all known treatments.
（「あなたのガンはめざましい改善をみせておりますな。いまでは、いかなる既存の治療法にも抵抗できるほどです。」）

（34）The prisoner is free to go … to the bathroom before execution.
（「囚人は自由になった……処刑前の入浴が。」）

ダジャレに似たものには、こういう可笑しな広告がある：

（35）For sale: antique desk suitable for lady with thick legs and large drawers.
「売ります：アンティークの机。対象は女性で太い脚と大きな引き出しがついています」
〔for lady with thick legs までを読むと、「太い脚の女性向け」だと構文解析したくなるが、そのあとの and large drawers まで進むと with 以下が机を修飾したフレーズなのだと判明する。〕

（36）Dinner Special - Steak $7.65; Lasagna or Meatloaf $6.50; Children $4.00.
（「ディナー・スペシャル――ステーキ7ドル65セント、ラザニアまたはミートローフ6ドル50セント、お子様4ドル。」）

（37）Dog for sale: Eats anything and is fond of children.
（「犬、売ります：なんでも食べます。子供が好きです。」）

(38) Used cars: Why go elsewhere to be cheated? Come here first!
(「中古車販売：どうしてヨソでハズレをつかまされるんです？　最初にウチへおいでください！」)

ここでは、意味の誤解釈がなされている。ただ、こうした事例では、単語の語義が誤解釈されるのではなく、もっと広い意味論的な誤解釈がなされる。そうした誤解釈は、統語的なあいまい性や不正確または不適切な区切れの入れ方によってもたらされることが多い。一行読んである解釈をつけるとき、リスクが冒される。そして、他の解釈も可能だと判ると、「もしかして最初の理解モデルにあまりにはやく飛びついてしまったのかもしれないぞ」と思い至ることになる。袋小路文も、こうした例の仲間だ。いろんな種類の統語的あいまい性から、ユーモアがもたらされる。たとえば、ぶら下がり代名詞がそうだ：

(39) "I'll hold the nail, and when I nod my head you hit it with the hammer, ok?"
(「ぼくが釘を押さえておくから、ぼくが首を振ったら、それをハンマーで打つんだ。いいね？」)

打つってなに？　釘だろうか、それとも頭だろうか？ "it" が指示するものがわからないと、この文には二通りの解釈ができてしまう——ひとつは最初に思い浮かぶ解釈、もうひとつは訂正を引き起こすかもしれない解釈だ。[*17] この文を耳にすると、いくつかのソースからユーモアが引き出されるかもしれない：第一に、解釈のあいまい性。ただ、たんにあいまいなだけでなく、ここに、文を言った方の人が相手にハンマーで頭をほんとに叩かれて驚くイメージも加わる（想像力ある予想は、とどまることをしらないので）。また、さらに、その話し手が自分の言った言葉にあいまい性があったと気づいて動揺する様もこれに続く。こうした言外の含意は、一人称でも三人称でも、追加的なユーモアの豊かな源泉になる。とりわけ優美な表現の経済性がみられる例では、オチのところが省略され、ジョークの語り手の助けを借りず、聞く側で発見するにまかされる。

(40) Some people are afraid of heights. Not me, I'm afraid of widths.
（「高さが怖いって人もいますね。ぼくはちがいますよ。横幅が怖いもの。」（スティーヴン・ライト））

このジョークは、もっと巧妙に意味をおもちゃにしている。ライトは、息をのむほど効率よく、気づかれずにいた非対称性に注意をうながす。「高さ・幅・奥行きの三つの次元はみんな「同じ」で交換可能でしょ?」いいや。重力があるおかげで、大違いだ。*18（さて、ぼくらがジョークをそっくり説明してしまっては、みなさんうれしくないでしょう? ユーモアについて書くとき、解説で困ることの一つは、説明しすぎて読者をコケにしてしまうリスクもあれば、かといって説明が足りなすぎて読者にわかってもらえなくなってしまうリスクもあるってところだ。ひとつの方策でみんなに満足してもらうってわけにはいかない。）もう1つ、単純なジョークの例を分解してみよう:

(41) 問い: 哲学者に玄関口から立ち去ってもらうにはどうしたらいい?
答え: ピザ代を払ってやんな。

やはり誤信念理論（第九章で論じる）を提示しているユング（Jung 2003）の示唆によれば、「実はここでいう哲学者がピザの宅配屋だとわかって、読者の信念が（e.g. 玄関口に大学教授みたいな哲学者がいるといった信念が）読者によって反証される」(p. 222)。玄関先のブランコに腰掛けて形而上学に思いを巡らせている哲学者がいるというコミットされた想定にいきつくのは、このジョークを聞く側の方だ。この（一人称の）信念は、こちらをコケにするかのような答えが示されたとたんに無効になり、そのままユーモアの源泉になる。哲学者をばかにすることで、さらに追加の愉しみもうまれる。それじたいは別におかしみの原因ではないけれど、愉しみを強めてくれる。ただ、ここで繰り返しておくと、すべてのユーモアがこうした追加の愉しみをともなうわけじゃない。追加の愉しみがあれば、たしかにユーモアのよろこびは補強される。でも、それ自体が「おかしみのある」よろこびをつくりだすわけじゃない。おかしみのあるよろこびは、認識的な条件があってはじめて引き起こされる。（この点については第一一章でさらに述べよう。）

次のアイルランド・ジョークでも、やはり聞き手側によって語用論的な仮定が立てられている：

(42) イギリス人がアイルランドのパブに入ってきた。頭には、小さな緑のカエルをのせている。「おんやまあ」──とバーテンダー。「こいつぁおったまげた。どこでみっけたんだい？」

小さな声が答える。「これがね、はじめはちょっとしたイボだったんだが……」

カエルが受け答えするまでに、聞き手はイギリス人から答えが返ってくるという結論に飛びついている。さっきのジョークと同じく、このおかしみには、グループ外の人間をコケにするよろこびも加わっている。でも、おかしみそのものは、バーテンダーの質問相手ならわかっているという間違ったコミットメントを自分がとっていたのに気づくところから生じている。（ここで教訓：誰かをコケにしたいなら、たんにその相手についてひどいことを言ってもいいけれど、それだと可笑しくはならない。それより、なにか滑稽な釣り針――ユーモアを生成するメカニズムならなんでもいい――を見つけて、それで物笑いの種を釣り上げてやるといい。もしうまくできたら、腹の底からの笑いを引き出せる。)

(43)マフィンが二つ、オーブンのなかにある。一方のマフィンがこう言った、「おい、ここはあっついなぁ!」するともう片方が答えた。「うわぁ、マフィンがしゃべってる!」

ここでは、虚構のメンタルスペースをつくりだすときに疑心が保留されるという事実から、論理的なメカニズムによって、ユーモアが生じている。あとの方の文を読み終わるまでに、聞き手は二つのマフィンがオーブンのなかにいる状況を話し合うというメンタルスペースをつくってしまっている。そこへ、そのメンタルスペース内でマフィンの片方が、そんなメンタルスペースをつくるなんて、なんだかバカげていると指摘しだす。マフィンの言葉で、ぼくらは突然、「しゃべるマフィン」なんて考えを平気で受け入れていたことに――まんまとひっかかってその信念にコミットさせられていたことに――注意を向けられる。

(44)僧侶とラビと尼僧がそろってバーに入る。そこへバーテンダーがたずねる。「なんだそりゃ、ジョークかよ?」

これもさっきのとよく似たメカニズムになっている。これはジョークなんだと自覚しつつ、「僧侶とラビと尼僧がそろってバーに入る」のはジョークならありそうな話だということを疑わず、とりあえず受け入れる。この虚構の世界において、ぼくらは、「そういうもんだろう」とこの状況を受け入れる。そこへオチの台詞がきて、このジョークの場外に踏み出してしまう。そして聞き手に問いただす、「なにやってんの？　こんなの信じちゃダメじゃん――ふつう現実世界じゃこんなこと起きないでしょうに！」次に挙げるのも、疑心の保留を手玉に取る方法の一つだ：

(45) 孤独でみすぼらしい男が、橋の上から川へ身投げしようとしているところへ、黒い服に身を包んだいじわるそうなおばさんが近づいてくる。「ちょっとお待ちなさいな、アンタ！　なんで自殺なんかしようっての？」男が答える：「妻に棄てられたんだ。それに、手の施しようがないガンにかかってるって、今日わかった。おまけに、明日、会計検査官がきたら、使い込みがバレちまう…」「心配しなさんな！　アタシャ魔女だよ。ちょいと魔法をかけて万事だいじょうぶにしてやんよ。もし今夜、あんたがアタシとセックスしてくれれば、資金はもとどおりにしてやるし、ガンだってすっかりよくしてやる、逃げたアンタの愛しい女房だって連れ戻してやるさ。」いい取引に思えたので、男は橋から降りて、おばさんを安宿に連れて行き、コトを終えた。おばさんは服を着直して、ドアから出ようとしたところで、男に向き直ってこう言った。「あのさあ、アンタ、いい年してなに魔女なんか信じちゃってんの？」

厳密に一人称なユーモアには他にもいろんな種類がある。これには音楽的ユーモアや視覚的ユーモアも含まれる。たとえば、戯画とか、つじつまの合わない絵や、「物理的ユーモア」だってある。特定の三人称解釈から独立した聞き手の予想への背反がかかわるようなユーモアだ（e.g. トリック映像で、ブロックの塔になにかぶつかって倒壊したかと思ったら、そのブロックが「バウンドして」もとに戻る——フィルムの逆再生で)。こうしたユーモアは、第一一章でいくらか詳しく分析しよう。

5　干渉する情動

ある夫婦が、腰掛けて心理学ネタのテレビ番組をみている。番組では、複雑な心境の現象について説明されている。夫が妻に向き直ってこう言う。「なあ、こんなのたわごとだよ。ぼくを同時に喜ばせも悲しませもするようなこと、ぜったい言えっこないだろ。」妻がこう返す。「あんたの友達のなかでは、あんたのペニスがいちばんでかいわね。」

ユーモアとは、悲劇に時間を加えたものだ。
——マーク・トウェイン

なんとも奇妙なことに、おかしみはよろこびなのに、その一方で、可笑しな内容は、多くの場合にマイナスの誘因価を帯びている。なんといっても、一人称のおかしみの経験が生じたときには、必ず、世界に関する自分のモデルが予想を外しているわけだし、自分の信念に裏切られたときには、なんらかの災いがふりかかる確率が高まるんだから。ここでも、喜劇と悲劇は、同じコインの表裏だと長らく考えられている。理由は次のとおり。ユーモアにおいてこの種の悲劇に対して三人称の視点をとることは、コメディを「シャーデンフロイデ」にとても近づけることにもなる——シャーデンフロイデとは、他人の損失にわき起こるよろこびのことだ。また、このことによって、ユーモアにおける優越感が一部の理論家たちにとってこれほどまでに魅力的になってもいる。

ジョークは「誰かをダシにして（at his expense; 誰かの費用負担で）」なされると言われることがある。費用負担《ダシ》といっても、そのカモは別にお金をとられるわけじゃない。とりあげられるのは、お金よりもっと価値のあるもの、たとえば「社会資本」だ。社会資本はお金では買えない地位で、ぼくらは日々、社会的なやりとりでその資金供給をやっている。典型的には、あるジョークが誰かを（社会的な）ダシにしてなされると、相手はそれをすぐさま感じ取る。そのコストはなんらかの情動的な痛みで数え上げられる（たとえば、恥や屈辱といった痛み）。ただ、これはべつに必須ではない。（優位理論に反して、ジョークのカモを「こきおろす」意図も、別に必要条件じゃない。当該の出来事を滑稽なかたちで表現するには、たまたま、それと同時にそのジョークのカモが面目を失う必要があった、という場合だってある。また、ジョークの「書き手」はどこにもいなくて、だから誰かをコケにする意図なんてありもしない場合もよくある。年寄りが、自分のやっていることがいかにもバカな年寄りのやりそうなことだとハタと気づき、これはひとつ友達に言って聞かせてやろうと思って腹の底から笑いがもれるような場合、この年寄りはべつに自分の年寄り友達をコケにしてやろうなんてつもりは毛頭ないわけだ。）

ジョークのカモが他の誰よりもよく笑う場合もときにある。そうした場合、その笑いは社会的な費用を最小化するべく「設計されて」いるとみてまちがいない。かなり確実に、そうした笑いは、自信を表現する陽気な態度をとって批評屋どもと同じ側に立つか少なくともその連中を武装解除することによって、損失からなんらかの勝利を引きだすべく「設計されて」いる。ここで注意してほしいのは、笑いのカモは必ずしもこれが自分の笑っている理由だと認識している必要はないし、その笑いは真正なデュシャンヌの笑いですらありうる、という点だ。こういう傾向の「設計者」は、自然選択かもしれないし、無意識の条件づけかもしれない。それと同時に、そこで表現される愉しみは、相手が不機嫌になるからといって許されなくなるわけではないこともわかる（cf. 公の場でのいたぶり）。誘因価がプラスどうしやマイナスどうしの情動は、たいていお互いを強め合うように見えるけれど、反対の誘因価を帯びた情動どうしは、競合し、お互いを抑制しあうようだ（e.g., Solomon and Corbit 1974; Fredrickson and Levenson 1998; Fredrickson et al. 2000）。マイナスの激情がシステムを独占しているときには、プラスの激情は一時的にアクセスを阻止される。カモの恥が十分に大きければ、そのカモはおかしみを感じるどころではないし、カモに共感を覚えられる人もいない。そういうときに現れる笑いは、非デュシャンヌの笑いだ。

過去を振り返ったときによく言われる、「まあ、いまとなっては笑い話だけど、あんときは……」を思い浮かべると、ある状況を見る視座の取り方によってユーモア検出が調節されるのを思い出してもらえる。実際、ぼくらは視座をあれこれと自分で操作する専門家だ——あるいは、専門家予備軍だ。視座をあれこれと切り替えて、自分の記憶を捉え直して滑稽に見直し、たとえば傷ついた感情をなぐさめたりする専門家だ（同様の感情に関する戦略について考えた文献として、Greenspan 2000 参照）。

そういう風に視座を切り替える個人的な技術は、物語の技法によって反映・増幅されている。映画人であり映画脚本家でもあるジョン・ブアスティン（Jon Boorstin）は、映画をとおして物語を語るのにハリウッドがこれまでに発見している基本的な視座を三つ挙げている——彼はそれぞれ「のぞき見の目」、「身代わりの目」、「直観の目」と呼んでいる。ぼくらの考えでは、これら三つの映画制作の視座は、世の中を見るときに心が自然にとる視座をもとにしている。また、三つそれぞれにユーモアの知覚に影響をもたらす（cf. Ritchie 2006）。

のぞき見の視座は我関せずの合理的な三人称の視点だ。ここには、ユーモアと干渉するいかなる情動も感じられない：

のぞき見の目は頭脳の目であって、ココロの目じゃあない。感情のない観察者として、いわば遺伝的な人間の好奇心から事態を注視している目だ。たんに懐疑的なだけでなく、あっさりと退屈してしまう（…）。ここで言うのは、べつに登場人物の深みを掘り下げるとか、人生のきわどい時期を切り抜けるとか、そういうことじゃあない。もっとかんたんなことだ：だんだんと展開していく事態を、合理的で説明可能な順番に並べる、ぼくらの論理感覚に決して背かないようにストーリーをまとめるってことだ。（Boorstin 1990, p. 13）

これは、テレビで『三ばか大将』（*The Three Stooges*）や『ミスター・ビーン』を見るときにみんながとる視座だ。こうした登場人物たちに共感することはない——べつに自分の友達じゃないし、彼らが恥ずかしい思いをしても、こちらは恥ずかしくなんてないし、恐れやとまどいを覚えることもない。こういう風に感情を切り離すからこそ、登場人物たちの異様な行動や経験にみんなは笑えるわけだ——彼らが失敗したって、こちらはなんてことない。

（46）悲劇ってのは、ぼくが指を切ってしまったときのことだ。喜劇ってのは、キミが下水口にはまって死んだときのことだよ。（メル・ブルックス）

他方で、身代わりの視座も三人称の視座ではあるけれど、こちらではみんなは出来事の体験者に共感と同情を覚える。ブアスティンが言うには、「身代わりの目は、人物の体に自分の心を重ね合わせる：つまり、ぼくらは人物が感じるとおりに感じるんだけれど、物事の判断は自分でやる。……身代わりの目による交流では、のぞき見の目の場合よりも、もっと身が入る。こちらも自分自身の一部を賭けてしまうんだ」（Boorstin 1990, p. 67）。友人や愛する人や、映画で自分が同一化する主役がなにかとてつもなく恥ずかしい大失敗をやらかすと、周りの人たちは笑うかもしれないけれど、いじわるな観客の輪に加わったりはしない。とにかく愛すべき人物を舞台から引っ張り出して守ってやりたくなるばかりだ。仲のいい友達が公の場で失敗したのを想像してみよう：その状況は、傍観者たちのなかにはユーモアを引き起こすかもしれないけれど、こちらは共感しているので友達の身になって考えるし、同情するあまりにおかしみを覚えるどころじゃない。テレビ番組のコントで敵役がバナナの皮に滑って転べば笑いがこみ上げてくる。でも、それが自分の子供だったら、他のどんな感覚が際立つにせよ、ユーモアが際立つなんてことはない。その痛手が大きすぎなければ、これを乗り越えて同情とおかしみを同時に感じることもある（「やだもうアナタったら！　なんてことをしてるの！」）。ベルクソンが言うように、これには「心に一瞬だけ麻酔をかける」必要がある。[*19]

ブアスティンのいう三つの「目」のうち、直観の視座だけが一人称視点で、のぞき見の視座よりもはるかに身代わりの視座に近い：我が身に情動的な関わりの欠如を起こすことなんてありえない（解離的なドラッグを使ったり、まれな神経病理にでもかかるのでなければ）：「ここでの要点は、登場人物の感じるとおりに感じるってことじゃない。自分じしんの感情を感じるってこと、じぶんで直接に経験するってことだ」（Boorstin 1990, p. 110）。

みずから出来事を経験するときには、その状況のもたらす影響と固く結びつけられ、誘因価を帯びた情動がほぼ確実に生じる。ある状況で否定的な情動から我が身を切り離せてはじめて、心の底から（デュシャンヌ式に）自分を――その状況でした自分の失敗を――笑うことができる。そうした我が身の切り離しにいちばんよく使われる方法は、想起だ：あとになって振り返ってはじめて、ある場面の自分を笑うようになる。だからこそ、「まあ、いまとなっては笑い話だけど、あんときは……」となるわけだ。じゃあ、あんときはどうだったっていうんだろう？ たいてい、それは恥ずかしいとか、屈辱的だとか、心配だとか、（時間その他のリソースで）不必要にコストがかさむとか、怖いとか、悲劇的だとか、そういうことだ。[*20] でも、いまになって思い出すときには、その状況の現実はどこかへ消えている。ここでとられる視座は、もはや直感の視座じゃなくて、三人称ののぞき見の視座だ。たとえその出来事が自分じしんの人生の一部であろうと。

（47）あるオーストラリア人の男が火曜に第26回・エンパイアステートビルディング登攀大会で優勝した。展望台まで86階をほんの9分30秒で登り切ったのだ。誰よりもいちばん驚いたのは、清掃員だった。73階の吹き抜けでマスターベーションしていたのを見つかってしまったのだ。

（Saturday Night Live, 二〇〇八年二月八日、Jung 2003 からの孫引き。）

こうした三つの視座にある共感の非対称性は、一人称ユーモアと三人称ユーモアにある相違点の一部を説明するけれど、他方で、認知的な非対称性で説明される相違点の方がずっと多い。こちらを次章で議論しよう。

第九章　高階ユーモア

1　志向的構え

　ある男が医者に打ち明ける。ウチの家内と、もう六ヵ月もセックスしてないんですよ。医者はその男に、話をするため奥さんに来院いただけますかとたずねる。男の妻が来院し、医者のオフィスにやってくる。医者は彼女に、どうしてダンナさんとセックスしないんです、と尋ねる。

　男の妻が医者に打ち明ける。「この六ヵ月、毎朝タクシーで出勤しているんですよ。お金がなくて、だから運転手は決まって私に聞くんです、『さて、代金は明日払ってもらえますかね、それとも…?』だから私は言うんです、「その『それとも』の方よ」って。出勤したらしたで、遅刻でしょ。上司はこう聞いてくるの。『さて、このことを報告書に記入しとこうか、それとも…?』それでまた、『それとも』の方をやるの。帰宅にはまたタクシーに乗って、やっぱりお金はないから運転手はまた『さてさて、今度は代金をもらえるんですかね、それとも?』でもって、今度も『それとも』なの。だから、わかるでしょ、お医者さん。家に帰ったらわたしクタクタで、ダンナとしたくないの。」

　医者は少し考えてから男の妻に向き直り、こう言う。「さて、この件をダンナさんにお話ししましょうか、それとも?」

一人称ユーモアが誕生したあとにユーモアの進化系統樹に登場した項目でいちばん数が豊富で重要なのは、志向的構え（intentional stance; Dennett 1971, 1987）を呼び起こす多種多様な標本たちだ。志向的構えというのは、信念・欲求その他のいろんな心の状態・はたらきを他の人たちの心に帰属させる方策だ。他の人たちだけでなく、動物やコンピュータ、魔法のランプや汽車ぽっぽにまで、心の状態やはたらきを帰属させもする。この志向的構えの関わるユーモアは、ユーモアについて考えるときの標準的な見地であまりにも優勢を占めていて、一部の理論家たちは、これ以外の種類をハナから無視してしまったり、本当はユーモアとは言えないと考えてしまっているほどだ。このあたりは、細菌が忘れられがちなのを思い起こさせる——微生物たちは生命の原初の形だというのに、かなり最近まで、自然誌家や生物学者は細菌のことをついつい忘れてしまうことがあった。一九四二年になっても、傑出した生物学者のジュリアン・ハックスリーさえ、細菌には遺伝子がないという意見を述べていたほどだ[*1]。少なくとも素人にとって、どっちが興味を引くかと言えば、たんなる細菌よりは目に見える生き物たちの方なのは間違いない。また、大半の受け手にとって、他人やその人たちの心を喚起するジョークの方が、ダジャレより興味を引くのも疑いない。ただ、そうしたジョークにしても、基本ユーモアがあってはじめて存在している子孫たちだという点は重要なので認識しておくべきだ。

志向的構えをとることによって、複雑な実体〔たとえば人間〕に対してぼくらは頑健な予測力を手に入れている。志向的構えがなければまるっきり不可解になってしまう物事が、これで予測できるようになる。物理法則や単純な規則性にしたがっているのだという見方では〔物理的構えをとるのでは〕はっきりと理解できない現象や、設計について仮定を立てるのでは〔設計的構えをとるのでは〕理解できない現象に直面したとき、志向的構えは予測を劇的にテコ入れする選択肢になる。そうした複雑な実体は合理的エージェントだと考え、その欲求や信念を仮説立てて（想像して）、そのふるまいを予測できるようになる。志向的構えは、研究文献では「心の理論」（theory of mind）とも呼ばれている。この用語は誤解を招くところがあるけれど、ふつうは誤解されても害はない。（どう誤解を招くかっていうと、志向的構えがあたかも経験から帰納的に集められた無数の定理や一般化を呼び起こすものだと考えたくなってしまうんだ。「理論」と言うと、認知的に洗練された活動で、ふるまいの解釈を通して心を読むというふつうのことをうまくこなしている「ごくふつうの」人たちには必ずしも備わっていないように思わせてしまう。玄関口で犬が哀れっぽく吠えているのを聞いて、「ああ外に出て気分を解放したいんだな、ああやって哀れっぽく吠えることで協調的にドアを開けてもらえる相手にそのことを知らせようとしているんだな」と推測するのに、たいして「理論」は必要ない。）

志向的構えを利用することで、他人が信じていることをモデル化し、ぼくらはうまく社会生活を送っている。他人の心も自分と同様のプロセスを利用しているとぼくらは仮定し、他人が備えている知識のモデルを組み立てる試みを自動的にやるようになっている。そうしたことをそれぞれに別個のメンタルスペース内でやることで、ぼくらは自分じしんの知識からそうしたモデルを分離させておくことができる。そのため、いつでもぼくらは多数のメンタルスペースを活性化させている。そうしたスペースはたんに自分じしんの知覚した世界のモデルに対応するだけじゃなく、他人がとらえた世界のモデルだとか、こちらがとらえている世界のモデルを他人がとらえたモデルといった、再帰的モデルにも対応している。[*2] 上記のジョークで、医者がしばし考えて「さて、この件をダンナさんにお話ししましょうか、それとも？」と言えているのも、夫と妻それぞれの信念と、夫と妻がお互いの信念について信じていることが、うまく構造化されたモデルにとらえられていればこそだ。誰一人として、志向的構えを使って予測を立てることなしに現代の社会的な世界を生き抜くことはできないだろう。

さて、これがどうユーモアに当てはめられるだろう？　志向的構えを使って、複数の視座からいろんな状況を見ることで、それぞれの状況に複数のメンタルスペースをもてるようになる。つくりだされるメンタルスペースが多くなればなるほど、ユーモアが発生する場も増えてくる。物事を可笑しく思うのは、自分じしんの知識表象に無効なメンタルスペースがあった場合もあれば、自分以外の誰か・なにかの知識表象に無効なメンタルスペースが含まれていた場合もある。このモデルは、たとえばふざけて誰かをだますときに感じる愉しさの支えになっている。ふざけて誰かをだますのは、故意によるユーモアのとくに原初的なかたちだ。他にも例を挙げるなら、たとえば角に待ち構えて誰かをびっくりさせることや、モノをとのありかから移してみんなが探し回るのをながめることも、これにあたる。こうした原初的なかたちのユーモアの予兆はチンパンジーたちの遊び行動に見いだせるけど、これは擬人化による過剰解釈とたんなる観察の区別がつけにくい。ある種の行動は、人間の子供がやっている場合なら高階の志向的ユーモアの探索だとためらいなく解釈できるし、質問して彼らに言葉で答えてもらえば確かめることもできる。だが、そうした行動も、チンパンジーの場合には、それほど精緻でないかたちにまで格下げされてしまうかもしれない。チンパンジーをはじめとする霊長類における高階の志向的構えに関する研究では、論争と打ち砕かれた期待の方が確証された事実よりも多い。また、たしかに近年はチンパンジーの志向性を部分的ながら再確認する文献も現れているものの（e.g., Call and Tomasello 2008）、檻のなかでチンパンジーたちがあれこれと失敗をしでかしても――外から見ている人間たちにはゲラゲラ笑いを引き起こすような失敗なのに――同類の仲間たちにはこれといって目立った関心は引かないようだ（ダニエル・ポヴィネッリ（Daniel Povinelli）、個人的談話、2010）。

予測のユーモアは、他人がなにか不整合〔な信念〕をもっていて、それがいまにも解決されそうなのを知ったときにも見つかる。傲慢・尊大な人間がバナナの皮に滑って転ぶのを見ると笑いが引き起こされるのは、そいつの物理的・社会的な現実のモデルが新たな知覚によって（手厳しく）訂正されるからだ。この場合につくられるメンタルスペースは、その人物の個人的視座とでも呼べる。この個人的視座のスペース内で、彼は途方もない過剰な自信をもっていて（これをぼくらは尊大さとしてとらえる）、これがスペースの中心となっていて、さらに、物理的世界を思うままにできるという予想も活性化している。そこで滑って転ぶとなれば、すぐさま、この男は思い知らされる。それまで抱いていた尊厳の感覚も間違っているし、身の回りの物理的世界に関する理解も間違っている、という情報が、この男にもたらされる。この二つのデータによって打ち砕かれるメンタルスペース内の予想は、どちらか単独の場合よりももっと多くなる——そのおかげで、どちらか一方だけが提示された場合よりもいっそう可笑しくなる。さらに、注目してほしいのは、彼の視座にあるこうした要素を変更した場合にユーモアがどう強まったり弱まったりするか、という点だ。この男がいかにもみすぼらしげだったり自嘲的だったりすれば、あるいは、こわごわと注意深く歩いていれば、滑って転んでもそれほどおかしみはわいてこない。*3 チャーリー・チャップリンはよく心得たもので、しかるべきタイミングと強調ができていれば、映画のなかで尊大な人物がバナナの皮にいかにも滑って転びそうだと観客が予想しているときに滑って転ばなかったときには、いっそう大きな笑いを引き出せることを理解していた——これは、メタ・ユーモアの一例で、ぼくらが自分のメンタルスペース内で間違った予測をしていたことで笑ってしまうわけだ。

まずは歩く男を映して、バナナの皮にカットを切り替え、さらに男がその皮の方にだんだん近寄っていく様を引きの絵で撮ってやり、またしても皮にズームする。そして、さあそいつの足がいまにも皮を踏みそうだというところで、スッと男が皮をまたいで通り過ぎる——と思ったら、その先にあったフタのとれたマンホールに落ちてしまう。

(Bloom 2010, p. 197)

トンマで「察しのわるい」人物がいろんな場面を切り抜けて、「さあいまにすぐしくじるぞ」と構えているこちらの予測をあざやかに裏切ってなんにも不運な目に遭うことなくすむのをみると、陽気な笑いがこみ上げてくることがある。古典的でこのうえなく極端なその例といえば、近眼のミスター・マグーだ。『ミスター・マグー』では、マグーはすぐ周りの状況についてとんでもない勘違いをしているのに、突拍子もない偶然の連続でどうにかこうにか災難に遭わずにすんでしまう。その場面展開の様子がジョークとして成立しているわけだ。マグーに独り言をつぶやくクセがあるのは、偶然じゃない。うっかりへまをしでしつつ大きく声に出して独り言を言うのも、なぜかと言えば、いつもどおりに志向的構えをとっているぼくらにしてみれば、彼がそうやって自分の口から言葉を発してくれなくては、突拍子もなく間違った信念を彼が抱いていることを知りようがないからだ。なにしろ、マグーがとる非言語的な行動の方は実にうまい具合に身の回りの状況に合致しているのだから。同じく滑稽な人物で、しかもミスター・マグーよりも幅広い喜劇的スタイルを見せてくれるのが、ローワン・アトキンソン演じるミスター・ビーンだ。

基本的な一人称ユーモアから三人称ユーモアが進化することで、おかしみに新たな感情の次元が加わる。たとえば、まさにここで——そしてここでのみ——優位理論を当てはめる機会がやってくる。すでに見たように、予測生成はリスクの多い仕事だ。うっかりした間違いを見つけ出して修復するというタスクには、基本ユーモアの報酬が与えられる。間違いを修復する機会が訪れても、一回ごとにぼくらの自己知識に加えられるのはほんのちょっぴりのことでしかない。だから、こうしたかたちではただひたすら自分の間違いやすいダメな習性ばかりが意識されてしまう。すると、これによっていくらか不安や不安定感が醸成されることになる。そこへ、三人称ユーモアが進化してこれを緩和している：つまり、「他人にしたって自分と同じ穴の狢であって、自分と同じように暗黙に入り込んだ推論に裏切られる危険性を抱えている。で、も自分の方が連中よりもマシだもんね！」ってわけだ。

ぼくらは、別にしようと思わずともなんとなく自分を他人と比べてしまう。この習慣は、もっと強くなれば他人との競争にもなる。この習慣はぼくらに深く染みついていて、系統発生の系統樹をたどれば、遠く魚たちとも共通している。他人との比較からもたらされるのは誘因価を帯びた情動であり、その変化の幅は、不安・恐怖（「ううむ、撤退の時だ！」）から、安心（「ぼくも平気、おまえも平気」）を経て、勝ち誇る気持ち（「ざまみろ！」）にまで及ぶ。あらゆる三人称ユーモアにどこか自画自賛の色合いがあるのは、自分を他人と比較して優位に立つことにより生成される情動的なプラスの誘因価が加わっているためだ。そして、他人との差が大きく開けば開くほど、喜びも大きくなる。その尺度は少なくとも二つある：一つは愚かさの尺度（「オマエどんだけバカなんだよ！」）だけど、それだけでなく、帰結の深刻さ・強度の尺度もある（「おい、オマエがしでかしたことをみて見ろよ！」）。帰結がとるにたらないものなら、ユーモアはほんのわずかか、まったく存在しない。

ここに、一人称ユーモアと三人称ユーモアの大きなちがいがあるのが見て取れる：〔他人の失敗から〕すぐさま生じる帰結が悲惨なとき、一人称ユーモアはかならずきれいさっぱり引っ込んでしまうけれど、三人称ユーモアなら逆に強化されうるんだ。

メンタルスペースからさらなるメンタルスペースが次々にうまれ、そのメンタルスペースからもさらにまたメンタルスペースがでてくる。そうしてつくられるメンタルスペースがすべてお互いに関連しているとは限らないけれど、どのメンタルスペースも背景知識や外界知覚という文脈におさまっている。こうした準階層的な構造があるため、ぼくらじしんの知識は、あるキャラクターがそのことに気づくことなく、そのキャラクターが抱いている信念を打ち消すことができる。つまり、観客側が知っていたり新たに知ったりなんらかのかたちで活性化させた全域的な情報は、どのメンタルスペースにも当てはめることができる――他人の信念をモデル化するのに使われているスペースにすら、当てはめれる。このおかげで、観客の方は知っているけれどキャラクターの方は知らないことにより、そのキャラクターが信じていることが間違いと判定されることがある。ひとつジョークを挙げて、この種のユーモアの単純な例をみてみよう：

(48) あの女もたいがいな金髪女《ブロンド》っぷりだ。オレンジジュースの缶を一時間もずっと見つめ続けたんだぜ、缶に“concentrate”って書いてあったからって。
〔concentrate は、「濃縮果汁」という意味だけれど、ブロンド女は「集中せよ」という意味にとってしまった、ということ。また、金髪女《ブロンド》といえばバカ女という紋切り型の通念がある。〕

これを耳にするときには、冗談話に登場するキャラクターにとっての現実を模倣するメンタルスペースが立ち上げられる。そのスペースには金髪女の信念と推論が含まれている。これには、集中して缶をじっと見つめなくてはならないという彼女の結論も含まれる。ジョークを聞くぼくらの方は、「缶に書いてある concentrate は「集中せよ」という命令文ではなくて中身に関する表示だよな」と想起し、これを推論の前提にして、このスペース〔の信念〕を打ち消し、そこでユーモアが産み出される。金髪女の方はべつにこの情報をまったく得ることがなくていい――し、現に得ることはない。ぼくらはそれを待たずにさっさと笑いだす。金髪女の知識に関する予想ではなくて、ぼくらじしんの知識によって、彼女の思考をおさめるよう構築されたメンタルスペース内の信念が間違いだと判定される。この種の非対称性は、次節でもっと詳しく考えていくとしよう。

2　一人称と三人称のちがい

ぼくにはカノジョなんていない。でも、そのことを言うとぷんすか怒り出す女がいるんだよね。

――Mitch Hedberg

視座は重要だ。第七章と第八章で提示したユーモアのモデルは自己中心的ではあってもヘテロ現象学的だった（Dennett 1991）。このモデルでは、ある主体の一人称視座から見たその主体の心の中ですすむ理解の推論プロセスにとくに注目した。このプロセスは、その視座からみて思い浮かべられる思考であり、また、その視座からなしうる間違いでもある。これに注目するには、その主体がデータの一次ソースとして自分じしんの意識的な心の内容に一人称的にアクセスできると仮定しなくてはならなかった。そのアクセスは「直接的」で、アクセスする内容は膨大な量になるので問題含みではあったけれど、ともあれそう仮定しなくてはならなかった。

志向的構えをとることで、他人が信じている物事を捉えることができるけれど、その一方で、そうした他人の信念の把握はシミュレーション上のものであって、完全に実態どおりで間違いなく他人の心の内容を表象するわけではない。最善をつくして我らが同類たちの思考を表象しようとつとめはするけれど、相手がこれまで経験してきた来歴にアクセスできるわけでもなく、ぼくらはせいぜいいろんなヒューリスティックスやこれまでの事情に関する知識にもとづいて相手の信念に近似することしかできない。本書のモデルを支える認知的基盤を理解すると、この非対称性が〔一人称と三人称という〕これらの種類のユーモアの相違でどのように登場するか理解しやすくなる。思い出してほしい——一人称の場合、ユーモアには、活性化したメンタルスペース内で飛躍が起きてコミットした誤信念が生じ、それがあとで検出される必要があった。シミュレートされた三人称の場合にも、こうした必要はちゃんと存在するものの、それらは否応なく緩和されている。信念は活性化し、コミットされ、しかも誤っているように見えるのでなくてはいけないし、ぼくらはその信念が試行錯誤的に推論を経て導き出されたと推測しなくてはいけない。他人の心にそんな信念が本当に存在しているかどうか知りようはないし、相手の意味構築プロセスが踏まえている知識の文脈へのアクセスもこちらは持ち合わせていないので、誤ったヒューリスティックによる飛躍があるかどうか完全には確かめようがない。ぼくらにできるのは、その誤った飛躍があると仮定しておいて、自分じしんの知識の文脈においてはそれが真でないと結論を導き出すことだけだ。

三人称ジョークの内でおこるはたらきをちょっとばかり見てもらい、これらがいままでの例とどうちがうかわかってもらおう：

(49) ある農学校生が、カリブ海クルーズの案内広告を見かける。クルーズに申し込んで、いざ船に乗り込んでみると、他の乗客たちも全員そろって農学校生なことに気づく。船が出航して陸を離れると、乗客たちは拘束されて漕ぎ手にされてしまう。オールのそばに鎖でつながれ、頭目にむち打たれる。農学校生が言う、「こいつは必要以上に残虐だな。」すると隣の農学校生が答えて、「ひでえやつだけど、前回よりは一〇倍もやさしいぜ」

ユーモアはオチの台詞にあるわけじゃあない――オチで言われているのは、この農学校生をムチ打つ頭目が今回は一〇倍やさしいということだ。ユーモアのありかはそこではなくて、この文章ではっきり言葉に言われていない思考の方、この返事をしている農学校生に帰属される一連の推論から導かれる信念の方だ。とりわけ、オチの台詞で前回の経験が引き合いに出されたところで、なんとこの農学校生は一度手ひどい目にあっていながら二度目はなかろうと決めてかかったか、あるいはクルーズとはそういうものだと思い込んでいるのだと読み手は知ることになる。どちらも理にかなっていなくて仮定されそうにないことだけれど、この農学校生が二度目のクルーズにやってきた理由の候補として読み手に考えつくのは他にない――それで、ぼくらはこうした信念を彼に帰属させると同時に、それは誤りだと認識する。(また、次のことも留意しておこう。このジョークに手を加えて、帰結のきびしさを弱めると、おかしみはあらかた消え去ってしまう:たとえば、農学校生が遭遇する事態が、ダイニングルームのウェイターが乗客に対してびっくりするほど横柄だという程度だったとしよう。二人目の農学校生の返答にはユーモアなんてほとんど残らず消えてしまう。)これの比較対象として、信念は誤りであってもそれは他の誰かに帰属されるのではなく自分じしんの心のなかに発見される場合を考えてみよう:

(50)父のように、眠りながら穏やかに死にたい。父が乗せていたお客たちみたいに恐怖に泣き叫びながらじゃなくって。(ボブ・モンクハウス(Bob Monkhouse)の言葉。Carr and Greaves 2006, p. 265 か

らの孫引き）

ここでは、前章で挙げたいろんな例と同じように、ぼくらは注意深く推定に誘導される。彼の父親はベッドで老衰により亡くなったという推定だ。ところがそのあと事態は一変して、実はハイウェイの交通事故だったと判明する。視座の仕組みのちがいを念頭に置いて、視座だけによってユーモアのいろんなちがいが産み出される状況をいくつか見ていこう。★1

他人が推論間違いをしていると見て笑っていたら、実はこちらこそ状況を甘く見ていたと相手に思い知らされることもある。こちらが滑稽だと思っていたことを、相手は合理的だと考えていたようなときだ。それどころか、そのあとでさらに、実際の間違いは自分のメンタルスペースの方にあったと判明することだってある。こうした事例では、アクセスの非対称がユーモアをつくりだすのに決定的な役割を果たす。そうしたエピソードは、その場に参加した当人たちにとって愉快なものであると同時に、あとになってさらにジョークとして思い出話にされたりもする：

(51) ジェーンとジョーが田舎道を運転していたらタイヤがパンクして路肩に駐車することになった。ジョーは予備タイヤがあるのを一瞥すると、トランクからタイヤレバーとジャッキをとりだす。二人してぺしゃんこになったタイヤを車から外したところで、ジェーンが言う。「さあ、行きましょ！」言うやいなや、ジェーンはタイヤを転がしながら道を進みはじめる。ジョーは笑い声をあげて言う、「おいおい、どこに行こうってんだよ？　予備ならあるじゃん！」それに答えてジェーンが言う、「ないわよ。そっちもパンクしてんの！」

このどちらかというとありきたりな話で、ジョーがジェーンを笑うのは、彼女がパンクタイヤを転がしはじめたときに、「予備タイヤはない」という信念を彼女に帰属させるからだ。実際、彼女はそのとおりの信念を抱いている。でも、彼女の視座から見ると、これが事実だからといってべつに可笑しくもない。「なんでジョーは笑ってるのかしら?」なぜなら、ジョーの志向的なモデルのなかではジェーンのキャラクターは間違って自分たちは修理屋に行く必要があると推論していることになっているからだ。

一般に、「野生では」(考えて作ったジョークで仕組まれるのではない場合には)一人称ユーモアよりも三人称ユーモアの方がよく起こるのかもしれない。なぜなら、誤信念を「見つけ出す」プロセスは三人称ユーモアの方がよりかんたんだからだ：実際にそう信じていようといまいと、他人がある信念を抱いていると単純に仮定することはできる。[*4] 純粋に一人称の事例では、これと同じユーモアは起こらない。自分が現に考えていることなら、近しく詳細にアクセスできるからだ。三人称の事例では、志向的構えをとって信念を投射することに必ずともなうリスクにより、愉快なエラーが生じる余地がつくりだされる。

たとえば、自分が川を注意深く渡っている途中で不意に足を滑らせてドボンと落ちてしまっても、みんなはそれを可笑しいとは感じないはずだ。でも、みんなじゃなくこのぼくが同じように川を渡っているとしたら、渡っている途中でうっかりドボンと落ちてしまったとき、ぼくがどれだけ注意を払っていたのか、みんなにはわかりはしない。すると、みんなよりぼくの方がずっと注意を払っていたとしても、その警戒心を仮定しなかったら(なにしろみんなには検知しようがないのだから)、このぼくが調子に乗ったり過剰に自信満々になったりして、実際よりこのタスクがかんたんだと傲慢にも決めてかかっていたのが転倒の原因だと考えて、ぼくを笑いものにするかもしれない。

一人称ユーモアでも三人称ユーモアでも、単純化した仮定のせいで偽な信念がもたらされて、あとになってそれが発覚することはある。ただ、あれやこれのいろんなかたちで視座の非対称性は現れる。たとえば、かけあいユーモア（bipersonal humor）の例がある。かけあいユーモアでは、ある場面で行動する人物とユーモアを理解する側の人物が同時に袋小路にはまり込む。こうした例では、三人称ユーモアは一人称ユーモアと同じかたちをとるけれど、それはたんに一人称ユーモアと並んで三人称ユーモアが生じるからに他ならない。次に挙げる小話では、ユーモアを理解する側のぼくらは、嘘つきな小さい女の子と同じ立場にある：

(51) 小さな女の子がお母さんに、公園にいる老婦人に1ドルあげてとお願いする。お母さんは我が子のやさしさに心打たれて、お金を渡す。
「えらいわね」とお母さん。「でも、そのおばさんには働きようがないってこと？」
「ううん」と女の子が返事。「飴を売ってるわ」

二人のかけあいによるユーモアは、二重視座の（または多重視座、多人数の）ユーモアから区別しないといけない。後者のユーモアでは、二つまたはそれ以上の視座が同時にそれぞれ別々の信念で間違いを犯す。たとえばこんな具合：

(52) 法廷で席に着きながら、裁判官が双方の弁護士に向きなおる。「私は双方から買収を持ちかけられました」と切り出す裁判官。弁護士たちはそろってバツの悪そうな態度を見せる。「レオーニ弁護士、キミのくれた金額は一万五千ドルでしたな。そしてカンポス弁護士、キミのくれた金額は一万ドルだった。」

裁判官はポケットに手を突っ込んで小切手を一枚取り出し、レオーニに手渡す。「さて、それでは五千ドルをきみに返そう。あとは双方の言い分の是非だけで判決を下そうじゃないか」

ここでも再び読者のみんなに辛抱ねがって、このジョークをいちいち説明するとしよう。冒頭で設定される一人称の信念では、裁判官は買収を企てた件で弁護士たちを叱責しようとしているものと思われている。会話の冒頭と弁護士たちの居心地悪そうな様子からみて、裁判官はこの汚職に関与せず潔癖なものと予想される。ところが、裁判官のオチの台詞で、この信念は大間違いだったと判明する。それと同時に、2人の弁護士たちが抱く、「自分が裁判官に渡した額面に応じて、この裁判でいくらか優位に立てる」という信念は、双方の金額を裁判官が均等にしてしまったことで打ち砕かれる。

この非対称がもたらす効果は他にもある。これによって、〔まるで錬金術のように〕ぼくら自身の不運や危うい失敗という卑金属をユーモアという黄金に変えることができるんだ。〔言葉ではなく〕行いによるジョークでそれができる。あんまり愉快とは言えない不運な目にでくわしたとき、その経験を参考にして、誰か他の人を犠牲者にして同じ事故を繰り返してやれば、なかなか楽しい見物になると思いついたりする。みずから経験したときには自分じしんは間違った信念を抱いてはいなかったかもしれないけれど、今度は誰か他の人に同じ出来事が面白可笑しく降りかかるように手配してやれる。新たにみつけた知識のおかげで、その相手に推論上の誤信念を帰属しやすくなる。そうして生じる結果は——ぼくらにとって——痛快なものになりうる。手すりにつかまったらペンキが塗り立てだったのに気づいた人がイタズラをしかける側に回ったとき、その人は自分の経験を滑稽だとは感じないかもしれないけれど、その「ペンキ塗り立て」の表示を取り去りながら、自分のカモが同じ失敗をするのを予想してきげんよくなるかもしれない。鬼ごっこの最中にぬかるみで転んだ子供は、いじわるな意図をもって自分を追いかけるオニがうまくそのぬかるみにやってくるように誘い込んでやったりする。このとき、その子供が笑うのは自分の知識のおかげで〔ぬかるみはない、すべらないという〕誤信念を〔そのオニに〕帰属できるようになるからだ。このとき、べつに本当にオニがその信念を抱いていなくてもかまわない（オニが滑りやすさや地面の状態についてちゃんと認識的に身構えていながらも結局すべって転んでしまった場合にも、やはり信念の帰属はできる）。*5

あともうひとつ、言及しておく価値のある非対称ユーモアの例がある。ひどい不運をみたとき人々が感じ取る奇妙なよろこびがそれだ。毎週毎週、テレビ番組の『アメリカおもしろホームビデオ』（*America's Funniest Home Videos*）では、あれやこれや次々にビデオを流している。野球ボールやゴルフボールその他の物体が飛んできてぶつかったり、ラバに蹴飛ばされたり、さらには――いちばんきついやつだと――馬鹿みたいなスタントをやろうとしてつんのめり自分のあやつる自転車のハンドルにしたたかに打ち付けられたり、といった様子が流される。「うわっ！　いたそー！」そう言いながら、ぼくらは同時にゲラゲラ大笑いする。なんでだろう？　どうして、こうした痛い光景が――さらには倒れかかる家具や建物に人がおしつぶされる光景が――愉快なことになるんだろう？　これはようするに単純明快なシャーデンフロイデ〔他人の不幸に「ざまーみろ」という喜び〕なんだろうか？　いや、事実はもっと興味深い。笑いの種にされる暴力は唖然とするほどひどい場合だってあるけれど。一例としていま頭に浮かぶものを挙げると、ブレイクダンスをやっている人たちの方に小さな子供がトトトと近寄っていき、それに気づかず踊っていた人の足に頭を蹴られる、というビデオがあった。また、他にも、ピザ・レストランから歩いてでてきた男が、道路を渡ろうとし始めたところで出し抜けに猛スピードの車にはねられ、これは死んでしまっただろうな、というビデオもあった。(ピザ男のビデオは交通安全の広告で、特撮を使っている――心からそうであってほしいと思う――けれど、間違いなく迫真のビデオで、ここで大事なのはそのことの方だ。)車にはねられたりダンサーに蹴飛ばされたりするのは、一人称では可笑しくなんかない。それどころか、みんな口先では三人称でもべつにこういうのは可笑しくないよと言いたがるけれど、多くの人が現にこうしたビデオを見て笑っているという現象は否定できない。ここでは、こう論じたい。こうして笑う人たちは必ずしもサディスティックな人や残虐な人ではなくて、彼らが笑うのはビデオに登場する人たちに誤解した信念が帰属されるためなんだ――また、子供を蹴ってしまうダンサーもその子供と同様に犠牲者だという点に注意しよう。ダンサーにしても、自分がやってしまったことの自責の念で苦しむことになる。ダンスフロアには他の人はいないとばかり気楽に想定していたために、そうして苦しむことになるわけだ。こうした変数を調節してやれば、ユーモアの潜在力を落とすことができる:もしもこの子供が幼児ではなくて床を這うだけの赤ちゃんで警戒する感覚もまだ持ち合わせていなかったり、あるいは、ピザ屋からでてきた男が誰かにドンと押されて猛スピードの車の前に飛び込んでしまったのだったら、ユーモアは消え失せてしまう。もしかすると、ブアスティン的なのぞき見の視座がここでは機能していて、そのために共感はゼロに近くなっているのかもしれないけれど、(見ている側の)たじろぎやうめきからみて、おそらくそうではない。『アメリカおもしろホームビデオ』を見てるときに起こる笑いの潜在力に貢献しているフレーム化は、他でもなく、まさにそうしてホームビデオを見ているという事実だろう。ホームビデオを撮影しているのだから、そこに登場する人たちはほぼいつでも自分でそれと意識して演じている――それどころかとくにスタントのビデオの場合には「見せつけて」さえいる――ことが含意される。そのため、無謀な想定を帰属させる格好の候補者になっている。

三人称ユーモアでは、コミットしすぎな信念を他人の心に帰属させる。過去にそうした帰属をしたからといって、キャラクターが同じようにまたふるまうのを見たときの歯止めにはならない。つまり、ジョークを繰り返したときには、また同じユーモアが経験されるんだ。この点は一人称ユーモアとちがう。一人称ユーモアでは、自分がみずからしでかした失敗に学んで失敗を予測し、同じことの繰り返しを避けるかもしれない。掛け合いユーモアや多視点ユーモアは、繰り返し聞いたときにどちらの結果にもなりうる。つまり、一人称ユーモアは予測によって不発に終わるかもしれないのに対して、三人称ユーモアは予測されても成り立つわけだけれど、掛け合いユーモアや多視点ユーモアはどちらにもなりうる。そうした場合に、ジョークは相変わらず可笑しいけれど、最初に聞いたときほどには可笑しくなくなってしまう。一般に、ぼくらのモデルからでてくるこの帰結により、同じダジャレは繰り返されるとあまり面白くないのに、どうして『モンティ・パイソン・アンド・ザ・ホーリーグレイル』は週末に十二回も繰り返し見ておきながらもまだまだはじめてのときと（だいたい）同じくらい面白いのか、その理由がうまく説明される。

最後に、この視点の非対称では新しい疑問点が残される：一人称ユーモアは認識的な整合性を維持するのに関わっているのだとして、三人称ユーモアにはどういう利得があるんだろう？　ひとつの答えとしてはこう考えられる――「三人称ユーモアには利得はまったくない。」三人称ユーモアは進化上のスパンドレルだと考えうる――つまり一人称ユーモアと志向的構えにはともに有益な形質があって、この二つの副産物として三人称ユーモアが生じたという考え方ができる。ただ、もとをたどって三人称ユーモアの生まれたときにこれが一役買っていたのだとしても、さまざまな目的のために機会を捉えて転用されてきた可能性はあるし、現に有望な候補もいくつかある。いちばんはっきりわかる第一候補は、三人称ユーモアの理解が進化したことによって、価値ある情報の文化的伝播が強化されたという点だ。最低限の話としても、同輩たちに自分の心的モデルの失敗を見つけ出させる手助けをすれば、それは互恵的利他行動の「通貨」に使える（Trivers 1971）。

つまり、そうやって手助けをすることで、相手も将来こちらのために同じことをやってもらえるとアテにできる。これにより、暗黙の認知的な結託ができあがり、分散的または拡張的な認知がかたちづくられる（Hutchins 1995a; Clark and Chalmers 1998）。こうして、文字通りにぼくらはお互いに助け合って考えるわけだ。言うまでもなく、仲間が心の中でやらかした失敗にもとづいて行動する前にそれを指摘してあげれば、もしかする災いとなりえた帰結から自分たちの集団全体を救うことになるかもしれない。「おいおい、やめておけって！」という古典的な状況では、友人がガソリンスタンドでいまにもタバコに火をつけようとしたのを目の当たりにして、すぐさまその先の帰結を想像し、友人を止めにかかる。こうして自動的に意志することなく予想が生じると、滑稽なことになる場合もあるし、…ひいては生命を救うことになる場合もある。

こうした拡張した認知には、他にも神話や物語を伝承して子供に教えるというバージョンもある。悲しい話であれ、衝撃的な話であれ、可笑しなものであれ、あるいは毒にも薬にもならない話であれ、真偽を問わず、物語は世の中に関するぼくらの知識を——ぼくらのＪＩＴＳＡ傾性を——広げ更新するのに大いに有益で価値ある情報を伝える。イソップが寓話をつくったり収集する前から、忘れがたい物語はその「教訓」ともどもこれまでに得られた知恵を後世に伝えていく媒体だということを人々はよく承知していた（Dennett 1996a）。ぼくらが窮地に陥ることも自分で墓穴を掘るようなことも滅多にないのは、こうした失敗の話を（しょっちゅう）耳にしているためだ。そうした過去の行状は、ふだんこそ長期記憶に眠っていても、かんたんに呼び覚まされうる。

いろんな物語は長期記憶にしっかりと蓄えられ、神経構造のなかでいまかいまかと出番を待ち構えている（「ぼく！　ぼく！　いまこそぼくが「脳裏に浮かぶ」ときだよ！」とオオカミ少年がぼくらの神経構造で声を上げるとき、その競争相手には、だんだん煮立ってくるポットでうかうかしているうちにゆでられるカエルの話もあれば、アリとキリギリスもあるし、他にあれこれとある。こうした物語は、貴重な人工的補助用具であり、ミンスキーのいうフレームやシャンクのいうスクリプトに相当する（しかもこれらより現実的で自然でもある））[*6]。おかしみを――あるいは恐怖その他の強烈な情動を――呼び起こす物語は、毒にも薬にもならない物語よりも忘れがたい。そのため、いっそう頑健な伝承の媒体になる。

物語を共有する傾性が進化しているのだとしたら、それは遺伝による進化ではなく文化的進化によるものだという可能性がいちばん強い。ただ、ここにはボールドウィン効果があるかもしれない。これによって、物語を愉しむ感覚が強められただけでなく、物語をやりとりしたりつくりあげたり理解したりする神経的な仕組みが集中または強化された可能性もある。

3　擬人化と人間中心主義

"Man is the only animal that chews its ice cubes"（人間は、角氷をかじる唯一の動物である）[★2]

――オリング（Oring 2003）

ニワトリとタマゴがベッドに寝そべっている。ニワトリが満足げにタバコを吸っているかたわらで、タマゴが不満そうな面持ちでいらいらしている。タマゴがきこえよがしにボソリ、「まあ、どっちが先かってアレ、答えでたんじゃない？」

ベルクソンの観察にはすでに言及しておいた。人間だけがものごとをおかしがるという事実よりも重要な事実とは、おかしがられる標的になるのも人間だけという事実だ、という観察だ。ベルクソンは次の例を挙げている：「帽子に笑いだすこともあるかもしれない。だが、そのとき笑いの的になるのは、フェルトや麦わらじゃなくて、人の手がそれに与えたカタチ、帽子に加えられた人間の思いつきの方だ」(Bergson 1911, p.3)。じゃあ、人間のなにがどう可笑しいんだろう？

ぼくらのモデルからわかるように、ユーモアのあらゆる事例にとって中心となっているのは、メンタルスペースで局所的に不整合を来しているコミットメントの発見だ。そして、これまで知られているかぎり、この現象はぼくら人間のような心にしか生じない。志向的なエージェントがいなくては、ユーモアが存在するために必要な視座が生じない。既知のいろんなジョークをざっと検討したかぎりでは、例外はひとつもない。読者には、愉快な反例があればぜひこういうのがあるぞと示してほしい。人間であれ火星人であれ擬人化されたエージェント（前記のしゃべるタマゴやニワトリみたいな）であれ、ともかくなじみのあるなんらかの知的存在が登場しないジョークや機知には、決まって聞き手の参照枠のなかにつくりだされたメンタルスペースが抹消されるさまが直接に知覚される。ひとつ試してみてほしい。たとえば二つのオイスターが登場するジョークをつくれるだろうか。ただし、そのオイスターどもはお互いにしゃべったり、身振りで互いに相手を欺こうとしていたり、あるいはそれ以外のかたちで、貝殻に閉じこもった二人の小人みたいに振る舞うのでないかぎり、どうにもこうにもまったくジョークにならないのがわかるはずだ。

動物以外となれば、この点はいっそう自明になる：「聞いたかい、空が曇ってきたところで岩のそばにヒナギクが芽を出したって話をさ」――ハァ？

こうして頭をひねってみても実のないところから、どんな主役が登場するにせよ、ジョークには必ず擬人化が関わっていることが強く示唆される。アホな岩、バカうけをとるヒナギク、突拍子もない雲なんてものがありうるのは、想像をめぐらせてそうした物体に人間っぽい特徴が備わっているとされたときでしかない。人間らしさというのは、たとえば自惚れだとか、怠け者っぷりだとか、自分の周囲を知覚する能力だとか、あるいは誰かのものとされるといった特徴がないといけない（たとえば、ギリシャ神話にでてくる神々の故郷であるオリンポス山がモグラ塚として描き出される、とか）。そう考えてみると、「人のでてこない」ユーモアも――たとえばダジャレその他の言葉遊びも――実際は、一人称のユーモアだったりする：聞き手みずからの予測、ぼくらからの心がアリーナとなって、そこでメンタルスペースのエラーが発覚する。ぼくら自身、ぼくらの予測、ぼくらが結論に飛躍したことが、あとになってまちがいだったと判明する段取りになっている。だから、一人称の（人のでてこない）ユーモアでは、聞き手も暗黙裏に主役となっていて、ユーモアの主役として「ピンときて」はじめて、ユーモアが発生する。聞き手と主体が別々になっていると、そうはならない。

さて、すべてのユーモアの基底にある構造を明らかにする基本モデルをぼくらは手にしている。また、人間の能力があれこれとメンタルスペースをつくりだして増やしていくための発射台としてこの構造が機能し、虚構のモデルや〔擬人化された〕志向的エージェントの心のモデルも可能とするようになる、その方法も示しておいた。こうしてぼくらの認知能力が拡張されることで、〔虚構や擬人化された志向的エージェントの〕どちらの場合にも、ぼくらがおかしみを見いだす場面の範囲はグッと広まる。こうした種類の高階のユーモア刺激は、現代のユーモア環境でいちばん注目を集めている形式だ。おそらく、ぼくら大人が成長したときの洗練度合いはますます高くなっているおかげで、もっと原初的なかたちのユーモア――子供っぽいユーモア――にはもう慣れきってしまい、愉しむことができなくなっている。[*7] また、ここまでに提示した記述にはすんなりとおさまってくれないかたちのユーモアもある。これについてはおいおい取り上げるとしよう。滑稽な内容の多様さは、思考の多様さを鏡のように映し出している。

また、このモデルはある意味で制限がない：つまり、新しい話題や新しい思考様式（習慣・技法）が登場するにつれて、ユーモアの構築・理解の領域とプロセスの両方が拡大される。ただ、それらをすべてもれなく分類しようとするのは見当違いだろう。ぼくらの創造的な心、とくに我らがコメディアンたちの心（や、ひっきりなしに新境地を開拓し続ける子供たちの心）は、絶え間なくお互いにユーモアのセンスを呼び起こす新規な方法を見つけ出そうとしている。音楽のジャンルと同じく、まったく新しいタイプのユーモアだっていつでも考案されうる。人間は手近にあって利用できるどんな認知的ツールでも利用してお互いを笑わせる状況を工夫できるけれど、そうやって工夫してつくられた状況はきまって洗練された論理的段取りになっていて、うまく隠された誤信念がなんらかのかたちであとで発覚するように仕組まれている。

4 志向的構えジョーク

さあ、どんなジョークをもってこようと分析してやるよ。一晩まってくれれば――なにしろ分析作業には熟考が必要だからね――翌朝にはそいつの化学式をお目にかけてあげよう。

――イーストマン（Eastman 1936）

イーストマンは強気だけど、同時に、言葉に用心してもいる。一つのジョークをじっくり考えるのにまるまる一晩かかると言うんだからね。才能ある「直感的な」コメディアンたちは、パッと見た目には苦労せずジョークをつくりだしている。その場で当意即妙に気の利いたことをパッと返してすら見せる。でも、そのことに目を奪われては、そのときいろんな制約を満たしつつ多くの条件が満たされていることが見えなくなってしまう。ジョークを一つ取り上げて分解していくのも、ジョークの機構部品の一覧をつくりあげるのも、ときにひどく手間暇のかかる作業になる。そうしたプロセスは、そもそものジョークをつくりだすプロセスをたんに逆行するわけじゃあない。だから、ユーモアをつくりだすとき、コメディアンたちがそうした部品を素材に使ったレシピどおりに苦心してジョークを考案してると想像するのはまちがいだ。そのあたりは、ちょうど、ジャズミュージシャンの作曲と同じことで、彼らのソロ曲は、できあがったあとに分析すればたしかにいろんな構造やパターンが明らかになるけれど、作曲にあたってそれらを周到に考慮しているわけじゃない。周到にジョークを編集する際には、分析的なモードによる組み立ての痕跡が見て取れる。話の運びをもっとすっきりさせたり、オチの台詞の語順を変えてもっと決まるようにしてみたり、こっちにくすぐりを入れてみたり、あっちにうまく誤解に誘導する余談を挟んでみたり。でも、これは事実上「撮影後の編集作業」みたいな洗練させていく作業だ——音楽のたとえを続けるなら、これは編曲であって作曲ではない。問題にしているユーモアが一人称視点か三人称視点か、はたまたその両方かによって、分析は次の点をはっきり押さえないといけない：

■長期記憶信念はワーキングメモリ信念と別物だということ。

■あることがワーキングメモリ信念だとしても、それもやはり活性化しているか、あるいは結末の瞬間までに再活性化しているということ。

■その信念は、たんなる間違った知覚や覚え違い、物忘れの産物ではなく、不完全なヒューリスティックスによる飛躍の産物だということ。

■その信念には認識的コミットメントがなされていて、たんにありそうなことと想定されているだけではないということ。

■以上のことは志向的構えのフレームワークですべてなされるということ—つまり、分析はすべて聞き手の視点でなされる上に、さらには聞き手によって再帰的に構築された他のエージェントによる志向的構えのモデルの視点からもなされるということ。[*8] こうした分析は、エージェントたちが他のエージェントたちの認識上の用心ぶりに関して見定めるいろんな予想・評価も考慮する必要があるかもしれない。

■最後に（みんながみんな同じことをおかしく感じるとはかぎらないことを念頭におきつつ）、暗黙裏のエラーを生成するいろんな想定（聞き手とエピソード内で描かれるエージェントたちの両方が立てている想定）を活性化するのに利用可能でなくてはいけない共通の世界知識の目録を正確にそろえているということ。

ややこしそうに聞こえるだろうけれど、思い出してほしい——ジョークってのは、とても荷の重い仕事だ：ジョークは脳内に入り込んで必要な活性化をあやまたずそっと引き起こさないといけない。しかも、その活性化はしかるべき順番を追わないといけないし、タイミングも外せないし、相対的な強弱も正しくつけないとならず、さらに、その仕事をやりとげるのに必要な内容のリソースだけをもれなくその脳内に見つからないといけない。[9] 次章で見るように、こうした要因は、ジョークによらないユーモアの分析ではいっそう詳細な役割を果たしている（また一見すると上記の条件を満たしているように思える非ユーモアのエピソードの分析でも同様）。比較してみると、ジョークはむしろ分析しやすい。滑稽な刺激・出来事がいろいろあるなかで、ジョークはその小さな部分集合になっているけれど、ジョークは分析対象としてはよくまとまっていて、比較的に「単体で扱いやすい」。ジョークは注意深く設計されたユーモア誘出パッケージではあるけれど、その研究・開発は誰の手柄にもできない場合がある。ジョークによっては、ある物語が繰り返し変化しつつ複製を重ねて進化した結果、いちばん忘れがたく楽しい変種が安定して伝播されてきたのかもしれない。

生態学者の発見により、動物がとるさまざまな本能的行動を惹起しているのは、特定の顕著な刺激であり、そうした刺激への反応は動物たちにあらかじめ配線されているのがわかっている。カモメの雛たちは、親鳥のくちばしにある鮮明なオレンジ色の斑点を見ると、そのくちばしをつついて親鳥の反芻物を食べ始める。ニコ・ティンバーゲン（Nico Tinbergen）の研究でよく知られているように、自然のくちばしよりもっと誇張した大きくて鮮烈なオレンジ色の斑点をこの雛たちに見せると、もっとはげしくこれをつつく（Tinbergen 1951, 1953）。ティンバーゲンは他の種でも実験し、「超常刺激」（supernormal stimuli）にはホンモノよりもはげしく、しかも優先的に動物たちが反応を見せることを見いだしている。このティンバーゲンの研究に触発されて、さまざまな理論家たちがこう示唆している。「人間がつくりだした人工物は——絵画や彫刻、ポルノ、さらには音楽や宗教の一部側面も（Boyer 2001）——ぼくらの本能的システムを（過剰に）刺激する超常刺激として考案された産物で、（自然選択による）設計でもたらされるのよりもっと強い反応をうみだしているのではないか。」本書の考えでは、これは妥当な場合が多い推測だし、ジョークはぼくらの自然なユーモア検出の性向を利用して香水や化粧や人工甘味料や音楽や美術とまったく同じように自然界と比べてもっと誇張された経験をもたらす点で、まさに超常刺激の筆頭候補だ。[*10] その洗練された設計のおかげで、日常に「見つかる」どれほど滑稽な刺激よりもジョークははるかに強いおかしみの感覚を引き起こしてくれる。実生活に起こるいろんな出来事でジョーク並みに可笑しいことなんて滅多にない。日常に起こることは、ちょっとくらいウソの手心を加えたくらいではもっと可笑しなエピソードに改良することもできないほどだ。

さて、ぼくらの理論が実地にうまく行くのを示すためには、コメディのゴールデン・ルールを一つ破らなくちゃいけない：「ジョークを説明すべからず！」というルールだ。でも、これは説明の対価でもある：つまり、ジョークで「ウケる」プロセスを分解して、もっと単純バカで機械的な認知プロセスに砕かないようなユーモアの理論は、どこかで未説明の「ユーモアのセンス」を頼りにしてしまっている――それじゃあ、なんの説明にもならない。そこで、これから取り上げるジョークは、どれも、それが立脚している仕組みを根気よく記述を加えることになるといちおう警告してようやく「データ」に取りかかる用意が整う。（ここで用心の引用符をつけているのは、ここでいう「データ」という語はゆるい言い方になっているからだ。これまでの理論家たちは、全員とは言わないまでも、ほぼ全員が、自分の理論の成功をはかる主要データソースにジョークを取り上げている。そこで、公平に比較するためには、いくらかそれと同じことをぼくらもやらなくちゃいけない。そうすることでかなりの説得力をもてるだろうとぼくらは考えている。それでも、ジョークをはじめ滑稽な状況ばかりがユーモア惹起に関する理論が利用できる唯一のデータというわけじゃあない。次章では、そうしたジョークをデータにすることの問題点をもっと詳しく論じ、代替案をいくらか提示しよう。）

この課題を能率よく進めるには、かなり規則的なパターンを利用してやる手がある。いまリストに挙げたいろんな原子要素からなる分子構造を利用してやるんだ。そうしたパターンは、民間心理学の試行錯誤手順《ヒューリスティック》で、志向的構えによる短絡であり、きわめて信頼できるものの、ときに間違う可能性もある。たとえば、「秘密」とは、たんにエージェントAが知っていて（または信じていて）エージェントBが「まだ」知らない事柄じゃあない。AはBがその事柄を知らないと信じていて、さらに、Bがそれを知らないでいる状態を維持する力が自分にあるとAが信じていなくてはいけない。（Bのズボンに火がついているとAが知っていて、しかもBが「まだ」そのことを知らないでいるとしよう。これだけでは、べつに「秘密」とは言えない――ただ、まもなくなくなろうとしているこの知識の非対称をAが利用してなにかする機会は束の間ながらも開かれている。ただ、そのとき、Bがまだズボンの火に気づいていないとAが確信をもてないとき――その信念にコミットしていないとき――には、なんらかの行動を試みるようAが動機づけられることはない。Aが間違っていたときには無益なことになるだろうからだ。）

（53）「おい、わかってっか？　お前さん、耳にバナナ入ってんぞ」
「でけえ声で言ってくれ！　耳にバナナ詰めてるもんでな！」

これを見れば、分子レベルの記述・説明で話を速く進められないと、こういうごく単純な状況の「原子的」分析ですらどれほどチマチマとつまらない作業になるか、察しがつくだろう。たとえば、こちらの信じていることを誰かに「告げる」のと、こちらがそれを信じているという事実に「背く」ことを言うのとでは、天地ほどのちがいがある。前者の場合、こちらは、自分が口にした言葉で表現することを相手に信じさせようとしているこちらの意図を相手に認識させるように意図している（Grice 1957, 1969, ただしグライス説を洗練させた重要な見解として、たとえば Sperber and Wilson 1986 および Millikan 2004 を参照）。後者の場合、自分の発話でうっかりなにを伝えてしまったのか、まったくわからないこともありうる。実際にはバレているのに自分の「秘密」はバレていないと想定してしまうかもしれない（「秘密」の中身はいちいち改めて具体的に言わないでおこう）。あるいは、こちらが気づかずにいる場合だってありうる。つまり、相手はちゃんとわかっていて、かつ、「こちらは知っていて相手はまだ知らない」と思った事柄をうっかり悟られてしまっているのを相手が知っているのをこちらが知らずにいることに、気づかずにいる場合だってありうる――どっこい、相手はしっかり承知してるってのに！　こうした複雑性により、ありとあらゆる種類の機会がつくりだされる。もちろん、本心では抱いていない信念に背いているようなフリを意図的にすることなんかも完全に可能だ。次の話にどんな複雑性があるか考えてみよう。クローズ（Close 2007）から手を加えて借用した：

(54) しこたま飲んでぐっすり眠っていた男がひどい二日酔いから目を覚ますと、妻が自分のためにベッド脇にすてきな朝食を用意してくれているのに気づく。そんなによくしてくれるようなどんなことをしたんだろう？　街で一晩飲み明かし、男はへべれけに酔っぱらって、あっちこっちでゲロを吐きつつ帰宅した。酔っぱらいすぎてベッドに潜り込むのもままならないありさまで、寝室に男をズルズルひきずって運ばないとならないはめになった妻は腹を立てた。しかたなく、ほとんど力の入らない姿勢の男からゲロまみれの着物を脱がせようと手をかけたところで、男はどなりつけた。

「やめろ売女！　手を離しやがれ！　オレぁ既婚者なんだ！」

天才のひらめきだね！——それとも、男は見た目通りほんとうに前後不覚で、たんに幸運だっただけなんだろうか？　ぼくらには知りようもないし、どっちの場合でもちゃんとおもしろい。ただ、故意であろうとなかろうと、この手がうまくいくには妻は男がへべれけで妻を妻とわからないほどではあっても、服を脱がそうとしているのが女だとわからないほどではないと信じていないといけない。どうやら、女の方は男が自分に一計を案じたという仮説を考慮していないみたいだ——彼女は、状況を額面通りに受け取る方にコミットしている。命令文を発した男の言語行為はあることを言っているけれど、妻の方はそこから別のことを引き出している。男としては、そうして言葉を発している際の意図を妻にかぎとられるのだけはいやだろう。妻が導き出す結論は、彼女が立てるコミットされた想定しだいでちがってくる。そうした想定は、彼女の世界知識と目下の知覚の両方をもとにして暗黙裏に自動的に生成されている。その知識とは、たとえばふしだらな女どもがいるバーで起こりそうなことであるとか、酩酊しているときの知覚の限界であるとか、婚姻の誓いであるとかに関する知識だ。この点に関して細部をどこか変えてしまうと、筋書きが成り立たなくなり、ユーモアも消え失せる。

この話では、コミットメント表示器（commitment indicator）の（行動による）利用が欠かせない：言葉より雄弁に語る行動が重要だ。コミットメント表示器は、三人称状況でユーモアがどこで起こるか示す助けをする最重要なヒューリスティック・ツールだ。これにより、どうしてミスター・マグーが独り言を言う必要があるのか説明される。ミスター・マグーがぶつぶつ独り言を言うのを立ち聞きできないと——彼はべつにぼくらや他の誰かに話しかけているわけじゃない——観客のぼくらは彼の誤信念がどれだけ深いものか推し量れない。志向的構えというツールはぼくらみずからの思考プロセスにおいて、そのプロセスじたいの認識的失敗に影響される。他人の認識的なコミットメント志向的構えではなかなか値踏みできないことが多く、一見すると確証のありそうなときにすら、帰属エラーは主要なソースとなってたっぷりとユーモアをもたらす。（もしかすると男の妻は、夫のささやかなたくらみに乗ったうえで、朝食のゆで卵に毒を盛ってたりするかもしれないし。）たいてい、ぼくらはうまくやっている。そして、認識的コミットメントが高い確率で存在すると推測するのに利用するときいちばん信頼の置けるツールは、当該のエージェントたちのふるまいようを見てみることだ。外界で行動してしくじると、その反響でコストがかさむ――予測の仕組みが解決すべく進化した当の問題が生じる。そのため、ある人がとった行動は、用心して注意を払ってやっている様子でもないかぎりは、たいてい、コミットした信念（および欲求）の集合がここにありますよと示すことになる。誰かがボールを力いっぱい蹴り上げたなら、その人はボールにしっかり空気が入っていることにコミットしているのをおもてに表すことになるし、また、誰かが暗い部屋をそろそろと手や足で探りながら進むなら、どこかに障害物があるともないとも、どちらにもコミットしていないことを示すことになる。暗い部屋をゆっくり進んでいてうっかりと軽くなにかにぶつかれば、そこにユーモアが生じる余地がある――もっとも、その部屋に慣れ親しんでいる人なら、「ドォッ！　ここに角があるのは知ってたのに！」と言うかもしれないけど。

このように、行動はコミットメントの証拠になるというつながりがある。この固いつながりがゆるくなるのは、観察する側から見て認識的な警戒が一目瞭然にわからないときにかぎられる。行動する側は実のところ信念にコミットしていないものの、それでもその信念にもとづいて行動しているとき、典型的に、コミットメント表示器は誤検出をしてしまう。たとえば、「さらに情報収集して調べるコストは、これがマチガイだったと判明したときに被るだろう損失よりも高いぞ」と行動する側が（たいてい意識なんてせずに）判断したとしよう。このとき、観察する側は、この内心の事情をまるで知らずに、相手のふるまいをもとにしてコミットメントを間違って帰属させてしまうかもしれない。行動している側はおそらく別に一か八かをやっているわけでもないけれど、かといって確信があるわけでもたいして注意を払っているわけでもなく、ともかく行動している。その行動で当然のように痛い目にあったとして、それは当のエージェントにとってはべつに滑稽じゃないけれど、コミットメントを誤検出して帰属させてしまった観察者にとっては滑稽に感じられたりする。

これ以外にユーモアでよく使われているヒューリスティックは、欺き表示器（deception indicator）だ。場合によっては、ユーモアのカモになった人物が誘導されてメンタルスペースを汚染される過程をぼくら事情を知っている聴衆が目の当たりにすることがある。つまり、いわばスローモーションでそもそもユーモアの源泉であるメンタルスペースへの進入を見せつけられるわけだ。また別の場合には、あとででてくるジョーク(62)のように、その登場人物と並んで同じように瞞され、あとになって自分の瞞されっぷりを知ることになることもある。

欺きユーモアのいちばん単純なものを挙げると、友達をハメてほどほどに非生産的な行動に誘い込むのがそうだ――たとえば、座りかけたところでイスをスッと引いてしまういたずらとかだね。子供の頃ならこれで大爆笑だけど、大きくなってからはたいして面白くもなくなってしまう。もっと巧妙で人をうならせる実践的なジョークでは、カモになった相手に微妙なコミットメントをとらせて利用する。隣人がいつも車の燃費を自慢していてウンザリさせられているとしよう。「1ガロンで40マイル、1ガロンで40マイルなんですよ！」そこでその人は一計を案じてこらしめてやる：毎晩、毎晩、となりにしのびこんでは噂の新車のタンクにちょっとばかりガソリンをつぎ足してやる。すると隣人は「1ガロンで50マイルですよ、いまじゃ50マイル走りますからねえ！」さらに日がたつと、「60！　なんと、1ガロンで60マイルも走るようになっちゃって！」そしてあるときを境に、ぷっつりとナイショの給油をやめてしまう。すると自慢もぷっつりとやんでしまい、その隣人は不安そうに自動車ディーラーに電話をかける。相談されたディーラーも、どういうことやらと困惑するばかりだ。このジョークの軸になっている暗黙の仮定は、「誰も他人の車にこっそりガソリンを給油してやったりなんかしない」というものだ。ふつうの状況なら、実にまっとうな仮定ではある。

他にも、同様の構造を備えたイタズラはある：小粋なビジネスマンがある日、バカみたいに人目を引くホンブルク帽をかぶってオフィスに姿を見せる（ホンブルク帽は一九五〇年代に流行った。当時は男性はフェルト帽をかぶるものだったんだ）。彼は帽子をみんなに見せびらかし、共用のクローゼットにうれしげにかけてみせたりする。それが数日つづいて、いいかげんげんなりした秘書達は、昼食時間のあと、みんなでお金を出し合って同じ高級店でそっくり同じ帽子を買う。ただし、一サイズ上のやつだ。秘書たちはこれを彼の帽子とすげ替える。男が昼食からもどってきて、いざ大事な帽子をかぶってみると耳まで深く下がってしまう。翌日、彼がまたオフィスに出勤したときには、帽子はちゃんと頭の上にのっかっている様子。どういうことかと秘書たちが午前中に探ってみると、丁寧に折りたたまれた新聞紙の切れ端が帽子の内側に挟んである。秘書たちはこの新聞紙を注意深くホンモノの帽子の内側に仕込んで、またすげ替える。男は、うまく入らない帽子を頭にのせて帰宅する。……さて、そうこうするうち、この小粋な男はだんだん心配になってくる。俺の頭が周期的にふくらんだり縮んだりしているのはどういうことだろう。他のイタズラと同じく、このジョークも「ふつう、わざわざジョークのために大枚をはたく人はいないものだ」というデフォルトの仮定に立脚している。ただ、このジョークではそれに加えてもうひとつ、「帽子は勝手にサイズが変わったりしない」というこれまた完全に妥当な仮定にも立脚している。（サイズ表示のタグは偽造するか取り去ってしまって、「問題の帽子は1つしかない」という仮定が破られないようにしなくてはいけないと想定される。）物語の欺きジョークもイタズラであって、ちがうのは語られているか言葉以外で描写されているかという点だけだ――たとえば爆笑シーン満載の長寿番組『どっきりカメラ』（*Candid Camera*）は、まさに映像で描写されている。ただ、大半の欺きジョークには、これ以外のかたちで欺き表示器が関わっている。これについては、またあとでみるとしよう。

圧縮ツールは、広く共有された一般知識を利用する。ジョークや機知でステレオタイプを利用するのは、それ相応に評判がわるい。その悪評も、たしかに典型的にみられる政治的に正しくない内容によるものもあるけれど（実に可笑しいユーモアのなかには、とんでもなく偏見に満ちていてとても人前で口に出来ないものもある）、それ以上に、そこで採用される論理的な仕組みが雑なことによる部分が大きい。ステレオタイプはデータ圧縮装置として機能する。この圧縮装置は、誇張されたり行きすぎた単純化をされた情報の巨大なライブラリを絶え間なく参照している。ステレオタイプ化された集合に言及するだけでも、それを聞いて聞き手がつくりだすメンタルスペースには、それを汚染するエラーを含まざるをえなくなる――これはほぼ誰でもすでに知っているとおり。そのため、ユーモアでステレオタイプを使用する最良の方法にはメタ効果、またはメタ・メタ効果がからむことになる。つまり、「ああ、また手垢にまみれた定番ネタで笑いをとろうってしょうもない腹か」と身構えていた聞き手に奇襲をかけるという効果が、そこには関わっている。（ここで、メタユーモアの才能がどれほど広範囲に及ぶか注記しておいてよさそうだ。ぼくらが知っているユーモアのさまざまな血統はとても多いため、ユーモア・タイプを（まちがって）認識したことから生じるいろんな予想をぼくらはたっぷりと抱いている。）

(55) There was a young lady named Tuck,
Who had the most terrible luck:
She went out in a punt,
And fell over the front,
And was bit on the leg by a duck.

タックという名の若い女性
あまりな不運についたよ嘆声
かわいい小舟でこぎだしどんぶらこ
ひっくりかえってびっしゃんこ
ダックがのっかりチト休憩

明らかに、この小話にはおかしなことなんてなんにもない——なにか他のものを予想しているのでなければ。

同様に、それぞれの文化に定着した物語のいろんな変異を利用するジョークも大量にある。共有された物語は見事なデータ圧縮装置だ。（ここで思い出してほしいのが、記憶された物語がフレーム問題の緩和に果たす役割の議論だ——第八章）。そうした物語は、ほぼ文字通りに、「みんなを同じページにのせる（みんなに同じ考えを抱かせる）」（get everyone on the same page）役目を果たす。これにより、〔そうした共通の物語を〕利用する機会がつくりだされる。より少ない言葉でより多くの物語を語れるようになるほど、ジョークや機知の冴えもいっそう効率よくなる。スタンドアップ・コメディもこの強力な圧縮を利用している。コメディアンたちは、よく、自分の生活に関する小話を、みんなの生活でそれに類似した出来事に関連づけてみせる。すると、それを聞いた方は、圧縮された大量の推論を誘発されて、コメディアンが簡潔に素描してみせた全体像を完成させることになる。そのおかげで、客は「ポインタ機構」を適用してその状況のユーモアを自分の経験から探り出しやすくなる。たとえば、「アメリカぐらいなもんだよね、病人は処方箋をもらいたければドラッグストアの裏口まで歩いて一列に並ばなくちゃいけないのに健康な客は表ですぐにたばこを買える国なんて」みたいな台詞は、ぼくら「みんな」が知っていてもそれまでユーモアを見いだしていなかった事柄にポインタを向ける――でも、文化がちがえば、これはまったくもって非効率になったりもするだろう。いちばん効率のいいポインタのひとつに、痛みの叫びがある。たとえば、ホーマー・シンプソンが「ドォッ！」と言うと、ぼくらはみんな笑ってしまう。言葉ぬきの身振りや顔の表情は、うまい喜劇役者が使うと（たとえば何気なく流してから「あれ？」と二度見する演技など）これと同様の伝達上の効果を達成できる。

（56）ニュージャージーの猟師が二人連れで森にでかけると、片方が道中で倒れてしまう。呼吸もしていない様子で、完全に白目をむいている。相棒の猟師はいそいで携帯電話をとりだし、救急サービスに電話をかける。息せき切ってオペレータにまくしたてる猟師：「友達が死んじまった！ どうすりゃいい？」オペレータは、穏やかな声でなだめるように語りかける：「どうぞ落ち着いて。助けになれますから。まず、たしかにその方は死んでいますか？」しばし沈黙。それから銃声がひびく。猟師がふたたび電話にもどってくる。「いいぜ。次は？」

[A couple of New Jersey hunters are out in the woods when one of them falls to the ground. He doesn't seem to be breathing, his eyes are rolled back in his head. The other guy whips out his cell phone and calls the emergency services. He gasps to the operator: "My friend is dead! What can I do?" The operator, in a calm soothing voice says: "Just take it easy. I can help. First, let's make sure he's dead." There is a silence, then a shot is heard. The guy's voice comes back on the line. He says: "OK, now what?"]

インターネットを基盤にした社会実験のLaughLabが二〇〇〇年と二〇〇一年に行われた。実施したのは、イギリスの研究者リチャード・ワイズマン（Richard Wiseman）だ。この実験のねらいは、いろんな（インターネットに関わる）文化におけるジョークの理解について一般的統計を発見することにあった。ワイズマンの調査によれば、世界でいちばん可笑しいジョークが上記の例だ。不完全ながらも、このジョークの「作動部品」のリストをあげるなら、次のとおり：出だしで、相棒が死んでいるという信念にどれくらいコミットしているのかこちらにはわからない。オペレータもぼくらと同様にそこがよくわかっていなくて、（よかれと思って）これを解決したがっている。オペレータは、助けになりたいと望んでいる（それがオペレータの仕事だってのもある）。そこで、時間に追われるなかでパッと考えて（もっと余裕のある会話だったならぜったいにもっと注意して言葉を選ぶはずだ）、月並みな「寄り添った」二人称複数の指示（"let's make sure he's dead"）を出す――"how are we feeling today?"（今日の調子はどうかしら）みたいな看護の we だ[★3]――そのうえで、「手助けになる」提案をしている。明らかに、オペレータは自分の言葉にあいまい性がある可能性なんて無視してすませている。この暗黙のあいまい性により、猟師はオペレータの助言が言わんとする意味を誤解してしまう（このあたり、愚直なコンピュータがやりそうなことだ）。こうして、猟師はある行動をとるべきなのだという信念にコミットしてしまう。できるかぎり最善の助言をよこそうと望んでくれていて専門知識と権威のある相手としゃべっていると信じていなければきっととるはずのない行動だ。猟師はどうかしてしまっている――それにもちろんおばかさんでもある――けれど、もしもここで電話越しに話している相手が他の猟師仲間だったらこうも考えなしに同じ命令にしたがうだろうか？　猟師がコミットしているとぼくらにわかるのは、彼がそれからやってのける途方もない行動のおかげだ――

なにをやったかは、見事に圧縮されたオチの部分から推論される。電話越しに聞こえる銃声もいくぶんあいまいなところがあるけれど、それでも読んでいくと何が起きたかこちらはだんだん見当がつきはじめる。その見当は、まもなく猟師が「いいぜ。次は?」と言ったときに確信に変わる。(ここでひとつ注目してほしい。このユーモアは、こういうことを読者の想像にゆだねずにすっかり説明してしまうと多くが台無しになってしまう。ここでは、基本的なおかしみを光速の問題解決という自負が強めている。そこいらのグズどもより自分がいかにお利口なのか認識することで強化されているわけだ——なにしろ、オペレータは確実にここで人殺しの片棒をかついでしまっているのだから[*11]。)また、言うまでもなく、ここで登場人物たち当人はとても笑うどころではない深刻な状況に直面している。他方で、読者や聞き手にとっては、これはフィクションだ。だから、同情・恐怖・絶望といった情動にユーモアが邪魔されることはない[★4]。

(57) ある日曜の朝、神父はジョニー坊やが教会のホールにかかっている大きな飾り額を見上げているのを目にとめる。この額には大勢の名前が記されていて、両脇に小さなアメリカ国旗が添えてある。7歳のジョニー坊やがしばらくこの額をじっとみつめていたので、神父は歩み寄って坊やの隣に立ち、おだやかに語りかける。「おはよう、ジョニー坊や。」

「おはよう、神父さま」と坊やは返事する。答えながらも、目はじっと額をみつめたままだ。

「スコット神父、これはなんです?」ジョニー坊やが尋ねる。「これはね、兵役《サービス》中になくなった若い男女の記念だよ」

謹厳に、坊やの隣に立って額を見上げながら神父が答える。ジョニー坊やが続けて質問した声はかろうじて聞こえた。「どちらの礼拝《サービス》です? 9時45分の、それとも11時15分の?」

ジョークのおしまいでジョニーが発してる質問をみて、分析屋のコミットメント表示器はきっと作動するはずだ。ジョニーによる言語使用は言語行為であり、この場で言う「サービス」は教会の礼拝《サービス》であって軍隊の兵役《サービス》ではないという信念に自分がコミットメントしていることを漏洩している（が、表現してはいない）。もしこの場面がテニスコートやレストランだったら、ジョニーはぜったいに「サービス」の意味についてこれと別のコミットメントをとっていたことだろう。場面が変われば、この単語のあいまい性も増していく。おそらく、ジョニーは「サービス」で意図されている意味をまだ知らないだろう。なにしろ、まだ7歳なのだし。また、どちらにせよ、神父にしてみれば、ジョニーがこの意味を知らないかもしれないとは思いもよらない。傍観者であるぼくらは、こうしたことを含めてすべて推論する。そのうえで、教会・神父・幼い少年に関するじぶんの知識を利用し、ジョニーの信念に対応するメンタルスペースもすでに構築済みだから、まったく苦労せずジョニーの失敗をつきとめられる。予測生成器として、ぼくらはさらに踏み込んで、神父がその失敗をジョニーに解説する様子まで想像するかもしれない。ただ、それはジョークに必須な部分じゃあない。暗示された結末はジョークに必須だったりすることも多いけど、これはちがう。

(58) 飛行機に搭乗してジャックって名前の友達を見つけたときには、うっかり言っちゃいけないよ、「ハイ、ジャック！」なんて。

これは単純なダジャレとはちがう。これは高階ユーモアであって、志向的構えを利用しているからだ。

おもしろいことに、これに必要な視座は、ジョーク内ではっきりと言葉で導入されてはいない。ユーモアが生じる根っこの部分は、他の乗客・客室乗務員・パイロットたちの視点にある——こうした人たちは、みんなの空港「スクリプト」にデフォルトで設定されている登場人物だ。問題の台詞を耳にする範囲にいるのはなにもキミとジャックだけじゃないと自動的に仮定される。キミの呼びかけにジャックがユーモアを見いだしたとして、それはひとえに、キミとちがって、すでにその言葉のあいまい性を認識していて、(このジョークを理解するときのぼくら読者と同じく) みずからも志向的構えを用いてそこから生じる厄介事を予測しているからだ。ぼくらはなにげなく想像してしまう——「ハイジャック！」という言葉が発せられたものとばかりじぶんたちが誤って信じてしまうメンタルスペースを乗客たちが構築するさまを、思わず想像してしまう。キミが友達に手を振っているのをみた乗客たちはじぶんが誤解したのに気づき、それにともなってこうしたメンタルスペースも崩壊し、いれかわりにキミの友達の名前が「ジャック」なんだと悟るメンタルスペースが登場するかもしれない。ただ、そうした (想像上の) 乗客たちが実際の事情を理解する必要はない。乗客たちがこのメンタルスペースを構築しみずからの世界知識を利用してそれを打ち消すのに必要な情報を引き出すのを想像することだけが必要となる (さっきのジョニー坊やのジョークのときと同じく)。ただ、それで十分というわけでもない。さらに進めて、さらに別のメンタルスペースを構築しないといけない。そのメンタルスペース内には、航空警察官と彼らのメンタルスペースなどを含むメンタルスペースがあり、また、(それにともなって) 航空警察官たちがとりそうなコミットした行動も含まれるし、そのことがジャックの友達のメンタルスペースにもたらす切迫した効果も含まれる。そうなってはじめて、このジョークでちゃんと表明されている言語行為で示された助言が危惧している帰結の強烈さがあらわになる。この点を理解するには、(58)を次の可笑しくない変種と比べてみるといい：

（59）バーに入ってボールって名前の友達を見つけたときには、うっかり言っちゃいけないよ、「ハイ、ボール」なんて。

もっとキレのないやつなら：

（60）スーパーの乳製品コーナーにやってきて、グルトって名前の友達を見つけたときには、うっかり言っちゃいけないよ、「よう、グルト」なんて。

言及されていないもののどうしても想像せずにいられない帰結が果たす役割は、次の話（実話）でいっそう大きなものになっている：

（61）イギリスには、自分のペットをとてもまじめに扱う人の多いお国柄がある。デネットはかつて一流の教授の――それどころか叙勲すらされている教授の――家に招かれたことがある。その教授は、朝食の席でデネットにあいさつがてらこう話しかけた。「おはよう、ダン。よく眠れたかね。ちょっと写真を見てみないかな。賞を取った写真なんだ、実はうちの娘のプッシーなんだが…」★5

もちろん、これはたんに意図せずダジャレになってしまっただけじゃあない。これを聞いた瞬間にデネットをふりまわして狼狽させた感情のローラーコースターを、ぼくらは自分でもたっぷり体験せずにはいられない。ユーモアは、そのあらがいがたい即座の再創造にある。「あれ、もしかしてセシル卿の言葉を聞き間違ったかな？　まさか、彼がこんなことを口走るとはちょっと思えないよな？　イギリスの方じゃ、その手のコンテストをやってるのか？　でも、彼の娘さんが？　そんな話を、朝食の席で？」――なんて調子だ。そこで、ハタと気がつく。イギリス英語とアメリカ英語には、きっと微妙な語法のちがいがあるにちがいない。取り出された写真をみると、案の定、希少なかわいらしいシャム猫の写真が並べられて、この推測が確かめられる。ここでスッと一安心となる――なお、デネットは体をふるわせてゲラゲラ笑い出してしまうのをどうにかこらえたことを、ここに申し添えておこう（これはこれで、言外のシナリオでユーモアをいっそう強めている要素となっている：「これはまさかデネットはうっかり自分がどれほどエロイ発想に染まった人間なのか暴露してしまうのか？」と気を回すとユーモアはさらに強まる）。ところで、この話をしてみようとすると誰でも突き当たる語り方の問題に注意しておきたい。厳密に言って、これはジョークではなくて逸話だ。だから、会話中にもちだすなら、イギリスではペットがどうのこうのという前置きを置かない方が自然に話せるし、ことの顛末をおしまいまではっきり言葉で伝えた方がおさまりがいい。つまり、猫の写真が並べられるところもしゃべった方がいい。これはこれで可笑しいけれど、ただ、間の取り方がむずかしい。ここで、ジョーク・エンジニアの書の一節にしたがって、出だし部分でヒントを出しておくのがいいだろう。そのヒントは、できるだけ微妙で遠回しな方がいい。「イギリスには、自分のペットをとてもまじめに扱う人の多いお国柄がある」では、暗黙の話の敷居をちょっと高くしてしまうリスクがある。また、「イギリス人ってわんこやプッシーが大好きだよね」と言ってしまうと、ネタがあらかた割れてしまう。細部が大いにものを言うのに注意してほしい。これは一流教授のネタであって、ハリウッドの映画プロデューサーだとか床屋のオヤジだとか水夫だとかのネタじゃあない。それに、舞台がイギリスだってことも、イギリス紳士らしい一段高くお上品な話を予想させるのに重要な役割を果たしている（ステレオタイプによる圧縮）。そう予想させておいてこそ、正しい解釈にたどり着くのにつまずかせ、たんに暫定的な推量をさせるだけにとどめさせないことができる。

(62)初対面の男と女が、列車の寝台車でばったり同席になる。最初のうちは床に入るのに気まずい思いをしていたものの、女が上段の寝台、男が下段の寝台に入る。
真夜中になって、女が身を乗り出して下段の男に話しかける。「ごめんなさいね。でも、寒さがひどくて。よければ、毛布を1枚わけてくれませんか?」

下から身を乗り出した男は、思うところのありそうな表情で返事をする。「もっといい考えがあるよ。…今晩だけ、夫婦になったつもりで過ごすのはどうかな」

女は少し考えてから、「いいですよ」とクスクス笑いながら返す。

「よっしゃ」と男。「てめえの毛布でがまんしてろや!」


これは古典的な誤解ネタの掛け合いジョークだ。男の言語行為、「今晩だけ、夫婦になったつもりで過ごすのはどうかな」を聞くと、きっと彼の言わんとしていることは同じ毛布にくるまって暖を取ろうということなんだろうと推測がでてくる。女がクスクス笑って「いいですよ」と言うところで、女の方もぼくらと同じように解釈したんだなとわかる。また、彼女の言語行為から、男の発した文をこう解釈するのを当たり前のように受け入れているのだと、確信がえられる。ところが男の最後の発言で、誤解が暴露される。話のなかの女と同じくぼくらの信じていた解釈が間違った想定にもとづいていたと、ここで判明するわけだ。

次も2人の掛け合いによるユーモアの例だ：

(63)「どうして手術室から逃げ出したりなんかしたのか、教えてもらえますか」

病院の管理者が患者にたずねる。

「だって、看護婦さんがこう言ったんです、『怖がらないで。虫垂切除は単純な手術ですから』って。」

「それで？」

「それでって」——男は声を上げた。「看護婦さんが声かけた相手、外科医ですよ！」

管理者はなんの変哲もない人物で、会話を進めるための道具立てでしかない。ぼくらと管理者は同じまちがいをおかしている。でも、ユーモアを生み出すのは、ぼくらのまちがいの方だ：つまり、患者の言語行為の内容から、それと気づかないうちに、看護婦の話しかけている相手は患者なんだとぼくらは推測してしまう。(「看護婦さんがこう言ったんです」のあとひとことおり聞いたあと、「言ったんですよ」に「ぼくに」を暗黙のうちに挿入してしまう。そうするのも、ひとえにセリフの内容のせいだ。看護婦のセリフが「メスにマヨネーズがべっとりついていませんか」だと患者が言っていたなら、「ぼくに」ではなく「外科医に」が暗黙のうちに自動的に挿入させるし、前記とはちがう推論がなされるだろう。) ぼくらがまちがっていたのが明らかになると、不可解な状況がスッと腑に落ちる。でも、それはひとえにぼくらが共通の世界知識をもちあわせているおかげだ。外科医がどういう仕事で、どう訓練を受けるものなのか、そして、外科医の伝説的な冷静沈着さの知識を共有しているからこそ、状況の絵解きができる。なるほどそりゃ患者だって逃げ出すわけだ。（読者に練習問題を用意しよう：登場人物と舞台設定をあれこれ変えてみて、ユーモアがどう消え失せてしまうか確かめてみるといい。）

（64）若い腹話術師がクラブからクラブへ巡業している。ある晩、彼はアルカンサスの小さな町のクラブでショウをやる。腹話術人形を膝に座らせ、十八番の「ばかな金髪女」ジョークを披露していると、四列目の席にいた金髪女がイスから立ち上がって、怒鳴り出す：「ばかな金髪女のネタはもうたくさん。なんでそうやって女をステレオタイプにはめてかまわないなんて思えるの？　髪の毛の色が、人間としての値打ちに関係ある？　あんたみたいな男どものせいで、あたしみたいな女はいつまでも職場やコミュニティでまともな敬意を払ってもらえずにいるんだけど！　人として能力を十分に発揮できないでいるのも、あんたみたいな連中が、金髪だけじゃなく女性全般の差別を永続化させてるせいじゃない。それも、たかがユーモアの名のもとでね！」

若い腹話術師が恥じ入って謝罪を始めると、金髪女はぴしゃりと怒鳴りつける。「あなたは口を挟まないで頂戴。あたしが話してる相手は、あなたの膝にいるそのチビのアホンダラなんだから！」

これも二重視点のユーモアで、見事などんでん返しが待ち受けている。場面設定によってつくられるメンタルスペースでは、ステレオタイプ（圧縮）により知性に乏しいとされる集団のひとりが、なにか価値のあることを言っている（これで、ぼくらが暗黙裏に抱いているステレオタイプの想定が粉砕されるか、または挑戦を受けることになる)。金髪女当人の世界モデルを表示するぼくらのメンタルスペースにおいて、ぼくらは彼女の最初の言語行為(コミットメント表示器)から、彼女が腹話術師をしかりつけようと意図しているのだと推測する。ところが、オチの台詞にいたって、ぼくらが暗黙裏に抱いたこの二つの想定は瓦解してしまう:彼女はステレオタイプに収まらない女性なのだという、ついさっきできたばかりの信念も、腹話術師に関する彼女のモデルに関するぼくらの誤信念も、ともに崩れ去ってしまう。

(65)アメリカの上院議員に、短気で口の悪いことで有名な人物がいた。ある日、その議員は議会の最中に激高して叫びたてた。「まったく上院議員の半分は大馬鹿ものですな!」
　他の上院議員一同はこれに怒って、ひどい発言だ、撤回しろ、さもなくば辞職しろと要求した。長い中断のあと、暴言議員はしぶしぶ承知した。「わかった」と議員。「発言は撤回します。上院議員の半分は大馬鹿ものではありません!」

　このジョークの屋台骨になっているのは、「表面上は(もとの肯定文と)同じ単語でいつでも否定が表現できるわけではない」という、単純な論理的観察だ。「トムは背が高い」なら「トムは背が高くない」と言えば否定できるけれど、「卵の半数は新鮮だ」だと「卵の半数は新鮮でない」で否定できない。我らが上院議員どのはこの事実をうまく利用して、一見すると問題発言を否認したかのように見せかけている。そうやって自分の約束をごまかしているのが読み手のぼくらにはわかる。このジョークはいっそう可笑しくもできる。それには、その撤回で機嫌を直した議員一同が「それでよし!　謝罪を受け入れる!」と口々に声を上げて、自分がごまかしにまだ気づいていないのを露呈させてしまい、どうやら上院議員どのの読みが当たったらしいのが明らかになればいい。問題の議員どのがほんとうに言葉どおりのことを信じているかどうかは問題にならない。大事なのは、この議員がちゃんと断定したと他の議員一同が受け取る事柄の方だ。（いま提案した改変版みたいに）コミットメントがなされていないと、このジョークは可笑しいにしてもかろうじて笑える程度にしかならない。それだと、（ダジャレのような）一人称ユーモアの一例にしかならない。ちょっとした味付けに、世間の人が好んでこきおろしたがる政治家という人種をこきおろす要素が加わるにせよ、一人称ユーモアだ。ところがいまの改変版だと、読み手をうまく誘導して議員たちの馬鹿さ加減を過小評価させておいて（ああも見え見えのごまかしにまさか上院議員一同がひっかかるとは予想外だもの）、上院議員の馬鹿さ加減をたんに暗示するんじゃなく、さらけだしてやる。こうして、いっそう大きなおかしみが炸裂する瞬間がやってくるわけだ。

これと似たジョークをケストラー（Koestler 1964）が引いて伝えている。一人称ユーモアと三人称ユーモアの境界例だ：

（66）P_1「同志よ、資本主義とはなにかね？」
P_2「人による人の搾取であります」
P_1「では共産主義とはなにかね？」
P_2「その逆であります」

ここで三人称の設定をもたらしているのは「同志」の一語だけだ。この一語で、質問している側は共産主義で権威のある人物なのだという推論が誘導される。すると、この返事は、いたずらっぽく体制をコケにする言いぐさになってくる。

(67) 老齢の市民が、ハイウェイを車で走っている。妻が携帯に電話してきて、心配そうな声でこう告げる。「ハーマン、気をつけて。いまラジオで聞いたんだけど、頭のおかしい人が二八〇号線を逆走しているんですって。」

　ハーマンが答える。「一人どころじゃない。何百人もいる！」

　このジョークで奥さんが果たしている役割はささいなものだ。実際、これの変種では、アイルランド人がレンタカーでカーラジオを流しながら高速道路を飛ばしていたら、アナウンサーがニュース速報でどうかしてる男が逆走していると伝える、というかたちになっている。ジョークの語りでは運転手当人が逆走していると は言っていないので、ぼくらはデフォルトの仮定として、彼は道路を正しく走っているものと考える。この暗黙の仮定が挿入されることで、ユーモアのお膳立てが整う。このアイルランド人が大西洋をまたいだ故郷の交通規則〔右側通行か左側通行か〕を議論していたら、オチが見え透いてしまってユーモアはあらかた失われてしまう。ただ、前者の場合だと、ユーモアの大部分をもたらす源泉は、この老人なりアイルランド人なりが自分の交通規則違反にさっぱり気づいていない鈍感さが認識されることにある。この人物はいまにも悲惨な帰結にでくわしそうなのに、それでも自分の運命がわかっていない。同じような鈍感ぶりをもっとキケンでない状況で見せても、これほど可笑しくはならないだろう。

(68) あるとき、親に連れられて幼い少年がある教会にやってきました。少年はトイレががまんできなくなって、お母さんに言いました。「ママ、おしっこでそう」

お母さんは言いました、「いい、教会で『おしっこ』なんて言っちゃダメよ。今度からは、おしっこしたくなったら『内緒話があるの』って言いなさい。その方がお行儀がいいわ」

次の日曜には、少年は教会でお父さんの隣に腰掛けていました。そしてやっぱり、おしっこががまんできなくなりました。

お父さんに話しかけます。「お父さん、内緒話があるの」

お父さんは言いました、「いいよ。お父さんが耳をかしてあげよう」


この子供のおしっこユーモアで興味を引くのはただひとつ、滑稽な出来事が起きるのは語りのなかではなくてぼくらの想像のなかでしかないという点だ。つまり、語られた一連の出来事に時間的に後続するメンタルスペースのなかでしか、それは起こらない。聞き手は、話の流れから推し量って、この少年がこれからやってみるだろうことを予測しなくてはいけない。その劇的な出来事がいざ起これば、多くのメンタルモデルによって、コミットされた信念が打ち消されてしまうのが理解される：「我が子がなにか内緒話をする必要がある」という父親のもっともな信念（父親のなかで機能しているコミットメントのツールのおかげでうまれた信念）、「お父さんがそうしなさいと言ったとおりにするのは（理由がわからなくても）いい方針だ」という少年の予想、裏切られた母親の予想、さらには、「こんな出来事はどんな場所でも起こるはずがない、ましてや教会でなんて起こるわけがない」という礼拝客たちの予想——こうしたコミットされた信念がそろって打ち消されてしまう。主要な登場人物三人がこのオチをその場で滑稽だと感じるとは予想されないだろう。たしかに教会にいる他の人たちは、笑えるかもしれない——もし、彼らがぼくらと同じくブアスティンいう「のぞき見の目」をとっていれば、笑えるかもしれない。

初期のＩ－Ｒ理論、とくに意味論的スクリプト理論なら、このジョークのユーモアのよってきたるところは教会という場所と排泄行為の対比にあると考えるかもしれない。おそらく、それに加えて、誰かに小便をひっかけることとそうしないことの対比もあると言うかもしれない（その点には優位理論も同意するだろう）。ぼくらのモデルからは、こうした要因は偽信念の発見をとりまく内容でしかないと示唆される。ただ、そうした内容は全体のおかしみにスパイスを加えてはいるし、それによって興奮の誤帰属と転移をとおしてジョークの愉しみを増すことになる。これについては次章で述べよう。

(69) あるとき、デネットとスタンフォードのＡＩのパイオニア、ジョン・マッカーシーが学術会議に参加していたときのこと。ある登壇者が話を始めたところで、会場の後ろの方から「もっと大きな声で！」と誰かが叫んだ。そこで、登壇者は要望にしたがい、もっとハキハキした調子で話を続けた。すると、ほんの数秒たって、マッカーシーが呼びかけた。「もっと可笑しく！」

この例では、タイミングが決定的に大事だ：最初に叫んだ人が引き起こした中断は、まもなく静まって、みんなが「もとどおり」に戻れなくてはならない。だが、それからあまり長い間が空いてしまってもいけない。最初の叫びかけのエコーが「みんなの心の片隅に」残ってくれていないといけないからだ。最初の叫びが心の片隅にあってはじめて、実に予想外な後続の叫びは登壇者に耳を傾ける際に聴衆が抱くいろんな関心を妥当に増大させるものとして即座に認識できる。間違った暗黙の仮定とは、話し手はその状況をちゃんと「正して」あり、さらなる改善は求められていない、というものだ。

(70)あるアジア人の男が、ニューヨークの為替交換所にやってきて、二千円を72ドルに交換してまたでていく。
翌週、その男が二千円をもってきて、今度は66ドルを渡される。彼は窓口係に尋ねる。どうして先週よりお金が少なくなってるの？

係が答える。「為替変動《フラクチュエーション》ですよ」

そのアジア人の男は激高し、ドアをバタンと閉めてでていく寸前に、くるっと向きかえって、こう叫ぶ。「おまえらもフラッキューだ、アメリカンども！」[“Fluc you Amelicans, too!”]★6

このジョークは、拡散賦活の最中に自動的に間違ってなされる空所補完がいかにしてメンタルスペースの虚偽に寄与してしまうか、うまく例示してくれている（一七八頁参照）。このジョークでは、アジア人男性が「激高し」「ドアをバタンとしめる」とき、聞き手は男性が怒った理由を補完するように誘導される。怒りの理由は、円の為替レートが気に食わず、また、為替は変動するものだとこの男性がおそらく予想していなかったことにあるのだろうとぼくらは考える。ところが、こうして補完された理由はまちがいだと判明する。拡散賦活とデフォルトの語用論的仮定から、ぼくらは道を間違ってしまったわけだ。男性が怒った本当の理由は、実は窓口係の受け答えを聞き間違ったことにあるのがわかる。これは多視座／二重視座のジョークだ（二つの視座で信念が異なる掛け合いのジョークではない）。というのも、彼が怒った理由（ぼくらが一人称モデルでとらえる理由）は、ぼくらがコミットしておいたものと別物だし、男性じしんは自分が侮辱されたと考えているけれど、ぼくらには実際は侮辱なんてされていないのがわかっているからだ。この後者のポイント（男性自身の誤解した信念）は、彼の言語行為をとおして明らかになる。彼の行動をとおしたコミットメントの中身が、その言語行為で示されるわけだ。

（71）若いカソリックの神父が街を歩いていると、売春婦に声をかけられる。「かるく一発《クイッキー》、20ドルでどう？」

神父は困惑して売春婦をふりほどき、歩いて去っていく。ところがすぐに別の売春婦に呼び止められてしまう。「一発20ドルよ」と女は誘いかける。またしても、神父はこれをふりほどいて、通りを先に進む。

あとで街から我が家の近くまで戻ってきたところで、神父は修道女に会う。「すまないが、シスター」と神父は尋ねる。「『一発《クイッキー》』のご教授をお願いできないかな？」★7

「20ドルよ」と修道女。「街と同じ値段ね」

A young Catholic priest is walking through town when he is accosted by a prostitute. "How about a quickie for twenty dollars?" she asks.

The priest, puzzled, shakes her off and continues on his way, only to be stopped by another prostitute. "Twenty dollars for a quickie," she offers. Again, he breaks free and goes on up the street.

Later, as he is nearing his home in the country, he meets a nun. "Pardon me, sister," he asks, "but what's a quickie?" "Twenty dollars," she says, "same as it is in town."

このジョークは、ワイヤーたち（Wyer and Collins 1992）のモデルの例証に使われている。ワイヤーとコリンズの説明によれば、“What's a quickie?”（「『一発《クィッキー》』とはどんなものだね？」）の意味に意味論的な転換が起きている。この疑問文は、「一発の値段はいくらか」という意味にも「『一発』の意味はなにか」という意味にもなりうる。さらに、修道女が修道女らしく振る舞っていたのが売春婦のふるまいに切り替わる転換もある。ワイアーとコリンズはこの分析を使って、「無置換」条件と「減価」条件を支持する論拠にしている。この二つの条件については、不十分だとすでに論じておいた（第四章参照）。本書のモデルを使うと、ぼくらの分析は彼らの標準的なI－R分析に似たものになるけれど、ここに関わっている仕組みにもうちょっと深入りできる：つまり、このジョークが可笑しいのは、三つのメンタルスペースで生起する信念がそろって同時に崩壊するからだ。第一に、オチのところで、修道女は神父が値段を尋ねているのだと信じているのが理解される――場面からしてそれはちがうとぼくらにはわかっているから、修道女が（言語行為により）コミットした信念は打ち消される。第二に、場面から、神父が修道女に尋ねているのは本当に言葉の解説であって値段の話ではないのがわかる：神父の予想は、オチの台詞で打ち砕かれる。こうして打ち砕かれた二つの予想は、誤解ネタのユーモアに見られる古典的な特徴だ。誤解ネタでは、二人の登場人物がお互いに相手が自分と同じように理解しているものとばかり予想する――その結果、お互いに世界に関する自分のモデルに間違った予想を取り入れることになってしまう。第三に、ぼくら自身のメンタルスペースには、デフォルトで思い浮かぶ修道女が棲息している。デフォルトな修道女は、ステレオタイプにより、性行為を禁欲しているか、少なくとも外面はそういう体裁を整えているものだ。オチの台詞では、この信念が一撃であっさりと爆砕されてしまう。（このジョークは、神父と修道女の会話が長引くとキレがにぶってしまう。）以上の三つの信念がそれぞれメンタルスペース内で同時に打ち消されることで、このジョークは強烈なユーモアをもたらしている（ジョークを聞きながら自分の世界知識により暗黙裏に三つの信念をすべて生成していた聞き手にとっては)。

(72) 若い男が女の子とデートでラスベガスのカジノにきている。テーブルでいっしょに座っていると、フランク・シナトラが角のテーブルで友人たちといっしょに座っているのが男の目にとまる。女の子が化粧に席を外したところで、男はシナトラのテーブルにいそいで駆け寄って声をかける。「すみません、シナトラさん。せっかくお楽しみのところを邪魔して申し訳ありません。実は、ぼくのカノジョ、いまちょっとトイレに行ってるんですが、あなたの世界一のファンなんです。カノジョが戻ってきたときに、ウチのテーブルまでお越しいただいて、『やあジョニー！　そちらの美人さんは誰だい？　隠してるなんてひどいじゃないか』なんて言っていただければ、カノジョはぜったいに喜びますし、ぼくだって一生恩に着るんですがダメでしょうか。」シナトラは肩をすくめてしょうがないなと言い、男はじぶんのテーブルに戻る。カノジョが戻ってきたところで、シナトラはテーブルに近寄り、声をかける。「やあ、ジョニー。そちらの美人さんは誰かな。かく…」と言いかけたところで、男がさえぎる：「フランキー、フランキー…ちょっと礼儀がなってないんじゃないか。こっちは取り込み中だってわかんないかなぁ。」

これは典型的なトリックスター・ジョークだ。ヒーローが見事な手腕で志向的構えを活用する冴えにぼくらは息をのむ。ジョニーはシナトラのテーブルに近寄るとき、うやうやしい態度をとってみせる。これによって、ジョニーがこのあととる行動がぼくらにとって完全に予想外なものになる（さらに、有名人がファンにちやほやされる場面に関するぼくらの世界知識がこれを補強する）。でも、これはごく表層の話だ。ぼくらは、スターのシナトラの心中をあらわすメンタルスペースをつくる。そのなかでは、この青二才の若造が慇懃ぶって一興を演じてくれと頼む様子にシナトラは心を動かされ、おそらくはその物怖じしなさ加減に乗り気になり、さらには、若い女性に悪気ない小芝居をしかけるのも面白いじゃないかと思っていたりする。「こういうのも悪くないかな」とかなんとか。それに、大物にはそれなりの義務もあるだろうという虚栄心も、このスペースに入り込んでいるかもしれない。このシナトラは器のでかい人間だ、こんな若造にちょっと手を貸してやるくらいのことはやってやるさ。また、ジョニーの心中を表すメンタルスペースもつくられる。だが、ほどなくして、このスペースでは彼のずるがしこさを深刻なまでに過小評価していたのが判明する。この点はとくに力を発揮している。というのも、他ならぬこのジョークの構造、明らかにトリックスター・ジョークなのが見え見えの構造から、ぼくら聞き手の方は、なにか一計を案じているのだろうと予想するよう誘導されるからだ。オチがくる前に、なにか予想外のことがくると予想して、こちらはそれを見抜いてやろうとする。シナトラがマフィアとのつながりが強いタフガイだという評判が忘れ去されて過去のものになると、おそらくこのジョークは力を失ってしまうだろう。ただ、シナトラという人物について世界知識がなくても、この若い男の大胆さは明瞭にわかる。また、こんなことをしでかした若い男がもしかして裏通りでボコられる様子を想像せずにいられない場合にも、聞き手としては、よく考えてみた上で、シナトラはジョニーを自分の同類と認めて、むしろ褒め称えてやるかもしれないと判断するかもしれない。

(73) 数学者が二人、レストランでディナーをともにしながら、世間の平均的なアメリカ人がもっている数学の知識について論じ合っていた。一方の数学者は、平均的な知識水準は悲惨なまでに不十分だと言い、もう一方の数学者は驚くほど高い水準にあると言う。

悲観派はこう言った。「じゃあさ、あそこにいるウェイトレスに単純な数学の問題を聞いてみなよ。もし正解したら、ディナーはおごってあげるよ。不正解ならキミのおごりだ。」そう言って、彼は席を外してトイレに行き、もう一方の数学者はウェイトレスを呼んだ。

「ぼくの連れが戻ってきたら『三分の一エックスの三乗』って答えてほしいんだ。キミの分け前は20ドルでどうかな。」ウェイトレスはわかったと答える。

トイレから戻ってくると、悲観派がウェイトレスを呼びつける。

「料理は最高だったよ、ありがとう」すると、相方の数学者がこう切り出した：「ところで、xの二乗の積分は？」

ウェイトレスは悲しげな面持ちになる。悲痛にすら見える。ウェイトレスは視線を泳がせ、うつむいてから、うめくような声をもらし、やっと答える。「えっと…三分の一エックスの三乗…」

そこで悲観派が勘定を払う。ウェイトレスは出口まで数歩ばかり二人を送り、見送ってから、ため息混じりにこうつぶやく。「……プラス、積分定数。」

きっと読者の大半は証言できるだろうけれど、この内輪受けジョークのうまみは、微積分について予備知識のない人にもちゃんと理解できる。この話の出だしを読むと、さっきの例と同じように、イタズラを語り直したものに思える。（他の多くのジョークも同様の構造があり、お膳立てを整えられるよう、きまってトイレに中座するくだりを都合よく利用する。）オチの見事さは次の点にある——数学者たちと同じように、ぼくらも、ウェイトレスについて抱いているステレオタイプを裏切られてしまう。ぼくらの想像以上にウェイトレスはよく知っていて、それぞれの数学者が思い浮かべているのより正確な答えを知っていながら、それを隠している。ここで面白いのは、彼女が最後にぼそっと付け足したものがなんなのか、数学者以外にもよくわかるという点だ。学校で習った微積分なんてすっかり忘れてしまっているぼくらでも、状況から推理して、彼女の言ってることが正しいと難なく察しが付く。いきなりメンタルスペースが調節されて、興味深いことが起こる：ウェイトレスの言ったことが理解できなくても、自分のメンタルスペース内でぼくらはこれに「正しい数学」とラベルをつけ、彼女は頭の切れる人なんだと推論する。もちろん、この数学者たちの方が利口なわけじゃないと認識する事で楽しみはいっそう強まりはする。数学者二人は自分のステレオタイプにとらわれてウェイトレスについてとてつもない過小評価をしてしまっているってことを、ぼくらは知ってるけれど当人たちは知らないでいる。これはフェミニストなジョークの逸品で、ぼくらが抱いてるステレオタイプを利用すると同時に、それを暴露してもいる――その点で言うと、さっきの金髪女ジョークの真逆だ。ただ、政治的に正しいからといっていっそう可笑しくなってるわけじゃあない。

(74) 新聞広告：「読み書きができない？　お助けできます。いますぐ申し込みを。」

ほんとにあったとされているこの広告のおかしさは、この広告主が矛盾した信念に（行動で）コミットしているのに読者が気づくところから生じる。読み書きのできない人がこの広告を見つけて読めるだなんていう自己矛盾した信念だ。

(75) 本章の冒頭に掲げたジョークを思い出してほしい。医者が女性に「さて、この件をダンナさんにお話ししましょうか、それとも？」と尋ねたジョークだ。

たしかに、このジョークの理解には志向的構えがたっぷり必要になっているものの、主たるユーモアは一人称から生じている。ぼくら読み手は、医者がここで果たす役割は、このカップルが結婚生活で抱えている問題を解決する善玉だと仮定してかかる。ところがオチではその暗黙裏の仮定が爆破され、医者も問題の一環になってしまったことが明かされる。まちがいを犯しているのはぼくらだったわけだ。ただ、三人称ユーモアの要素もちゃんとある：哀れなダンナが抱いている「医者はじぶんの助けになってくれる」というデフォルトの信念は打ち消される——そのため、妻を医者のもとにやったのは他でもないダンナだという事実が、ユーモアに寄与している。また、妻が身の上話をはじめると、「妻はじぶんに冷たくなっているだけだ」というダンナの信念が間違っているのが浮き彫りになってくる。ここからも、そこそこのユーモアがじわっと沸いてくる。さらに、ベルクソンが言う「機械仕掛け」の論点もある：タクシー代がわりだとか出勤の遅刻帳消しだとかのささやかな見返りにセックスをするというなんだか愚かしい行動をこの女性が繰り返しているのも、愉快だ。多くのジョークと同様に、このジョークにも楽しみの源泉が複数ある：最後のオチは、医者の機知で強められている——医者もこの虫のいい解決案を思いつくとは、なかなか利口なものだ。また、ジョーク全体の愉しみは、セックスにまつわる主題の性的興奮で高まっている。こうした種類の心地よい内容強化は、次章の最終セクションで取り上げる。

以上で、ぼくらのモデルを広範囲のジョークにザッと一通り適用し終えた。イーストマンと同じく、ぼくらもこう主張しよう——「どんなジョークをもってこようと」ぼくらの理論で説明できるよ。また、次の点を認めておきたい。この〔ユーモアという〕主題で足がかりをえるのに、ジョークはいい出発点になるけれど、実のところ、ジョークはユーモアのなかでもいちばん説明しやすい種類に属している。他の種類のユーモアも説明する必要があるし、ぼくらにとってジョークと同等に重要だから、ぼくらの日常生活ででくわすマジメで地味な出来事が、一見するとぼくらの言うユーモアの発生条件を満たしていそうに見えても滑稽でない理由を明らかにしなくちゃいけない。

第一〇章　反論を考える

動物のなかで人間だけが笑う——というか、笑う必要に駆られる。

ここまでに本書のモデルに読者が説得されかかってるといいなと思う。とはいえ、きっとまだ読者は感服してないはずだ。それどころか、きっと、想像を駆使して反例をあれこれ探っていることだろう。ちゃんと可笑しいのにモデルに当てはまらない例や、可笑しくもないのにモデルには当てはまる例はなにかないものかと考えをめぐらしていることだろう。どちらのタイプの反例もじっくり検討してからでないと、ぼくらのモデルに信頼をおくわけにはいかない。重要なこととして、実証的な理論は——本書で提示したいと願ってる理論は——反証可能であるべきだ。でも、あまりあっさりと反証されるようでも困る。一見するとモデルへの反例に見える事例をあれこれと見ていくことで、モデルをよりいっそう洗練させて明瞭にできるし、ぼくらの説明への致命打を見つけられると考えている人たちへの挑戦をいっそう研ぎ澄ませることもできる。ここから二つの章にわたって、ぼくらはモデルの「つまみをすべて回していじる」。これまでに見つけられた反例とおぼしきものを全種類とりあげて検討し——それらに対して自説を擁護し——いろんなパラメータや条件を調節してモデルのふるまい方を見ていこう。そうやって検討していくと、回していじれるつまみは比較的にわずかしかないのがわかる。これから検討していく事例のほぼすべては、実のところ、信念が活性化していてコミットされているかどうかにかかっている。ただ、ときとして、見かけ上の反例の成否をわける要因がその信念が実際に偽かどうかだったりする場合もあるし、ヒューリスティックによる飛躍で得られた信念かどうかだったりする場合もある。ともあれ、まずは、反証可能性の方法論にしばし寄り道しないといけない。

1　反証可能性

> 二人連れの男が朝食をとっている。一方の男が、トーストにバターを塗っていた手を休めて話しかける。
> 「なあ、知ってたか。トーストを落とすと、決まってバターを塗った側が下になるんだぜ。」
> もう一方の男が言う。「いや、それって単に、バターを塗った方が下になって落ちると掃除をする手間が不愉快だから、印象に残ってそう思えるだけだよ。バターを塗った側が上になる場合だって、同じ頻度だと思うよ。」
> 最初の男が言う。「そうかな。じゃあ見てろよ。」男がトーストを床に落としてみせる。すると、バターを塗った側が上になって着地。
> 二人目の男が言う。「な？　いわんこっちゃない」
> すると最初の男が返す。「ああ、なるほどな。バター塗る側を間違っちまったぜ」
>
> （Cathcart and Klein 2007）

滑稽な出来事をとりあげて、こっちの調節つまみを回しあっちの調節つまみを戻したりするプロセスは

――「よしよし、可笑しくなってきたぞ…おっと可笑しくなくなったな」とやるのは――ぼくらのモデルを検証する一つの方法だ。このあとのセクションでいろんな例の変種をいくつも考えていくと、その点はわかるだろう。前章でのジョークの分析とあわせてこうした分析をすることで、ヒット〔ユーモアをユーモアと認識すること〕と正しい棄却〔ユーモアでないものをちゃんとユーモアでないと認識すること〕をまとめて整理できるし、また、かなり大量の事例を検討してもなお、いまだに明白な検出漏れにも誤検出にもでくわしていないことが示せる。こうした結果は説得力があるけれど、その一方で、鋭敏な読者がきっとすでに気づいているとおり、ぼくらの分析には解釈が介在する必要がある。おかしみの誘発に関する理論がジョークを説明しようとするなら、そのジョークで喚起される志向的構えを誰かに帰属させる解釈を行って、外界にある対象とそれが心に及ぼす意味論的な影響を理論的に橋渡しする必要がある。分析する側としては、たとえば程度Aまで聞き手の信念Bがコミットメント水準Cで活性化され、それから出来事Eによってその信念のバグが修正された、というように示唆せずにはすませられない。ユーモアとおかしみではなくジョークが研究対象だったならまだしも直接的な分析ができたところに、こうした解釈によって、さらなる間接的なつながりが加わってややこしさがさらに増し、分析エラーの可能性の余地がさらに広がることになる。そこで、ぼくらの分析結果も、適切な注意書きをつけて取り扱わねばならない。つまり、「最終的に、もっと客観的な手法がみつけられないかぎり、少なくとも相互主観的な合意を保証する手法やいろんな証拠の合致を探し求めるべきだ」という注意書きをつけなくてはいけない。

いちばん有望な対案は――少なくとも将来には実際に関連する心と脳のなかの実体と出来事を探査できるようになる対案は――神経科学的なアプローチかもしれない。でも、それはそうだとしても、じゃあ神経科学者はなにを探せばいいんだろう？　どんな種類の従属変数が使えて、ぼくらが探してる独立の尺度はどんなものだろう?

独立変数なら、「ここにある」とまだしも判定しやすいかもしれない。デュシャンヌが指摘したように、笑いはおかしみと十分に相関していないので、信頼できる指標にならない。唯一の対案は、おかしみそのものを利用することだ。でも、おかしみをどうやって測定すればいい? そのうちいつか、中脳辺縁系の構造に生じる活動が示す時間上のとても具体的な固有の特徴《フィンガープリント》とおかしみが相関していることが明らかになったりするかもしれない。でも、それまでは、色彩や匂いその他のクオリアと同様に、ぼくらが実感するおかしみは愉しみをえた被験者の自己報告やデュシャンヌの笑い（偽装しにくい）のコーディングによって判定するしかない。こうした種類の複数の被験者たちからえられる尺度は、主観的現象の客観的な尺度（少なくとも、統計的に有意な相互主観的尺度）をもたらすのに信頼できる手法になりうる（これをDennett 1991では「ヘテロ現象学」と呼んでいる）。ただし、自己報告であれば、被験者たちは問題になっている経験の定性的な側面だけを純粋に内観して、そうした感覚をもたらす（民間）理論的な原因には触れないでおく必要がある。関心の対象となっているものがおかしみのような主観的な性質の場合、選べる選択肢はほとんどない――さっき可能な神経科学的な事象として仮の話に出した中脳辺縁系の固有の特徴《フィンガープリント》にしても、確かな事実だとはっきりさせるためには、その前にまず、その活動パターンとこうしたおかしみの尺度の相関が明らかにされなければならない。そうして判明した固有の特徴《フィンガープリント》を〔おかしみの有無の〕判断基準に利用するとしても、それは終局的に当初の自己報告やデュシャンヌの笑いの妥当性を土台にすることになる。

ときとして取り組みにくいこともあるだろうし、方法の面で制限が厳しいこともあるだろうけれど、ともあれ、少なくとも従属変数を見つけることはできる。独立変数の方は、それよりもうちょっとややこしいかもしれない。ぼくらの理論では、おかしみを呼び起こす要因に次のものを考えている：活性化した信念のコミットメント、そのコミットメントがヒューリスティックによる飛躍の際に間違ってなされていたことの発見、そして、他の圧倒的な情動による干渉の欠如。コミットされた信念を内包するこうしたワーキングメモリの活性状態と、コミットされずに活性化している信念の状態には神経上の相違があるのは疑いのないところだけれど、いまのところ、そうした相違が脳スキャンにどう現れるかを言える人は誰もいない。認知神経科学の理論が成熟してくれれば、近い将来にこうした特徴が検出可能になるかもしれない。そうなったとき、ぼくらが想定している相関が成り立っていないと判明したなら、ぼくらのモデルは間違いだってことだ。

　情動的な反応の観点の他にＪＩＴＳＡ活性化の観点でもぼくらのモデルを特徴づけることで、被験者がおかしみを経験するときに脳内で起きる事象としてどういう種類のものを探せばいいのかを理解するのに、いっそう近づくことができる。本書では（時期尚早なので）信念のコミットメントやその他の条件を判定する独立の規準を精密に述べる試みはしない。ただ、さしあたって、こうした条件の重要性を理解してもらうには、いろんな入力を変化させてみればいい——つまり、ジョークや経験をあれこれ変化させてみればいい。そのうえで、重要な内心の反応を左右する条件としてコミットメントがすぐれた暫定的要因だということに気づいてもらえばいい：コミットメントがないときには、おかしみがもたらされることもないんだ。過去数世紀にわたって、受胎が妊娠を引き起こす原因だということは知られていたし、また、すべての性交渉が必ず受胎にいたるとかぎらないことも知られていたけれど、その受胎が体内のどういう事象なのかを明らかにするすぐれた生理学的説明は存在していなかった。それでも、人々はどういうものを探し出せばいいのか承知していた。今日、ぼくらは受胎について本質部分を抑えた完全な理論を持ち合わせている。この理論も、それに先だって人々が解明すべき条件である受胎をそれとして取りだして特定していなければ、存在することはなかっただろう。

しかるべき神経科学的なツールが開発できるまで、ぼくらの理論を検証するのに使える手法は他にいくつかある。もちろん、第一の手法は、滑稽な状況を検討して、反例を探すことだ。これは本書でもやる。ただ、こんな場合を考えてみよう――考察を済ませたすべての事例についてぼくらの理論と同等によく説明できる対抗モデルが提示されたとしたら。どうだろう。両者の対立を調停するには、どうすればいい？まず、ユーモアの現象学に関する例の「20の問い」を考えよう。その対抗モデルがぼくらのモデルよりずっと明瞭かつ説得力を持って20の問いに答えられるなら、その対抗モデルは反証されるまで暫定的に受け入れるべきだ。そうした理論は――ぼくらの理論より上手に――どういうものが滑稽でどんなものが滑稽でないのか説明できるだろうし、それだけでなく、滑稽になったりならなかったりする理由も、そして、さまざまな社会的効果・行動上の効果をそれらがぼくらにどのようにもたらすのかも、説明できるだろう。

ユーモア知覚を支える仕組みを素描しているぼくらの理論は、先行理論ではできなかった具体的な行動の予測もたくさん立てている。ごく一部だけを挙げよう：一人称ユーモア vs. 三人称ユーモアに繰り返し接したとき、おかしみ喚起の強度が異なる水準になると予測している（二五八頁参照）。また、志向的構えから独立したユーモアは[*1]（三八七頁で挙げているジェイク・クレス（Jake Cress）のアームチェアとおそらく同じように）心の理論が十分に発達していない人たち、たとえば幼児や重度の自閉症者には（成人健常者ほど）なかなか容易に理解されないし、理解されるにしても頻度は少なくなるだろうとも予測している。同様に、「なぜ」という言葉の一階の解釈と高階の解釈のちがいを学習している途中の子供たちは、基本的な「ニワトリが道路を横断したのはなぜ？」[★1]式のジョークを可笑しく感じる人たちのはずだとぼくらは予測している。ぼくらの理論による予測では、この段階にさしかかる以前の子供たちは、ああいったジョークを可笑しく思わない一方で、〔一階と高階の〕あいまい性がわかるほど十分に洗練された子供たちは――目標というものには近因の「なぜ」と遠因の「なぜ」があると理解している子供たちは――袋小路にまんまと誘い込まれる：そうした子供たちは、ニワトリが道路を渡る〔遠因の〕目標はいったい何だろうとあれこれ考えるよう釣られたあげくに、質問を投げたジョークの主から、実は近因の目標を尋ねていたと明かされることになる。誰もが知っているように、成人はそれまでの人生経験からこの種のあいまい性（たとえば「なぜ」のあいまい性）を扱うヒューリスティックスを学習しているので、そのおかげで、こうした袋小路にコミットせずにおいて、尋ねられていることはもしかすると複数あるかもしれないことを認識する傾向をもっている。

認知心理学の実験では、干渉効果（interference effect）を利用しているものがたくさんある：たとえば、被験者にある課題を与えておいて、さらに別の課題で気をそらす、といった実験だ。また、他にも、強化効果（enhancement effect）を見つけようとする実験もある。たとえば、マスク付きプライミングがそうだ（e.g., Dennett 2005, pp. 39-40；五七－八頁の記述を参照）。さて、ぼくらのモデルでカギとなっている変数を調整するのに、実験屋さんはなにができるだろう：空間内の活動、コミットメント、暗黙の挿入、干渉する情動の不在といった要因を調整するのに、なにができる？　こうした変数すべてを変異させた例はすでに示してある。でも、その議論を「厳密な」実験というかたちに押し込んではいない。これにはまっとうな理由がある。第一に、背景知識や好みのちがいを統制するのは骨が折れる作業だ。それをやろうとすれば、一般的な知識や関心について長ったらしい質問用紙を用意して被験者に答えてもらう必要がでてくるし、いろんな個人の特徴《プロファイル》に合わせて刺激セットを仕立てなくちゃいけない。しかじかの同じ特徴《プロファイル》をもつ特定の被験者集合は同じジョークの集合を可笑しいと感じる・感じないという予測が検証されることになるだろう。でも、それでもまだ、条件に含まれた未知の（そして無関係の）変数がぼくらの知るよしもないほどあれこれあって、それによって〔実験が〕ダメになるリスクは残る。ここで思い出してほしい。最高におもしろいコメディアンだって、一つのジョークで爆笑をとれるのはファンのなかでもごく限られた人たちでしかないんだよ。第二の問題：（すぐれた）ジョークはいろいろあるけれど、被験者がそうしたジョークになじみがあるかどうか、どうやって判別する？「聞いた覚えがあるなと思ったら止めてくださいね」は、統制実験で厳密な役割を果たせない。さらに、〔刺激を同一にするため〕（すぐれた）ジョークの語り手の録画を見てもらうとしようか（スキャナーにかかってもらいながら、あるいは、第二の課題をやってもらいながら）。それで十分に自然な刺激になって、いいデータが手に入るだろうか？[*2] きっと、多くの被験者は精気の抜けた表情になるだろうね。おかしみを計測するすぐれた方法は（いまのところ）ないわけで、ぼくらとしては自己報告を頼りにするしかない。あとは、これを補強するのに、顔の表情や笑いを録画して「盲目の」観察者に評価点をつけてもらうくらいだ（盲目の観察者は、自分が評価点をつけている被験者の反応を呼び起こした刺激の方は見ずに作業する）。いわゆる「ひっかけ試行《キャッチトライアル》」[★2]は、閾値を測定する助けになるだろう：ごく一部に、あえてつくった非ジョークをまぜてやる（たとえばあからさまに無意味なオチ「ソープラジオなしってわけさ」をもってくる悪名高いジョークみたいなやつをまぜてやる）[*3]。これによって、自己報告に加えて、そこそこ信頼できる独立変数として表情のふるまいや笑いを使う助けにできる。ここに（すぐれた）ジョークの集合を用意したとしよう。それぞれのジョークごとに、呼び水《プライミング》の文脈をつくる。その文脈は、ジョークを「台無しに」してしまいそうなものにしておく――たとえば、暗黙の飛躍をあまりにあからさまなものにしてしまうとか、そもそもその飛躍に誘導するデフォルトの自明性を打ち消してしまうとか、そういう文脈にしてしまう。そして、それぞれのジョークごとに呼び水《プライミング》文脈を統制してやり、ジョークを提示する被験者を二つにわける。台無しにする文脈を提示されるグループと、中立的な呼び水を提示されるグループの二つだ。予測：台無しにする呼び水《プライミング》を与えられたグループでは、検出可能な減少が愉しみに起こるはずだ。

ぼくらの理論からは、これ以外に具体的な予測はごくわずかしかでてこない。科学者たちには、自分の関心と接点のある予測を引き出して検証にとりかかってくれるとありがたい。[*4] こうした予測にもとづく行動の実験は、ぼくらの理論によって新たに開かれた研究手法が使われることになるかもしれない。反証を期してなされるそうした試みの結果は、時とともにぼくらのモデルを洗練させていく助けになってくれると期待している。

2　認識的な決定不可能性

開拓者が、血だまりのなかで倒れている。すぐそばでは、幌馬車に火がついて煙を上げている。開拓者の腰には矢が突き刺さっている。騎兵隊のオフィサーが呼びかける：「痛むかね？」「笑わなきゃ平気さ」[*5]

最初に検討する反例のグループは、第三章で議論した「おかしい」の第二の語義にあたる――「フム－おかしい」の事例だ。見たところモデルに合致していそうに思えるかもしれないけれど、よく検討してみれば、合致していないのがわかる。フム－おかしいの出来事には、すべて、予測される感覚パターンと経験される感覚パターンの不一致がある――つまり、そうした外界の出来事または状態が、なんらかの点で予想とちがっているってことだ。こうした例を考えるときには、必ず、がっちりと一人称の視点に固定しておく必要がある：そうした出来事が我が身に起きたとき、自分は愉快に感じるだろうか？

(A)帰宅すると、明かりがついている。消えているとばかり予想していたのに。だって、出かけるときに消しておいた記憶があるし、自宅の鍵をもっているのは自分だけだ。……そこでこう思うかもしれない：「こいつはおかしいぞ。ぜったい、今朝明かりは消しておいたんだもの」

(B)自分の体に異様な感覚が生じて、それを記述するなら「おかしな感じ」としか言いようがないときがあるかもしれない。幻覚痛なんかはそんな感じかもしれない。あるいは、足がしびれているときに、神経血管束の痛みによって生じる、まるで千本もの針がちくちくしているような感覚もそうだろう。また、はじめてお酒に酔っぱらった人やはじめて発作を味わった人は、「おかしな感じがする」とたいてい言う。こういう発言が言及しているのは、自分の意識的な経験がいつもとちがう感じになっている、ということだ：つまり、その感覚が典型とちがっている、というわけだ。

(C)車を運転していると、聞き慣れない音がする。エンジンの音に耳を澄ましたくて、子供たちにちょっと静かにしてくれと頼む。すると子供たちは「なんで？」と聞いてくるので、「車からおかしな音がしているんだ」と答える。

(D)買ってからそろそろ三週間たつ牛乳を飲もうとしている（自分では新鮮な牛乳だと思っているかもしれない）。一口すすってみたところで、独り言か他の人に向かってこう言う、「これ、おかしなにおいがするぞ」

図 10.1　「おかしな音がする」
ⒸGrimmy, Inc.

こうした例にでてくる不一致ははっきりわかりやすい：どの例でも、「おかしな」のはふだんの予想とちがっている物事だ――また、どの例でも、概念把握（conception）［の正しさ］をおびやかす知覚が関わっている。こちらはショーペンハウエルの言ったとおりだ。帰宅したら明かりはついていないと予想されているし、足は通常の感覚がするものだと予想されているし、牛乳は新鮮なにおいがすると予想されているし、エンジンはいつもどおりのリズム正しい音をあげてかかるものと予想している。こうした信念を、「異議を受けた予想」（challenged expectation）と呼ぶことにしよう。不一致はたんに刺激のなかにあるわけじゃない。信念と知覚のあいだで不一致が起きているんだ。

　ぼくらの言語に、こういう二つの対比的な語義をもつ単語があるのは、なにも偶然なんかじゃないと本書は主張したい。例(A)から(D)までみてもらうと、どれも、フム－おかしいがワハハ－可笑しいと隣り合わせになっている。こうした例について、二つの問いに答えなくちゃいけない。ここで知りたい第一点はこうだ：「これら四つの例がすべてフム－おかしいになっている、共通の原因はなんだろうか？」そして第二点は…「これらがワハハ－可笑しいと異なっているのは、どうしてだろう？――どうしてぼくらはこうした例で笑わないんだろう？」

第一の問いへの答えはこうなる。フム－おかしいとは、なにか重要な物事に関する混乱の形式なんだ。*6 この四つの例がそろってなんらかの点で同じになっている（すべてフム－おかしい）けれど滑稽ではないのには共通の要因がある。それは、四つともすべて、認識的な両立不可能性を示しているという点だ。どの例でも、一方の信念がもう一方の信念を圧倒するほどの力を持ち合わせていない。混乱とはそういうものだ――混乱とは、認識的な懸案が未解決になっていることをいう。たしかに、知覚は概念把握〔の正しさ〕を脅かしてはいるけれど、〔概念把握をなしている〕信念のどれかをその場で打ち消してその状態を解決することができないでいる。信念が打ち消されないでいるかぎり、ユーモアは生じようがない。

これが起こりうるかたちは、何通りもある。でも、そのすべては、煎じ詰めると認識的な決定不可能性にいきつく。第一の例では、同等な認識的能力をもった信念どうしが競い合っている。どちらも他方の信念に競り勝てないので、この状況は膠着して強い決定不可能になっている。また、どちらの信念も、競合してこそいるものの、引き分けのまま併存しうる。強力な解決不可能な矛盾を来している信念を両方とも抱えたまま一生を終えることだってあるかもしれない。そのとき、ワーキングメモリに再びそうした信念が呼び起こされるたびに、決まって混乱の感覚がわき起こることになる。強力な決定不可能性の例は、たとえばこんな具合だ…

> カギを探している。注意してキッチンテーブルを探してみてもなにもない。確かにここにおいたはずなのに。家のあちらこちらをしばらく探した後、ふいにカギがみつかる――キッチンテーブルの

上に。さっきもそこにあったのか、そうでないのか、強く決定不能だ。どっちとも判断がつかず、おそらく今後もわかることはないだろう。「じっくり探しても目にしなかったのだからさっきはカギがキッチンテーブルになかったんだ」という信念と、「なにしろここに見つかったんだからさっきもキッチンテーブルにあったんだ」という信念は、互いにゆずらず、拮抗している。どちらが間違いとも証明できない。誰かがいたずらをしかけたんじゃないかとか、さっき探したときは見落としがあったんじゃないか、実はちゃんと視界におさまっていたけれどなぜかちゃんと目にとめていなかったんじゃないか（たまにそういうことはある）、などと疑念が浮かぶかもしれない。でも、事実は知るよしもない。すると、こう考えるだろう：「こいつはおかしいな。ここはさっき見ておいたのに…」そう考えた端から、この件はすぐに捨て置かれる。なにしろ、もうカギは見つかって、やっと外出できるのだから。それでも気にかけることはあるかもしれない（そういうタイプの人はいるね）。そうやって気にかける理由は、敷衍して考えて不吉ながら暫定的な結論を一般化して導く能力があるためだ：「もしかしてオレの頭がどうかなりかけてるか、あるいは誰かがイタズラをしかけているんじゃなかろうか…」

さっきの事例(A)は、強い決定不可能性の一例だ。この例では、明かりはちゃんと消してから出かけたと確信をもっているかもしれない。その場合、いま現に明かりがついているという〔知覚経由の〕確固たるデータを前にしても、それまでの信念を修正するには至らない。それだけの確信を抱くほどの根拠がある場合もあるだろうし、ない場合もあるだろう。仮に「ない」としよう：自宅を出たとき、明かりを消したかどうかあまり考えていなかったとしよう——他のことに心を奪われていたんだ。その場合、帰宅して明かりがついているのに気づくと、べつに気にかけず、正しくも「ああ不注意で消し忘れてたんだ」と結論を下すだろう。べつに「こいつはおかしいぞ」なんて思わず、たんに明かりがついている事実を受け入れる。逆に、根拠が「ある」としよう：かなり直接的に——目で見ることで——ちゃんと明かりが消してあることを確かめたのを覚えているとしよう。消してある明かりを目で見るのは、推論による誤信念が生じるのとは、信念の作られ方がちがっている。この種の知覚はとても推論的とは言えない。間違いなく、知覚はヒューリスティックによる飛躍じゃあない。目を向けたら消えているのが見えたんだからね。この場合、どちらの信念も適正にコミットされているので、強い決定不可能性が成立し、どちらの信念も修正されるに至らない——この局面でいちばん起こりそうなのは、なにか大事なことが変化した（e.g. 誰かが自宅に入り込んだ）という認識、または少なくともそういう予想だ。そして、これによってユーモアが引き起こされはしない。

残り三つの事例では、ぼくらの信念には非対称な決定不可能性を引き起こす不確実性がある。こうした信念を、弱く決定不可能（weakly undecidable）だと言うことにしよう。より不確実な信念には競合している他方の信念を圧倒して退けるほどの力はないけれど、その信念が除去されることもない。なぜなら、その信念が不確実だという状態そのこと自体に、他の全ての信念の総合的な評価がすでに反映されているからだ——その信念はべつに間違いだと判明したわけではなく、たんに不確実であるにすぎない。

もっと詳しくこれらの事例を見てみよう：においがしていたり、音を聞こえていたり、ある感覚がわき起こっている［と知覚されている］ことは、信じている。この点は確かだ。こうした信念を、異議なしの知覚的信念（unchallenged perceptual belief）と呼ぶことにしよう：こうした信念は、（「見かけ上の現在」（specious present）において）検出されてまもない、活性化した感覚データだ。だが、その含意の方に目を向けてみよう——こうした感覚《センセーション》に駆り立てられて推論から生じた信念は、衝突に関与している。こうした例で、これらの推論から生じた信念は——もとからあった予想に異議を唱える側は——コミットされている。このにおいが牛乳が腐っていることのしるしなのかどうか、確信はない（そうでなかったら、「おかしい」といわずに「腐ったにおいがする」と言うところだろう）。また、体内に感じるおかしな感じがなんなのか、なんの徴候なのかよくわからない（なにしろ、はじめての感覚だからだ。なんの感覚なのかよくわかっていれば、「おかしい」とは言わない：「酔っぱらってきちゃったよ」とか「足がしびれちゃってる」と言うだろう）。また、「どうやらエンジンからでてるらしい」と疑っている音の原因がなんなのか確信がない（車を止めずに、ただ子供たちにちょっと耳をすませたいから静かにしててと頼んだだけだ）。こうして新たに推論から えられた信念がコミットされずにいる状態（i.e. 牛乳は腐っているかもしれないということ、足がおかしくなっているかもしれないということ、エンジンが異常な音を出しているかもしれないということ）が意味するのは、こうした信念のどれ一つとして、それと衝突しかねない他のコミットされた信念やコミットされていない信念をしりぞけるほどの認識的な能力を持ち合わせていない、ということだ。

さて、この三つの例すべてには共通点がある。それは、非対称な決定不可能性、または弱い決定不可能性だ：異議を受けている仮定の集合のなかで、比較的に堅固な信念は（i.e. 足の感覚が正常なはずだという信念、牛乳は新鮮なにおいがするはずだという信念、エンジンは良好だという信念）は、新たに知覚から生じた信念ではしりぞけられない。こうした異議を唱える側の信念には、不確実性があるためだ。それと同時に、この異議を唱える側をつくりあげる直感——または仮説——も頑固でゆずらない。こうした直観・仮説は、異議なしの知覚的信念によって与えられた堅固な感覚的情報に基づいているからだ。そのため、たしかに信念どうしの衝突は起きているものの、それが引き起こすのはフム - おかしいにしかならない。第二の問いへの——「フム‐おかしいとワハハ‐可笑しいはどうちがうのか」という問いへの——ぼくらの答えはこうだ。「ユーモアの場合、コミットされた信念がしりぞけられて決定不可能性は解決されるのに対して、フム‐おかしいの場合、決定不可能性は未解決のままになる。」(このあと、ユーモアに関連して、異議を受けた予想の活性化した状態についていくらか懐疑論を取り上げる。ただ、フム‐おかしいにとっては重要じゃない。なぜなら、そうした事例では信念が追放されることがないからだ。)

もちろん、どちらの種類の決定不可能性も永続的ではない。新情報がやってくれば、衝突している信念のどちらかで、コミットメントの状態が変化しうる。そうなれば、決定不可能な膠着状況は打破される。直感が確証されることもあれば、仮説が反証されることもあるし、推定がひっくり返されることもある——そうなれば、決定不可能だった事例が滑稽《ユーモラス》な事例に変わる。ただ、新情報がこなければ(みずから探さなかったにせよ、たんに見つからなかったにせよ)、決定不可能性はいつまでも続くことになる。

ここで、こんな疑問が浮かぶかもしれない。中核をなす衝突は手つかずのまま、こうしたフム‐おかしいの筋書きを編集して可笑しな例に変えてしまうことはできるんじゃないの? うん、できる。ただ、その改変に必要な編集が語用論的に可能な場合にかぎられる。強く決定不可能な事例では、推論からえられた仮定のどれか一つを認識的にコミットされた状態にしなくてはならない。つまり、その仮定を弱めなければならないってことだ。これは可能だ。たとえば、こんな例を考えよう。自分は知らないけれど、実は明かりにはタイマーがあって、朝九時になると自動的に消えて、午後五時半になるとまた点灯するようになっている。さらに、いつもは夕方五時に帰宅していて、自分で明かりをつけていたものとしよう(だから、〔知らないうちに〕タイマーが動作するのを事前に止めていたわけだ)。今日にかぎって、たまたま、まさにタイマーが明かりを消したのと同時に明かりを消していて、しかもいつもよりちょっぴり遅くに帰宅したところ、明かりがすでに点灯していたのにでくわした。調べてみてこのナゾは実はタイマーのせいだったとわかれば（「なーんだ！」）、この答えを発見するタイミングしだいで、たしかに、おかしみが喚起されるかもしれない。夕方、こんな独り言を言ったりするだろう、「いま明かりがついてるけれど、でもぜったいに今朝は明かりを消しておいたんだよなぁ。」それはすべて事実なんだけど、ぜったいに明かりを消したはずだと言っても、それはぜったいに明かりが消えているはずだという異論の余地ない根拠にはならない。これは推論による誤信念になりうる――ユーモアにつながりうる発見になりうるわけだ。

　弱く決定不可能な事例では、最初に、弱い前提を強めておかなくてはいけない――つまり、異議を唱える側の不確実な信念にもっと認識的なコミットメントを与えておいて、これに力添えし、有意味な衝突が起こるようにしてやらなくてはいけない（重大でない衝突は無視されるので、もっと「有意味な」衝突にならなくてはいけない）。強化されなければ、異議を受けた仮定が滑稽《ユーモラス》に追放されることもありえないし、また、それ自体が滑稽に追放されるべき信念となるのに必要なコミットされた状態になることもない。また、もちろん、本書が立てたユーモア成立の公式で示されている他の条件がちゃんと成り立っていることも保証されないといけない：つまり、「いろんな信念のうちどれかが活性化していて、推論からえられたものであり、かつ、コミットされているにも関わらず、しかし偽である」という条件が成り立っていないといけない。いま取り上げている三つの例は、そうした修正を加えるのに適した候補じゃあない。その理由はしょうもないものだ。おかしなにおいのする牛乳の例を考えてみよう。仮に、たんに牛乳をひと嗅ぎしてみただけでなく一口すすってみて、においだけでなく味もひどいのに気づいた――と筋書きを改めて、前提を強化したとしよう。そうなると、もう牛乳が腐っているんじゃなかろうかと疑うだけにはとどまらない：牛乳の状態に関する信念は疑惑にとどまらないよう保証してしまうと、こうして異議を唱えるより強力な信念には虚偽の認識的コミットメントをしなくなる。また逆方向に過剰訂正してやることもできる。なにかチョチョイと小技を使って、このグラスの牛乳はさっきにおいを嗅いでひとすすりした牛乳とは別物の「まともな」牛乳だと（イタズラのカモに）信じ込ませ、そのカモが安心しきってぐいっと一飲みすると——「ワハハ！」となる。たいして面白くはないし、カモにされたヤツにとっては面白いどころじゃすまないけれど、少なくとも、イタズラだと認識はされうる。ある予想にコミットしていたところに、いきなりそれが偽だと反証される、というジョークにはちがいない。思いだそう。たんに信念に不備がある必要があるだけじゃなくて、その信念が活性化して信じられるにいたっている必要がある（この話題についていくらか考えたことがなくちゃいけない）。しかも、コミットメントが伴わないといけない（つまり、牛乳が新鮮かどうかはたいてい不確実だってことを思い起こすことなく、ということだ。そこを思い出すと、コミットメントが解除されてしまう）。また、ヒューリスティックスで、推測によってそうする必要がある。第三者にとって、カモの人物が腐った牛乳をぐいっと飲んでしまう様を笑うのはどれだけかんたんなことだろう。志向的構えが喚起されたとき、こうした条件は緩和される。

3　見かけ上の反例

空港の受付で、男が係員に話しかける。「このカバンをベルリンに送ってくれ、あと、こっちのはカリフォルニアに、それからこっちのはロンドンに頼む。」係員が答える。「申し訳ありません、お客さま。そうしたことはできかねます。」すると男が言い返す。「そんなばかな。前にあんたンところを利用したときには、そっくり同じことをやってくれたじゃないか。」

「チェスが答えになるなぞなぞで、言ってはいけない唯一の答えは？」

「その『チェス』って言葉さ」

――ホルヘ・ルイス・ボルヘス（1944）

滑稽《ユーモラス》な最高潮をつくりだすのに必要だとぼくらが考えるすべての条件を満たしているように思えそうな状況でも、実際にはぜんぜん可笑しくないことがある――フムーおかしいですらない場合もある。そうした事例のなかには、あれこれのタイプの思考中の失敗を軸にしているのは同じでも、一人称ユーモアに至るタイプとは微妙なところでその失敗がちがっているものがある。いちばん明白な候補は、「物忘れ」の事例だ。二つほど例を挙げよう。どちらも実生活の例で、一見するとぼくらのモデルが指定した条件を満たしていそうに思えるかもしれない：ダンの実話で、昼食をとろうといつもどおりカフェテリアにでかけた。実は、このとき、友人のポールとランチタイムにテニスをする約束をしていたことを忘れてしまっていた。数人の友人たちと同席して愉しく昼食をとっていると、20分ほどたってそこにポールがつかつか歩いてきた。見ると、テニスをやる出で立ちで、怒りの形相を浮かべている。もちろん、ダンはここで笑ったりしなかった。その場では可笑しくなんてない。後日、自虐的な冗談の種に仕立てることはできるとしても、それはそれだ。「ただ、それでもダンはじぶんのメンタルスペースに瑕疵を発見したわけだよね。それと気づかずに単純化する仮定を取り込んでしまったあと、それが他の仮定と矛盾することがその場で明らかになったわけでしょ？」

これが可笑しくない理由を理解するには、いろんな可能性を一通り見ていく必要がある：

(1)ダンはテニスの約束をあまりに完全に忘れきっていたので、ポールの姿を見て「なんでテニスの格好してるの？」と聞いてしまう。ポールが説明しても、ダンはポールの言葉を疑う。ほんとうに、そんな約束なんてまったく覚えがないんだ。ここから、ダンの記憶力があっけにとられるほどひどいのが明るみに出るけれど、だからってダンにとっては可笑しくなんてない。この一件はその場にいる他人にとっては可笑しく思えるかもしれない。その点は、次のジョークと同様だ：

(a)医者：「わるい知らせです：あなたはエイズとアルツハイマー病にかかっています」

(b)「いや、少なくともわたしゃエイズではないよ」

「この例だと、ダンは、活性化した誤信念にコミットしていたわけだよね？」なかなかそうは言えない。誰かがこれといって頭痛の種を抱えずにいつもどおり仕事に取りかかっているとして、この人は「世はなべてこともなし」という（活性化した）信念をもっていると言うべきだろうか？　日常の自己制御《セルフコントロール》のすぐれたモデルには、あまり目立たないかたちで「万事順調」と確認する定期的なチェックも含まれるんだろうか？　もしそうだとすると、生活を続けるのに必要な「万事順調」の信念が、あるとき実際にはそうでないのに信じられていたなら、どれほど束の間であろうと活性化した誤信念だということになってしまう。そして、もし——もしも——ダンがそうした安逸な考えをもっていたとすると、ポールがやってきたことはダンにとって可笑しな出来事になりうる（バツの悪い思いはするにしても）。そうすると、そうした失敗への感受性が個人ごとにちがうために、同じ失態をしても、それでみずから笑える人と笑わずにがまんする人がでてくることになるだろう。

(2)ダンはテニスの約束をあやうく完全に忘れかけるところだった。ポールが説明すると、ダンは本当に申し訳なさそうに、いま約束を思い出したのを認める。あまりにゆっくりと頭をひねって思い出すので、これではユーモアは発生できない。

(3)ダンはすぐにハッとなってまちがいに気づき、動揺し赤面する。これにより、〔その場では〕どんなおかしみが起ころうにも、〔動揺・恥の情動に〕制圧されてしまう。ここでポールとダンがテニスの約束をするのを聞いていたジョンがいたなら、すぐさまなにが起きたか理解して、笑いだすだろう。ダンと同じくジョンも、ダンが何気なく昼食にやってきたのを見ても、なんの衝突にも気づかない。ポールが姿を見せたところでやっと、自分とダンが同じまちがいをしていたことを発見する。傍観者のジョンにとって、これは可笑しい。ジョンは古典的な三人称ユーモアを経験する一方で、ダンはあまりに動揺してしまっておかしみを感じられない。

(4)ポールが姿を見せるちょっと前に、ダンは頭を悩ます義務を抱えずに友人と昼食をとるのがどんなに素敵なことかをとくとくと語っていたとしよう。この場合、〔約束との〕矛盾はあまりにあからさまで明白になってしまい、現実世界版の「オチが先にばれる」事態になる。ポールがやってくると事態が明らかになるけれど、誰も愉しみを感じない。これは、たんなるひどいヘマだ。〔これと比較：原子炉のオペレータをしているジョーンズが、注意深くはっきりとこう言ったとしよう。「ではAボタンを押します」――それから手を伸ばして、パネルに並ぶボタン群をじっくりと見てから、誤ってBボタンを押す。これはきっと愉快どころではなく、ジョーンズだけでなく傍観者たちにとってもおそろしいことだろう。うっかり言い間違えたのか、うっかり押し間違えたのか、ぼくらには知るよしもないけれど、ジョーンズはあまりに明白な間違いをしでかしてくれたので、可笑しくはならない——もっとも、この一件に脚色して秀逸なコメディに仕上げるのは確かに想像できるけれど。）

（5）ダンはついさっき「明日はポールとテニスをする予定なんだ」と言ったばかりだとしよう。約束の日付を間違えているわけだ。今日は水曜で、火曜ではない。この場合、ダンの誤信念はあまりに活性化している——ポールが姿を見せるとダンは当惑してしまう。ダンはすぐさま間違いを解明し、あとになって振り返るときには愉快な一件だと思うかもしれないけれど、その場ではとにかくまごつくばかりで、「フム－おかしい」にしかならない。

（6）もう一つ、改変版を挙げよう：ポールがダンにイタズラをしかけている：テニスの約束はほんとに明日なんだけれど、ポールは、ダンがうっかりしるのを知りつつ——正しくも——こう考える。今日、テニス姿で参上すればダンに泡を吹かせてやれるぞ。かくして、ユーモアがもたらされる。それはダンも同じだけれど、ただしダンの場合にはいくらか振り返る余裕が必要だ。ダンにとって愉快なのは、ポールが姿をみせたときに自分が犯した失敗だ。ポールをみて、またうっかりをやらかしたという結論に飛躍してしまったことを振り返ると、それがダンにとって愉快に思えるわけだ。

第二の例。リンゼイがスーパーマーケットにでかける。途中でATMに立ち寄るつもりだったのに、うっかり失念して、レジで会計をする段階で、財布にお金がないことに気づく。気まずいにせよ、恥ずかしいにせよ、可笑しくはない。かといって、金欠で買い物の代金が払えない場合のように悲しいわけでもない。リンゼイが困っているのはたんにささいな失敗の結果でしかない。ともあれ、これは可笑しくない——とりわけ、彼女にとってはそうだ。

物忘れの事例では、じぶんのメンタルスペースに間違った構造が与えられてしまう。でも、この間違いは活性化が不足しているんであって、活性化を間違っているわけじゃあない。単語を耳にしたとき、その〔多義的な〕意味がすべて活性化されるのと同じように（Swinney 1979）、「自分はATMに立ち寄ってきた」という趣旨の誤信念が活性化したとき（そのつもりでいたので、つまりこれが行動計画の一部になっていたので、この信念になる）、その痕跡がいろんなかたちで生じるのかもしれない。ただ、そうした痕跡はそれほど強くないので、これにつまずいてユーモアが生じることはない。ここでも、あれこれと改変版をつくって比べてみると、この点が浮き彫りになる：

いちばん単純な調整を加えてこの一件をリンゼイにとって愉快なものに変えてやるには、レジにやってくる直前に物忘れに気づいたことにしてやるといい。レジに並ぶ列から抜け出てカートを脇にやり、スーパーの外のATMにまでひとっ走りして、また列に並び直す。もしかして自分の物忘れに苦笑なんかするかもしれない。ただ、この場合、自分の失敗への気づき方が変わることになる。いろいろと可能性はあるけれど、そのなかの二つを見ておこう：

(a)スーパーでたまたま顔を合わせた友達が、リンゼイに尋ねる：「ATMがどこにあるかわかる？」それを聞いて、リンゼイは立ち寄るのを忘れていたことに気づく。べつに可笑しくない。

(b)リンゼイは高価なフライパンを見かけて、どうしても欲しくなり、これを買えるだけのお金が残高にあったかしらと考える。そこで、ATMを使ったときの明細表を財布から取り出そうとしたところで、ハタと気づく――「ドォッ！」――ATMに寄るの忘れてたわ。この場合、財布を探ったときに、誤信念に一時的に活性化したコミットメントをとっていたことがあらわになる。リンゼイにとって可笑しくなる可能性がある。ひねりのない一人称ユーモアだ。

他にも可能性はある。私秘的ながらも三人称のユーモアだ：リンゼイはまるで他人が同様のヘマをする様を見るときのように、自分自身の馬鹿さ加減を外側から眺める。レジの流れを遅らせる恥ずかしさと不都合を回避できたので、強いマイナスの誘因価を帯びた情動によって、こうする〔第三者目線で自分をみるという〕能力がさまたげられることはない。そのため、あとから振り返ると、じぶんの間違いにおかしみが見いだされる――とはいえ、たとえば「そそっかしい」という自分の評判を普通よりも気にかける人だったり、なにか他の問題にいま不安を覚えているのであれば、リンゼイは愉快にならないかもしれない。

以上、二つの事例を検討してきた。ここから引き出すべきいちばん大事な結論は、おそらく、物忘れはユーモアをつくりだす種類の間違いではない、ということだろう。ただし、なにかを忘れてしまったことで、他の間違いをしでかす土台ができ、そちらの失敗がユーモアの源泉になるのはよくおこる。

仮想的な条件や反事実的な条件を問題解決に使うことからも、ここで反駁しておく必要のある反例がでてくる。よく考えて問題解決や計画づくりや推論をするとき、不整合を含むメンタルスペースを一時的につくりだすことがよくある。その不整合を認識してなんらかのかたちで修復しても、それにともなって生じる情動は満足感であって、おかしみじゃあない。（どれほど略式にであれ）ちゃんと考えて取りかかっているときには、不確かな――コミットぬきの――前提を意図的に挿入するかもしれない。このとき、仮想的な推論を用いて、その前提から導かれるものをぼくらは知ろうとする：「もし…だとしたらどうなる？」この前提の挿入はすでに追跡されているので、それがバグだったなら、隠れたバグにはならない。たしかにその前提を使ってこそいるけれど、これに認識的なコミットメントはともなっていない。他方で、問題がややこしくてこうした解決法を試してもいっこうに解けないでいたところに、ずっと立てていたのに気づかずにいた暗黙の仮定を発見すると、その発見は笑いを誘いやすい。こうした問題とその愉しみについては、次章で議論しよう。

ハーレーがこの理論をサンタフェ研究所で二〇一〇年に開かれたコロキアムで発表したところ、デイヴィッド・クラカウア（David Krakauer）が質問した。どうしてある種の失敗は可笑しくならないのだろう——たとえば、チェスで駒を失う手を指してしまったときや、フットボールの戦術を誤ったときには、別に可笑しくならないよね。さっき述べた問題解決の議論と同じく、こうした種類のエラーは、ぼくらのモデルがもつ認識的コミットメントの特性がものを言う例になっている。推論のつながりに不確かな前提を挿入するのと同じく、チェスの手も盤面の探索過程に推量を挿入することだ。キルシュたち（Kirsh and Maglio 1994）は、認識論的な行動と実用論的な行動を区別している：穴をあけるためにハンマーで壁をぶったたくのは、目標を達成するのに実用論的な行動をとる一例だ。他方で、壁をたたいて釘を探すのは、情報を得るために認識論的な行動をとる一例にあたる。この区別は〔あれかこれか鮮明でなく〕段階があるけれど、有用だ。この区別は、ぼくらの言う認識的な警戒の度合いと合致している。いちばん実用論的な行動では、まったく警戒がなされず、ためらいなく行動がとられる。ここからだんだん警戒の度合いが増していき、きわめて警戒の度合いが高くなると、それは認識論的な行動ということになる。チェスの指し手やフットボールの試合は、この尺度の中間地帯にある。あることをするのが（ゲームの規則で）必要とされているとき、チェスでもフットボールでも、競技での活動は実用論的になる。ただ、相手がいて複雑な競技の性質上、プレイヤーはふつう、認識的な警戒を払って行動を取る——外界からのフィードバックが返ってくると予想しつつだ。ある動きの「正しさ」にコミットメントをとっていないとき、それが実は間違いだと判明しても、プレイヤーはユーモアを見いださない。もちろん、チェスの最終局面《エンドゲーム》のような状況では、盤上の空間で可能な手の組み合わせが大幅に減少しているおかげで、プレイヤーが自分の手にうぬぼれたり自信過剰になったりしうる場合はある。そうした場合には、ある手が実際に過剰なコミットメントを反映している場合があるかもしれない。すると、それが失敗したときには、敗北の失望感と同時にユーモアがわき出るかもしれない。こうした状況では――ぼくらのモデルが想定するつまみを一つやさしく回してやると――チェスでの敗北という典型的に可笑しくない状況が、他でもなくそこに欠けていた認識的コミットメントという成分を加えてやることによって、可笑しくできる。

問題解決に使われない虚構《フィクション》はどうだろう？　世間では、いつもみんな物語を語り合って楽しんでいる。でも、ファンタジー世界や絵本は現実じゃない。次のうち一方が成り立っていそうに思える：

(1)どの虚構《フィクション》も、少なくともユーモアの手触りはあるはずだ。なぜなら、ぼくらは虚構をまじめに思い描くけれど、ひっきりなしではないにせよときおりは現実によってその幻想が事実とちがうと証明されるはずだからだ。あるいは

(2)虚構《フィクション》は可笑しな瞬間を含み得ない。なぜなら、それが虚構だと認識すると、そのなかで語られる出来事は真だとコミットしなくなるので、認識的なコミットメントが打ち砕かれようがないからだ。

お察しのとおり、どちらの命題も真ではない。虚構のドラマは、滑稽《ユーモラス》とはほど遠い。それでいて、ジョークのかなり多くは虚構でできている。どうして、どちらも成り立っていないんだろう？　一番目の命題が真じゃない理由はこうだ。虚構の話を聞くとき、ぼくらはその語りの価値を楽しむけれど、けっして

虚構に現実としてコミットすることはなく、だから、あとになって実は事実じゃなかったと発見することもない（もっとも、ウソをつかれたときは別だろう――ウソも重要な事例だ。このあとすぐ検討する）。虚構は現実じゃないことなんて先刻承知なわけだ。

　これによって、二番目の命題もいっそう困難になる。虚構だと自覚しているために虚構のなかの出来事にコミットせずにいるとして、それなら、そうした出来事でいったいどうやってユーモアが起こりうるだろう？　答えは二つの部分からなる。第一に、三人称ユーモアしかない虚構はすべて脇におこう。そうしたジョークでは、語りのなかに登場するエージェントたちに「偽な」信念を喚起するからだ（語りのなかで含意される虚構世界を基準にして「偽」になる）。これらを除外すると、滑稽《ユーモラス》な虚構の聞き手がなんらかのかたちで偽なことにコミットする事例が残る。ここで思いだそう。第七章で主張したように、虚構世界はいろんな矛盾を暴き出して根絶するすぐれた装置だ（「日常生活」とならんで科学においても）。ただ、これはいつでも局所的な矛盾の問題、虚構世界のなかでの矛盾の問題だ。この矛盾がぼくらの現実世界知識にまで浸透してくるとしても、それは虚構世界を理解するために必要となる程度まででしかない。（たしかにシャーロック・ホームズの世界では、ホームズが人間の両親から生まれたことや下着をはいていることは事実だし――コナン・ドイル当人は一言も明言したりほのめかしたりしていないけれど――ホームズが iPhone をもっているとか熱気球をもっているとかは事実じゃない――ドイルはそんなことを明示的にであれ暗示的にであれ一度も否認していないけれどね。また、ホームズの左肩胛骨に大きなホクロがあるとかオリバー・ウェンデル・ホームズの遠い親戚だとかは、不確定だ（つまり、虚構世界において真でも偽でもない））。[*7]「誤信念」や「反証された信念」といった用語を使っているからといって、これらがなにか理想的な客観的真偽を基準にしていると解釈するべきではない。そうではなく、活性化された内容において真だと受け取られているものと局所的に不一致を来しているという主張だと解釈されたい。つまり、ある虚構《フィクション》を思い描いているとき、ぼくらはあれこれの仮定が「虚構において真」だとコミットする。このコミットメントは、ユーモアの土台となるのに十分だ。たとえば、魔女を信じるジョークではそうなってる。虚構におけるユーモアとは、そのお話に内在する論理のユーモアで、そのお話をなすいろんな要素とその近辺の拡散賦活から構築される。その〔虚構の〕スペース内では、疑惑（disbelief）は現実に関する知識から隔離されて保留されうる。もちろん、それも、明示的にその事実に注意がうながされるまでのことだ。このことは、多くのメタユーモアで成立している。たとえば、さっきのマフィン・ジョークだとか、あるいはこんなジョークで：

そんで、この男は死んじまったってわけよ。…そんで、こいつは天国に召される。…そんで、天国の門にやってきた。で、そいつは…おっと、すまん、忘れてた――奴さん、土のなかで腐っただけだったよ。

じゃあ、虚構だと認識されないでっちあげはどうなんだろう――ウソはどうなの？　誰かがお話をつくりあげて、ぼくらがそれを現実のことだと受け取ったときには、一人称信念にコミットがなされる――そうでしょ？　その驚きの結果がいいことでもわるいことでも、あからさまなウソなんて可笑しくない。ある結論に飛躍してそれが暗黙裏に入り込むことがないからだ。キミの誕生日の用意なんてしてないよと言っておいて、実はウソだったと種明かしされたとしよう：じゃじゃーん、朝食のテーブルに、きれいに包装されたプレゼントが置いてある。愉快な驚きではあるけれど、可笑しくはない。これと逆に、キミの誕生日をすっかり忘れているという見込みを巧妙に「暴露して」みせたとしよう（たとえば、電話を誰かにかけているフリをして、「ああ、もう！　今日がなんの日だったか忘れてたなんて！」とかなんとか言っているのをキミに立ち聞きさせる）。すると、キミはがっかりしつつ、プレゼントはないんだなと結論を下す。そのあとテーブルにプレゼントがおいてあるのを見つければ、これはさっきとちがって、イタズラとして可笑しくなる可能性がある。素敵な包みを開いたら中身がからっぽだと、あんまり可笑しくない――これは、マイナスの情動がジョークに冷や水を浴びせているわけだ。さらに、箱の底に敷かれたティッシュペーパーの裏からギフト券がでてくると、これはこれで可笑しくなる。もちろん、こうしたどんでん返しの連続も、効果的になる相手とそうでない相手がわかれる。この手のありがちな「空き箱の底に実はギフト券」式のドッキリにひっかかったことがある人だと、結末に愉快な気分になるのに必要なコミットメントをとらないだろう。

第四章の脚注で、アレクサンダー・ベイン（Bain 1875）による、滑稽でない不一致という反例をあらためて論じると約束しておいた。ベインはそうした反例を使って、不一致理論に対して優位理論を擁護している。もっと古いバージョンの不一致理論については、ベインは正しい。ただ、ぼくらの説明では、ベインの例はどれも「投射の誤り」（第三章参照）をしている――つまり、ベインの反例はどれも、ユーモアのありかが刺激にあると仮定していて、そうした刺激をその場の文脈で処理する際に心がはたらくダイナミックスにあるだとは考えていない。

ベインの例はすべて、基本的な解釈では可笑しくないものの、すこし場面に手を加えると滑稽《ユーモラス》になる余地がある――とくに、知覚する人物の心の内容を変更すると滑稽になりうる。

たとえば、「音程の外れた楽器」をベインはこう解釈していると想定される例で話を進めると、ある人がギターを手に取ったりピアノの前に座って演奏を始めたところ、自分では予想していなかったのに、弦があらかた調子外れなのが判明する。典型的に、音楽家がギターを手に取ったり新しいピアノの前に座ったりする場合（自分の楽器じゃない場合や、しばらくさわってなかった楽器の場合）、彼らは用心しているものだ。どんな音がするか、どれくらい調律ができているか、彼らは疑問に思いつつ楽器に触れる。こうして認識的なコミットメントが欠けていることで、調子外れの楽器に彼らはユーモアを見いださない。ただ、こうした予想をちょっとばかり変化させてみると、おかしみのある状況がつくれる。

(a)こう想像してみよう。その人が30分ほど前に楽器を演奏していたばかりで、また楽器に向かったときに（妥当にも）まだちゃんと調律できていると予想していたとしよう。これだと、ほんのちょっと弾いてみたところで、おかしみをはらんだ混乱が生じるかもしれない。

(b)「交響曲第三番」の第三ホルンが、屈辱的なまでに調子っぱずれで登場したところを想像してみよう。聴衆は――コンサートホールという場面と交響曲についての知識をもとに予想をかたちづくっているわけだが――一斉に笑い声をあげずにいられなくなるかもしれない。おどけた音楽家たち（有名どころではピーター・シッケル（Peter Schickele））は、この着想をさらに推し進めて、まさにこのタイプの効果をもたらす曲をつくりあげている。

こうした改変はどちらも、たしかに調律の狂った楽器をユーモアの源泉たらしめながらも、たんに不一致（一貫しない調子外れぶり）によってそうなっているわけではなく、楽器の調律が狂っているのを利用して、コミットつきの活性化した信念（調律されているはずという予想）を崩すことでユーモアをもたらしている。

反例は他に四つある。それぞれ、初期にこのモデルを論じた機会に出された反例で、これらの議論ともども読者と共有しておきたい。最初はナゾナゾだ：

（R1）男とその息子が交通事故にあう。その男は死亡し、息子は病院に運ばれる。外科医が言う。「私にはこの少年の手術はできません。」――「私の、息子なんです。」

この話、いったいどういうことなの？

広く知られているこのナゾナゾの答えは、もちろん、外科医が少年の母親だというものだ。このかたちだと、このナゾナゾは可笑しくない（少なくとも、ぼくらは可笑しいと思わない）。でも、たしかに推論に間違いを引き起こしているように見える：外科医は男性だという偏見による仮定がそれで、あとになって、実は母親だったと判明する。実際、これがナゾナゾとして成立するのも、まさに聞き手がこの間違いを犯すことにかかっているように思える。どうして、こういう間違った信念が可笑しくならないんだろう？

ここで微妙なのは、たしかに間違いはあたかもなされているかのように思えるけれど、実際にはなされていないという点だ。まったくなされていない。外科医が「この少年の手術はできません」と言うとき、〔読み手の〕心のなかで混乱がはじまる。どうしてだろうとぼくらはいぶかしむ。「手術不可能なんだろうか？　それとも外科医のシフトが終わったんだろうか？……」そこへすぐさま外科医が続けて言う。「私の、息子なんです。」これで、外科医が手術できないという理由はわかった。でも、留意しておこう。外科医が父親だとぼくらは間違って受け取ってはいなかった。事例を分析してみよう：

この外科医は母親なのだと即座に解釈したなら、なにも問題ない。それですっかり腑に落ちる。他方で、どうにかして父親だと解釈できないか試したとしよう（ありえそうな試みではある。外科医はステレオタイプ的に男性なのだから――少なくとも、この小ネタが出回り始めた数十年前はそうだった）。その場合、そうした信念にコミットしてはいない点を認識しなくてはいけない――これとただちに衝突する「父親は死亡した」という情報はすでに心に入ってきている。間違ったコミットメントはまったくとられていないわけだ。そうすると、かわりにどんなことが起きているんだろうか。ぼくらの提案する考えはこうだ。「私の、息子なんです」という台詞がくるまで、どちらかといえば（i.e. 50％以上の確率で）ぼくらは「外科医は男性だ」という信念にコミットをとらずにいるかもしれない。ここで間違いはなされていない――たしかに偏見はもっているけれど、その偏見にすっかり説得されるにまかせてはいない。ところが、少年は外科医の息子だとわかったとき、外科医が父親だということにコミットはとれない。父親が死亡したことと真っ向から矛盾しているからだ。ぼくらとしては、ただ衝突に面食らうばかりで、ここからは混乱が引き起こされるか、あるいは正しい答えを判断するよう差し向けられるか、あるいは、普通はその両方を順にやってみることになる。

このナゾナゾをジョークっぽく変換してやるには、情報を改変して聞き手にその信念（かなにかの信念）にコミットするようにうながす必要がある。聞き手によっては、このナゾナゾのよくある改変で事足りる。

（R2）ある少年がひどい自転車事故にあう。父親は彼に駆け寄り、一一九番に電話をかけ、救急車に同乗して病院に向かう。父親は担架を緊急救命室に運び込む手伝いをする。すると外科医が少年を一目みてこう言う。「私にはこの少年の手術はできません。私の、息子なんです」

父親がちゃんと生きていて外科医に会うようになっているこうしたバージョンでは、聞き手の混乱はいっそう深まり、大幅に様相がちがってくる。まず、外科医は父親ではないと信じさせられる（なにしろ——明示的に言われてはいないけれど——二人はその場でやりとりをしているらしいのだから）。また、外科医が母親だとも思えない——これは外科医といえば男性という偏見のせいばかりではない。また、外科医が父親のことを知っているとしたら（少年の母親なんだからそりゃ知ってるはずでしょ？）、彼女のセリフからは、二人が見知らぬ仲だという含意はでてこない（父親にしてみれば「この子は彼女の息子だ」ってことは知ってるんだから、いちいち言ってもらう必要はない）。この二点の改変によって、心のなかでの活性化がガラッと様変わりする。

（R1）では、ひょっとして母親じゃないかとチラッとでも思い当たれば、もう矛盾は見あたらなくなる。それに対して、父親じゃないかと考えてみても、父親は事故死したという知識と即座に矛盾を来してしまう。こうして、答えはおのずと見えてくる。少なくとも、「外科医は男性」の偏見を乗り越えれば、そのうちわかる。そして、そうやって考えつくに至るまでのあいだ、コミットメントはまったくなされていない。他方で、（R2）では、「外科医は母親」仮説が思い浮んでも、ふつうはもとからある性差に関する偏見とやりとりの語用論的状況によってしりぞけられてしまう。「いやいや——外科医と父親はお互いを見知らぬ風じゃないか」*8。また、「外科医は父親」仮説を思い浮かべた場合、これは（R1）で見られたほどの強い矛盾をきたさない。より弱い認識的な決定不可能性から生じる混乱がちょっとばかり生じるだけだ——「この外科医が父親でもあるなんて、ありうるだろうか？」すると考えは次の段階に進む。ここで、間違いが犯されるかもしれない。ユーモアにつながりうる間違いだ。間違いが生じうるのは、「外科医は母親ではない、きっと父親だろう」という信念にもっと確信をもってコミットした場合だ。「さて、そうすると、父親が緊急治療室に入ってきたことと外科医であることを解決しなくちゃいけないいな」という信念にもコミットがなされる。そうやって解決を試みる際に、おそらく、こんな考えが浮かぶことだろう――「父親は、父親として緊急治療室に入ってきたんだけど、同僚たちに『彼だ』と認識されてから外科医の役割に転じ、その立場からしゃべっているんだな。」でも、これはなんだかぎこちない。さらに、不確かさがあることから、これを答えとして声に出そうとはしないかもしれない。とはいえ、内心ではこう考える。「この筋道で考えれば当たらずとも遠からずだよな?」答えは「母親」だと聞いて、自分があまりに性急にこの論理の筋道を進んでしまったことに気づくと、こうした認識的にリベラルな人物なら一人称ユーモアをきっと感じるはずだ。もっと認識的に保守的な聞き手だと、もっと用心して「父親が二役を演じている」という案を探るのにコミットせず、そのため、実は母親でしたと聞かされたときにも困ったりしない。もちろん、まったく誤解に誘導されない鋭い人たちは、もっと入念に「外科医は母親」のスペース内を探索し、答えを見つけ出す見込みが高い。その場合、ユーモアはまったく見いだされない。

こうした主張をするにあたって、ぼくらは主観的な解釈をしている。これらは反証にさらされうる。第一に、反例によって、ぼくらの説明に欠陥があったり不完全だったりするのが判明するかもしれない。性差のステレオタイプによる間違いに立脚している一方で、もっと強い認識的コミットメントに立脚していると判断する根拠はない(可笑しな)ジョークを誰かがつくりだせたなら、そうなる。第二に、〔被験者が自己報告に使う〕言語表現の系統立てた変化を注意深く設計してやり、似たようなナゾナゾの構造をあれこれと提示して、おかしみのある結論・混乱した結論・ひらめきのある結論に達する前に被験者たちがどの信念を抱いていたかを示すことによって、ここで述べた主張を検討するのが可能になるかもしれない。参与者たちがよく考えた上で「ぜったいに母親ではありません」と述べ、それから「外科医は父親」仮説を探究した場合の方が、「おそらく母親ではありません」と述べてからそのスペースを後で探索するよう判断した場合より、笑いも自己報告されるおかしみも大きくなると予測される。

次に検討する反例は、初期の草稿を査読した人が提供してくれた。その査読者は、次のような例をもとにぼくらのモデルをもっと研ぎ澄ませてはどうかと言ってくれた：「階段を降りていたら、あやうく足を滑らせ転落しかけた：さいわい、姿勢を立て直せた――すると笑い声がでた。ぼくには、この『あやうく転落しかけた』がどういうかたちで矛盾になるのかわからないんだ。」初期の草稿では、たしかに、まだ明瞭でなくて、この査読者に彼の挙げた例にぼくらが示す答えを理解してもらえるほどじゃなかった。でも、これは巧妙な例で、検討する価値がある。この例について考えていくと、理論を当てはめるときに注意深くならなくちゃいけないのがわかる。

まず、査読者は正しい：単純に考えて、「あやうく転落しかけた」はたしかに矛盾じゃない。これは完全に整合的な考えで、妥当だ――活性化していて、コミットされているかもしれない。でも、これは誤信念で成り立ってはいない。だから、この考えにユーモアはない。

じゃあ、ユーモアはどこにひそんでいるんだろう？　この例は単純だ：あやうく転落しかけ、それから姿勢を立て直したわけだよね。この状況の記述に含まれている一連の概念はこの状況での信念を参照または暗示している。また、言語に翻訳された出来事はきまって現実よりも大幅に具体性が薄れているし、関連する問題のなかには、表層の形式からすぐにわかるようになっていないものもある。ここでのユーモアは、この例が言葉ではっきりと記述していない思考のなかで生じている：誤信念を抱くにいたるのは、あやうく転落しかけた瞬間のことなんだ。具体的に言うと、このとき、「いまにも転落するぞ、痛い目にあうぞ」とかなりの確信をもつにいたり、転落の衝撃に備える。ところが地面にぶつからずにすむ。まるで、自分で自分を受け止めるトラストフォール[*9]みたいな具合だ（三七〇頁参照）。ここに誤信念がおこり、これにコミットメントがなされる。ところが明らかにそれは（現実が示すとおり）不必要だったわけだ。

同じ査読者が、もう一つ、読者と共有したい反例を出してくれている。この反例は信念の非対称性という興味深い論点を提示してくれる：「妻が浮気しているんじゃないかと疑っているとしよう。このとき、証拠の解釈を間違っていた（し、妻は浮気していなかった）のがわかると、笑いが引き起こされるかもしれない。でも、妻は浮気をしていないと信じていた場合に、いや浮気をしていると推論され、現に浮気をしていたとなると――今度は笑いは引き起こされない。」

笑いが起きるかどうかについて、どちらの見込みにもぼくらは賛成する。一見すると、二つの事例はお互いの鏡像になっているように思える。それなのに、一方は可笑しく、他方は可笑しくない。でも、査読者による対比は見かけほど単純でも対称的でもなくて、二点で反例になりそこなっている。それは、信念の活性とマイナスの感情（affect）の二点だ。最初は、これは単純な問題だと思えるかもしれない：つまり、マイナスでない感情状態によって、一方が可笑しくなる可能性があり他方がそうでない理由が説明される、というわけだ。でも、それだと、もっと深い論点が見えなくなってしまう――しかも、例外のある結論に飛びつくハメになってしまう。一般に、疑いなく、配偶者が不義を働いていると知るのは怒りや憂鬱や悲しみなどのマイナスの情動をもたらす原因になる。でも、たとえば他の理由で離婚しようかとずっと考えを巡らせていた場合、不義が判明してもプラスのよろこびになるかもしれない。（「離婚パーディー」人形はご存じですかな？　ケンの持ち物がごっそりセットでついてくるんだよ。）マイナスでない感情状態はそうした事例で果たす役割がある。この点は確かにそうだ。たとえば、結果としてひどい危害が及ぼされるイタズラは、まったくジョークにならない。とくに、カモにされた人にとってはシャレにならない。小柄な老婦人からお金を巻き上げるトリックスターの利口さは賞賛されるかもしれないけれど、彼の策略からなにか笑いがあがるとしても、それは創意と利発さへの驚嘆の念によって引き起こされるのであって、愉快だから笑いがおこるわけじゃあない（機知とユーモアのちがいについては第一二章を参照）。しかし、ここには気づかれないでいる非対称性もある。その非対称性とは、およそ想像できる状況のほぼすべてにおいて、配偶者が不義だと信じる（疑う）ことと、自分の配偶者は誠実で浮気をしていないと信じること（こちらでは「疑う」と言わない点に注意）のあいだの非対称性だ。前者の方が決まって（より）活発な信念になっている。

活性化は驚きの前提条件だ。重力はあらゆるところで成り立っていると予想されるし、石は硬いだろうと予想されるし、雪は冷たいだろうと予想されるし、犬は哺乳類だろうと予想されるし、鳥は飛ぶだろうと予想される。こうした無数のことがらを、ぼくらはデフォルト信念として長期記憶に休眠状態で貯蔵または登録している。これらは、進行中の近く経験によって日常的に「即座に」活性化される。誰かが自分に向かって気泡ゴム製のレンガを投げつけてきたとしよう。すると、こちらは最悪の事態を予想する。なぜなら、レンガは重くて硬いと知っていて、どんどんこちらに近づいてくる投擲物はレンガだと信じているからだ。こうしたことを頭のなかで「大声で〔大々的に〕」考えなくても、これらは活性化される。この例だと、身をかがめてこわばらせる様子から、こちらの活発な信念が漏洩する。レンガ塀のかたわらを通りながらそれをレンガだと認識するとき、レンガに関するこれと同じ信念が活発になるだろうか？——ならないね。もっとも、なにか投げつけるモノはないかと考えたり、あるいはドアストップに使えるものはないかと考えたりすれば、すぐさま活性化されるだろうけど。同様に、いまキッチンにいるのは妻だと認識した場合、なんらかのかたちでフッと頭に浮かぶのでもなければ、彼女は貞淑だという長期的なデフォルト信念が活性化されることはない。（ニセモノのレンガを振りかざすとき、うっかり「これはニセモノだ」という自分の信念、自分の知識を漏洩しないように細心の注意を払わなきゃいけないってことを、奇術師たちはよく承知している。これは奇術師にとっては活発な信念だ。他方、テーブルの上にあるタマゴがニセモノではないという信念は活発でない。）

さて、自分の妻が浮気していないと信じていて、あるとき何かの拍子にその逆の信念にいたったとしよう。このとき、その〔浮気しているという〕発見によって、それまでの信念が活性化される。そのため、順番がわるくてユーモアが生じない。妻が浮気していないと活発に信じているわけではなく、自分の休眠状態の信念が打ち砕かれてはじめてそれが活性化する――それまでは、こっちに飛んでくるレンガがきっと硬いぞと信じるような最小限の意味においてすら、活発に信じていない。こちらに飛んできたものがレンガだったと、ぶつかってからわかるのに似ている。

活性の非対称性それじたいで、愉快な発見と、驚くかもしれないけれど愉快じゃない発見のちがいが説明できる。次の変種を考えてみよう：郵便屋はどうやら自転車にのって配達してるらしいなと思っていたところ、証拠を間違って解釈していたことに気づいたとしよう――郵便屋が歩道に自転車を駐輪しているところをみかけたんだけど、その自転車は彼のものではなく、どこかの子供のもので、なくしたのを郵便屋が通りで見つけてあげたところだったんだ――これだと、笑いが引き起こされるかもしれない。でも、郵便屋は自転車で配達していると信じていない場合に、郵便屋は自転車に乗っているのを発見したとしても、それで笑いが引き起こされることはない。

デネットは、ぼくらのモデルの初期バージョンをある会議で披露した。「音楽・言語・心」に関して二〇〇八年にタフツ大学で開かれた会議だ。その質疑応答で、マーク・ハウザー（Marc Hauser）がこんな観察を述べた：「これはどうだろう。ぼくは、デネットが意識について話すと予想してここにやってきたんだとする。ところがどっこい、キミはユーモアについて話してる。これは背反だ。バグとりもなされてる。どうしてなのかはわからないけど、でも、これは可笑しくないよね。つまり、〔キミの言うモデルの〕成分はすべてそろっているように思えるけれど、可笑しくないわけだ。」これは明らかな反例じゃないのか。もしそうじゃないなら、その理由は？ デネットは、その場ではうまい返答が考えつかなかった。でも、あとで振り返ってみると、これがどうなってるかがはっきりわかるようになった。

〔この例で〕ハウザーのメンタルスペースには〔デネットが意識について話すという〕予想が含まれているけれど、あとで彼が発見するように、これは充足されていない〔予想は外れている〕。どうしてこれはハウザーにとってちっとも愉快にならないんだろう？ 彼がどうしてああ予想するにいたったのかを尋ねなきゃいけない。彼はそこのところを言わなかったので、いくつか可能な場合を見ていこう。仮に、ただなんとなく「デネットは意識について話すんだろう、彼の研究テーマの一つだ」と思ったのだとしよう。どんなに強い直観だとしても、直観では不十分だ。これは、コミットされた信念じゃあない。「テーマは意識」に賭けてもいいとハウザーが思っていても、それは変わりない。これと対比する対象に、こんな予想をもってこよう。十中八九ほぼ確実にハウザーがコミットするような予想、これといって評価を受けることも心的労力をかけることもなくメンタルスペース内に含まれている仮定をもってくる。たとえば、「デネットは〔男性用の〕衣服を着ている」とか「デネットは英語でしゃべる」といった仮定、あるいは、「ダン・デネットという名前の別人が話すわけではない」といった仮定がそれにあたる。ぼくらのモデルでは、こうした仮定に背反があれば必ずおかしみが生じなくてはいけないってことはない。たんに、種明かしのタイミングが正しくて、しかも阻害する効果がなければ、おかしみが生じるかもしれないというだけだ。

これと対照的に、デネットが意識について話していないと、（いきなり？ 徐々にぼんやりと？）認識される場面の枠組みを工夫して、おかしみが喚起されるようにするのは、想像しにくい。推定――模範的な例だと、監督なきトリアージ・システムによってメンタルスペースにいそいで放り込まれた項目のこと――と、直観（あるいは当て推量や憶測、大胆な結論）の線引きは、くっきり明瞭じゃあない。また、大文字・小文字がきっちり書き分けられている中に一文字だけ間違いがあるのに気づくと、いくらかユーモアが喚起される。ただ、著しいユーモアではないし、強烈なものでもない。ここで二つの極にわかれているのは、それぞれ軽率なコミットメントと慎重なコミットメントとでも呼べそうなものだ。この二極があるのを理解すれば、おかしみを喚起する推定の必要十分条件となる基準または線引きの必要を全面的に見合わせるか解決することができる。ユーモアの領域がナゾナゾやパズルの領域に浸透しているのがわかる。ナゾナゾやパズルでも、その答えが場合によってたんに賞賛だけでなくおかしみやよろこびも喚起することがある。外科医と息子のナゾナゾを思いだそう。

さらに、「暗黙の挿入」条件がある。ハウザーは、ハーバード・スクエアからタフツに向かう短い道中で、もうすぐ意識に関するデネットの最新の議論を聞けるとよくよく考えてみたんだろうか？ もしそうなら、ユーモアが生じる見込みはすっかり失せてしまう。なぜなら、これだと誤った予想があからさまに彼のメンタルスペースに導入されてしまうからだ。次の（台無しになった）ジョークと同様だ：

(76)誰かを批判するときは、その前に（比喩としてよく言われるように）相手の靴をはいて一マイル歩いてみることだよ。そうすれば、相手を批判するとき、一マイル差をつけられるし、おまけに相手は裸足になるだろ。

これへの受け答え：「おいおい、いきなり比喩の話が字義どおりの話に切り替わってるじゃないか。予想外だな。」これじゃ可笑しくない。

認識的な警戒・コミットメントといろんな情報源の認識的地位はどれもかなり微妙な問題で、その点はどんな信念のワーキングメモリとしての地位も微妙なのと同様だ。周縁的な事例の余地があるので、ぼくらの理論に対するすぐれた反例があるとしたら、そこに関わる信念（一つであれ複数であれ）が(i)活発であり、(ii)ヒューリスティックスによってつくりだされ、(iii)コミットされており、しかも(iv)矛盾をきたすものになるだろう——それでもなお、矛盾の発見がおかしみをもたらさないなら、それはすぐれた反例になる。あるいは、もちろん、掛け値なしに可笑しいのにこの図式になんらかの点で合致しないものも、反例になる。周縁的なもののいろんな尺度のニュアンスは次章で議論する。

4 他モデルを簡潔に検討

0は8になんて言った？
「いいベルトだね」って。

初期の不一致解決ユーモアモデル〔I－Rモデル〕とぼくらのモデルに家族的類似性があることについては、折に触れてコメントしてきた。類似性は実にはっきりしているけれど、その点を明示的に認めるのも、ひとえにぼくらが新規に加えた考察を際だたせるためだ。以下、まずは第四章ですでにおなじみになったモデルの概観をいくつか手早くみていく。次に、ぼくらの認識論的理論ときわめて密接なつながりがある不一致解決モデルを二つほどとりあげて、その詳細を検討しよう。

　ぼくらのモデルと不一致解決モデルには表層的な類似性がある。これは、両者が論理的メカニズムに立脚していることに由来する。優位理論・解放理論・機械的理論・遊戯理論や他の進化論的な理論とちがって、不一致解決理論は、ナンセンスや論理がなんらかのかたちで中心的な概念になっていることに気づき、ぼくらの研究が進むべき道を舗装した。ただ、実のところ、ユーモアを引き起こすのは不一致でもなければその解決でもない。そうじゃなく、そうした装置は単純に間違ったコミットメントを発見するのを補助することがありがちなメカニズムでしかない。不一致を発見すると、矛盾がつくりだされる。それにともなう混乱は、暗黙の行動によるその状況の再検討を引き起こす。この再検討は、ぼくらが間違ったコミットメントを見つけ出すのにとりわけ効果的な方法の一つだ。こうした事態が怒ると、あたかも解決された不一致がユーモアを引き起こしているかのように見える。でも、ユーモアを引き起こしたのは、間違ったコミットメントの発見に他ならない。この点が確信をもって言える理由は、他の種類の解決された不一致ではユーモアが生じないからだ（e.g. 明かりは消してあったと思っていたのに明かりがついているのに気づき、泥棒に入られていたのを発見しても、ユーモアは生じない）。さらに、未解決の不一致でも、ちゃんと滑稽《ユーモラス》になりうる。

　奇術師がロープを一本とりだし、手に握る。大きなわっかが一つ、彼の手からぶら下がる。そして、握り拳の上には、ロープの端っこが三つ（!）、ピョコンと飛び出ている。彼はお客たちに向かってこう語りかける。「端っこが三つもあるものでしょうか？」――（「あるわけないですよね」という）この修辞的な疑問に、ぼくらはみんな内心で同意する。「不可能だ」――そして、ぼくらは第四の端っこが彼の握り拳のなかに隠されているにちがいないと仮定する。もう片方の手で、奇術師はゆっくりとロープのわっかを下にひっぱり、しだいに握り拳のなかへと三つの端っこが収まっていく。そのまま引っ張り続けると、ついに二つの端っこがでてきて床に垂れ下がる。そこで奇術師は、さっきまで三つの端っこを握っていた手を開いてみせる——手の中は、からっぽだ。

この種のトリックは、たんに驚嘆を呼ぶだけでなく、笑いも引き起こす。二つの端っこと三つの端っこに不一致があると言えるには言えるけれど、解決が起きていないのは確実だ。ぼくらの理論では、笑い声をあげた人たちは、二本のロープが奇術師の手中にあることにコミットしていたのに、そんなものはなかったとみせつけられたのだと考える。タネがどうなっているのか、客たちは実際には知らないけれど、ロープは二本あるんだろうという自分の推定は間違っていたってことは確実に知っている。奇術師がやってみせる何百という奇術・錯覚では、この種の信念がぼくらの内心につくりだされながらも不一致の解決は起こらない。これもそういう奇術の一つにすぎない。

ここでさらに留意してほしいのは、この場面で最初に不一致が一つ起きているという点だ：わっかになった一本のロープしかないのに三つの端っこがあるという不一致がある。この不一致によって、ぼくらは虚偽の二者択一から一方の選択肢を選ぶように誘導され、間違ったコミットメントをとらされる——これもまた、不一致がユーモアをもたらしうる仕組みの一つだ。でも、これは間違ったコミットメントを発見させる不一致とはずいぶんちがう。一貫してここに登場しているのは、他でもなく、間違ったコミットメントだけなのがわかるだろう。

ショーペンハウエルとカント、それぞれの考えたユーモアの不一致解決理論はぼくらのモデルに包含して強化できるのはかんたんにわかる。こうしたかつてのモデルは、ユーモアの認知的・神経的な仕組みを提示する試みを、まったくしなかった。かんたんな素描すらだ。そのため、そうしたモデルは「スローモーションで走らせ」ていろんなプロセスを分解しどんなステップが関わっているのか理解する方法をもちあわせていなかった。ぼくらが提案する仕組みからは、もっと近年のモデルを見る新しい視座がえられる。サルス（Suls 1972）による理論構想では、不一致が起こるのは話の設定とオチの間だと考えている。ぼくらの見方では、話の設定もオチも、ともに情報を寄与している。その情報は、既存の知識といっしょに、メンタルスペースを徐々に構築していくのを可能にする。そのメンタルスペースでは、さまざまな信念やメタ信念がいろんな度合いの認識的強度でコミットされている。このスペース構築過程のどこかで、設定とオチをそのスペース内で検討するのに使った推論に間違いがあったことがさらなる論理的推論によって判定される。たいていその間違いは解決されるけれど、ぼくらが可笑しく感じるのは不一致の解決ではなくてその失敗の同定だ（たんに失敗の存在を可笑しく感じるわけではない）。サルスのモデルは文章に書かれたジョークの一部は正確にとらえている。そうしたジョークでは、設定が提示する情報からなにかの信念に過大なコミットメントがとられてから、あとになってオチが情報をもたらした結果として（あるいはその情報から導かれる推論によって）実は不一致をきたしているのが判明する。でも、これはユーモアのすべての事例で成り立っているわけじゃあない。その点は、同時期に競合していたモデルが根拠を提示している：それがシュルツ（Shultz 1976）のモデルだ。シュルツのモデルは、またちがうジョークの集合にみられる仕組みを引き出している。そうしたジョークでは、聞き手は場面設定に二つのあいまいな意味をとらえる。そのうち、一方だけがオチと整合する。ぼくらの観点で見れば、その「最初の」解釈はあるメンタルスペースの構築に寄与する――ここでも、既存の知識と推論による結論もこのスペースに含まれている。ただ、間違いは――誤コミットメントは――オチを聞く前にすでになされている。それどころか、モデルをつくっている間に推論の偽な仮定がなされたことを認識する助けになるのがオチの役割だったりする。

サルスのモデルを拡張したワイアーとコリンズの研究（Wyer and Collins 1992）では、場面設定とオチの不一致が二つの条件を守って解決されることが必要だとしている。その条件とは、第一に、新たに加わった情報で再解釈がなされるとき、その追加情報がなくても、もともとの解釈が意味をなすように解決がなされなくてはいけないということ（これを彼らは非‐置き換えと呼んでいる）。そして第二に、解決がなされた結果として、最初の解釈に比べて新解釈の重要性が減価されなくてはいけない。ワイアーとコリンズはこの条件を抜きに不一致解決だけではなかなか説明できない例を一つ挙げている。この例はネルハルトによる研究（Nerhardt 1976）から引用されたもので、目隠しされた被験者たちに、両手にのせた物体の相対的な重さを判断するよう頼む。似たような重さを比べるのが数回続いたあとに、実験者は被験者にそれまでと大幅に重さのちがう物体を手渡す。結果：たいてい、笑顔や笑いが生じる。ワイアーとコリンズの提案によれば、重さの大きく変わった物体を渡された被験者たちは、実験は重さ判定のまじめな研究なんかじゃないんだと推論する――この状況はもともと自分が解釈していたのより重要性が小さいのだと判断し、この再解釈が、減価による愉しみを引き起こすと彼らは考える。ぼくらとしては、この場面で被験者が考えそうなことがこれしかありえないのかどうか、疑わしく思う。たとえば、実験者たちは被験者にまずは同じような重さのものを与えてプライミングを行い、それと隔たりの大きな認知的アンカーで判断が影響を受けるかどうか調べようと試みているんじゃないかと疑問が浮かぶかもしれない――そんな風に考えるのは、実験がまじめな重さ判断の研究じゃないと判断するのと両立しないだろう。それでも、笑いは生じうる。ぼくらはこれとちがった説明を提示する：この実験で、被験者たちはたんに最初に出されるいくつかの重りから外挿してまた似たような重りが渡されると予想しているだけだ。大きくちがった重りを手渡されると、推論による活発な予想を打ち砕かれてしまう。ユーモアはこれだけで引き起こされる。ただ、どうして実験者がそんな順番で重りを手渡す手配をしたのか、その理由があとから気がかりになることはあるかもしれない。ここで減価条件が必要だとぼくらは思わない。

ワイアーとコリンズのいう非置換の条件は、興味深いことに、ぼくらのモデルのある側面を先んじてとらえている：この条件によれば、ユーモアにおいて、不一致が生じる前に、最初の解釈は整合性を保っているものの、オチがでてくると第二の解釈が正しいことがわかる。この観察は、どうして伝統的なI－Rモデルが間違いにではなく解釈に関心を集中させたのか、その理由にもなっている。ぼくらのモデルでこれに対応しているのは、「不適切な信念コミットメントが発見されたときに、第二のもっと整合性のとれた理解モデルを支持する情報がないなかでは、そのコミットメントを導いた推論は妥当なことが多い（事実や、いちばんありえそうな仮定から成り立っているという点で妥当なことがよくある）」という考え方だ。何度も繰り返してきたように、ユーモアは、不適切な信念の検出にあるのであって、新解釈の比較にあるわけじゃあないんだ。[*9]

ミンスキーは、「正確に言ってユーモアとは何なのかと問うのはおそらく不毛なんだろう」と主張し、ユーモアという主題をウィトゲンシュタイン（Wittgenstein 1953）の「ゲーム」定義のジレンマになぞらえている（Minsky 1984）。だが、それでもミンスキーは近似的な定義に有意に貢献すると断定して二つの概念を提示している。第一の概念は、フレーム転換だ。これはすでに論じてある。第二の概念は「認知的検閲」（cognitive censors）だ。それぞれ、この順番で検討し、ぼくらの理論とどう比較されるか見ていくとしよう。フレーム転換で生じているとミンスキーが記述するユーモアは、本書で記述してきたモデルで扱われるユーモアでもある（ただ、前述のように、ぼくらはフレーム全般の性質に懐疑的だ）。フレーム転換は論理的な仕組《メカニズム》みで、真だと受け取られていた推論による信念を特定の環境で安定してつぶすはたらきをする。すべてのフレーム転換が滑稽《ユーモラス》だとはかぎらない。クールソン（Coulson 2001）は、フレーム転換がほぼすべての思考で機能していると説得力をもって論じている。また、すべてのユーモアがフレーム転換に起因するわけでもない。たとえば、さっき取り上げたネルハルトの重さ比べ実験をみると、フレーム転換がなくてもいい種類のユーモアがあるのがわかる。たしかに被験者たちは笑うけれど、このユーモアに関わってるデータがなにかフレームを利用しているとは言い難い。まして、偽なフレームに別のフレームが取って代わっているとは言えない。目隠しされた状態で同じくらいズッシリと重いモノを手渡される経験に対応するフレーム（おそらくは被験者にとって新奇なフレーム）なんてあるんだろうか？　目隠しされた状態で、さらに大幅に重さのちがうモノを手渡されるもう一つのフレームがあったりするだろうか？　ぼくらはそうじゃなくこう考える。この実験の参加者たちのユーモア経験の中核部分にあるのは、推論による信念（予想）だ。（もしフレームと呼べるものがあるとして）この経験に対応するフレームは、ユーモア発生の瞬間に変化してなんかいない。変わったのは、一つの予想だけだ。

ミンスキーが考える理解の仕組みはぼくらと大きくちがっているけれど、彼の提案の大筋は、「ユーモアとは認知的なお掃除だ」というぼくらの考えとそっくり同じだ。ミンスキーのいう「認知的検閲」の概念は、間違いを阻止する仕掛けとしてのユーモアに注意をうながしている。間違いのタイプはちがっている（ミンスキーのは「不適切な比較」（inappropriate comparisons）で、ぼくらのは単なる信念だ。もっとも、その信念は論理から導き出されたものだけど）。また、それぞれに想像している仕組《メカニズム》みは顕著にちがっている：ミンスキーのは「論理のヒューリスティックな管理」だ――「非生産的な心的状態を抑制する」ために一連の前提条件のテストをとおして適用される学習された何百万もの論理的検閲として実装されたメタ論理を、ミンスキーは考えている。他方で、ぼくらの考えてる仕組みは、たんに不適切なコミットメントの検出でしかない。こうしたちがいはあるものの、ミンスキーのモデルはおそらくぼくらのモデルにいちばん近い仲間だと考えられる。彼のモデルには、認知的なお掃除というテーマがあるからだ。ただ、ちがいをもうちょっとはっきりさせておこう[*10]:「認知的検閲」の概念によれば、ぼくらは日々暮らしていくなかで何百万という抑制的な規則を発見する。そうした規則は、ぼくらが自ら経験・学習し、ふたたび経験することのないよう回避につとめるべき思考や推論を記述している。この見解によれば、ユーモアが起こるのは、そうした規則が破られたときだ——つまり、そうして「抑制された」思考が現に生じたとき、ぼくらは愉快になるとされる。この理論では、「無効な、または破壊的な思考過程」に焦点を置いている。でも、ぼくらはユーモアがそうした構造化された誤謬についての学習やその検出に関連してるとは考えない。これはかなり微妙な論点だ:たしかにユーモアは推論における仮定で引き起こされる信念に生じる間違いにはちゃんと関連している。でも、そうした間違いは不適切な推論を示唆するしるしとはちがうし、検閲による早期検出・抑制を受けるわけでもない。ぼくらの見解では、ユーモアからわかるのは、理解において到達した結果の信念が間違っていたということであって、そのときに利用された推論が系統的にまちがっていたということじゃあない。それどころか、結論にいたるのに使われた推論はたいてい(おそらく「常に」ではないまでも)なんらかの点で正しい推論だ。その性質上リスクを抱えてこそいるけれど、ふだん利用されるヒューリスティックな推論による思考は、統計的に、正しいものである確率がそうでない確率より高い。ヒューリスティックな推論による思考は、たいてい妥当な仮定にもとづき、たいてい機能する推論をとおして、たいていの場合に正しい信念をもたらす。「タンク」のなかにいる二匹の金魚はたいてい水槽のなかにいると解釈されるはずだ。たまたまダジャレで今回は間違いが検出されたからといって、次はもっと注意した方がいいということにはならない——次に「タンク」が「魚」とペアになって登場したときにも、やっぱり「タンク」は水槽のことだと仮定した方がいい。こうしたリスクを取るのは、首尾よい推論のすべてが決定的に依存している道具立てを利用するなら避けられない帰結だ。それどころか、ぼくらは他に選択肢がない。[*11] こうしてリスクを取れば間違いも生まれる。でも、正しく取られたリスクは、ぼくらが学習によって回避するようになる間違いとは異なる。ユーモアであれそれ以外であれ、失敗することなしに確率的な仮定を立てる方法をぼくらに教えられる道具は一つもない。そうじゃなく、ぼくらは自分の心の失敗とともに暮らし、失敗が起きたらその帰結を検出することを学習するしかない。リスク含みのシステムに依存してたまたま失敗することはときおり生じる——しかし不可避だ。ユーモアとは、そうした機会の（すべてではなくても）一部を検出するバックアップ体制だ。

ぼくらの言うユーモアの認識論的な理論を過剰に単純化して、「ようするに反証された信念の問題だよね」と言いたくなるかもしれない。[*12] 近年の理論には、ぼくらと同じく信念に焦点を置いているものがある（e.g., LaFollette and Shanks 1993）。さらには、反証された信念に着目しているものもある（e.g., Jung 2003）。こうした路線のモデルは、ぼくらのモデルと同じく、不一致解決理論の変種にあたる——実際、そうしたモデルは典型的にショーペンハウエルのいう概念把握と知覚の不一致を語り直したものとなっている。ときとして、おそらくはショーペンハウエルのモデルに詰めの足りない部分を認めて、理論家たちは追加の制約を提案している。たとえば、ワイアーとコリンズによって提案されている制約（前記参照、三四五頁）や、ユンク（Jung 2003）が提示している制約がそうだ。認識的理論と比較する最後の仲間として、ユンクのいう「ユーモアの「内なる目」理論」を取り上げよう。

ユンクによれば、ユーモアは反証された信念（falsified belief, FB）によって引き起こされる。これには制約が加わる。この三つの制約は、それぞれ「必要条件であり（……）これら三つの規準が合わさってあらゆる笑いを説明する十分な条件となる」（Jung 2003, p.220-221）。ユンクは、いい直観を二つ引き出している（反証された信念と志向的構え）。この二点はぼくらの研究にも取り込まれている。でも、彼は他にいくつか見過ごしているし、彼が気にとめているものも、正しくまとめられていない。ユンクの理論はユーモアの「引き金をひく仕組み《メカニズム》」の理論にすぎないので、ぼくらの理論のその部分とだけ比較しておこう。

ユンクのいう「共感」が意味するのは、志向的構えをとる能力のことだとぼくらは解釈している：「ジョークに笑うには、ジョークの語り手やジョークの登場人物たちが抱いている欲求や信念を理解することが必要になる」（Jung 2003, p.219）。彼は「心の理論」という用語を用いているし（心の理論は本書三四五頁で批判している。）、ミラーニューロンの文献も参照している（Gallese et al. 1996; Rizzolatti et al. 1996）。また、ジョークにでてくるエージェントたちが「抱いている心的状態を笑い手は理解している」とも主張している。もちろん、他のエージェントがでてくるユーモア状況を知覚するときに必ず心の理論や志向的構えが使われている点では、ユンクは正しい。でも、志向的構えを用いて誤信念の知覚がもたらされる方法や一人称ユーモアが志向的構えを必要としない方法についてまったく分析を提示していないし、また、三人称ユーモアの条件が緩和されることを説明する心的状態の一人称的知識と三人称的知識の認識論的なちがいも分析していない。

ある状況が人々にもたらす結果に自分が喜ぶかどうかを指して、ユンクは「同情的な即時の効用」（"sympathetic instant utility"; SIU）という用語を使っている。彼の言葉を引くと、「単純な一般化をして言えば、笑い手が好む人々によいことが起き、笑い手が嫌う人々にわるいことが起こるとき、その状態は笑い手にとって満足であり笑い手のSIUはプラスになる。他方で、笑い手の好む人々にわるいことが起き、嫌う人々にいいことが起こるとき、その状態は笑い手にとって不満足でありSIUはマイナスになる」（2003, pp.219-220）。これは、ブアスティンの言う三つの視座（第八章参照）と興味深い類似性を見せている。ただ、ぼくらの理論では、ブアスティンの三つの「目」の実現は、たんに場合に応じてユーモアを強化するものであって、引き金を引く仕組みではない。この点は、一人称ユーモアにははっきりと見て取れる。一人称ユーモアには、共感や同情すべき相手が一人もでてこないし、「即時の効用」を受け取る人物もいないからだ（間違った当人をのぞいて）。たとえば、誤解釈だけにユーモアが立脚している単純なダジャレを考えてみよう。こんなやつだ：

(77) A cardboard belt would be a waist of paper.
（段ボール製のベルトなんて紙の腰巻きだ）
〔waist of paper（紙の腰巻き）と waste of paper（紙のムダ）のダジャレ〕

ユンクの説明もぼくらの説明も、反証された信念を重視している。でも、ユンクの説明は詳細の詰めが足りないところがあり、ただひたすら「必ず反証された信念がある」と主張するにとどまっている。すでに説明したように、多くの反証された信念はユーモアをもたらさない（共感や同情的な即時の効用をともなっていても）。たとえば、こう想像してみよう。空港で娘の到着を待っていると、娘から電話がかかってくる。なんでも席が満席でとれなかったとのこと。これで、次の便の到着まであと二時間待たなくてはいけなくなった。そこで腰を落ち着けて小説を読むことにする。うんざりする状況でもせいぜい楽しくやろうというわけだ。それからほんの数分後にまた娘から電話がかかり、もともと予定していたフライトの席を他の乗客が譲ってくれたと言う。それはよかったと思うものの、愉快にはならない。もう二時間待つ件の信念が反証されたし、同情的な即時の効用もあり〔娘によいことが起きた〕、関連する全員の「抱いている心的状態を理解している」にもかかわらず、だ。[*13] ユーモアの引き金を引く仕組みを同定するには、どんな種類の信念があって、どんな種類の誤謬が信念に起こりえて、どの種類の誤謬がどの種類の信念に起こるとユーモアにいたるのか、特定しないといけない。また、ユンクの理論にはほかにも欠けているものがある。一人称ユーモアと三人称ユーモアそれぞれの引き金を区別する助けになる信念反証の仕組みがそれだ。このように、ユンクの理論はぼくらと同様の直観を土台にしてぼくらのモデルの認知的な引き金の部分といくらか近い考え方をしているものの、ある部分では不完全で、またある部分では間違っている。

特別に言及するに値する理論家はもう1人いる。グレアム・リッチー（Graeme Ritchie）は、長年にわたってさまざまなユーモア理論に着目し文章を書いている（e.g., Ritchie 1999, 2006）。また、（ぼくらの知るかぎり）不一致解決理論を受け入れつつもその不完全な点をはっきりと述べている唯一の書き手でもある。ぼくらの理論をリッチーの有益な警告とつきあわせてみよう。

5　グレアム・リッチーの五つの問い

「人生は橋のようなものだ」
「どんなところが？」
「知らんがな」

（Minsky 1984）

ときとして、ある分野の理論家たちが自分たちの主題についてなにか深い直観を抱き、その周りをぐるぐるめぐりつつも、その直観が正確に言ってどう自分の扱っている現象に関連するのかうまく言えないでいることがある。「不一致解決理論の発展」で、グレアム・リッチーはI－R理論家たちが長らくこの種の直観を抱いてきたと指摘している（Ritchie 1999）。リッチーは、文章や語りの（大半はジョークによる）ユーモア刺激に適用されたサルスとシュルツそれぞれのモデルを分析し、五つの問いを立てている——けど、答えはだしていない。この五つの問いは、まとめるとこんな中核的な問いになる：「どんな種類の不一致が可笑しいのか？」または「不一致のどういうところが可笑しいのか？」リッチーの示唆によれば、これらの問いに答えることで、ユーモア理論は大きく前進することになる。これはぼくらも同意する。ぼくらの答えを示していこう：

（Q1）潜在的な解釈がいくつかあるなかで、ある解釈が他の解釈より自明になるのはどうしてだろう？

古典的な不一致解決理論では、最初にある解釈が正しいとされてから、別の解釈が登場してこれにとってかわる。リッチーが知りたがっているのは、どうしてそれぞれの解釈がそのときどきで選ばれるのか、という点だ。I－Rの解釈置換の構造は、本書で提示しているモデルの一部でもある。ぼくらのモデルでは、聞き手の世界知識とジョークの設定に基づく推論上の仮定によって最初の解釈は引き起こされる。ジョークの設定に含まれる手がかりから、その文脈ではある解釈が他よりもありえそうに思えることもあるだろう。すると、その仮定が「自動的に」（i.e. 暗黙裏に）なされることになる。部分的データをもとにすると、それがいちばんありえそうな理解構造になる。ここで、その人が「ジョークに身構えているモード」にあり、そのためこの種のエラーが誘発されると予想していたとしても、ジョークの語り手が有能なら、この間違った推論をせずにはいられない。金魚の「タンク」のダジャレをまた再利用しよう。「二匹の金魚がタンクにいた」と聞かされたとき、「魚」に言及しつつ「タンク」を使えば、「水槽」が指示されることがいちばん多い。このため、あいまい性を除去する情報がなければ、統計的にありえそうな意味が選択される（他の事例では、活性化されるのは確率の高い意味ではなくて呼び水《プライミング》がかけられた意味だったりするかもしれない）。この信念が間違っていたのに気づくのは、利用できるすべてのデータを矛盾なく記述できて既存知識と整合する新しい解釈に古い解釈がとってかわられたためであることが多い。ジョークでは、どんな情報ならこの新しい解釈がもっと整合的になるか発見したジョークの設計主（創造的な誰か、模倣を重ねた進化、あるいはその両方）によって、これがもたらされる。時間制限に追われたヒューリスティックな探索によって、絶え間なくぼくらの予想が生成されている。この探索をとりもっている無意識の選別《トリアージ》の仕組みによって生成される推論なら、どんな推論であろうと、自明さという特徴を共有している。

（Q2）解釈の検索をうながすためには、文章はどれだけ吸収しにくくなくてはいけないのか？　文章のある部分が再評価を引き起こしたとして、その部分によってこの検索はどう誘導されうるんだろうか？

まず、すべてのユーモアが文章のある部分の再評価から生じているわけじゃあない。『三ばか大将』がドタバタをやっているのにだってぼくらは笑える。そうしたかたちのユーモアには、再評価なんて必要ない。ぼくらのモデルに照らして、リッチーの問いをこう言い直そう。「あるメンタルスペースにあるモデルが不十分だとぼくらに認識させるのはどういうものか?」メンタルスペースでの整合性チェックは、たんに頻繁になされているだけではない。このチェックはそもそもメンタルスペースを生成するプロセスに選択の余地なく付随する構成要素だ。そのため、メンタルスペースを生成するとき、まさにその生成のプロセスによって、矛盾の網羅的な検索に近似することをやっているわけだ。ユーモアの事例の多くでは、利用できるデータがもっと全体的に整合するよう評価することで、当初のメンタルスペース構築に不備があったことが判明する(新しい評価はちゃんと含むデータをそのスペースが含むのに失敗しているとき、不備が判明する)。ただ、また別の事例では、もっと整合的な評価がでてこないこともある。そのメンタルスペースは、それ自体に矛盾を抱えているという不備があると判明することもある。

(Q3) 2つの解釈が(たんに同じでないだけでなく)愉快なかたちで異なるとは、いったいどういうことか?

この問いは、かつての不一致解決理論の直観にもとづいて立てられている——とくに、「ユーモアは刺激のなかにある」という直観だ。これはぼくらのモデルには当てはまらない。愉しみは、コミットされた活発な誤信念を発見することとの感覚だ。つねにではないけれど、多くの場合に、その誤信念を明るみに出すのは、あることとの二つの解釈だ。それどころか、その2つの解釈はつねに「たんに同じでないだけ」だったりする。愉快なのは、そのちがいの発見され方だ。二つの解釈のちがいから、聞き手がやらかしていた間違いについて明らかにされるところで、ユーモアは生まれるんだ。

（Q4）どんな要因によって、ある解釈がそれ自体の性質として愉快になるのだろう？

どんな解釈であれ、その持ち前の性質によってなにかが愉快になることなんてない。それは、インクの持ち前の性質によってあるサインがエイブラハム・リンカーンの真筆になったりしないのと同じことだ。サインが真筆になるのは、リンカーンがそれを書いたという事実のおかげだ。ある解釈が愉快になるのは、聞き手がなにか間違いを発見する過程でその解釈をしたという事実のおかげだ。ぼくらを愉しませるのは、あるメンタルスペースにあるモデルに間違いを発見するという事実だ。そして、その間違いが秘密裏に導入された推論から生じたものであるとき、その愉しみは、おかしみというかたちをとる。（ここから、極端な話として、原則的にはどんな文であろうとなんらかのジョークの可笑しなオチになりうることが示唆される。もっとも、そのジョークの設定の面倒くささや聞き手の注意が及ぶ範囲といった事情を脇に置いての話だけれど*14）。

（Q5）こうした要因がどう組み合わさるとユーモアは生み出されるのか？

リッチーによれば、この最後の三つの問いはつきつめると同じ問いになるかもしれないけれど、もしそうであれば、その問いを確立させる必要がある。彼は正しい。ここでも、最初の二つの問いと同じく、ユーモアは解釈によって生み出されているんじゃなくて、（一部の事例で）解釈どうしの相違点が注目を向けさせるものによって生み出されている。ただ、また別の事例では、それと別の要因によってぼくらは間違いに誘導されることもある。

第一一章　周縁例—非ジョーク、ダメなジョーク、近似的ユーモア

Q：弁護士ジョークのなにがマズイの？
A：弁護士どもは面白く思わないし、他の連中はジョークだと思わないんだよ。

どういうものであるにせよ、ユーモアは進化の産物、遺伝的進化・文化的進化の産物だ。だから、典型的なユーモアと深い類似点をもつ近似的に滑稽な現象や滑稽そうで滑稽でない現象も、きっとあるはずだ——実際、正真正銘のユーモアの祖先・子孫・あるいは構成要素が存在している。「こうした探究の目的とはすべてのユーモアの本質を定義する必要十分条件の完璧な集合だ」と考えて、ユーモアかどうか決めかねる周縁的な事例を一つも認めないのは、いつでも間違いだ。生物学者には、ソクラテス式の理想で想像されるような正確さで「哺乳類」を定義することなんてできない——爬虫類から獣弓類を経てまぎれもない哺乳類にいたるなだらかな変化の、どこで「線引き」をすればいい？　これと同じように、おそらくユーモアも恣意的でない境界をもった体系的な家族的類似性を示すはずだ。ただ、こうした境界を区切る変異の四つの次元をもっとよくみてみることで、輪郭をもうちょっとだけ明確にするよう試みることがで

きる。

第一の次元は、もちろん、個人ごとのちがい――ユーモアの知識相対性だ。誰もが同じことを可笑しく感じるわけじゃない。少なくとも、とっている視座がちがえば、可笑しく感じる度合いは、人によって、あるいは機会によって異なってくる（一人称ユーモアと三人称ユーモアの非対称性を思い出そう）。たとえば、前記のジョークに弁護士はユーモアを見いださないかもしれない。第三章で、ユーモアは知識相対的であることを見ておいた。ただ、どうして知識相対的になるのか、その理由は述べていなかった。ユーモアが知識相対的なのはなぜかと言えば、ユーモアの中核をなすものはワーキングメモリ信念構築の妥当性で、これは個人ごとにちがってくるためだ。第二に、同じ人であっても、ユーモアの度合いはちがってくる。ジョークによって――その人にとって――より可笑しいものと可笑しくないものの度合いがちがってくる。第七章で最初に述べたように、この勾配を説明するには、ユーモアの条件をさらに拡張してやる必要がある。これには二つの答えをあとで提示しよう。第三に、みんなが可笑しく感じるものの、どのあたりが可笑しいのか、理論的に語るどころか、ざっくりと語ることすら当人たちにはままならない境界例がある（さらに探究すべき他の事例もきっとあるはずだけれど、ぼくらの理論はこれまでに見てきた事例をすべて説明できる。どう説明できるのかは、このあとすぐに示す）。そして第四に、ユーモアは関連する現象と重なり合うことがよくある。ジョークは愉しみのために進化したミームだ。愉しみの価値だけによって選択されてきたミームは多種多様にある。でも、どの種類の愉しみをそうしたミームが喚起するのかは（その文化的適応にとっては）べつに重要じゃない。記憶しやすいように（可能なら忘れられないように）構造化されているのであれば、いちばん楽しみを喚起するものが――どんな種類の愉しみであれ――いちばん伝播されやすい。愉しみのパッケージになる際に、ミームはどの喜びを引き起こすかによって選択されるとはかぎらない。どんな喜びであれ、とにかくそのミームを存続させるものであればかまわない。かくして、ユーモアの近縁たちがあれこれと出そろっている：ナゾナゾ、パズル、うまい押韻、冴えたアフォリズム、などなど。

ひとつのミームが複数の認知的な快楽を利用して将来まで自己複製される助けにしちゃいけない理由はひとつもない。そのため、こうしたユーモアの近縁の範疇どうしには、重複がたくさんみつかる。それどころか、今日みられるジョークの大半は、ユーモア以外の快楽と一体不可分になっている——それもひとえに、一体化するのが可能であり、一体化することによっていっそう強い〔複製されやすい〕ものになるからだ。ユーモアに関連した快楽のなかには、おかしみとよく似ているものもある。たとえば、他の認識的な情動がそうだ：ひらめきの喜び、発見や問題解決の「あ、そっか！」だとか、機知の理解・味わいがそれにあたる。また他の情動は、よくある連想で関連している：シャーデンフロイデや優位性の認識、それにもちろん、性的興奮がそうだ。*1

1　知識相対性

サックス奏者が死んで天国の門にやってくる。聖ペテロがこう言う。「すまないが、キミは生前ハメを外しすぎてるね。地獄の方に行ってもらわなくちゃいけないよ。」エレベータのドアが開くと、その先には巨大なバーがある。入ってみたら、そこには偉大な奏者たちがそろってくつろいでいる。サッチモ、カウント・ベイシー、マイルス・デイヴィスといった面々だ。サックス奏者はチャーリー・パーカーのそばに近寄ってこう言う。「やあ、これのどこが地獄だってんだろうね。最高の連中がそろって演奏してるじゃないか。」チャーリーが答える。「それがなあ。ドラムやってんのはカレン・カーペンターだぜ」

ぼくらはみんな、各自に特有の信念をもっている。そうした信念は、文化で形成されたものもあるし、じぶんの個人史で形成されたものもある。また、どの特定の信念をとってみても、その信念の具体的なあり方は人によって少しちがっている。さまざまな側面がいろんなかたちでクセをもってたり、同じ状況でも呼び水《プライミング》のかかる確率がちがっていたりする。それに加えて、いろんな領域の信念を活性化するときの認識的警戒は一人一人で独特だ。こうした個人ごとのちがいから、任意の出来事に際して、メンタルスペースの構築は人によってちがったものとなっており、そのため、おかしみのわき上がりやすさは人によってちがっている。大筋の傾向はあるし、ある文化で幅広い人たちにおかしみを喚起できる刺激もある。でも、それと同時に、前記の内輪ウケのジャズ・ジョークみたいな外れ値もある。本書でとりあげたジョークの大半は、ぼくらと同時代の人たちには届きやすいはずだけれど、次に挙げる例は、おそらくそうではない。この例は、バブ（Bubb 1920）の『ヒエロクレスとフィラグリウスのたわむれ』（The Jests of Hierocles and Philagrius）からの引用だ。同書には、多種多様なジョークがたくさん掲載されている。その多くは、いまでも理解できる。ジョークの元ネタは、古くは紀元後五世紀のものまである。おそらくは、それ以前の数世紀にわたって口承で伝えられていたはずだ。

(78) 衒学者が銀細工師にランプを作ってくれと注文する。銀細工師がどれくらいの大きさがいいですかねと尋ねると、衒学者はこう答える。「八人でも十分なやつにしてくれ」（A pedant ordered a silversmith to make a lamp, and when the latter enquired how large he should make it, he replied, "Large

enough for eight men.")

(79)衒学者が新しいサンダルを履こうとしている。サンダルがきしむ音をたてると、衒学者は履くのを止めてこう言う。「きしむんじゃない。お前が両足をけがするぞ」(A pedant was trying on some new sandals. When they squeaked he paused and said, "Do not squeak or you will injure your two legs.")

おそらく、この二つのジョークは(もとのギリシャ語にある)なんらかの同音異義語か、あるいは今日のふつうの読者(ぼくら著者も含めて)には利用できない文化的情報がカギになっているはずだ。これと同じように、みなさんおなじみの「内輪向け」ジョークがある。そうしたジョークは、よそ者にはうまく説明できなかったり、そもそも説明したくなかったりする。また、自分がそのよそ者のときには、そのジョークに必要な暗黙の信念に通じていなかったりする。また、必要とされる信念について知っているおかげで——それが自分じしんの信念でなくても——ピンとくるジョークもある。

(80)何かのパーティーに紛れ込んでみたら過食症の独身男どものパーティーだったって、どうしたらわかる? 女の子からケーキが飛び出してきたときさ!

多くの人は、独身男のパーティーで雇われたダンサーが(すごくおっきな)ケーキから飛び出すって話を聞いたことがあるだろう。でも、そんなものを目撃したことのない人たち(最近では大半がそうだろうと著者のぼくらは見ている)にとっては、このジョークの設定を耳にしてこの信念を活性化する確率はゼロに近い。ただ、オチのセリフによって呼び水《プライミング》が入ったときには、たいていその信念にアクセスできるようにはなる。

　これもまた、絶滅寸前になっているジョークの好例だ。独身男パーティーと聞いて女の子がケーキから飛び出すのが自動的に活性化される人がますますわずかになっていけば、このジョークの聞き手はさらに少なくなっていく。もちろん、独身男パーティーがかつてどういうものだったか説明書きを加えてみたって何の役にもたたない。

　分析しようにも、自分にわからないジョーク（前記の(78)や(79)のようなジョーク）のなかに誤信念を探してみたって望みはない。テクストの脱構築やら刺激の分析やらをいくらやってみたところで、ユーモアの境界が明るみにでることはない。なぜなら、ぼくらの定義からわかるように、ユーモアとは、誤信念がその人の心のなかで検出されるようにするもののことだからだ。この定義では、ユーモアはたんに知識相対的になるばかりか、それを予測し、範疇の境界があやふやな理由が説明される。

　本書ではジョークやその他の例を使ってぼくらのモデルを記述し、このモデルが抽象度の高い水準でどう機能するか示してきたけれど、ユーモア分析はどこかの時点でこうした個人ごとに変わる対象から先に進んで、脳で起こる神経化学的なプロセスとして適正な研究対象を探さなくてはいけなくなるだろう。その一方で、滑稽《ユーモラス》な出来事の分析は、コメディアンその他のユーモアを設計し提供する人たちがいつでも頼りにしてきたのと同じ基盤で継続しうる——その頼りにされてきた基盤とは、おおむね同質な人たち、その場に集まった聴衆は、似たような経験をもっている結果として、想定される聞き手をうまく見定めた設定で狙いをつけられたときには、だいたい同じＪＩＴＳＡプロセスをもつのに十分なだけの信念（および信念どうしの連合の隠れた構造）を共有することになる。

2　強度の尺度

Saxyun『空想科学X⑵』（株式会社KADOKAWA　アスキー・メディアワークス、二〇〇九年、五八頁）

誰だって、いいジョークとダメなジョークのちがいはわかる。人それぞれに独特なよしあし分別の仕組みはちがっているとしてもだ。ぼくらの見解では、独身男ジョークはダメなジョークだ。悲しみに度合いがあり、痛みにいろんな痛み方があり、またオーガズムも天に昇る心地だったりそれなりだったりするのと同じく、おかしみにもいろんな段階がある。ある状況で引き起こされる〔おかしみの〕水準は、少なくとも二つの要因に動かされているとぼくらはみている。第一の要因は、その場面で間違いだと判定される誤信念の量（のようなもの）だ。たとえば、ただ一つの単語（e.g.金魚のダジャレネタにでてきた「タンク」）の誤解釈が決め手になっている場合、おかしみの水準は低くなる。他方で、ちょっとした巧妙な策略から大きな見当違いが生じたときには、オチにいたったときのおかしみはずっと大きなものになるはずだ。信念の「量」にはこれとまた別の尺度があり、これも〔おかしみの水準に〕寄与する：すでに掛け合いユーモアには言及しておいた。このユーモアは一人称の視座と三人称の視座から同時に生じる。でも、二人の人物――聞き手と作中のキャラクターの二人――で限界というわけじゃあない。それどころか、人物が増えればいっそう面白くなる。笑う側じしんの信念とならんで、信念が除去されるキャラクターが増えるたびに、それに比例しておかしみは増える。第九章（セクションD）で、その例を一つ挙げておいた。ここでもう一つ挙げておこう：

(81) 地元のバーで一晩しこたま飲んだあと、酔っぱらいがカトリックの教会に行きつき、ゆっくりと懺悔室に入る。神父は忍耐強く酔っぱらいの男が懺悔をはじめるのを待つ。沈黙が数分ばかり続いてから、神父は礼儀正しく窓をコツコツと叩く――返事はない。神父はもう一度叩き、今度は咳払いもしてみせるのだが――やっぱり返事はない。ここにきて、神父はいらだちがおさえられなくなり、窓をばんばんとたたきはじめる。ようやく、酔っぱらいが叫び返す：「ノックしてもムダだよ、こっちも紙が切れてんだ！」

このジョークでは、「いまトイレにいる」という酔っぱらいの信念と、「懺悔室に告白者がやってきている」という神父の予想が、聞き手の信念（神父と同様の信念）と同時に打ち砕かれている。間違った信念が三つそろって崩壊することで生じているおかしみは、どれか一つだけが崩壊した場合よりも強烈になっている。

ユーモアの水準の変化に関わる第二の要因は、添加物だ。そのままなら刺激のないユーモアからプラスの情動が喚起され、ピリッときいたソースとなってそこに加わる。情動の興奮は広範な種類の干渉によって引き起こされうることも、経験される情動はそのときの被験者の認知状態によって強く影響されることも、長らく知られている（Schachter and Singer 1962）。さらに、もっと近年になってからわかったこととして、興奮はある情動様相から別の情動様相へ移転することがある。有名な実験で、谷間にかかった橋の上を歩くことで惹起される不安は、実験者に生理的に引きつけられているんだと再解釈される（「吊り橋効果」）（Dutton and Aron 1974）。これに続いてなされたあれこれの実験では、たんにこの効果が再現されただけでなく、被験者が事前にこの効果を知らされていた場合にも現れることが実証されている（Foster et al. 1998）。カンターたち（Cantor, Bryant and Zillmann 1974）とジルマン（Zillmann 1983b）は、この発見を直接にユーモアに当てはめて、どんな興奮の経験であれ――プラスの情動・マイナスの情動のどちらのエピソードであろうと[*2]――被験者が報告するその後のおかしみの強度が高まることを示している。十分に時間が経過すると、この興奮は実際とちがうものに起因するのだと信じられるようになり、それからほどなくして完全に消え去ってしまう。

ぼくらの推測を言うと、ジョーク・ミームでいちばん効果的に伝播するものは、ユーモア知覚の基本的な仕組みに加えて、セックス・暴力・死・排泄・人種偏見といった過激な話題（感情を刺激するホット・ボタン）を組み合わせてこうした移転効果を利用しているものだろう。こうしたホット・ボタンにより、情動の呼び水《プライミング》が入り、おかしみの感じやすさが高められるんだ。その結果は、いろんなタイプの興奮をまぜあわせたいっそう強力なカクテルだ。この興奮のカクテルは、チョコレートやコーヒーが砂糖の効果を強めるのと同じように、ユーモアの効果を強める。

これは人工知能で功績帰属問題（credit-assignment problem）として知られているものの直接的な効果だ：報酬や罰にいたったいろんな出来事の複合的な集合があるとき、その集合のどの部分が本当の原因なのかを区別するのは、単純な認知タスクじゃあない。次に挙げる二つのジョークは、複数の情動の強烈なカクテルを示してはいないけれど、功績帰属問題を鮮烈にうまく例示してくれる：

(82)六歳と四歳の子どもたちが二階の寝室にいる。「ねえねえ」と六歳の子。「いけない言葉を言うのはどうかな。」四歳の子が頷いて同意を示す。六歳の子が言葉を続ける。「朝ゴハンで一階に降りるとき、ぼくは「うんこ」がどうとか言うから、そっちは「ちんこ」がどうとかなんか言ってよ、いい？」四歳の子は張り切って賛成する。

母親がキッチンにやってきて六歳の子に「朝食はなにが食べたい？」と尋ねると、彼はこう答える。「おれはうんこチェリオがいいな、かーちゃん。」すると「バシィ！」と平手打ち。彼はイスからすっころび、キッチンの床を転げ回ってから立ち上がり、わぁっと泣きはらしながら二階に駆け上がる。母親は追いかけて、その子が一段上がるたびにおしりをひっぱたくという剣幕だ。母親は六歳の子を子ども部屋にとじ込めてぴしゃりとしかりつける。「許してあげるまでそこにいなさい！」

母親はそれから階下に降りてきて、四歳の子を見やり、いかめしい声色で尋ねる。「それで、アンタは朝食になにがほしいのかしらね？」

「しらないよ、ママ。」四歳の子はうっかり口を滑らせてしまう――「でも、ちんこ掛けて、チェリオじゃないよ！」
(83)衒学者が何日もずっと本を探して回るけれど、いっこうに見つからずにいる。ところがレタスを食べながら角を曲がったところで、そこに本が落ちているのを見つける。後日、友人と会ったら、相手が帯をどこかになくしてしまったと嘆くのを聞いて、衒学者が言う。「心配しなくても、ちょっとレタスを買って、どこかの角で食べてみたまえよ。角から少し進んだところに見つかるさ」(Bubb 1920)

脳には、功績帰属問題に対処するのに使える大まかな解決法が二つ備わっている。両方が使われているようだ。一つ目はヘッブ則だ*3：《「目に入った」ものになんでも報酬を与えよ、ただしあまり広すぎる範囲を見てはいけない。次に、出来事のパターンに対する適切な功績認定（accreditation）の選別は、時間経過にともなう統計的な規則性にゆだねよ。》二つ目の解決法には、メタ認知が関わっている：因果的「仮説」(正しくても誤りでも）がある情動に一時的に結びつきうるなら、そして、この結びつきが（正しくても誤りでも）その情動で報酬を与えられるか、あるいは「あ、そっか！」という発見・ひらめきの情動で報酬を与えられるなら、このことにより、その情動に先立っていた思考が功績に値するとラベルが与えられる。1つ目の解決法とちがって、この二つ目の解決法はこの事実のあとの記憶に功績認定するのにも利用できる――想像においてであれ、その出来事の注意深い反復においてであれ。

関連する現象、ユーモアの近縁をいくつか分類しておこう。ただ、まずはこうした関連現象の一部に関わる誤帰属がおかしみの強度にどう影響しうるか、指摘しておきたい。ひらめきやシャーデンフロイデその他を経験すると、ある水準のプラスの情動が引き起こされる。同様に、社会的に禁じられた内容やタブーの内容がジョークに含まれていると、その内容はそれじたいで興奮をもたらしうる。ある思考が引き金となって、ユーモアだけでなく他のそうした情動も同時に引き起こした場合、興奮の相対的な水準が高まる。ただ、どの報酬が刺激のどの効果によって引き起こされたのか、決定するリソースを脳は持ち合わせていない。ユーモアを感じたとき、そのジョークがどれくらい可笑しいか報告してくださいと頼まれると、そのプラスのいろんな情動がもたらした累積的効果があたかも単一の要因、すなわちユーモアの大きさに起因すると誤って判断してしまう。ときに、この点を意識しているとき、ジョークにちょっぴり笑っただけなのに、そのジョークは「実はいいジョークだ」と述べたりもする。こうしてコメディと他の楽しみの源泉の明示的な区別は、前にいいジョークを聞いたことがあるとき、とりわけはっきりすることがある。一度、あるジョークが初耳でなくなってしまうと、そのジョークを知っているぞという愉しみやノスタルジアが、初めてそのジョークを聞く強い愉しみにとってかわってしまうわけだ。[*4]

まとめよう。ユーモアは強度の尺度でさまざまに異なる。この尺度に寄与する要因は二つある：誤信念の量と、付随しながらも誤って帰属される情動という、二つの要因だ。極限の場合、たとえばこの二つの変数がゼロに近づいている場合には、その出来事はユーモアの範疇からはみ出ることになる。

3　境界例

ぼくの興味を引き出してくれ――そしたらぼくもキミの興味を引き出してあげる。

いつも以上の手際だね——いつもどおりに。

——レイモンド・スマリヤン

おそらくここまでに明らかになっているだろうけれど、ここで立てているモデルはユーモアの不一致 - 解決モデルに多くを負っている一方で、ぼくらのモデルはこれまでのいろんな試みが焦点をせまく絞っていたことで見過ごされていたいろんなタイプの愉しみを説明することを狙っているし、ユーモアを説明的な枠組みにとらえている。この枠組みによって、そもそもユーモアという現象が存在する理由をはじめて本当に説明できる。ヒト以外の種は、ユーモアのセンスを持ち合わせているんだろうか？　絢爛豪華なユーモアと笑いは、ただ一つの種、ホモ・サピエンスに固有の特徴なのは一目瞭然だ。でも、リスク含みの未来生成はどんな脳でもこなすべき課題なわけで、ユーモアに関連した現象は他の種でもあれこれ見つかると予想できそうだ。多くの哺乳類の子どもたちに遊戯行動は見つかるし、そうした遊戯行動は予測スキルを予行演習で鍛え研ぎ澄ます役割を果たしていることは、長らく主張されていることでもある。この主張はもっともな話だ。でも、詳細な確証をみつける見込みはとぼしい。共有される愉しみ（たとえば、仲間の失敗を笑う愉しみだとか、おふざけへの反応だとか）に類似したものは、これまでひとつも報告されていない。だから、コメディを求めてやまない気持ちを産み出すものがなんであれ、それはぼくらにいちばん近い近縁種にすら欠落している。典型的に笑いを惹起しつつも不一致解決が関わっているのが一目瞭然ではない現象が、ヒトにはいくつか見られる：「いないいないばあ」の遊び、トラストフォール、ローラーコースター、くすぐりがそれだ。

言葉のジョークがわかるずっと前から、幼児は「いないいないばあ」の単純なゲームに中毒すれすれの喜びを見せる。大人か他の子どもが両手で短い間だけ顔を隠し、いきなりパッとふたたび顔を見せる——

「いない・いない・ばあ!」——そしてキャッキャと大笑い。どうして幼児はこの暇つぶしをそんなにおもしろがるんだろう? こういう思弁をめぐらせられそうだ。「ここには、予測の仕組みがはじめて活発な興奮を起こしているのが垣間見えている。これがやがて立派にできあがると、生涯にわたってこの子どもに次々と正確な予測をもたらすんだ。」予測システムをいきなりロケットスタートさせるのに、子どもの生得的な好奇心を利用し、モノが隠れることとモノの永続性の視覚経験を予行演習に使うことよりいい方法があるだろうか? とくに、その隠れるものが笑顔だったらなおさらいいだろう。人類学者と発達心理学者は、「いないいないばあ」やその変種を世界中に見つけだしている(Göncü, Mistry, and Mosier 2000)。ただ、文化によっては、視覚と音声による母親と子どものやりとりが他の文化よりもずっと制限されていることもある(Gratier 2003)。また、こうした場面で子どもが通常経験する事柄に「いないいないばあ」がまったく含まれていないこともあるかもしれない。そうした子どもたちの予測生成の成熟度合いに計測可能なちがいがあるかどうかがわかれば興味深いだろう。

トラストフォールは、後ろ向きに自分の体を倒し(目を閉じることも多い)、パートナーが受け止めてくれるのを信頼《トラスト》するゲームだ。たいていは、倒れる途中で不安に襲われ、それからパートナーがちゃんと受け止めてくれる。そのとき、ホッと安心するとともに笑いだすこともある。とはいえ、このとき、笑いを引き起こしているのは安心感じゃあない。パートナーが失敗したという信念へのコミットメントが強まりすぎたのが原因だ。何度も繰り返しトラストフォールをやると、笑いは出てこなくなる。受け止めてもらえないという予想が活発なメンタルスペース内でもはや生成されなくなるためだ。同様に、ローラーコースターが発車して登っていき、最初の山の頂点にくるとみんなの体の予測生成器は、恐ろしい急落下を予測し、神経のアラームの引き金を引き、アドレナリンがあふれだす。ところがまもなく、恐怖が度を超していなければ、安心感で笑いがこみあげてくる。いまにも死ぬぞという信念が、ありがたいことに反証されたわけだ。[*5]

一見すると、くすぐりはぼくらのモデルにとって問題となる事例に思えるかもしれない。くすぐりのどこに認知や計算にからむことがある？　くすぐりには多くの特徴があり、ユーモアをもたらすいろんな源泉のなかで独特なものになっている。そのため、くすぐりは他のどのユーモア喚起の説明にとってと同じくらい、ぼくらのモデルにとっても難題になっている。ひとつには、〔くすぐりでは〕しばらく持続的におかしみが喚起できる。大半のユーモア事例で一瞬のエピソードとしておかしみが生じるのとはちがっている。どういうものであれ、単純な信念訂正——なにかが間違っているというたんなる認識——によって、くすぐりのおかしみが止まることはない。それどころか、語られるジョークとちがって、長く続けば続くほど、いっそう可笑しくなるように見える。また、他にも特徴を挙げると、高次の推論がくすぐりに関わっているようには見えない。くすぐりにどんな信念・思考が関わっているにせよ、それはとても低次のもので、きわめて暗黙裏のもので、とても自動的なものだ。くすぐりにおける誤信念が自明でアクセス可能で言葉に言い表せるものであったとしたら、これほど不可解な問題にはなっていないだろう。三点目、くすぐりはいやがられ、回避される——おかしみ状況は数あれど、ぼくらが能動的に回避しようと試みるのはくすぐりだけだ。これまでしばしば述べられてきたように、自分で自分をくすぐることはできない。[*6]また、ブレイクモア、ウォルパート、フリス（Blakemore, Wolpert, and Frith 2000）は、自分で自分をくすぐろうとするときに運動系によってつくられる「フォワードモデル」は結果の予測生成をあまりにうまくやりすぎてしまうのだという仮説を強く支持する近年の研究を検討している。ヘタクソなジョークの語り手が「オチを先にもらしてしまう」のと同じように、自分をくすぐろうとするとフォワードモデルが〔信念の）衝突の発生を阻止してしまう。このため、おかしみの土台が一掃されることになるわけだ。きわめて重大なものとして、ブレイクモアらの実証によれば、このフォワードモデルによる予測の忠実性を邪魔すると、被験者がちゃんと自分をくすぐれるようになるそうだ。ただし、注意点として、くすぐろうとする指がふれる正確な位置と圧力の予測に失敗することだけが、ユーモアが起こる唯一の理由ではありえない。そうしたことは、ぼくらが予測できる事柄じゃあない。それがくすぐりにおけるおかしみの原因だったなら、同じように予測困難で他人によってつくりだされる刺激（たとえば意外なパターンで他人に自分のおなかをポンポンとたたかれたり、他の感覚様相なら、これまで聞いたことのない旋律で誰かがハミングするのを聞きつけたりするといった刺激）でだって、くすぐりと同じ種類の反応がぼくらのなかにつくりだされるはずだけれど、誰でも知っての通り、実際はそうならない。また、くすぐりは部位が限定されている。予想外なかたちで連続して触れたり、つついたり、ひっきたり、ギュッとしめたりしても、その部位が腕だったら、たいていはくすぐったくならない。でも、足の裏に同じことをされたら、たいていくすぐったくなる。予測の欠如はくすぐりの必要条件ではあるけれど、十分条件ではない。ブレイクモアらによる発見では、どうしてくすぐったくなるのかは説明されない。でも、くすぐりの首尾よい説明なら、このくすぐりというユーモアの形式がもつ他の例外的な特徴とともに、彼女たちの発見も説明すべきだ。

ラマチャンドランとブレイクスリー（Ramachandran and Blakeslee 1998）がするどい提案を述べている。伝統的な不一致理論の一バージョンで、ユーモアの一形式としてのくすぐりを説明するものだ。彼らの考えでは、攻撃を受けている感覚と、友人や恋人に触れられている感覚が不一致を起こしている。大半の不一致説明は――ぼくらのも例外ではない――ラマチャンドランとブレイクスリーのモデルに適合できる。ただ、このあと見るように、そうした適合のアフターケアのやり方に注意が必要だ。もちろん、読者がすでに知っているように、刺激に起こる単純な不一致で事足りるとはぼくらは考えていない。そうした不一致が心のなかにもたらす劇的な効果を説明する必要がある。この場合、瞬間的にコミットメントがとられるにいたる信念があるのだと言えそうだ（その信念は、さしあたりあれでもこれでもいい――「いま攻撃されている」でも「なでつけられている」でも、とりあえずは事足りる）。ところが、友人に攻撃を受けているとか親密に体を触れられているといった信念にコミットするやいなや、それと反対の感覚と認識的な衝突を起こし、それぞれの信念が代わる代わるに相手を押しやる。こうした素早い交替でくすぐりにおけるおかしみの持続は説明されるかもしれないけれど、ぼくらとしては、この説明に一抹の不安がある。ぼくらはそれほどかんたんに欺かれるものだろうか？　また、意識的な信念の交替に気づかないのはどうしてだろう？　これと対照的に、ぼくらは現にくすぐりに滑稽さといやがる気持ちの両方を同意に感じているように思える。どちらの感覚も、相手と居場所をとりあっているようには思えない（Harris and Alvarado [2005]も、この基本的な現象学的観察の表情動作コーディングによる証拠を提示している）。

友人に攻撃されているわけではないと認識されると――そうじゃなくてこれはくすぐりなんだと認識されると――「攻撃を受けてるぞ」信念は偽ということになる。くすぐっているのではなく攻撃をしているんだという信念にもしも本当にコミットしていたのであれば、この認識はおそらく滑稽なものになるだろう。これはありそうなことだとぼくらは思わない。ただ、そういうことが起きたとしても、ひとたびそれが解決されれば、そうした信念に再びいたることはできなくなる――今回のくすぐりエピソードだけでなく、今後ふたたびくすぐりがあっても、きっとそう信じることはないだろうこの種の高レベルの信念がくすぐりで活発になっているものだとしたら、おそらく、はじめてくすぐりを受けたときには可笑しくてたまらなくなるはずだ。そして、聞いたことのある一人称ジョークと同じく、そのままつづけられるくすぐりや、次の機会のくすぐりは、味気なくなるはず。実際はそうなってないとわかっているので、もっと深く見ていく必要がある。

交替仮説は成立しないように思えるけれど、ラマチャンドランとブレイクスリーのモデルは、くすぐりの現象に関するすぐれた洞察に立脚している。ぼくらが次に（そして最後に）提案するのは、ぼくらのユーモア喚起の理論とも、これまで検討してきたくすぐりに関する特有で他から区別される事実とも整合するかたちで、彼らのモデルに手を加えてやることだ。

さっき述べたように、くすぐりと同じくらい予測困難な接触は、べつに可笑しくない。また、他の感覚様相での予測困難な感覚も、同じく可笑しくない。くすぐりにおける接触の感覚様相には、なにかとても特有なものがある。でも、それは全面的に予測の結果ではない。くすぐりは、とても正確な種類の接触だ。誰だって、人のくすぐり方は知っているし、しかもくすぐることなく相手に触れる方法も知っている。とりわけ、くすぐりはいやがられる接触のかたちだ。典型的に、ぼくらは「どうして（たいして可笑しくないのに）くすぐりで笑ってしまうんだろう?」と問いを立てて、「（そんなに可笑しいのなら）どうしてくすぐりを避けようとするんだろう?」とは問わない。このことからみて、どうやら、くすぐりの感覚はいやがられるものだというのがぼくらのデフォルトの見解であり、また、この経験の信念構造に関する他のなにかによって、どうしても可笑しく思わずにいられなくなるのだとわかる。

ユーモアと嫌悪感〔くすぐりをいやがること〕を分離してやると、それぞれの要素を別個につくりだしている当該の信念を明らかにする助けになるだろう。誰かにくすぐられるものの、それが人だと知らないでいる（し、人じゃないかと疑っていない）と、まったくおかしみを感じないのに着目しよう。ぼくらの考えでは、ここでちがいをもたらしているのは、志向的な人間による接触の認識〔の有無〕だ。こんな思考実験をやってみよう：キミは家具一つないまっくらな部屋でひとりっきりでいる。部屋の角と壁沿いの床面にはたくさんの小さな穴があいている。キミはドアのカギを閉め、寝転がる。しばらくして、いきなりくすぐられている触覚を覚える。両脇か、足の裏か、あるいは脇の下か。部屋に誰もいないのを確信していながらこれを可笑しいと感じられるとしたら、きっと、キミはどうかしてる――こんなのこわいって！また、人間が接触していると明瞭に認識されると、この状況はあっさり滑稽になりうる点にも注意しよう。もし誰か他の人がいて、そいつが手を伸ばして触れてきたのだとわかれば、接触によるジョークだとすぐさまわかるだろう。

くすぐりと呼ばれるごく特有な種類の触覚は――なかば規則的でありながら予測不可能な有機的リズムで移動する複数の接触点の局所的感覚は――人間がくすぐりを考案する前だと、ふつうは小動物や大きな昆虫がみんなの肌を這い回ることでのみ引き起こされていた触覚のパターンだ（この種の生起は、気密性の高い住宅がごく最近になってつくりだされるまではべつにめずらしいものではなかった）。*7 また、小さな虫が肌の体毛に触れながらあちこち動き回ったときの、くすぐりに似た感覚を考えてみよう（この感覚は、たとえば羽ぼうきで首の裏にふれることで人間が複製することもある）。ふつうはそんなに強い刺激でないものの、人々はこれもくすぐったいと言う。体毛によるレバーのようなはたらきにより、肌の表層での小さな動きが増幅され、毛根にある内部のセンサーが活性化されるのに十分足りるシグナルが送られる――こうしたセンサーは、雑な言い方をすれば体毛をトリガーに使って昆虫探知機のはたらきをしているわけだ。体毛に触れるならどんな触れ方でも（e.g. カベとこすれるとか、衣服を身につけるといった触れ方）、この感覚がつくりだせるわけではない点は重要なので注意しよう。この感覚を喚起するには、ごく特有のパターンが必要だ――そのパターンとは、ときとして汗がしたたり落ちたりといった他の方法でもひきおこされたりはするものの、これを安定してつくりだすのは昆虫の動きだ。同様に、強力なくすぐりパターンを回避したいいやなものにする神経学的な検出機構は（またしても雑な言い方をすると）ネズミ検出器と呼べる。あるいは、サソリ検出器と呼んでもいい。あるいはまた、「睡眠中にキミを食っちゃおうと企むイノシシ検出器」でもけっこう。

明らかに、この種の触覚が嫌悪すべきものとして（学習によってであれ生得的な構造化によってであれ）神経上に符号化されるとても立派な理由はある。この種の触覚は（実際にそこに昆虫やネズミがいてもいなくても）、なにかがこすれたという反応がすぐさま起こることで、信念が示される。どんな信念だろう？前に述べたように、これはかんたんに言い表せない。間違いなく、「足の裏をネズミがかすめたぞ」ほど詳しく精密な信念じゃあない。くすぐったさを覚えるたびにネズミがいるという信念にコミットしているわけじゃあない。ラマチャンドランとブレイクスリーの考えている、「攻撃を受けているぞ」というのが正解に近そうだ。おそらく、「おぞましい生き物がぼくの皮膚に触れているぞ」くらい一般的な信念が、記述として正しそうに思う。これは明瞭になっていない暗黙の信念で、しかも、高次の信念というより、感覚神経にかなり直接に根ざしている（高次の信念とは、たとえば数学に関する信念みたいなやつだ）。これは純粋な感覚とはちがう（純粋な感覚は、この〔くすぐったい〕触覚そのものだ）。でも、かといってそこに論理的な推論が関わっているわけではないのかもしれない。なにかおぞましい生き物がいるという信念が、知覚の水準に近いところでつくりだされている。こうした低次の知覚に組み込み済みの傾向性は、前理性的なプロセスであるという点で、ぼくらを信念にコミットさせる錯覚にとても引っかかりやすい。錯覚の一般的な問題については、次のセクションでもっと詳しく取り上げよう。

くすぐりによってぼくらの基本的なネズミ検出器がハイジャックをくらうと、ヒューリスティックスの飛躍から、「そこになにかおぞましいヤツがいるからこれを取り払わなきゃいけない」という信念に行き着くことになる。これは、暗黙裏にコミットされた活発な信念で、しかも、間違っている。錯覚があまりに強力なために、また、くすぐっている側は何度でも繰り返し手を動かしてこの錯覚を再活性化できるために、ぼくらは何度も繰り返しこの信念にコミットしてしまう。そして、コミットするたびに、たんにくすぐられているだけだというはっきりした認識によって間違いだと判定を食らうハメになるわけだ。

ようするに、くすぐったさは認知的なバグだ――ぼくらが現象として接するもののうち、それ自体ではなんの目的に役立つわけでもなく、ただユーモアや組み込み済みの防衛的な神経生理の副産物でしかない。そのユーモアや防衛的な神経生理の方は、それぞれに、ちゃんと役に立っている。とは言っても、なにかの目的にくすぐりを利用するのが学習されないというわけじゃあない。くすぐりの快感は、社会的なつながりのツールによく利用されたりしている。自然に備わったあれこれの傾向を利用してやろうと意図する意思あるエージェントたち（ぼくら）がこうしたおかしみある付随的性質を乗っ取れないという理由は一つもない。

さて、こうやってラマチャンドランとブレイクスリーによるもともとの提案を新たな枠組みで捉え直してみることで、くすぐったさの独特な位置づけの問いにすべて答えられるんだろうか？　おさらいしてみよう。第一に、「くすぐりがおかしい理由」が誰にとっても言葉に言い表せないと感じられる事実がこれで説明される。〔くすぐりにともなう〕信念の構築は知覚的だ★1――構築された信念にはちがいないけど、その構築は意識的な推論よりも低い水準でなされる。また、高次の間違った推論を認識しても、くすぐりにおけるユーモアを避けられない理由もこれで説明される。高次の信念は、知覚による信念にあとづけで認識的な力をおよぼすにすぎない。知覚による信念の形成を止めることはできないんだ。女性のいない絵

図 11.1
Sunrise in the Nature Reserve, サンドロ・デル・プレーテ（Sandro Del Prete）の許可を得て掲載.

（図11・1）を見てみると、どうしても女性の姿が見えてしまう。女性なんていないよとあらかじめ教えてもらっていても、見えてしまう。高次信念は、見えてしまったあとで、でもこれは本当は事実じゃないと告げる力しかもちあわせていない。

高次信念が相対的に無力であることで、くすぐりにおけるユーモアが持続することも説明されるかもしれない。ここでいう「持続」は二つある。毎回のくすぐりが途絶えず続くということと、この一人称形式のユーモアが反復可能だということの二つだ。くすぐる人が手を動かし続けていれば、そのあいだずっと繰り返し同じ誤信念にいきついてしまうのを止められない。手を動かすたびに、新たな感覚が引き起こされる――「あ、ちょっと左にきたぞ…今度は上の方、と思ったら今度は下か…」その都度、最初の感覚と似て非なる感覚が引き起こされる。この誤解釈から我が身をまもる力もなく、くすぐられた人は何度も何度も、誤信念に――嫌悪すべき誤信念に――追い込まれる。形成される前からとっくに間違いだと判っている信念に追い込まれてしまうんだ。[*8]

自分で自分をくすぐってもおかしくない理由については、ぼくらはブレイクモアらの説明を受け入れる。他人がくすぐるとおかしいのは、その注意深く設計された動きによって、ぼくらの生態学的／進化論的な歴史においてまぎれもなく嫌悪すべきものとなっている刺激がうまく複製されているからだ。[*9] なぜ自分で自分をくすぐってもくすぐったくならないかと言えば、予測可能性を取り払ってしまわないかぎり、自己予測のおかげで、そのくすぐりの試みに欺かれようがないからだ。ただ、一見してそう思われるのとちがって、これはくすぐりが可笑しい理由ではない。これは、くすぐりを嫌悪すべきものにしている要因だ。また、これにより、他の予測不可能な感触や予測不可能な触覚刺激がくすぐったくも滑稽でもない理由が説明される――こうした他の感覚様相には組み込み済みのネズミ検出器ふうのシステムがない。そのため、なにかが間違っているという錯覚の信念を駆り立てられることがない。最後に、これはくすぐりの嫌悪すべき性質の説明につながる：錯覚によって錯覚をともなって喚起されるのは、刺激のもともとの性質の人為的な産物だ。この答えに加えて、さらにこう思弁をめぐらせてもよさそうだ。おかしみや嫌悪すべき感触、および親密であれ粗暴であれくすぐる側との接触から生じる興奮は、お互いに強め合い、一種のフィードバック・プロセスでその出来事の情動的な影響を強化することになる。[*10]

いま提示した仮説は、コメディとくすぐりがどちらもおかしみをもたらす特定の仕組みを提示することによって、ダーウィン＝ヘッケル仮説を拡張したものになっている。上記の論証以外に証拠は提示しない。ただ、この仮説は検証可能だ。

近年では、ハリスとクリステンフェルドがダーウィン＝ヘッケル仮説を否定する論拠になるという証拠を提示している（Harris and Christenfeld 1997）。彼らはくすぐりへの弱さとコメディでの笑いやすさに相関を見いだしてはいるけれど、それと並んで、くすぐりの経験もコメディの経験も、他の経験に対して被験者を「ウォームアップする」ことはないことも彼らは見いだしている。ハリスとクリステンフェルドによれば、似たような心的状態が成り立っているとき、感覚様相をまたいだ「ウォーミングアップ」が予想される（Harris and Christenfeld 1997; Harris 1999 も参照）。いまのところ、十分に記録・報告されている人間の脳における「ウォーミングアップ」の形式は二つのシステムしかない。一つ目は、拡散賦活に関連した呼び水［プライミング］だ――これは、いろんな内容から成り立っている。その典型は概念や概念より下位水準にある内容で、これらは関連する概念や特性を活性化させる。二つ目は興奮の転移だ。確かに、ハリスとクリステンフェルドの実験で柱になっている内容（コメディ風の社会的やりとりの動画と物理的な接触）には、概念的な類似点がない。そのため、こうした刺激の低次の知覚も高次の概念化も、他方に

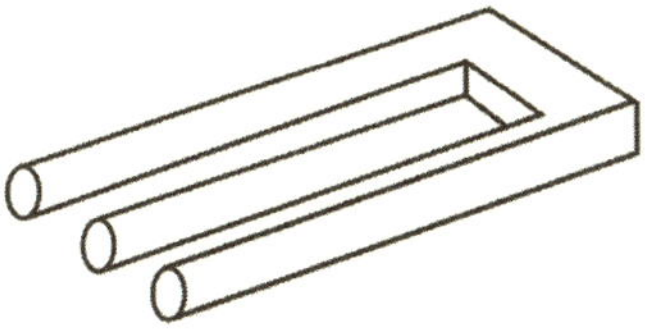

図 11.2a

図 11.2b

呼《プライミング》び水効果をもたらすはずがない。両者に共通しているのがコミットメント過剰な誤信念の発見だとして、その発見はプロセスであって内容ではない点に注意しよう。内容を度外視したこの発見というプロセスそのものがなんらかの呼《プライミング》び水効果をもつものかどうか、そこは不確かだ。そうすると、おそらく、ある個人をコメディに備えてウォームアップするものは、たんにその人の興奮状態でしかないことになる。さらに実験を行えば、このあたりの議論はいくらかはっきりしてくるだろうけれど、コメディとくすぐりの間で興奮を転移する効果には、タイミングと誘因価効果の慎重な分離が必要になるだろう。というのも、コメディは主におかしみで成り立っているのに対して、くすぐりはきわめていやがられる要素だからだ。

悪魔の音叉（図11・2a）やペンローズの三角形（図11・2b）といった「不可能物体」のイラストだとか、あるいはM・C・エッシャーの絵画は、ほぼ滑稽な視覚的刺激という興味深い集合をなしている。この点は、ドナルド・サアリ（Donald Saari）に指摘いただいた。こうした図像が、ぼくらの提案する五つの条件にどう合致しそうに思えるか、考えてみよう。たとえばペンローズの三角形を初めて見るとき、「これは正常な三次元の物体を二次元に落とし込んで描いたものだ」と自動的に仮定される。その仮定は、(1)活発な要素であり、(2)暗黙裏に入り込んでいて、(3)

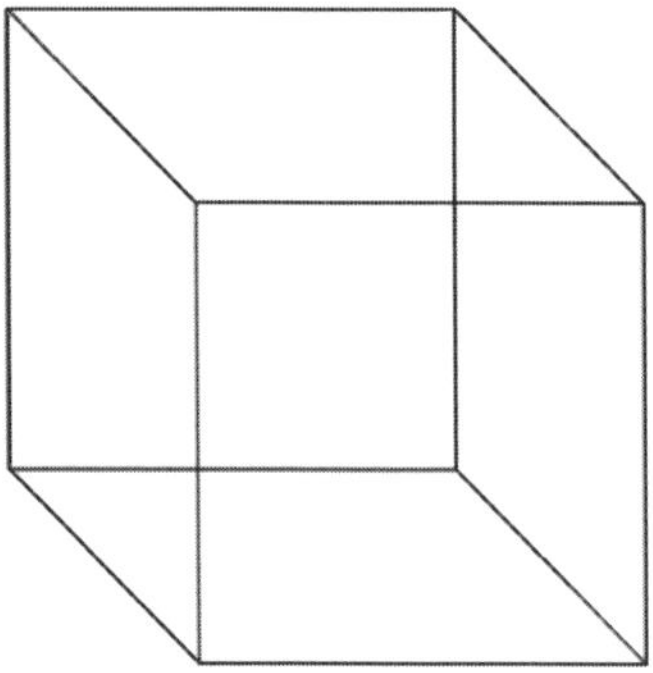

図 11.3a

Wrights Mediaの許可を得て転載.

図 11.3b

「真だと受け取られている」けれど、そのあと(4)目下のメンタルスペースにおいて偽だと判明するし、もちろん、これがどんなに驚くべきことであれ、(5)これは強力なマイナスの情動を伴うことはない。じゃあ、どうしてぼくらはこれで笑わないんだろう？実は、こうした図像を見てまんまと引っかかった人たちは、笑うことが多い。そして、これは例によって文脈に大きく左右される。『錯視』と題名が掲げられた本で出くわすのと、『かんたん木工』みたいな本で出くわすのとでは、事情がちがう。また、はじめて見た人は、混乱とユーモアを同時に感じるかもしれない。ただ、その混乱は矛盾した要素どうしを調和させられないことに由来している。他方で、ユーモアはまさにその調和させられないことで、「これは視覚的にしっかりしていて整合のとれた物体だ」という時期尚早な信念な除去されてしまうことから生じている。（この説明は、標準的な不一致解決説の解釈とかなり食い違っている点に注意しよう。標準的な解釈では、ユーモアはなんらかのかたちで刺激そのものがもつ要素どうしが不一致をきたしているときに生じるとされる。）

ペンローズの三角形や悪魔の音叉は「不安定」というのがふさわしいけれど、それとちがって、「双安定している」(bistable)と言うべき錯視もある。ネッカーキューブ（図11・3a）や有名なアヒル＝うさぎ図形（図11・3b）のような錯視だ。こうした図像では、ありうる現実だという仮定がうちくだかれるかわりに、一方の安定した図像解釈が、もう一方の同じく安定した図像解釈によって打ち砕かれるかたちになっている。これらも滑稽《ユーモラス》な場合があるかもしれないけれど、典型的には滑稽さは劣る。はじめて目にしたときですらそうだ。なぜなら、二つある安定した解釈の一方によって他方が偽になるわけではないからだ。いまアヒルが見えていると思ったとして、必ずしもそれはまちがいじゃあない。ここでリスクにさらされているのは、「この対象を知覚する方法は一通りしかない」という暗黙のコミットされた信念だけだ。[*11] そのため、これが滑稽に感じられるとすれば、それは「ありゃ、こいつはアヒルじゃねえや」という認識ではなくて、「ありゃ、他にも見え方はあるぞ」という認識が生じているからだ。

とはいえ、もともとの懸念はまだ残っている：典型的に、こうした図像にぼくらが笑い出すことはない。どうしてだろう？　こうした対象にふれてときにユーモアがわき起こることもある。でも、それは初見だから生まれたたまものであって、親しんでしまえばすぐに消え去る。ようするに、こうした図像はあまりに予測の付きやすいジョーク、オチがくるまえにさっさとオチが割れてしまうジョークなんだ。前にこの手のものを見ていれば、ぼくらはこの範疇の事物に認識的な警戒をとって接する。真ではないと判明しそうなことにコミットをとらないように注意するわけだ。ネッカーキューブに二通りの解釈があることなら、誰だって知っている。一度でも見たことがあれば、もはや「他に見え方はない」という信念にコミットしなくなってしまう。同様に、アヒルが見えたからって、うさぎが見えるのを信じなくなるわけじゃない。

錯視にはあまりにいろんな種類がありすぎて、とても論じきれない。ただ、ここではもう一つややこしい錯視の集合をみておこう。ぼくらのモデルにとって重要な関連のある集合だ。さっきくすぐりの議論で

図 11.4

(a)

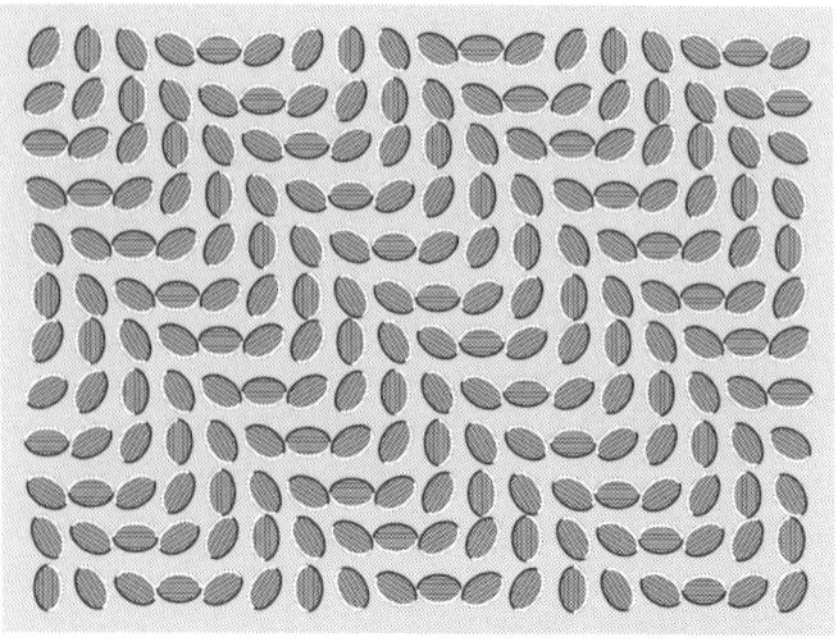

(b)

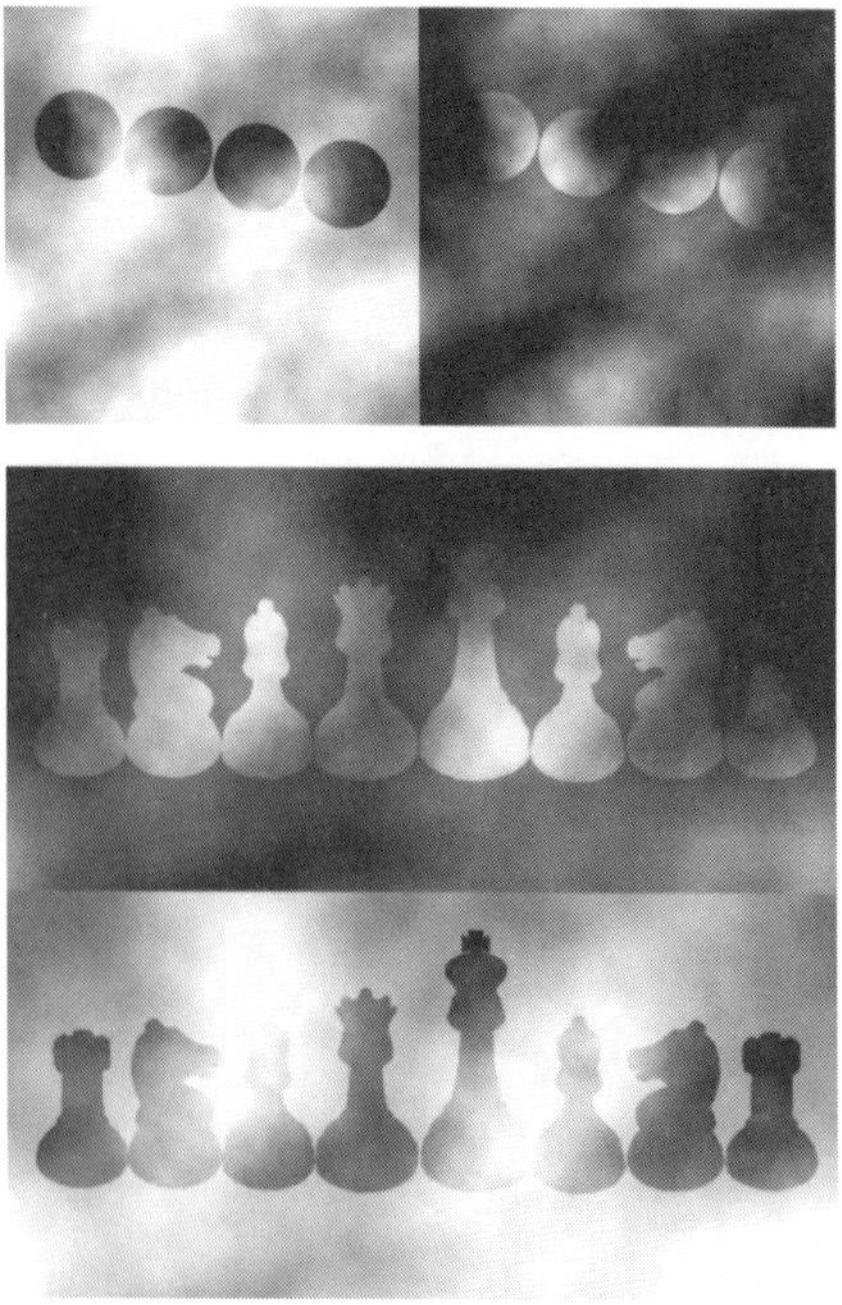

（a）北岡明佳の許可を得て転載.
（b）マクミラン出版社：Nature誌（Image segmentation and lightness perception）の許可を得て転載, copyright Barton L. Anderson, Jonathan Winawer（2005）.

この種の錯覚にはすでに言及しておいた——とても低次での信念にコミットがなされる錯覚がある：図に並ぶアーモンドは、本当は動いてなんかいない（図11・4a）。でも、動いていると信じないでいるのはむずかしい。また、チェスの駒はどちらの図像でも同じ濃さのグレーだ。

こうした視覚的効果に対して、ぼくらは意識的な制御ができない。そのため、初見では（たとえば「静的な絵は動かない」といった誤推論を抱くために）可笑しくなりうるのはわかっているものの、ここで問うべきなのは、くすぐりのときみたいに、そうした効果からおさえきれないおかしみが喚起されないのはどうしてなのか、ということだ。たしかに、絵はずっと静止していて、次々に図柄の配置が動いているわけじゃあない。それにもかかわらず、ちょっと目を離してからふたたび目を落としてみると、アーモンドが動いているという説得力ある信念にあらためて圧倒されてしまう。でも、二度目にはもはや可笑しいとは感じない。その点がくすぐりとちがう。

感覚《センセーション》から知覚を経て暗黙の自動的推論、そして意識的な論理的推論にいたるつらなりの上で、くすぐりにおける間違った仮定は知覚と暗黙の自動的推論の中間に位置するとぼくらは考える。他方で、動くアーモンドはそれよりもずっと感覚の方に近い——アーモンドが動いているのが見えるのは疑いない（ちゃんと動いているように見える人にとっては——人によっては、見かけ上の動きが見えないと言う場合もある）。

このように、くすぐりでは誤信念にコミットがなされうるものの、かなり直接的で推論のあまり関わらない手段でその誤信念を退けられる——その部位を一目見るなり触るなりして、ネズミもサソリも蛇もいないのを確かめてしまえばいい。アーモンドが動いているということへのコミットメントは、きわめて低次なので、疑われることがない。紙に描かれた図像は動かないという知識と突き合わせたとき、視覚からのデータの方が認識的強度でまさる。「いやいや、ちゃんと動いてるってば！」となるわけだ。同じ理由で、どうしてアニメーション動画〔静止画を矢継ぎ早に映し出すことで生まれる動きの錯覚〕が可笑しく感じられないのか、その理由も説明がつく。これはすべて、一九六頁に示してある認識的な調停（epistemic reconciliation）のチャートから（まだ大まかではあるものの）かなりうまく予測されることだ。

錯視・くすぐり・いないいないばあ・トラストフォールは、すべて一人称形式の物理的ユーモアに分類される。非言語的ユーモアは――その主要な下位範疇には多種多様な物理的ユーモアが属している――言語を必要としない。その範囲は、〔お笑いコンビの〕ローレル&ハーディや『三ばか大将』のわるふざけから、ジャック・タチやローワン・アトキンソンの巧妙な無言の物まね、さらにはあとに示す図11・8の視覚的ダジャレ・パラドックスまで、多岐にわたる。こうした種類のユーモアにおける誤信念は、直接・間接に、エージェントたちの目的の認識に左右される。ドタバタものであれば、誰かがレンガの壁につっこんだり、大工がはしごを肩に担いでぐるんと振りかえると助手の顔面に直撃したりするとき、これは十分に一目瞭然になっている。観衆には、そうした目的を持ったエージェントたちが抱いているモデル〔場合により複数のモデル〕が間違っているのがわかる。大工のネタがとくに可笑しくなるのは、たとえば頭領が肩にはしごを担いでぐるんと振り向こうとしたところで、八っつあんははしごがこっちにくるのを目の当たりにしながらも、自分より先に熊さんに当たると見越していたのに、ちょうどそこで熊さんがよいしょと腰をかがめたものだから、八っつあんの顔面にはしごが直撃してしまう、という筋書きになっているようなときだ。[*12] 八っつあんが我が身は安全という信念に不適切なコミットメントをしていたことが、ここでいちばん重要な間違い推論だろう。ぼくらは、シミュレートした三人称のメンタルスペース内でこの間違いのバグ取りをすることになる。

物理的ユーモアのすべてが行為者の抱く間違ったモデルに左右されるわけじゃあない。ときに、行為者

図 11.5

(a)

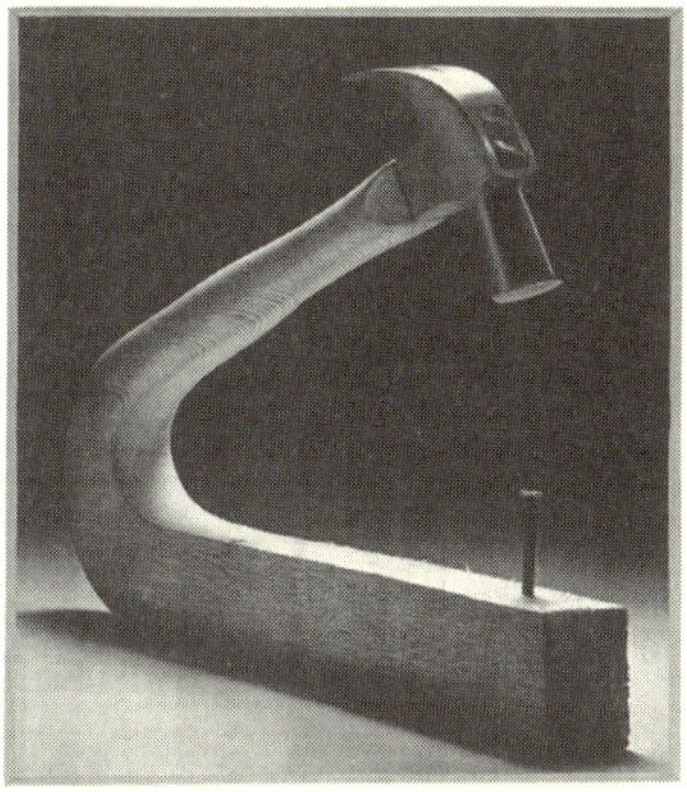

(b)

(a) "Bent Hammerr." マルコム・ファウラーの許可により転載.
(b) ジェイク・クレス "Oops - A sculpture". ジェイコブ・クレスの許可により転載.

が誤解含みなモデルや内容のとぼしいモデルを観衆に露呈させることがある。たとえば、『アパートの鍵貸します』(The Apartment) でジャック・レモンがシャーリー・マクレーンのために単身者用キッチンではりきって食事をつくっているときに、いきなりテニスラケットをつかんで——おもむろにシンクでスパゲッティの湯切りをはじめるシーンがその一例だ。(このシーンで、マクレーンはべつにこの行動を目にしなくてもいいし、ましてそれを見て——ちょうどぼくらのように——「えっ?」と思う必要はない。ただ、彼女がそんな反応をみせれば、ユーモアはいっそう強まりうるけれど。) 図11・5bでは、このイスになにかはっきりとした目的をもってこの動作をしているとまんまと信じさせるように、デザイナーは試みている。そして、そんなわけないと気づいたときに、ぼくらは笑い出すわけだ。

一見すると、物理的ユーモアには間違った仮定に関与する人間のエージェントはでてこなくていいように思える。でも、それは錯覚だ。最小の事例をみるだけでも、それがわかる。火山の動画を見ているとしよう。どこかの荒涼とした月に火山がそびえている（どんな動物もエージェントも視界にはいない）。火山は、どんどん大きく、大きくふくらみ、轟音をたてて震え、そして……「びゅるる、ぷすーっ」大きく口を開けた山頂の火口から、水滴みたいな溶岩がぴゅっととびだし、シミのように斜面にぺしゃっと落ちる。ぼくらは一笑。なんて肩すかしだ！ 実のところ、この提示のユーモアは、グライスの格率を利用しているところに秘訣がある：「関連のあることを述べよ」という格率だ（Grice 1957）。どんな提示も、ぼくらの払った注意に報いてくれると予想されるコミュニケーション行為だ。あからさまに要点のわからない進行は、まさにその要点のなさが驚きをよぶ。火山が鳴動するのを見て、「さあ、こうして注意を払った見返りに、なにかけっこう壮大なことが起こるぞ」と予測するのはその一例だ。ユーモアでよくあるように、視界に誰一人いないときには、ぼくら自身が間違った仮定にひっかかるエージェントになる。もうひとつ、グライス式ジョークを挙げよう。今度は言語的ユーモアだ。次に示すおかしな推論は、関連性の格率と量の格率に立脚している：

(84) トム：「なんでティーカップってアンテロープに似ているんだろうね？」
ディック：「知らんがな」
トム：「ぼくも知らん。そんな風に思うヤツなんているのかね」

この例は、第七章ででてきた「緑色で17本足のやつってなぁに？」というなぞなぞと似ている。この例では、聞き手は、グライスの助言にしたがって、この問いにはねらいがあるんだろうと予想する。これをはじめ、グライスの立てたいろんな格率を破ると滑稽《ユーモラス》な状況がつくりだされることが多い――こんな場面を考えてみよう：ビンゴゲームをしていて、数字が三つ引かれたばかりのところで「ビンゴ！」と名乗り出て、すぐさまいたずらっぽい笑いを浮かべつつ「やっぱなし」と取り消したところを思い浮かべてみるといい（質［真］の格率（自分が真だと思っていることを述べよ））。グライス式のユーモアにおいて暗黙裏に、しかし活発にコミットされる信念は、内容に関するものじゃあなくて、コミュニケーションの媒体に関する信念だ。ホフスタッターは、ジョークの一種として、こんなジグソーパズルのアイディアを提案している（Hofstadter and the FARG 1995, p.46）。一部の（あるいはすべての）ピースが実はきちんとはまらないようになっているジグソーパズルだ。可笑しいとしたら、これはグライス式ジョークに類比されることになる――パズルにとりかかった人は、解決可能なパズルをつくるという約束事をこのパズルの作者がちゃんと順守しているという信念に過大なコミットメントをとってしまったわけだ。

ユーモアと問題解決の境界をはっきりと横断しているものの範疇は広範にわたる。これに属すナゾナゾには、その両極の例が見つかる：ナゾナゾ形式をとった一行ジョークはユーモア側の例であり、紙と鉛筆で目いっぱい頭をひねらないと溶けなかったりする明らかに可笑しくない難題は問題解決側の極端な例にあたる。この両極の中間には、いろんな度合いの例が並ぶ。うまく答えを考えついたり、出題者に答えを教えられたときにわき起こる喜びには、いろんな味わいがある。そうした味わいも、これと同様に、連続的な尺度の上に並ぶ。ここでは、可笑しなナゾナゾに話を絞ろう。ナゾナゾを定義するフォーマットは、「単純な」問いをなげかけることだ。ナゾナゾは、どれも決まって劇的なまでに簡潔で、聞き手の注意をつかんではなさないようにうまくできている。問いかけによって、聞き手は自動的に「よし答えてやろう」というモードに入り、問いにでてきたキーワードからJIT拡散賦活によって世界知識の探索が開始される。この反射的な反応で、聞き手は暗黙裏に答え探しの課題にコミットすることになる。出来のいいナゾナゾジョークでは、これはたいてい間違いで、認知的な過剰コミットメントになっている：苦労して想像をめぐらせて探索してみても、「答え」はほぼいつでも見つからない。なぜなら、(1)出発点から答えまでの探索空間はあまりに隔たっているし、(2)おそらくその答えだけがよい答えとはかぎらず、そして(3)徐々に答えへとにじりよっていける可能性がない〔自分の探索がだんだん山頂〔答え〕に近づいてきていることを示すてがかりがない〕からだ。ここで取り組んでいるゲームは、まるっきり勝ち目のないゲームだ。なにしろ、おそらくナゾナゾは逆算してつくられているのだから：つまり、最初に可笑しい答えを考えておいて、そこからけっしてたどり着きようのない問いが考案されているわけだ。

(85) サンタが「ホー、ホー、ホー」って上機嫌なのはなぁぜ？
いけない女の子たちの住んでるところを知ってるからさ。〔bad girl には文字通りの「わるい女の子」という意味と、「売春婦」という意味がある〕

(86) ハーレー〔バイク〕とフーバー〔掃除機〕のちがいはなに？
ダートバッグの位置。

大人の多くは、なぞなぞなんて程度が低いと思っているものだ。答えがたいてい単純なダジャレで大人にはあっさり答えがわかってしまう子ども向けの原《ウル》ユーモアだからというだけじゃない。ナゾナゾのフォーマットは、ほぼいつでもズルがあるからでもある：聞き手にのぞましいメンタルスペースをつくりだし仕上げさせるのに、ナゾナゾが用いるのは雑で平凡な認知ツール、問いというツールだ。最良のナゾナゾは、答えの基礎にダジャレ（e.g.「わるい女の子」(bad girls) や「ダートバッグ」(dirt bag) がもつ二つの意味）を使うだけでなく、セックスやシャーデンフロイデ、外集団のあざけりの風味を少々加えていたりするからだ。答えにユーモアをもたらす源泉は、ダジャレだけじゃあない：

(87) どうしてO・J・シンプソンはアラバマに引っ越ししたがってる？
みんなDNAがおんなじだからさ。★2

聞き手はけっして「ザ」答えの見当がつかないし、このナゾナゾは一石三鳥をやってのけている：ここにはセックスもあるし、シャーデンフロイデもあり、さらに、広く共有された著名人のステレオタイプを巧妙に利用しているおかげで二通りの風味をもった外集団のあざけりまである。

物理ユーモアにはこれ以外にも興味深い下位種がある。音楽におけるユーモアがそれだ。音楽ユーモアは、誇張、パロディー、さらには暴力的なまでのドタバタまで喚起しうる。ハイドンの「驚愕」交響曲を考えてみよう（たとえば Jackendoff [1994, p. 171] および Huron [2006] は、これ以外にもハイドンの曲から機知あふれる一節を探し出している）。音楽におけるユーモアは、裏切られた予想を示すとりわけ明瞭な例になっている。ただ、音楽における驚きがすべて滑稽《ユーモラス》とはかぎらない。それどころか、ヒューロン (Huron 2006) の説得力ある論証によれば、見事な音楽というものは、そのすべてではないまでも大半が、予想の的中と予想外の変異（完全に予想しきれない変異）を巧妙に切り替えている。そこで、ぼくらはこう主張する——ここでユーモアが生じるのは、予想への過大なコミットメントへとまんまと誘い込まれ、そのため、行き過ぎにならないものの予想外な変異に収まる範囲に、その予想外の要素が収まっていないのがはっきりしているときだ。★3 この点で、音楽におけるユーモアはカリカチュアやパロディにおけるユーモアの近縁となっている。

　カリカチュアにおけるユーモアは、ぼくらの理論ではどう説明がつくだろうか？　一見したところ、カリカチュアにはなんのタイミングも関わっていないし、種明かしされる情報もないし、語りもない。にもかかわらず、カリカチュアはほほえみを引き出しうるし、ことによると抱腹絶倒すら引き出すことだってある。でも、もっとじっくりとスローモーションで見てみよう。ぼくらの脳は、けっして未来をつくりだすのをやめることがない。利用できる資源《リソース》を非随意的に使って、あらゆることについて予想を生成している。顔認識、ひいてはいろんな物体の同定ですら、ある程度まで「規準からの隔たり」(departure from the norm)を符号化するプロセスを頼りにしている（ただ、このプロセスはまだろくに理解されていない）。この点は、言語学者スーザン・ブレナンの先駆的研究にはっきりと見て取れる（Brennan 1982）。ブレナンは単純なコンピュータ・プログラムをつくった。実在する人物の顔全体を描いた（写実的な）線描画から、かなり出来のいいカリカチュアを自動的につくりだすプログラムだ。このプログラムは、与えられた顔を、匿名の中性的で平均的または中庸な顔と比較する。ありきたりで記憶に残らない顔だ。どう比較するかと言うと、顔のなかでカギとなるポイントを——鼻先、両目の間隔、額の高さ、口幅といった容易に記述しにくいけれど際だつ特徴を——同定しておいて、中庸で無味乾燥な顔でこれらに対応するポイントからの隔たりと方向を測定してやるんだ。これにより、中庸な顔から実物の顔へのいろんなベクトルが定義される。これがわかったら、これらのベクトルのすべてか一部を増幅してやり、「5パーセントのカリカチュア」なり「10パーセントのカリカチュア」なりをつくりだせる。ブレナン以後、中庸的な平均からの隔たりを誇張して顔写真を変形させるプログラムは、さらに洗練されたものが開発されている（e.g., Mo, Lewis, and Neumann 2004）。そうしたプログラムがうみだすカリカチュアでも最良のやつは、〔誰の顔なのか〕「瞬時に」認識できて、しかも面白おかしい。5パーセントのカリカチュアは、忠実な似顔絵とあからさまに違っているばかりか、その顔の人物を知る人たちなら忠実な似顔絵よりもかんたん・すみやかに同定できる（Mauro and Kubovy 1992）。こうしたプログラムが出力するカリカチュアは、腕利きのアーティストたちの作品と同じくらい機知がきいていて辛辣なだけじゃない。こうした出力をみると、これらが同じタスクをもっと巧妙にこなしていることが見えてくる。最良のカリカチュアは、それ以外の論点も示している。たんに目立つ特徴を誇張するだけでなく、ターゲットに対するさらなる論評を暗示している。よく知られたチャールズ・ダーウィンのカリカチュアは、そのワザを凝縮している。顔の特徴だけでなく、ダーウィン理論の誇張された歪曲を利用している。ここからわかるように、語りのジョークがそうであるように、比較的にはかない世界知識によってあるカリカチュアの価値が少なくとも付け加えられるかどうかが左右されることがある。

どうして同定システムのシミュレーションでおかしみの引き金が引かれるんだろう？　ぼくらのモデルだと、その理由はこう考えられる——その同定プロセスがどんなに速やかだろうと、時間がかかることに変わりはない。そして、最初の処理で暫定的な同定の引き金が引かれると、これによって次のミクロなステップで明らかになることに関する予想がつくりだされる。そして、こうした予想が間違っていたのが判明すると、暗黙にとられた仮定がその後の展開によって取り消されるという標準的な〔ユーモアの〕事例ができあがるわけだ。このとき、すばやい相互作用が生じる——まずなんらかの認識がなされ、それによ

図 11.6

って予想がつくりだされ、その予想が間違いと判明し、それがさらに訂正をつくりだし、それがさらに同定の再確認につながり、そこから新たに予想がつくりだされるといった相互作用が生じる。例によって、ここでも自分で自分の信念を更新してみせるわけだ。この一時的プロセスは、物まね芸人の事例だといっそう明白になる。物まね芸人は、自分の顔をゆがませたり声色を調整したりして、有名人の四次元カリカチュアをつくりだす。

カリカチュアを一目見て誰か認識するという、瞬間的で「統合された」経験にミクロ予想とでも呼べそうなものの違反が関わっているなんて、ありそうにない話に思えるかもしれない。でも、思い出してほしい。ヒューロン（Huron 2006）の説得力ある主張によれば、音楽を聞くという現象の中核をなす特徴にもまさにそういう説明がなされるんだ。こうした予想に対するミクロの情動的な反応は、ほんの数百ミリ秒で起こったりする。それがもたらす効果のなかには、あまりに一過性で、意識的に検出できないものもある（e.g., Huron 2006, p. 36 を参照）。「無意識の情動的反応だって？ そいつは用語の矛盾じゃないの?」いや、そうじゃない。「分裂しうる原子」と同じくらいに、矛盾じゃない。「原子《アトム》」という言葉は、もともとのギリシャ語ではそれ以上わけられず分裂しえないもののことだ。でも、代表的な原子は——酸素、窒素、……ウラニウム、プルトニウムは——実のところ複数の原子の合成だとわかった。この「原子《アトム》」という言葉を放棄するかわりに、物理学者たちは原義を捨てることにした。これと同様の理論的進歩が心理学と神経科学で起これば、「無意識の情動的反応」をいれる余地だって見つかりうる。そうした現象が、おなじみの——ことによるとうっとおしくすらある——情動的反応とはっきり同種で、しかも強度か持続時間あるいはその両方で閾値下であるために知覚不可能となっているのが確かであるなら、これらを「無意識の情動的反応」と呼ぶ余地はちゃんとある。こうした意識にのぼる一歩手前の経験の成分は、(意識される) 驚き・快楽・不協和・奇異の感覚を際だたせるのに重要でダイナミックな役割を果たしうる——そして、そうした感覚には、ユーモアも含まれる。

境界をさらに広げていくと、ぼくらの理論では他より少しばかり説明しにくい種類のユーモアもでてくる。でも、説明しにくくなるほど、理論にうまく収まってくれたときの満足感も大きくなるってものだ。滑稽《ユーモラス》なものの範疇にぎりぎり収まっている現象を、あっさりと除外してしまう人たちもいる。でも、ぼくらは自分の理論をできるだけ包括的なものにしたいと思う。子どもたちは、奇形やグロテスクなものに笑う。大人も、あれこれの風変わりな事物に笑う。キャロルがこんな例示をしている:「のっぽでヒョロっとしたピエロと、チビでふとっちょのピエロを並べて立たせてみれば、滑稽さへの笑いがわき起こるかもしれない。だが、そうした笑いがどうやって矛盾にまでさかのぼれるのか、理解に苦しむ」(Carroll 1999, p. 154)。

キャロルが挙げている例のユーモアは、必ずしもピエロたちのエージェント性やまさにピエロであるという地位には帰せられない。リンゴを一箱買って家に持ち帰って開けてみたとき、いろんなリンゴが詰まっているなかに極端に小さなのが一つ見つかると、ちょっぴり可笑しいかもしれない。尋常じゃなくでっかいリンゴと唖然とするほど小さなリンゴが見つかったとなれば、いっそう可笑しくなるかもしれない。なんだよ、ちっちゃいヤツはでけえヤツに質量を吸い取られちゃったのか？　ありそうにない組み合わせにぼくらが笑うことがあるのは、どういうことだろう？

　ぼくらの知識には、内在的な統計が備わっている。ある事物がありそうにないとして、ぼくらはその統計を計算なんかしない——それがありそうにないということを、たんに知っている（あるいは感じる）んだ。そうした統計はあらかじめ計算済みになっている。世界とふれあう経験において計算済みで、ぼくらの知識にはいろんな事象の確率が反映されている。そうした確率が矛盾をきたしたとき、ぼくらは驚く。でも、注意しよう：ここでユーモアを引き起こしているのは、静的な確率との矛盾じゃあない。思い出してほしい。ユーモアは必ず動的な〔時間をおって変化する〕——活発な——信念構造において生じる。のっぽでひょろひょろのピエロとチビでふとっちょのピエロが並ぶ様子を見ないことを能動的に思い描いたりはしないものだ。ぼくらはたんに、あるとき突然に両者を見かける。ひとつの可能性としては、とてもありそうにない事物を——ぼくらの新奇性検出器に引っかかる事物を——見ると、その確率を活発に考えさせられることになり、そこでメンタルスペースを立ち上げ、そのなかに「こんなことが存在するはずない」という思考が収められる。そのあと、この後付のメンタルスペースは「二度見《ダブルテイク》」によって反証される——「いままさに目の前に見えて」現に存在しているという感覚経由の事実を検討して、反証されることになる。

　ぼくらはこれと別の可能性を探る：あまりにありそうにないものを目にすると、誰かがジョークでも仕

図 11.7

(a)

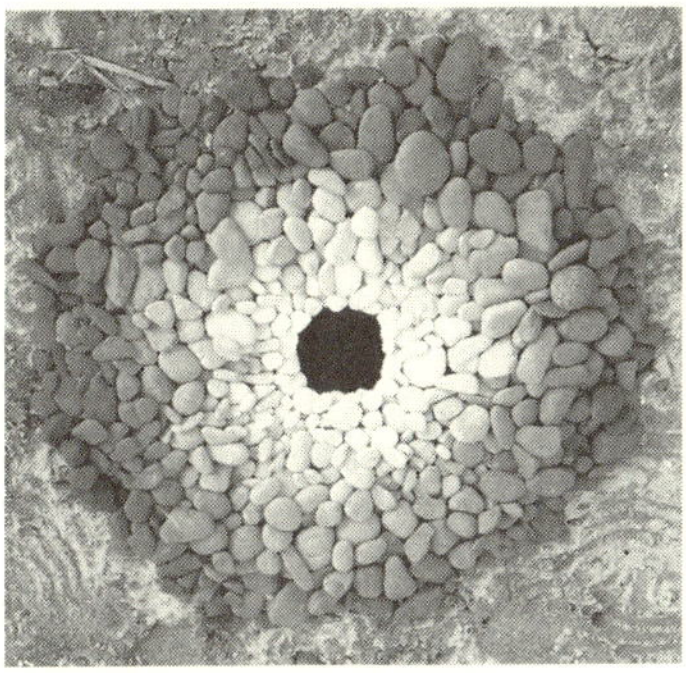

(b)

(a) アンディー・ゴールズワーシーの許可により掲載；(b) M. Kessler, B. Murray, and B. Hallet の許可により掲載.

掛けてるんじゃないかと考えがちだ。でも、誰かって、誰？　ピエロの場合だったら、ピエロたち当人か、あるいはショーを考えた人物がその誰かさんかもしれない。でも、チビでふとっちょの男の子とのっぽでひょろひょろの女の子が通りをやってきた場合は話がちがう。めずらしいリンゴのペアの場合もちがう。ぼくらは人生のはじめのうちに、ランダムに起こるはずがない事物が起こったとしたら、十中八九その理由は誰か意思をもったやつがそう仕組んだからだと学ぶ。他にありうる原因が思い当たらないとすると、何者かの作為だとするのがいちばんありそうな想定になる。もちろん、そうした後付の民間理論をなんでもかんでもやみくもに立てるのは間違いというものだ――ありそうにない事物でも、理由はかんたんに説明できないものの、ちゃんと妥当で意図によらない自然の原因があるものはたくさんある。図11・7aは、アンディー・ゴールズワーシー（Andy

Goldsworthy）が自然石を収集・分類してつくった彫刻作品の一つだ。他方、図11・7bは自然にできた岩石の彫刻作品で、北極の凍結・解凍のサイクルによってできあがっている。

自然のお膳立てに人間（あるいは超人）の作為をみてしまうのは、とてももっともらしく、しかも、とても広く見られる間違いだ。[*14] ありそうにない事柄が生起したとき、そこにユーモアがうまれたとして、その源泉としてありうる候補の一つは、こういう作為の帰属をやってしまい、あとでそこに誤信念があったと認識されることだろう――凸凹カップルがいっしょに通りを歩いている情景は、統計的な驚きを与えようという仕込みだと想定したり、あるいは誰かがこの大小二つのリンゴを選んで箱に入れたんだと想定したりするだけのまっとうな論拠はないことが認識されることで、そこにユーモアが生まれるんだ。

でも、もっと視野を広げることもできる。誰か仕組んでいる人物なんて実際にはいないのかもしれないけれど、たんなる偶然でこんなことにはならないとみて、あくまでこの情景は意図して仕組まれた結果だと考えて、悪魔だか神さまだか（あるいは人間だか）が組織立ててこの状況のお膳立てを整えたんだと想像するとき、ぼくらのメンタルスペース内には暗黙の何者かが設定され、誤信念の可能性が無数に開かれることとなる。ユーモアは、そうして想像されたエージェントによる（ありもしない）たくらみが認識されて生じるかもしれんないし、あるいは、その虚構のエージェントの視座から見て生じるかもしれないけれど、それ以上に込み入った事態もありうる。思い出そう。頭脳が一つあれば基本ユーモアの下地が整うけれど、頭脳が二つそろえばはるかに複雑な可能性がひらけるんだ。自分が仕込んだいたずらに誰かがひっかかるところを予想しただけ有頂天になるのを考えてみよう。続けて、レベルを一つ上げて、誰か他の人がその立場になったところを想像してみよう――たとえば、ジムがドワイトにいたずらを仕掛けている状況を目撃するとか、そんな場面だ。そしたら、さらにその場面を切り替えて、自己言及的にしてやる

――ジムが自分にいたずらを仕掛けるのを想像してみよう。実際には引っかからなかったとしても、もし引っかかっていたらと想像はできる。そこで、ジムにキミは言う。「上手くいけば傑作なイタズラじゃないか。」そして、今度は二人でいっしょにこのイタズラを仕掛けられそうな相手はいないものかと考えにふけったりする。このとき、別にほんとに誤信念を抱かなくても、キミが思い描く反事実的な自分が第三者から誤信念を与えられたと想像することはできる。最良のユーモアには、語られたお話で成立するのではなく、誰かが語った事柄から、どうしようもなく間違った信念をその話し手に帰属させるようこちらがうながされることで成り立っているものがある。そうした想像された信念は、表現されるまでもなくユーモアの源泉になりうる。

まだぼくらの経験やコメディアンたちのネタにしょっちゅう具現化されてはいないユーモアの仕組みについて、他の理論的にありうる説明を想像してみることはできる。ここで思い出してほしいのが、ATMに立ち寄り忘れたリンゼイが内心で三人称ユーモアを経験しうる可能性だ――リンゼイがこれをあとで振り返ってひとり笑いをこぼすとき、そこにあるのは、その場でのユーモアではなく回顧によるユーモアの事例だ。必ずしも長ったらしく回想する必要はなくて、その出来事の数ミリ秒後でも起こりうる。回顧的であればあるほど、ユーモアのもとになる素材が生成される。コミュニケーションの天才は、そうした内心のおかしみの源泉をより広い聞き手に伝達する新規な手段を考案するかもしれない。ユーモアの機会は、思考の機会と同じくだけ、無制限に開かれている――そして、考えればそれだけ認知的なヘマをする機会もでてくる。一人称ユーモアの事例をたくさん取り上げ、もっとじっくり検討してみれば、そうしたユーモアはむしろ自分じしんをカモにした回顧的三人称ユーモアという方が正しいと判明するかもしれない――あっさりと内観しただけでは一人称ユーモアの模範的事例と区別がつかないとしても、だ。志向的構えをとることで、考え得る思考の複雑性は幾何級数的に増加する。その結果として、メンタルスペースはユーモアのような志向的特徴の多様な仕組みのニッチを無数に提供する肥沃な生態系をつくりあげる。だから、このランドスケープにすみつく極限微生物どものなかに、ぼくらの理論に合致しつつも想像だにしないふるまいを見せるものがいたとしても、べつに驚くにはおよばない。

4　機知《ウィット》と関連現象

新しい友人のことならなんだって好んで知りたいと思う。古い友人についてはなにも知らずにいたい。
(I always like to know everything about my new friends, and nothing about my old ones.)

――オスカー・ワイルド

ここまで、文句なしにユーモアの範疇に収まっている事例と、かろうじてユーモアの範疇に入る事例(原《プロト》ユーモア、グライス式ユーモア、珍しい事物のユーモア)を議論してきた。でも、これら以外にも、ぎりぎり境界を越えている重要な現象や、ユーモアと混同されやすい現象もある。すでに述べておいたように、ユーモアといろんな要素を巧妙に合わせてできた混合酒で引き出されるさまざま入り交じった快感は、かんたんには分離できない。また、シャーデンフロイデ、それに関連した勝利のよろこび、タブー破りの快感、いやらしいことを考える愉しみは(これで網羅してるわけじゃないけれど)おかしみとはちがう。ただ、いろんな機会におかしみと同伴し、これを強めているように思えることもある。機知やめざましい賢さの顕示を称賛する気持ちは、おかしみの近縁で、これと区別がづけにくく思えるかもしれない。でも、ここで、ワインの専門家が新人にワインの種別を同定するのを教え込むのと同じ手法を使って、読者が両者のちがいを理解する手助けをしよう：それぞれの原料をサンプルにとって、時間の間隔をあけずに別個に味わい、それから原料どうしを混ぜ合わせたものの愉しみを新たに鑑賞するんだ。よく知られたオスカー・ワイルドの観察には、たしかに可笑しなものがあるし、ときには、あまりに可笑しくて一人で読みながら笑いがもれることだってある。でも、他方では、高尚さでは同じ程度であっても、笑いを引き出すのではなく考えを触発する観察もある。そういう観察を読んだときに、「わかったよ」と知らせるのに使える合図は、〔笑いではなく〕眉を上げる仕草だろう。それこそ、ユーモアのない機知への反応だ。以下に短いリストを示す。純粋な機知を先頭に、滑稽などんでん返しが来て、最後にダジャレという順序に並べてある：

(88) 人々に真実を告げるときは、まず笑わせることだ。さもないと殺されるからな。
(If you want to tell people the truth, make them laugh, otherwise they'll kill you.)

(89) いつでもフェアプレイを心がけるべきだ。勝てそうな札をもっているときは。
(One should always play fairly when one has the winning cards.)

(90) 噂されるより酷いことは、噂もされないことだ。
(The only thing worse than being talked about is not being talked about.)

(91) もういいかげん若くないので、何もかも知ってはいないんだ。
(I am not young enough to know everything.)

(92) 労働とは飲酒階級の宿痾だ。

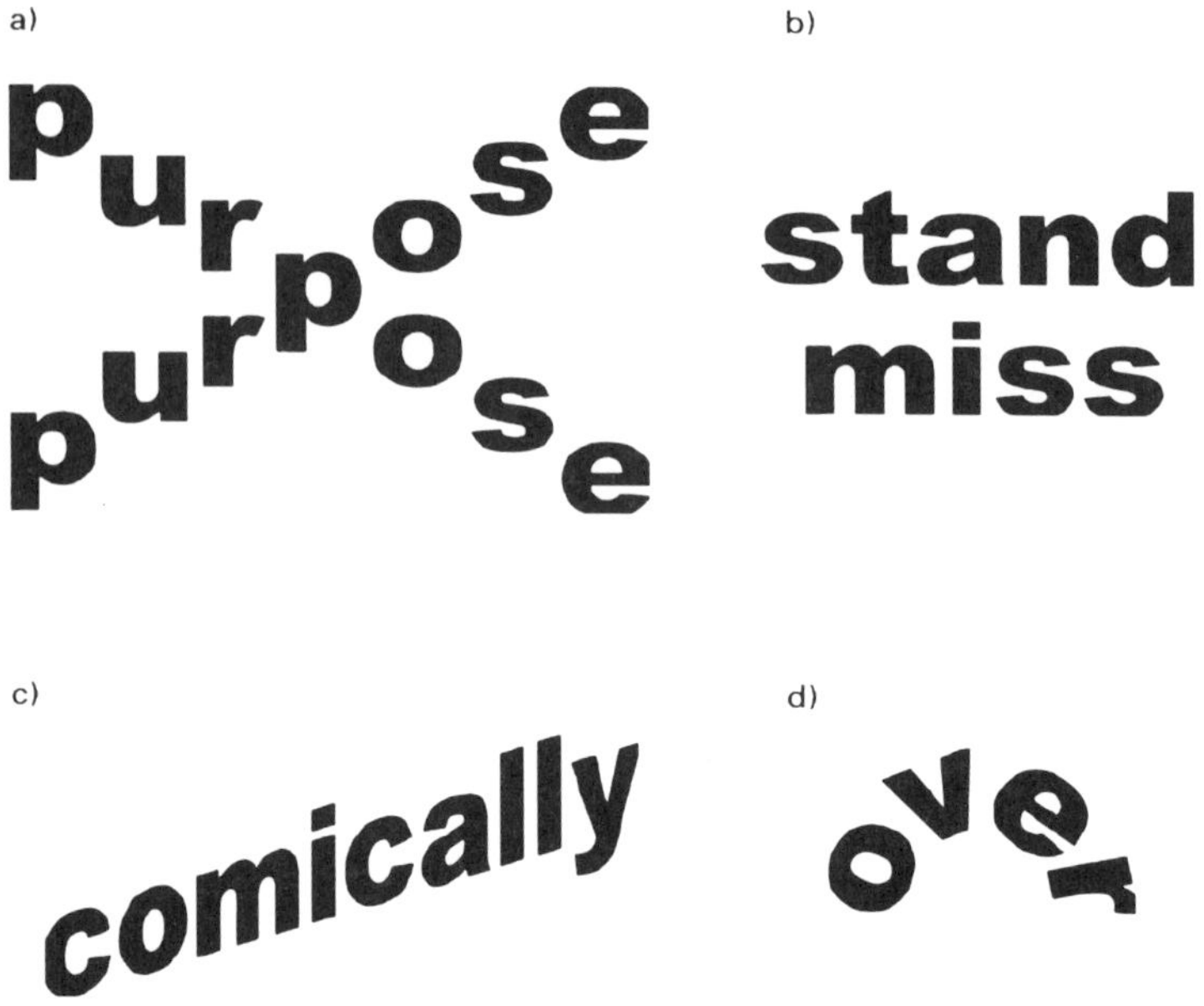

図 11.7

(Work is the curse of the drinking class.)

(93) どんなものにも抵抗できるが、誘惑だけはダメだ。

(I can resist anything but temptation.)

(94) 道徳は絵画と同じようなものだ。どこかに線を引くんだよ。

(Morality, like art, means drawing a line someplace.)

図11・8にあるような視覚的ダジャレは、実のところダジャレじゃあない。べつに視覚的ダジャレは可笑しくなくて――そこは読者のみんなも同意してくれると思う――たんにちょっとお利口なだけだ。こういうのをつくったり解いたりすると、いい気分にはなる。でも、そのとき感じているのはユーモアじゃあない（なんの誤信念も反証されていない）。ここにあるのは機知《ウィット》だ。

多くのジョークと大半の機知のきいた言葉は、冴えていて、かつ、可笑しい。だからこそ、この二つの情動はしばしばいっしょくたにされているんだ〔「冴えてる、賢い」という clever を情動というのはズレがあるように思われるが、ここでは冴えた言葉を聞いたときにハッとなる、その情動を指している〕。この二つが合わさると、興奮はいっそう高まる（前に論じておいた転移と誤帰属（misattribution）を思い出そう）。この高まった興奮は、鑑賞する側にはユーモアが高まったように感じられるかもしれない。以下に、ぼくらの見るところ冴えてる〔お利口な〕ジョークと思われるものを挙げよう：

(95) フリーウェイを運転しているトラック野郎が、「前方に低い橋」の標識を見かける。なんのことか理解する前に、その橋が目の前にまで迫り来る――トラック野郎はブレーキを試みるけれど、トラックの荷が橋の下部にひっかかる。車が数マイルも並んで渋滞が起きる。ついに、ハイウェイ警察が到着。パトカーから降りた警官が、トラック運転手のところまで歩いてきて、横柄な態度で声を掛ける。「ひっかかっちまったのか？」トラック運転手の返事。「いいえ、橋を運んでいてガス欠になっちまったんです」

この例で、ユーモアと機知《ウィット》は別々に分けられない――どちらも、トラック野郎の返事からわき出てくる。この点を理解するには、ここにある特性を一つ一つ取り去ってみて、どうなるか見てやればいい。警官は、べつに横柄でなくていいし、運転手に「ひっかかっちまったのか？」と尋ねる必要もない。前記のかわりに、心配そうにやってきて「どうしたんです？」と質問するのでもかまわない。それでも可笑しい。あるいは、こう想像してみよう。警官が歩いてきて、うまく現場の指揮を執って、牽引車の会社なりハイウェイ架線の部署なりに連絡して問題解決の手はずを整えたとしよう。そうしている間に、トラック野郎が創意あふれる話をするだけでもかまわない：「いやぁ、まさか橋を運んでる途中でガス欠になるとはお釈迦様でもわかるめえ。」これでもまだ可笑しい。ちょっとばかり可笑しさが減っているかもしれないけれど、それでも可笑しいことに変わりない。笑われるカモになるかわりに、この警官みずからも笑える。よくあるように、頭の冴えとユーモアはともに同じところにある。トラック野郎のコメントは、やすやすと虚偽の現実を立ち上げる。その虚偽の現実は、いまその場で見えている事実とあわよくば整合しそうでしない。そのあと、ぼくら（や警官）は、実際の現実を構築し、その虚偽の現実を反証する。このときのトラック野郎の手際はとても創造的だ。それでは足りないとばかりに、警官の横柄さの含意によって、トラック野郎の発言が警官への罵倒にもなっている。これが、さらに別種の愉しみを付け足す——外集団メンバーの見下しという愉しみだ。こうして、ジョークがよりいっそう愉快になる。

機知《ウィット》とユーモアがいっしょになった例は豊富に見つかる。以下に、『ヒエロクレスとフィラグリウスのたわむれ』からもう一つ例を引こう：

(96) 小ずるいヤツが、子豚を盗んで逃走する。とうとう逃げ切れなくなったとき、そいつは豚を地面においいて、ピシャリと一打ちくれて、こう言った。「おらっ、あのあたりを嗅ぎ回ってろ、だがオレの持ち物をかぎ回るんじゃねぇぞ。」（Bubb 1920）

機知とユーモアがこうも似ている理由は明白だ：どちらも注意深い思考を必要とし、適切に出来事を理解するのに用意がととのっていなくてはならない。結局のところ、冴え・利口さもまた、知識の微妙なところを利用してやり、ひらめきをはじめとする認識的情動の指令に注意深くしたがうことなんだ。

多くの文化、ことによるとすべての文化には、民話の英雄譚がある。典型的には男性の英雄で、機知を駆使して日々をおくっている（伝統的にはそうした英雄はすべて男性だが、現代の書き手はメアリー・ポピンズや長くつ下のピッピなどでバランスを変えつつある）。悪者たちをくじき、気取った野郎をへこませ、傲慢な連中から一本取ってみせる。一般的に、こうした英雄は頭が冴え独立独歩で相手より一枚も二枚も上手なところを見せる物語が豊富にあり、これがその文化に若さをもたらしている。代表的な例を挙げると、ドイツのティル・オイレンシュピーゲルの物語、アパラチアのジャックの物語（「ジャックと豆の木」は何百もあるなかの一つにすぎないし、他のジャックの物語も主役の名前を変えた多くの変種がある）。アメリカ南部のブレア・ラビット〔うさぎどん〕、また、ちょっとばかり切れ味はちがうけれど、中東〔トルコ〕のナスレッディン・ホジャ（Nasrudin Hodja）もいる。ナスレッディンは若者じゃないけれど、万国の若年層を魅了できる体制転覆的なところがある。こうした物語のなかには、抱腹絶倒に可笑しいものもあるけれど、多くはどちらかというと悪をうちまかす賢さの物語だ――ハラハラどきどきするけれど、笑いを喚起するものじゃあない。トリックスター・ジョークはこうした英雄譚の甥っ子で、たしかに可笑しいけれど、その場合、その愉しみをもたらすもう一方の源泉は、三人称ユーモアにあるわけだ：登場人物たちに対して主人公の才気煥発ぶりを聞き手が理解するかどうかにも左右される。つまり、トリックスター・ジョークの聞き手がじぶんの優位性を愉しむ面もあるし、誰よりものが見えていて出くわす相手にユーモアあふれる典型的なエラーを引き出す英雄の頭の冴えを称賛するにせよ――そしてできれば模倣したいと思うにせよ――そちらに愉しみを見いだす面もある。

なぞなぞ解きは、そうした英雄たちが得意中の得意にしていることの一つだ。一例を挙げよう。解けてから振り返ると、自分の思考に居座ってこれを解きにくくしていた暗黙の仮定におどろくかもしれない。

（R3）屋根裏部屋の電球が三つあり、玄関口のドアを入ったところに、その電灯をコントロールするスイッチが三つある。スイッチには標識がついていない。屋根裏部屋は三階にあって、階段でつながっている。好きなようにスイッチを入れたり消したりしてから、結果を確かめに階段を上って言い。ただし、屋根裏部屋に行けるのは一度きりだ。さて、どの電球がどのスイッチと対応しているか、どうやって確かめればいいだろう？」（自分一人きりで、屋根裏部屋と一階のあいだで情報をやりとりする方法はないと仮定する。）

本書で示してきたように、ユーモアは誤信念に立脚しているため、他人の誤信念を指摘するのにユーモアは理想的なツールになる場合が多い。バートランド・ラッセルがかつて言ったとおりだ。

人々はよく「滑稽《ユーモラス》」と「まじめ」が反対語だと考える間違いをおかしているが、それはちがう。「滑稽《ユーモラス》」と「堅苦しい」は反対語だ。滑稽な言動をするとき、ぼくはこのうえなくまじめにやっている。

パズルの答えを見つけたときにでてくる笑いは、三つ別々の情動的反応の結果かもしれない：自分じしんが間違って立てていた仮定を認識することから生じる少量のユーモア、難題を乗り越えた達成感の個人的な喜び、そして、優位理論家たちお気に入りの調味料である競争に勝ったことから生じる快感だ。ゴア・ヴィダルがかつて機知にあふれる言葉で言ったように、「たんに成功するだけでは十分でない。他人が失敗してくれなくては。」とくに可笑しいわけじゃない。でも、クスッと含み笑いはもれるかもしれない。

5　予想の操作に関するヒューロンの説

ある女の子がトランペット奏者とデートに出かける。帰宅した彼女にルームメイトが質問する。「ねえ、どうだった？　楽器吹いててくちびる使いはすごかったんじゃない？」ところが「ううん」とその女の子。「カサカサで、ちっちゃくてしわしわなんだもの。ちっともうれしくなかった。」翌晩、女の子はチューバ奏者と出かける。帰宅すると、またルームメイトに質問される。「ねえ、彼のキスはどうだった？」「すんごいの！」と女の子は感嘆の声をもらす。「おえって感じ。唇があつぼったくてぶるぶるしてるんだもん。二度とお断り。」さらに次の夜、女の子はフレンチホルン奏者とでかける、帰宅してルームメイトから質問。「ねえ、キスはどうだった？」「えっとね」——とその女の子が答える。「キスはまあまあってところ。でも、抱きかかえ方がサイコーなの！」

うまく予想を操作することで、人を失神させて地面に倒せるものだろうか？　できる。マージョー・ゴートナー（Marjoe Gortner）が彼のドキュメンタリ映画 Marjoe（1972）でやってみせているとおりだ。このドキュメンタリは、伝道集会で説教師たちが使っているトリックをとりあげた作品だ。まず、音楽ときわめて情動的なリズムのついた説教を使って、会場全体に精神錯乱寸前の雰囲気を盛り上げる。次に、手かざしの番がくる。これは、間の取り方に絶妙なコツがいる。誰か相手を選んで、熱烈に説いて——女性がいちばん効き目があるけれど、男性でも恍惚状態にできるようだ——主イエスに向かって両手をかかげ、天を仰ぐようにうながす。それから、目に見えてわかりやすく、相手の心を予想でいっぱいにする（たとえば「この人はいまにこちらに触れるわ」といった予想）。そして突然にしっかりと相手の額に手を当てながら、「イエスの名において！」と叫び声を上げる——なにか特別なことを予想していたとはいえ、これは驚きのショックになる。運が良ければ、相手は卒倒する（のを待ち構えている説教師の助手の腕に抱き留められる。助手はやさしく相手を床に寝かせてやり、ぴくぴく足をふるわせている相手に布を掛ける。この賭け布も事前に用意してある）。とはいえ、もちろんいつでもうまくいくわけじゃあない。どんな伝道集会でも、信者のなかでちょうどぴったり合った情動的予測にもちこまれるのはごく一握りだし、多くの場合、手をおくタイミングは最適値から数ミリ秒ズレているかもしれない。その最適値も、人によってちがっているはずだ。それでも、この舞台演出の標準的な一幕としては、十分にうまく機能する。

こうして影響を受けてしまうのは実に興味深いけれど、これはなんのためにあるんだろう？　おそらく、なんのためでもない。たんに、人間のいろんな情動がつくるぎこちないシステムでごくまれに発生する誤動作にすぎない。かつて、どこかの誰かが偶然にこの脆弱性を見つけたんだろう。そのトリックが、模倣や明示的な教示によって何世代にもわたり説教師たちに受け継がれてきた。説教師たちはそれぞれにこのトリックをモノにしようと試み、自分ならではのスタイルに合わせて味付けし、打率の改善にいそしんできた。おそらく、二種類の予想が部分的に独立していて、また、それぞれちがった時間展開をたどることをこのトリックが利用しているんだろう。一方の予想は意識に鮮烈に現れる（「イエスさまが——きっと——私に触れるんだわ」みたいな）。もう一方の予想は無意識または下意識的だ（「説教師がわたしの額に手で触れようとしている」）。刺激が予想より早くに到来することで、情動の火事嵐が吹き荒れ、これによって当人は一時的に行動不能になる。人によってはそうした狂想曲の嗜好をもつようになり、（無意識に）説

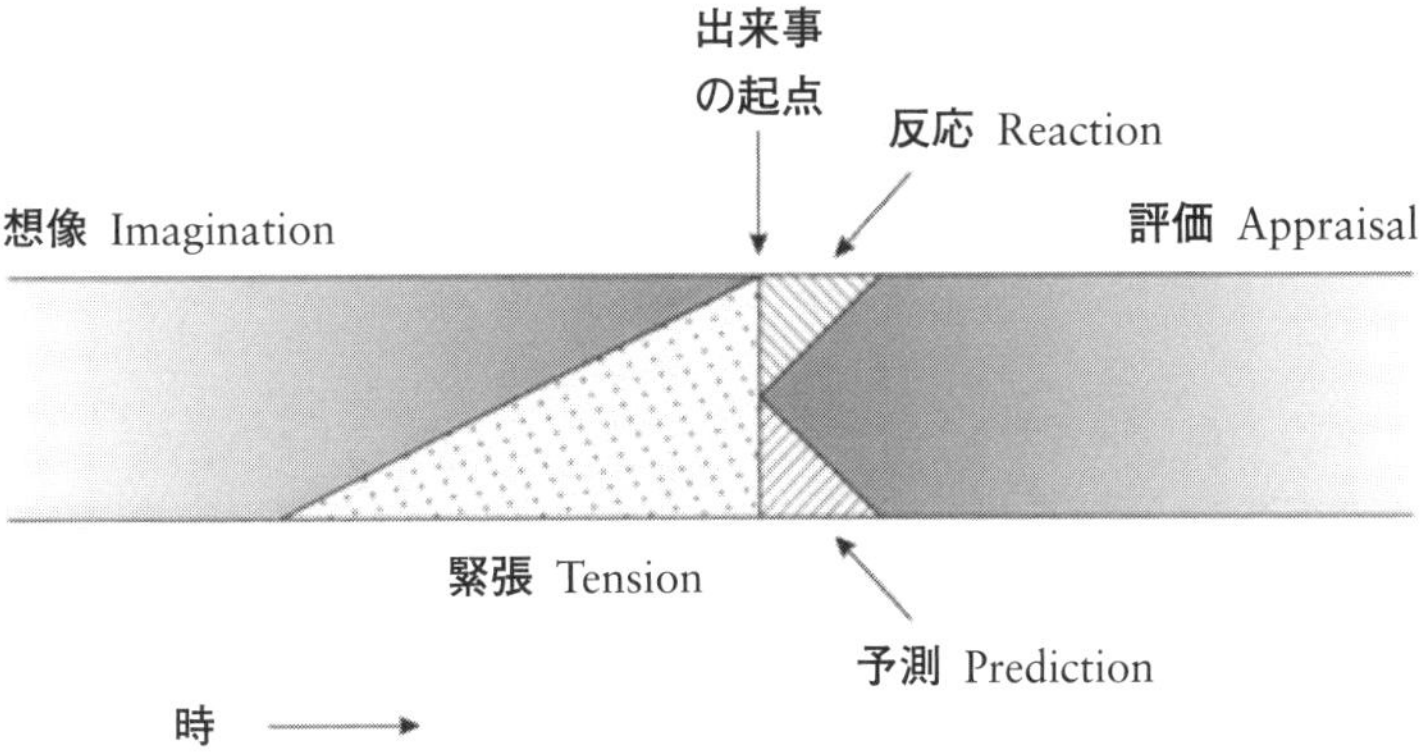

図 11.9
予想の"ITPRA"モデルの図式的な図解．最初に，なにかを感じている状態がいろんな結果を想像することで（imagination）活性化される（I）．予測された出来事が近づくにつれて，たいていの場合に生理的な興奮が増大し，しばしば増大した緊張（tension）が感じられることになる（T）．ひとたびその出来事が起こると，その人の予測（prediction）が実現したかどうかに関連したいろんな感覚がすぐさま喚起される（P）．それに加えて，とてもおおざっぱで保守的な状況の評価・判断（appraisal）に基づいて素早い敏感な反応が活性化される（A）．（David Huron, *Sweet Anticipation: Music and the Psychology of Expectation,* The MIT Press, c MIT 2006, figure 1.1.）

教師の手に自分を合わせ、いっそうトリックにかかりやすくなり、説教師の接触で興奮しやすくなる。これは、もっとずっと一般的な現象の極端な例、そして、比較的に原初的な例だ。デイヴィッド・ヒューロン（David Huron 2006）が正しいとすれば、そういうことになる。

ヒューロンの主張によれば、音楽の愉しみ、緊張、解放、畏怖、驚きは、「予想の管理」という技法の予測可能な結果として説明できる。これは、何世紀にもわたって音楽家たちが洗練を重ねてきた技法だ。ぼくらと同じく、ヒューロンも脳は予測機械であり、情動は「動機づけの増幅器」で「通常なら適応的な行動をとり通常なら不適応な行動を回避するよう生き物をうながす」のだと見ている（Huron 2006, p.4）。このシステムは完璧ではなく、「過剰反応しがちな自然の傾向が、音楽家たちにとって絶好の機会を提供している」（p.6）。ヒューロンの示唆によれば、すべての芸術には「予想の操作」

が関わっている（p.356）。音楽の場合については、この操作がどのようにして生起し、どんな神経生理学的な傾向性をこれが利用しているのかについて、驚くほど詳細な仮説をひとそろい提示し、これを実験による証拠で支えている。彼のいう〝ＩＴＰＲＡ〟モデルをぎゅっと凝縮した要約を見れば、そのフレーバーがわかるだろう（ただ、ここで省かれている詳細も実に興味をそそる）。

ヒューロンによれば、少なくとも五つの情動的反応が区別される。その五つがいっしょになって、ごく短時間にわたってぼくらの予想を調整しているのだと彼は言う：その五つとは、想像（Imagination）、緊張（Tension）、予測（Prediction）、反応（Reaction）、評価（Appraisal）だ。想像は、予測をうながすだけで、時間の持続に制限がない。関心のある予測された特定の出来事が実現に近づくにつれて、その出来事への対応に当人を備えさせる予備的な緊張（Tension）が生じる。すると、その出来事が起こるやいなや（あるいは起きなかったとなったら即座に）「イエス！」または「ノー！」の反応により、当人の予測が正しかったかどうかが記録され、それに続いて、「拙速な」反応が生じてこれが「いい」ことなのか「わるい」ことなのかを評価する。すると今度は、その結果のもっと正確な評価がなされる。この一連の流れは、まるごと一秒未満で起こる。ヒューロンの独創の一つは、まえに述べておいたように（三九四－五頁）、この「ミクロ情動」（Huron 2006, p.25）の特徴づけにある。ミクロ情動はあまりに素早く意識下で生起するため、経験のなかで意識的に個別に分離できない。その一方で、これらミクロ情動は経験のクオリアで決定的な役割を果たしている。[*15] ブース（Booth 1969）は、四〇年前にこれとかなりよく似た考え方を提示している――ミクロ情動という概念を彼が文学理解でどう用いているかは、四五二－六頁で述べる。こうしたミクロ情動のなかでいちばん興味深いものは――ぼくらにとっていちばん興味深いものは――ヒューロンのいう「対照的誘因価」（contrastive valence）を示す：

マイナスの反応に続いてプラスの反応が起きたとき、快感は増大する。驚きは生物学的に悪いことだが、それにも関わらず、驚きは人間の情動的経験で基軸となる役割を果たしている。驚きは情動の増幅器として機能している。我々は、ときとしてこの増幅器を意図的に利用してプラスの情動を増加させる。(p.39)

この「辺縁系の対照」はヒューロンの舞台裏のトランポリンなのだと考えてみよう。典型的に目に見えないダウナーがいったんあった後で、それに続くアッパーがいっそう気分のいいものになるトランポリンだ。マイナスの要素はあまりにすばやく起きて一過性なため、直接に内観できない。でも、引き金となる刺激に微妙な変異が提示されたときに達成される効果から敷衍して、その存在は推し量れる。この強化効果はどうして生じるんだろう? なぜなら――とヒューロンは提案する――はじめに起こるマイナスの反応によって予測的なエンドルフィン放出がなされて最悪の事態への準備がなされるのに、(それは虚偽の警告だったので)そのあと痛みがまったくやってこないことから、体は内発的なアヘンを少々超過して受け取ることになるからだ(p.23)。ヒューロンが言うには、カントは「『緊張した予想が突然に無に転じる』ことから笑いは生じるのだと特徴づけた」。ここでカギとなっているのは、すばやい予備的な反応とそれより遅い評価的反応の対照だ」(p.29)。ぼくらのモデルとの対応関係は一目瞭然にみてとれる。*16 だから、自分は音楽「中毒」だ――あるいはユーモア「中毒」だ――と言いたがる人たちは、隠喩的というより字義的に語っているのかもしれない。長年にわたって、長距離走者はよく中毒のような症状にかかるのが知られている。何マイルも苦しんで走り続けたあとにエンドルフィン(体内麻薬)の大量放出によって生じる「ランナーズ・ハイ」を求めてやまなくなるという症状だ。音楽に関するヒューロンの見解では――これはユーモアにも持ち越されるかもしれないのだが――これらはより安全で、より素早く、より痛みの少ないかたちでもっと小さいながらも気持ちよい自然の鎮痛剤をえる方法で、しかもその中和になんの痛みも覚えなくてすむのだと考えられる。

　機知・シャーデンフロイデ・愉快な内容は、プラスの誘因価を加えることでおかしみを増大できるのに対して、ヒューロンの辺縁系トランポリンはマイナスの誘因価との対比によってこれを増大させられる。ここで考えているマイナスの誘因価はいろんなものでありうる。よくできたジョークは、聞き手に一瞬の混乱を強いてから、その混乱の解決が、間違ったコミットメントのありかを指し示すようにできている場合が多いかもしれない。他の状況では、懸念が引き起こされる――たとえば、作業していたファイルが、ここにあると思っていたフォルダに見つからない、と思ったら、ついこの間、よそに移動していたのを思い出す、といった具合だ。この状況の結末が滑稽《ユーモラス》になるとしたら――ほんの一時、これまでの作業をなくしてしまったという信念にコミットしてから「そういえばよそに移動したんだった」と思い出したとしたら――「ファイルをなくしてしまったかも」というその一瞬の懸念がトランポリンの機能を果たして、ファイルは無事だと気づいたときのおかしみの愉しさを増大させる。こうした事例はユーモアのミクロ力学を文脈に基づいて加工する興味深いものとなっている。ただ、おかしみという報酬が与えられる前にやってくるダウナーでいちばんよくあるのは、なにかの理解を間違っていた」というたんなる失意だ。なにか間違ったという事実、ワーキングメモリのスペース内に不適切にコミットされた信念があるという認識は、苦痛・悩みのミクロ情動を提供するかもしれない。これがおかしみのダウナーだ。もしこの推測が正しいなら、おかしみのクオリアはヒューロンのトランポリンと密接に結びついていることになる。

問題解決では、当該のメンタルスペース内で活発になっている仮定は（その大半が）おおっぴらにスペース内に入り登録されて有効になっている。当人にも、自分が少なくとも「話の前提として」そうした仮定を立てているのが自覚されている。そのため、なにか衝突が発見されたりすると、当惑することはあっても、衝突があったことに驚きはしない。そもそも衝突の認識が問題解決モードに入った発端だった場合もあるだろう。その衝突を解決すると、「あ、そっか！（エウレーカ！）」——発見の喜びが経験される。次にまた問題が起きればまた解決にいそしむことだろう。これと対照的に、ユーモアは背後からこっそりしのびよる。ユーモアが提示する問題は、解決してはじめてそこにあったとわかる——あるいは、「解決一歩手前」になってはじめてそこにあったとわかる。間違ってコミットメントをとっていたという認識が（マイナスの誘因価をともなって）ひらめく瞬間がやってきて、それからおかしみの解放感と報酬があふれでる。これを〔マイナスの誘因価との〕対比が強化する。

楽音（ド）と導音（シ）を区別するクオリアを生成するのが予測的な情動の干満による相互作用なのと同じく、（ぼくらの推測によれば）おかしみのクオリアも、認識的情動の通常動作の副産物として生成されている。ぼくらの推測では、おかしみの報酬システムは、いろんな時間上の力学をともなったたんなる発見への報酬システムじゃあない。もしかすると祖先バージョンはそういうものだったかもしれないけれど、いまはちがう。強烈な熱の痛みと鋭利な物体の痛みを感じる生得的能力が別々の回路をもつようになったのとよく似て、おかしみシステムは、なんども変異を重ねながらこの仕組みの多くを複製しつづけて、やがて他の報酬システムと別立てになって並列した報酬システムへと進化してきたのかもしれない。こうした新しい副産物が顕著になり、ぼくらの思慮深いご先祖さまたちに理解されるやいなや、これらは強化され、馴致され、ぴったり適合するとわかったいろんな目的に転用されるようになった。原初的なおかしみ反応は、いろんな情動によって心が調整される際のタイミングのちがいが偶然にうまくそろったときに生まれたのだが、別種の芸術家による利用対象となった。その芸術家は、音楽家じゃなくて可笑しなものの作曲者、コメディアンだ。(原初的ではない現代の)ユーモアがもつ特性のなかでもとりわけ顕著なものの多くは、コメディアンたちが利用している仕組みを見ただけでは目に見えない。でも、その仕組みなしでは、ユーモアは生じない。

第一二章　それにしてもなんで笑うんだろう？

1　コミュニケーションとしての笑い

教授があるクラスに週末の課題を出してこう告げる。月曜に提出できなかったとき許容できる言い訳は、病気か親類家族の不幸だけだぞ。

学生が一人、挙手して質問する。「性的な疲労困憊はどうなんすか」

他の学生たちが「そうだそうだ」と言いたげにあげる笑い声がおさまるのを辛抱強く待って、教授はこう返す。「別の手を使うのを考えた方がいいんじゃないかと思うね」

ベルクソンの主張によれば、他のどんな情動も、ユーモアを無効にしてしまう（Bergson 1911）。でも、この主張は強すぎる。たしかに、ベートーベンの弦楽四重奏に聞き入る幸福感に包まれている人や、すてきなセックスの後で余韻にひたっている人にとって、ユーモアはうっとおしい干渉になるかもしれない。でも、その発言が可笑しければ、きっとその気がなくても笑ってしまうはずだ（あるいは、そう考える傾向がぼくらにはある）。プラスマイナス反対の誘因価をもつ情動どうしは干渉し合うけれど、その場合ですら、情動はたんにお互いをつぶしあうばかりじゃあない。マイナスの情動状態はユーモアの味わいをいっそう強めるのにいたる道筋を用意することもある。たとえば、うまく相手に合わせた機知によって不安や怒りが愉しみに転じる場合がそうだ。実のところ、マイナスの情動はユーモアそのものに干渉するわけじゃなく、ユーモアに伴う愉しみやそれを表現する笑いに干渉するだけだ。極端な場合だと、まったく愉しみを感じることなくちょっとしたユーモアを認識したり、さらには評価することすらできると考えられる。たとえば、プロのギャグ作家が歯科でつらい抜歯を受けている最中に、ふと歯医者が意図せずもらした面白い言い回しを心にとどめて、そこから一幕つくれないかと思案する、といったことだってある。このとき、ギャグ作家はほほえんだりしないし、まして笑うどころじゃない。

とはいえ、疑問は残る：通常の状況で、どうしてぼくらは物事が可笑しいときに笑うんだろう？　答えはこうかもしれない――「これは、ぼくらの配線がいまあるかたちになっていることによる頑固な副産物だ。それ自体は別になんの機能も果たしていない。ただ、組み込み済みのそうした傾向には明らかなコストがあるので、どうして進化の過程で笑いを取り除く道筋を進まなかったのか、その点は不思議なことだ。」笑いは、もっと巧妙なかたちで元が取れてるんじゃないだろうか？　フランク（Frank 1988）の示唆を思いだそう――情動によっては、合理的なら選ばないかもしれない有益なコミットメントをとる動機づけになっているものがある。フランクの言わんとしてる要点は、情動の不随意的な表出もまた、熟慮して行動していては得られない便益をもたらす、ということだ。たとえば、赤面すると、タブー行動にふけるのを思い描いている内心の意図が露呈する。これにより、ある水準まで社会的に誘引されたマインドコントロールが実施されるわけだ。ポーカーフェイスを決め込んでいても、赤面してしまえば心中が暴露されるのを学習した人は、そうした行動について考えることすら避けることによって、無様なことになる見込みを回避しようと動機づけられるかもしれない。

内心の自己制御というこの方針をうまくやってのければ、衆目のなかでいっそう「開放的」になり、コミュニティからの信頼を勝ち取れる（し、そうなることで、コミュニティでのメンバーシップを維持できる）。これは、長い目で見て、ズルをして得られる直近の報酬よりも大きな便益をもたらす。（恥ずかしさや罪悪感による）赤面から生じると認識されるリスクが十分に大きければ、自制に大いにつとめるよう促される。初期の社会集団において、ズルが検知されたときのコストは死または少なくとも陶片追放だったかもしれないからだ。*1

まとめると、自分の情動からくる生理的感覚とその不随意的な外面への表出によって、ぼくらはもっと有益な行動を強制されている（「有益」というのは遺伝子の視点からみてのことだ）。ぼくらの表層的な合理性から見ると有益だとは思えないときにすら、そうした行動を余儀なくされる。ただ、ここで見逃してはいけない事実がある。進化した形質がどれもそうであるように、情動には便益と並んでコストもある。今日存在している形質は、これまで祖先から続く系統で全体として便益がコストを上回ったために選択されている。ごく特定の場面ではコストがキツくなることがあるとしても、均してみるとコストが上回っていたわけだ。たとえば、怒り［の情動］とそれに付随する表出を考えてみよう。フランクの説明によれば、怒りの表出は、そうやって怒っている人物はズルして出し抜こうとしてはいけない相手だと仲間たちに知らせる方法として、進化してきたと考えられる。怒りという情動は、なにか資源《リソース》が不公正に奪われたと感じたときに生じ、この情動が行動の引き金となる。そうした行動はしばしば暴力的で、他人を抑止し、おそらくはいまズルを仕掛けている相手を脅して考え直させるはたらきをする。こうして怒っている人物の危害を及ぼしかねないふるまいを見せているのを目の当たりにした人たちは、ズルを仕掛けるコストは、思っていた以上に大きいことを知ることになる。とはいえ、他方で、自分が怒ってしでしかしたことをときに後悔することがあるのも、みんな覚えがあるだろう。[*2] 怒りっぽいおかげで――そして、怒りっぽさが世間に知られているおかげで――他人が自分にズルを仕掛けてくるのを抑止できる一方で、場合によっては、その情動によって手に入れる分より失う分の方が多くなることだってある。

情動は、認識的情動も含めて、それぞれに自然選択によってなにかを符号化されている。そうした情動は、全体として有益になる行動を――またはかつて有益だった行動を――とるよう動機づけるものの、特定の状況ではその生き物の適応度を下げることもあるわけだ。

フランクによる情動の説明にてらして、「通常、笑いは不随意的だ」という事実を考えよう。笑いには、合理的には選ばないような――選べないような――隠れた便益がなにかあるんだろうか？ 不随意的であることから、笑いは伝達、コミュニケーションの一種として興味を引く。一般論として、不随意的な行動（こわくなってブルったり、寒いときにふるえたり、酔っぱらってふらふらになったりといった行動）によって周囲に知らされる情報は、伝達《コミュニケーション》というよりむしろ意図せざる自己暴露だという、もっともな見方があるからだ。興味を引くけれど、べつに独特じゃあない。たとえば、ほほえみはたんなる幸せの記号ではなく、幸せの伝達《コミュニケーション》なのが明らかになっている――ほほえみが生じるのは、そのシグナルを受け取れる相手と対面しているときに限られるというのは、確実なことだ（Fridlund 1991, 1994; Kraut and Johnston 1979; Fernandez-Dols and Ruiz-Belda 1995; Provine 2000）。こうして聞き手がその場にいるかどうかによって敏感に変わってくる点は――あるいは、暗示された聞き手や想像上の聞き手がいるかどうか（Fridlund 1991）に反応する点は――笑いでも同じように示されている。フリドランド（Fridlund）の示唆によれば、この「暗示的な社会性」こそが、一人笑いが生じる主な理由だ。逆にここまではっきりしていないのは、この伝達《コミュニケーション》が――通常は不随意的なこの伝達が――いったいなんのためにあるのか、という点だ。判断で間違いをおかした（ことを認識した）のを伝達することから、いったいどんな便益がぼくらにもたらされるんだろう？　ユーモアを感じたエージェント当人がその間違いを修復できたとして、そもそも間違いがあったことを認めてしまうのは、脆弱性を暴露することになるように思える。なんでわざわざ世間に向かって「ぼくは推論を失敗しました！」と触れ回る必要がある？　ただ胸の内に秘めておけばいいんじゃないの？

伝達《コミュニケーション》が起こるのは、あるエージェントがだしたシグナルによって、それを受け取る相手の行動が安定して影響を受け、そのことが当のシグナルをつくりだすエージェントの遺伝子にとって包括的便益となるときだ（Wilson 1975; Dawkins 1982, 1989）。伝達《コミュニケーション》システムにとっての最適戦略は、相手に受け取られるとわかっていることを伝達する戦略だと思われる（Oliphant and Batali 1997）。鳥が歌声を響かせるとき、それを聞いた人は口笛を吹くかもしれないし、猟師が聞いて鳥を鉄砲で撃つかもしれない。どちらも、伝達の事例には該当しない。なぜなら、この鳥が送っている情報は、その鳥の遺伝子が複製される確率を向上させるように相手の人間に特定の行動をとらせるものじゃあないからだ。これと対照的に、仲間の鳥がその歌を聴いて近よってくるなら、これは伝達に該当する――仲間の行動はその鳥がエネルギーを消費してそのシグナルを作り出すことで安定して喚起されているし、しかも、伝達側の鳥が相手の鳥の行動から得る便益はそのエネルギー消費に「見合って」いる。

　ひな鳥がピイピイ鳴くと安定して母鳥の保護が招き寄せられるかもしれないし、オトナの鳥が歌えば潜在的な配偶者を安定して招き寄せられるかもしれない。もちろん、種をまたいだ伝達も不可能じゃない：ガラガラヘビは哺乳類に「自分に近寄るな」と警告するし、鳥のミツオシエは猟師をいざなって蜂の巣に連れて行く。こうした行動は、伝達の条件に合致している。行動としての伝達の進化にも、議論の紛糾がないわけじゃない。E・O・ウィルソン（Wilson 1975, p.176）の観察によれば、「伝達はシグナルそのものでもないし、反応でもない。そうではなく、伝達はこの両者の関係のことだ」という。だが、メイナード・スミスは、そのことがはらんでいるパラドックスを指摘している（Maynard Smith 1997, p.208）：「理解されないのならシグナルをつくりだしてもしかたない。そして、そもそもシグナルがつくりだされなければ理解されることはない。」このパラドックスと関連の問題点を議論し解決案を示した文献は、ハウザー（Hauser 1997）を参照。

自分がなにか間違ったモデルを抱えていたのを検出しましたよという情報を受け取った仲間は、どんな行動をとるだろう？　さっき言ったように、笑いの機能は自分じしんの心的能力がもつ脆弱性を仲間たちに警告することじゃあない。脆弱性を仲間たちに教えれば、相手はこちらを出し抜いて食べ物をかすめとったり不義密通をはたらいたりする機会が増したと推論することだろう（自分の適応度を下げることにつながる）。この問いへのもっと現実的な答えは、笑いの遊戯理論から提案されている。

遊びは楽しい行動だ。この楽しさが動機づけとなって、ぼくらは遊びっぽいタイプの行動を追求する。しかも、気づかないうちに捕食者につかまるリスクも遊びすぎて自分に危害が及んでしまうリスクもともにそうした行動で増やしてしまうかもしれないというのに、おかまいなしにやってしまう。ぼくら（や、かなり多くの動物たち）が遊ぶよう動機づけられている事実から、このリスクを上回る便益が他にあるにちがいないと示唆される。研究者たちのあいだでだんだん強まっている合意によれば、遊び行動の目的は、心の物理的・認知的・情動的な技能をみがくことにある（Fagen 1993; Byers and Walker 1995; Spinka, Newberry, and Bekoff 2001; Einon and Potegal 1991; Potegal and Einon 1989）。遊びとは、練習の一形式なんだ――自分がもっている体を使って、その体の基本的な設計目的に用いるという練習だ。心的技能の練習は、認知システムに肯定的・否定的な事例の両方を導入し、システムが仮説を立てたり洗練させたり、あるいはそうした仮説をもっとアクセスしやすくするための方法となっている。遊びがさまざまな動物に見られるのは、成熟した能力をもたらす発達過程にとって遊びが決定的な構成要素になっているためだということの説明を、ぼくらも受け入れる。

社会的な遊びも、他の遊びと同じ技能と並んで社会的技能を磨きうる。これまでの研究から、社会的な遊びは非攻撃的な競争を円滑にするのがわかっている（Van Hooff 1972; Provine 2000; Gervais and Wilson 2005）。その証拠の大半は、類人猿研究からもたらされている。くすぐられたり追いかけられたりすると、類人猿、とくにチンパンジーは、「遊びの表情」になる。この表情は、あるタイプのあえぎ声をともなう場合が多い（Darwin［1872］1965; Provine 2000）。おそらく系統発生的な笑いの先駆者と思われるこのあえぎ声は、同種の仲間どうしで遊びに似た状態を維持するのを円滑にすることがわかっている（Flack, Jeannotte, and de Waal 2004; Matsusaka 2004; Gervais and Wilson 2005）。また、チンパンジーがお互いの遊び意図を認識する際に、このあえぎ声は遊び表情そのものよりも広く見いだされることがわかっている（Parr 2004; Gervais and Wilson 2005）。この遊び意図の認識により、両者ともに、リスクをはらんだ不必要な攻撃性の高まりなしに自分たちの技能をいっしょに磨き続けることができる。笑いはもともと非攻撃性のシグナルだったというのが遊戯理論家たちの結論で、ジェルヴェとウィルソン（Gervais and Wilson 2005）はそこからさらに進めて、こうした笑いの使用からのちに（人間の）ユーモアは進化してきたのだと大胆な説を展開している。

さきほど述べたラマチャンドランとブレイクスリー（Ramachandran and Blakeslee 1998）によるくすぐったさの説明に部分的に立脚しつつ、少しちがう提案をここでは述べたい。思い出そう。彼らによれば、くすぐったさは、攻撃の知覚と友好的接触の知覚がすばやく不随意的に交替することで生じる。これは一人称の、現時点における、感覚由来で現実にもとづくメンタルスペースで生じる。そのため、このくすぐったさの経験には、心の理論や虚構のメンタルスペースの精緻化に必要とされる認知ツールは不必要だ。くすぐったさは、心の理論をもたない種やまだ自分の心の理論を十分に発達させていない幼児における（原《プロト》）ユーモアの効果的なタイプなのだと考えられる。したがって、チンパンジーに見られるあえぎ声や遊び表情は、ぼくらの祖先たちがもっと精緻なかたちのユーモアを発達させはじめたころ、すでに存在していたのではないかとぼくらは見ている。精緻なかたちのユーモアの方は、高階の志向的構えによる思考が再帰的にふくらむことで可能となる。

まだこれでは、どうして類人猿と人間は遊びでくすぐられているときや追いかけたり追いかけられたりしているときに笑い声をあげるのかという問いに答えていない（ちなみに、ネズミすら（！）こういうときに笑い声をあげるとされるが、笑いの帰属にあたっては注意深くあるべきだろう――Panksepp and Burgdorf 1999, 2003 参照）。ラマチャンドランとブレイクスリーは、笑いは「虚偽の警告」シグナルから進化してきたのだと答えている。群れで暮らす多くの種は警戒の叫び声をもっていて、これを使って差し迫った危険を群れの仲間たちに警告する。たとえば、ヴェルヴェットモンキーにはいくつか警報がある。それぞれ、対ワシ、対ヘビ、対ヒョウ専用で、聞けばそれと同定できる（Cheney and Seyfarth 1990）。それどころか、そうした警戒の叫び声は文化的に慣れ親しまなくても生じることがある（Hammerchmidt, Freudenstein, and Jürgens 2001; また Seyfarth and Cheney 1997 も参照）。こうした警報への行動による反応は、「位置確認の反応」（orientation response）から、緊迫した警戒態勢、一目散の逃走まで、多岐にわたる。チンパンジーも含め、一部の種では、「安心しろ、ヤバイのはいいない」シグナルがあり、警戒を解くのに使われる。たとえば、類人猿や初期のヒト科の群れは、草むらがガサガサ音を立てているのはライオンが忍び寄っているからだと予想してパニックに陥ったとき、実はそこに脅威はいないと判断したメンバーが発声して心配から解放されうる。ラマチャンドランの理論によれば、そうしたシグナルこそが、まさに進化の上で笑いの先祖となっている。笑いもまた、文化に慣れ親しむことなく創発できるように見受けられるし（Eibl-Eibesfeldt 1989）、また、警戒の叫びと方法も使用パターンも似ているように見受けられる（Deacon 1989; Preuschoft and van Hooff 1997; Provine 1996, 2000）。もともとの用法は、近親者の集団に目下問題となっている笑いについて心配する必要はないよと知らせることだった。その意味が拡大されて、いまでは、不一致解決の検出を伝達するようになっている、というわけだ。これは興味深い可能性だ。これだと、次の二つが独立して説明される。一つは笑いで感じられる愉しみ（この説明にしたがえば、ユーモアを知覚して感じられる愉しみと別物かもしれないとされる）、もう一つは笑いの感染だ。というのも、「誤警報だったよ」というシグナルの拡散は有用な習慣だからだ。本書では、このあと、笑いの感染についてこれと別の説明が可能だと提案する。

おそらく、笑いの誤警報理論と遊戯理論家の説明は、一本化できる。遊戯理論によれば、遊んでいるとき攻撃する気がないことを伝えるシグナルとしてあえぎ声を発していたのが儀礼化した形式が笑いなのだと考えられる。遊戯理論は、笑いの音声というスタッカートな形式がどう発展してきたのかについて、とても明快な説明をしている（Provine 2000）。でも、もしラマチャンドランが示唆するように（そしてぼくらが同意するとおりに）くすぐったさがユーモアの一種だとすると、疑問が浮かぶ。どうして、笑いはこの種のユーモアとごくわずかなその他の事柄への反応になるんだろう？　答えはこうかもしれない。ぼくらの先祖たちにおけるユーモアは、遊び行動と重なるものだった（あるいはほぼ重なるものだった）し、いまもチンパンジーにおけるユーモアは遊び行動と重なっている、という答えだ。おそらく、笑いの基礎にあって、笑いによって遊び相手だけでなく心配してみている傍観者たちにも伝えられる意味は、「心配しないで！　いまやってるのはべつに危険な攻撃じゃないよ」というものなんだろう。チンパンジーたちの遊び行動は、くすぐり以外となると、もっぱら追いかけっこと格闘に限定される。そして、チンパンジーたちが笑うのは、主に、こうした競争的な練習のときに捕まえられそう・攻撃されそうになったり、捕まえられたり攻撃された直後と決まっている。これらは、いずれも、自分は安全で状況を制御できてるぞという〔信念を表示する〕メンタルスペースが、現に捕まってしまった現実によって一掃されてしまう瞬間にほかならない。たとえば、鬼ごっこをするとき、ぼくらはお互いに相手を出し抜こうと試みる――相手がやりそうなことを予測し、相手のモデルのモデルをつくり、相手の動きを予測し、捕まえてやろうとする。このとき、典型的に、追いかけられる側は相手を欺こうとし、追いかける側は予測しようとする。周りの状況をモデル化し、自分がこっちにヒョイと動いてあっちにクルっと回り込めば、相手を引き離せるぞ（または捕まえられるぞ）と予測したりする。こうした鬼ごっこやかくれんぼは、原始時代の捕食者とエモノの競争や配偶機会をとりあうライバル連中との競争の「トイモデル」にあたる。そのため、鬼ごっこやかくれんぼは、基本的な志向的構えの応用によって「未来をつくりだす」競争となっている。鬼ごっこはチンパンジーにとってのチェスなんだ。からくも逃げ切られたときには追いかける側のモデルが、捕まってしまったときには追いかけられる側のモデルが、それぞれ間違いだったと判明する。こうした状況で、動物はじぶんの間違ったモデルに笑い声をあげるかもしれない。あるいは、心の理論が少々あれば、相手の間違ったモデルに笑い声をあげるかもしれない。くすぐりや追いかけっこは、滑稽な状況が出現する主要な場面であり、これらに結びついた笑いは、攻撃を減らしたり攻撃の見込みに関する不安を減らしたりする点で、初期の便益をもたらしていたのだとすると、どんな形式のユーモアでも、そのとき生じる笑いは、この初期の行動のたんなる名残なのかもしれない。（他方で、笑いは攻撃を減らすために進化したのかもしれないものの、次のセクションでは、現代版の笑いは、そういう名残ではなくて同種の仲間に他の種類の行動をうながすようにどう選出されてきたと考えられるかを議論する）。

警戒シグナルの進化に関する文献では、激しい論争が展開されている。ただ、現行のいろんなモデルでは、群淘汰的な説明の必要はないと示唆されている（e.g., Dawkins 1989, pp. 168-170; Zahavi 1996; Bergstrom and Lachmann 2001 を参照）。同じ推論により、次の主張が支持される――「なにか異常事態によって警戒状態に入って仲間の群れが興奮しているとき、みずからの警戒の叫びを取り消す行動、「安心しろって、ヤバイのはいねえよ」シグナルの送信は、多くの場合に、この本能的な行動をレパートリーにもっている者たちにとっては適応度を強化することになるだろう」という主張が支持される。こうしたシグナルの応用を遊び行動にまで拡張するのは小さな一歩でしかない。というのも、こうした行動は潜在的に死に至るほど深刻だと誤読される余地があるからだ。遊び行動が洗練されていき、また、真性の警告の機会が遠ざかるにつれて、いまや昔の名残となった本能的な叫びは、信頼でき仲間に感染する「いい気分だな」シグナルとして生き残ったわけだ。

2　ユーモアと笑いの共起

一人っきりで笑ってると、世間は「バカがいる」と思う。
(Laugh alone and the world thinks you're an idiot.)

――アメリカのことわざ

なにに笑うかほど、人となりのわかるものはない。

——ヨハン・ヴォルフガング・フォン・ゲーテ

本や詩をあまりたくさん読み過ぎてしまうと、もうなにを読んでも楽しくなくなってしまうことがある。そんなときにも、知人に本を読んであげるのは楽しかったりする。その知人にとっては、なにもかもが初耳だ。おのずと知人は驚きと賞嘆の念を抱き、心躍らせる。だが、自分の方はなんらその本に心躍らない。その本が提示するさまざまな想念を、その知人にとってどう見えているだろうかという観点からじぶんも考える。すると、知人の愉しみに共感することで、そこに愉しみを覚え、それによって自分の愉しみも息を吹き返すのだ。

——アダム・スミス［1759］1976

ひとたび、この初歩的なかたちの原《プロト》ユーモアとそれに付随する笑いが登場すると、進化により、他の目的にも転用できるようになる。実際、今日みられるユーモアと笑いの用法の幅広さは、この形質がごく少数の追加目的に転用されたにちがいないことを証言している。とはいえ、どんな風に使い方を一新されてきたにせよ、笑いはいまも伝達《コミュニケーション》の役割を果たしている。そこで、次の点はまだ問うだけの意義がある：「笑いがその受け手から安定して引き出す行動はどんなもので、それは笑う側にどんな便益をもたらすんだろう？」まずは、「笑いが自然な反応となる機会を形成し——強化・洗練し——そして増大させるのに性選択が大きな役割を果たした」という仮説をとくに考えるとしよう。基本的な主張はこうだ。「ユーモアは、配偶者をとりあう競争で大きな優位に使える社会的ツールへと進化してきた」

この論証で最初の一歩となるのは、笑いと認知的能力・知識の関係を判断・評価することだ。知識の獲得には、一目瞭然の進化的な目的がある：その生き物の行動をみちびく予想をつくりだす、という目的だ。ぼくらより単純な生き物だと、こうした予測はステレオタイプ的で局所的になりがちで、すぐそこに迫った脅威を回避したり、環境内にあるもっと単純なパターンを追跡して自分にとっていい前兆・わるい前兆を探し出すのを可能にする。予測生成の軍拡競争によって、できるだけ上手に未来予想できるようにならなくてはいけないという、絶え間ない圧力をぼくらは受けている。誰もが、メンタルスペース内で予測を立てている。これまでに集めてきた特定の知識をふまえて、関連する未来をできるだけたくさん予想しようとつとめている。ぼくらは「あらゆることを考慮した上で」判断を下したがるものだけれど、もちろん、いつでも、あれこれ考慮するのをどこかで打ち切らなくては、効率よく行動するための締め切りに間に合わなくなってしまう。そのため、ぼくらはそれぞれに、終わることのないヒューリスティックな検索に従事して、部分的でリスクをはらんだ構造――メンタルスペース――をできるだけすばやく、次々に構築している。そうした構築は、結論への飛躍をたよりにしている。特定の「選択」は、ある程度まで個人によって異なり、自分のそれまでの経験やその瞬間に自分にとっていちばん重要な問題はなにかによって左右される（そして、そうした選択は、ほぼいつでも意識されたり考慮されたりしないにちがいない）。いつでも、なんらかの情報を知覚してメンタルスペースがつくりだされるときには、既存の知識で利用できる推論のすべてによって、すぐさまそのメンタルスペースが用いられるようになる（ただしその再帰的推論の深さは妥当なところにとどまる）。これこそ、新しいデータの理解のあり方だ：つまり、そのデータを手持ちの知識に統合するのが新しいデータを理解するということなんだ。

ぼくらのモデルでは、いつでもユーモア反応はメンタルスペースにあるモデル内に誤信念を検出したときに引き金を引かれると考える。ぼくらはそれぞれに自分の推論能力の利用を最適化してこうしたメンタルスペースをつくりだそうと試みているると予想できるので、そうした誤予測が見つかったということは、当該の領域に関する知識の有用性になにか限界があることを示している。すると、明らかに、ユーモア検出の結果として笑うとき、その笑いは意図せずにこちらの知識（や、その知識を活用する大部分において無意識な手法）に関して〔他の人たちの〕戦略的な関心を引くものを漏洩しているわけだ。こちらに対して志向的構えをとるエージェントたちは、こちらが間違って予測していたことがなんなのか判断できることが多い。知識も無知も、ともに戦略上の価値ある秘密だ。たとえば、コメディアンがマリファナをネタにジョークを飛ばすとき、たいてい、観客は二つにスパッとわかれてしまう。いたずらっぽい表情を浮かべて「わかるわかる」と笑う観客と、なんのことだかわからず気まずそうに黙って座っている観客の二つにわかれる。〔ふつうの意味と性的な意味の〕二重の意味を秘めた言葉を聞いてゲラゲラ笑ったり眉をひそめたりすると、司教さまや愛する両親にこちらの「悪しき心根」がバレてしまう。もっと深刻な場面で言うと、諜報活動に従事するスパイが、ある秘密情報の構造を参照したジョークを会話に織り交ぜて、相手がにやりと笑うかどうか様子をうかがう、といった例も考えられる。

知識習得の優位性を確保しようと繰り広げられる競争では、新たに発見された情報にプレミアムが与えられる（"quidnunc"「噂好き、知りたがり」はもともとラテン語で「今度はなに？」を意味する言葉で、最新ニュース収集に躍起になっている人を指して使われる。ぼくらはみんな、「今度はなに？」への傾向を持ち合わせているし、もちあわせていてしかるべきだ。というのも、最新ニュースがつくりだす情報の勾配〔知っている人と知らない人の格差〕を誰か他人が利用して、こちらを不利に陥れかねないからだ）。ある人がもちあわせている知識を、二つに分割したとしよう。一方には最新ニュース、他方にはなじみ深い――よく験され事実に合致した、枯れた、平凡な――情報にわける。さて、この二つのうち、ぼくらのモデルではどちらが間違った推論にひっかかりやすいと考えられるだろうか？　まだまだ消化されていない最新情報だろうか、それとも、長らく放置され、維持管理を延期されて自明視されている情報だろうか？　答えは明快じゃあない。ただ、ユーモアがここで問いを探究する助けになってくれる。ユーモアによっては、慣れ親しみすぎた推論パターンを考えなしに頼りにしていることが土台になっているものもある。また別のユーモアだと、新しい話題がもつ比較的に探査されずにいる含意・前提につけ込むものもある。発達に関する研究によれば、児童期により多くのおかしみをもたらすのはいちばん最近になって習得した項目なのが明らかになっている（McGhee 1971）。ただ、児童たちがその新しい情報で推論を頻繁に間違えているとすると、ここでいう「習得した」がいったいどういう意味なのかという問題が生じる。大人や、ある領域を本当に習得した人たちには、同じことは成り立たないかもしれない。とはいえ、ある知識への認知的なアクセス可能性の水準から、ＪＩＴＳＡでつくられたメンタルスペースにその知識が統合される方法にバイアスをかける効果が生じるだろうし、それにともなって、ユーモアにその知識が関与する確率も影響を受けるだろう。

また、幼児はもう少し大きくなった子どもたちや大半の大人ならメタ認知による回避テクニックを身につけているトリックにも引っかかりやすいようだ。

パッと答えてほしい：「牛は何を飲む？」

多くの人の脳裏にすぐさま浮かぶのは「牛乳」だ。そして、その答えをあやうく口に出す寸前で、ちょっとばかりおかしみを覚える――「いやいや、牛は牛乳飲まないって。そりゃまあ、子牛は牛乳を飲むだろうけど、牛はふつう水を飲むもんだよな。」ここでうっかり牛乳が頭に浮かびがちになる傾向から（メタ意識やトップダウンによる制御のおかげで口に出すのは回避しやすくなるとはいえ）、心がみせる自動的なＪＩＴＳＡ行動が垣間見える――「牛」と「なにかを飲む」を同時に考えると、ついつい牛乳を思い起こさずにいられない。小学校でときに耳にする同様の他愛ないトリックに、こんなのもある：

A：いちばん人気のあるソーダと言えば？
B：コーク。
A：おかしなものと言えば？
B：ジョーク。
A：卵の白い部分と言えば？
B：ヨーク（卵黄）…じゃない！　えっと、あれは…

たいてい、質問を繰り出す方の子どもは、相手の子どもの間違いに笑い声をあげる。白身をあらわす英単語は"albumen"だけど、これは一般的な単語じゃない。まして、学齢児童のあいだではなおさらだ。ここでも、児童Bは「コーク」と「ジョーク」で呼び水《プライミング》を入れられている。そのおかげで、頭のなかで拡散賦活が起こり、卵のどこかを指す単語として児童が考えられる候補が一つに絞られてしまう。たまたま、韻を踏んでいる単語に絞り込まれてしまうわけだ。[*3]

子ども向けユーモアに対して、大人は比較的に耐性があってひっかかりにくい。このことは、明らかに、さまざまな誤推論の認知的アクセス可能性にちがいがあるのを映し出している。これは、「もっと抽象的で洗練されたかたちのユーモアを自分は熟知している」という自負となって、さらに表に出てくる。

そこで、次にでてくるのが専門的な「内輪ジョーク」ユーモアという現象だ。こちらは、初心者と専門家の間にあるメンタルスペースの隔たりを利用し、これに喜びを見いだす。人それぞれのユーモア感覚に反映されるのは、その人たちのすばやく頭を回転させて論理的な瑕疵を検出しその解決を図る能力ばかりじゃあない。その人がおさえている知識の領域と、そうした領域におけるごく最近までの認知的な熟達水準も、そこに反映される。

聞き手とジョークのカモで知的な隔たりがあまりに大きすぎると、結果はたいして可笑しくなくなる。なぜなら、そもそもその対比があまりに一方的だからだ。効果的なユーモアでは、ジョークのカモには、聞き手たちとだいたい同等な賢さが求められる――（ホンモノの）バカや幼児や牛なんかの「バカさ加減」をあげつらってみたって、おかしみなんか生じない。だからこそ、バカをあげつらうジョークは、子ども時分をすぎてしまうと魅力が薄れるんだ。ただ、例外もある。びっくりするほどのバカっぷりを示す事例がその例外で、次に挙げる実話は、数年前に、著者の一人の友人で大学教授をやってる人物にふりかかった出来事だ。ある日、彼のオフィスにこんな電話がかかってきた：

「もしもし。」

「もしもし…そちら、生物学の先生ですよね？」

「ええ。」

「うちら友達どうしで賭けをしてるんですがね。こんな問題なんですよ：ウサギは鳥か？」

「いや、ちがいますよ。」

「あああ、ちくしょう！」［電話がきれる］

笑いは、認知能力を示すシグナルとして、なかなか偽装しにくい――認知能力の弱さも、露骨に示してしまう。そのため、ユーモア検出が人間のコミュニケーションで中心的な役割を果たすにいたっているのも、驚くにあたらない。つくり笑い（非デュシャンヌの笑い）や忍び笑いを脇におくと、ぼくらが「わっはっは」だの「くすくす」だの笑うたびに、その笑いは自分の認知能力と知識を世間に触れ回ることになる。ただ、認知的な熟達ぶりを巧妙に伝達する選択肢が登場すると、その情報を自分の有利になるよう利用しはじめるまでは、ほんの小さな一歩でしかない。笑いはたしかに偽装しにくいシグナルではあるけれど、偽装が不可能ってわけでもない。こうして、〔知的能力の〕探りを入れる挑発と検出の軍拡競争がもたらされている。ユーモアのコミュニケーションがもつゲーム理論的な側面が、ここで登場する。

新しい人に出会うと、ぼくらはすぐさま志向的構えをとって、その人の知識と信念について、人物像を肉づけしはじめる。欲求・嗜好・弱みをはじめとするありとあらゆる態度をそなえたエージェントとしての人物像をつくりあげていく。質問を連ねて総点検するわけにも、ズカズカ立ち入った社会心理学の実験をちょっとばかりやってみるわけにもいかないので、ぼくらは相手の知識と態度のなかからとくに関心をもっている重要点を取り上げて、そこに手早く探りを入れる。ユーモアは、とりわけ効率的で信頼できる手早い探りの手法だ――しくじり皆無《フールプルーフ》とはいかないけれど、それでも信頼できる。そのため、配偶者の見定めにおいて、比較的に偽装しにくくてコストのかかるシグナルとしてユーモアが果たす役割は、識別に苦労しない（明快な説明は Miller 2000 を参照）。

この軍拡競争で次にくる段階も、かなりわかりやすい。志向的構えをとれば、相手を笑わせることでその人のモデルをつくることができるのだとすると、他人だって同様にこちらのモデルをつくろうとするにちがいない。この点が認識されると、そうした他人を操作するいろんな手が模索されるようになる。たとえば、自分の笑いを制御したり、あるいは、少なくともとくに内心がばれそうな笑いを抑制・隠蔽してみたり、「不随意的な」笑いを誇張して相手にへつらってみたり、といった方法が試されるようになる。果てしなくハードルが上がり続ける競争にはまりこんだクジャクのように、自分のユーモアという羽をできるだけキレイにみせびらかすことで、よりいっそう望ましい配偶者であるかのように自分を見せることに、多大な投資を注ぎ込む。認知的な熟達ぶりの限界を暴露してしまいそうなときには笑いをこらえようとするし、ここで笑えばある水準の熟達ぶりを表現できそうだとみれば嘘でも笑いを誇張する。（昔から職業的なインタビュアーが使う手管に、成り上がろうとしている相手に実はさっぱりおかしくない「ジョーク」をぶつけて、相手がおもしろおかしそうに笑い出すかどうか探りを入れる、というのがある――この軍拡競争の対抗手段の1つだ。）いっそう力を注いで、できるだけすばやくあれこれの状況でユーモアを検出しようとつとめ、ほとんど意識することもなく、一番乗りで笑いだしてやろうとするようになる。われ知らず、他人が笑っているときには自分も笑う習慣を身につけ、いま起きてることを自分もちゃんとわかっていますよと周りの連中に信じさせようとする。たとえ周りの人たちが笑い出すきっかけになった刺激を自分では知覚していなかろうと、周りに合わせて笑おうとする。こうして見ると、ここには笑いの感染を説明できるメカニズムがあるのがわかる。笑いを聞くとどんなときでも笑い出す傾向性が遺伝的に継承されている可能性もある――ラマチャンドランの虚偽警報理論はこれを説明できる――けれど、社会的に進化し伝達される習慣がこの軍拡競争の圧力下で伝播する可能性もある。おそらく、感染には二つの水準がある：一つは、他人が笑っているときに笑い出す習慣そのものの感染の水準、そしてもう一つは、この第一に水準に支えられるかたちで、その習慣をすでに身につけている人たちのあいだで特定の場面で笑いが感染的に広まるという水準だ。そして最後に、十分な時間があれば、この文化的に伝達される習慣の斉一性をボールドウィン効果が加速して、ゲノムに収まることもありうる。（ボールドウィン効果に関する近年の研究は Weber and

Depew 2003 を参照。）周りが笑っているときに自分も笑う習慣をこのうえなく容易に習得している人たちは、部分的に遺伝的な性向というかたちでその傾向がすでに存在している人たちであり、安定した選択圧がかかることで、この性向はさらにいっそう容易に引き金を引かれやすくなっていく。ほんの数百世代を経た頃には、これは笑いの輪に加わる「本能」を確立させることだろう――ちょうど、「言語本能」のようになるわけだ（Pinker 1994）。言うまでもなく、こうした考察からは、非デュシャンヌの笑いがヒトに存在しずっと存続していることの自然な説明ももたらされる。[*4] いったんありふれたものになれば、非デュシャンヌの笑いはいろんな用途に役立つようになるかもしれない。集団の結束と支配から、社会的潤滑油、さらにはヒンデ（Hinde 1985a, b）のいう交渉の一形式としての情動表出という動物行動学的な概念まで、さまざまな用途がありうる。こうした話題に関する周到な議論は、本書の射程を超えているけれど、すぐれた導入としてプロヴァイン（Provine 2000）を参照。

伝達《コミュニケーション》の問題――「笑いはどのようにして遠隔作用になっているのだろう？」――に話を戻すと、ひとつの答えはさっき詳しく述べたとおりになる。つまり、笑いは遠い先祖たちのバージョンから転用されて、笑う当人が知的能力をめぐる潜在的な配偶者たちの心のなかでの評判を強化し競争力を強める一助になっているのかもしれない、というのがその答えだ。オウレンたち（Owren and Bacharowski）はこれと少しちがった用途を示唆している（これもまた、さっき述べた戦略的な構えにより明確に予測されている）：つまり、ぼくらは、「笑った側がいっそう好意的な構えを向けられるようにするため〔その笑いを〕知覚した側にプラスの感情（affect）を誘発する」方法として笑いは用いられているんだ（Owren and Bacharowski 2003, p.183）。これが起こりうる場合として、おかしみによる愉しみをつくりだす筋道が挙げられる。ただ、それ以外にも、笑いで称賛・尊敬を示すことでもこれは起こりうる。いくつかの研究では、さまざまな社会的地位の範疇に属す成員たちどうしによるユーモア産出・評価に相違を見つけ出している（e.g., Coser 1960; Keltner et al. 1998; Greengross and Miller 2008）[*5]。笑う側がその笑いの受け手に信念を喚起するにせよ感情（affect）喚起するにせよ（両方とも喚起されることの方が多そうだが）——つまり、送り手が受け手に笑い手に関する信念を抱かせるにせよ、笑い手の信念に関する信念を抱かせるにせよ——このとき、笑いの受け手からなんらかのより好ましい待遇を引き出す確率を笑い手は生成している。

　おそらく、ユーモアが転用されてきた方法のなかでもいちばん広く行き渡っているのは、もっとも競争のとぼしい用途だろう。ぼくらが言わんとしているのは、無駄話というごくありふれた行動のことだ。さっき述べた策略・戦略と並んで優越感ユーモアの事例だらけな場合も多いけれど、ユーモアの主な目的は比較的に善意ある親切な用途で、金持ちけんかせずの精神でなされる。友人たちと同席して他愛ない話に花を咲かせているとき、その場で進展している会話に全体としての伝達上の目標は一つもなさそうに思える。誰もが知ってのとおり、実際の目的はたんに愉しむことにある。そうしたひとときに、広く用いられる楽しみにはいろんな種類があるけれど、その一つがユーモアだ。次々に機知を交わし合う気さくな会話で暇を過ごすのは、たんに自分の機知を誇示するという単純かつ利己的な目的に役立つばかりでなく、社会資本の通貨をやりとりする手段にもなっている。ぼくらは、こちらを笑わせてくれる友人に価値をおくものだ。そういう友人は、価値ある気晴らしのドラッグをもたらしてくれる——内発的な、おかしみという心のあめ玉を、もたらしてくれる。そして、そうした価値は善意や互酬で清算される。つまり、ユーモアの創出や調達があまり得意じゃない連中は、それ以外の種類の社会資本でそういう友人たちにお返しをする。この社会資本の価値は、その産業での対応物と比較してみると、いっそうつかみやすくなる：音楽家・ポルノ作家・菓子職人と同じく、職業的なコメディアンたちも、自分の専門分野である種の愉しみを提供する技能を洗練させている。そして、そうした技能を社会資本と引き替えにやりとりする代わりに、コメディアンたちは自分の才能を使ってお金を稼いでいる。

3　コメディという芸術《アート》

これを読んで可笑しく思わないなら、たぶんキミはタイミングがずれてる。

「ポーランド人で最高のコメディアンと言えば?」

「ぼくだね」

「それでは、あなたの成功の秘…」

「タイミング!」


このところ、ぼくは抽象画をずいぶん描いていてね。それはもう極めつけに抽象的なのをやってるんだ。筆も使わないし絵の具もキャンバスも使わない。ただひたすら、考えるんだ。

——スティーヴン・ライト

ここまでは、かなり一般的な観点で話を進めてきた。「自然に通常みつかるのよりもずっとパンチの効いた超常刺激が、どうやって文化的進化によって設計されうるんだろう?」というのがその論点だった。ここでいう文化的進化には、多少なりともひらめきのある、人間の創意工夫も含まれる。超常的刺激は、もちろん、たまたま日常の環境で生じることもありうる。でも、そうしたありがたい偶然も、それを複製し保持する仕組みがなければ単発であっさりと途絶えてしまう。

『銃・病原菌・鉄』(1997)で、ジャレド・ダイアモンドはこう論じている。一次近似として、どの大陸のどの文化でも、この数千年にわたる人間の探索によって、それぞれの地域で食べられる植物・動物はすべて見つけ出されている。さらに、その地域に生息する人に従順な種ならなんでも家畜化している。ありとあらゆる可能性をほぼ総ざらいにするだけの時間と知性と好奇心を、ぼくらはもちあわせていたわけだ――このことは、いまでは家畜化された種とそのいちばん近い野生の近縁種を遺伝的に分析することで証明できる。食べるのに適した食物(とか強力な医薬ハーブその他)を探し出すこの試行錯誤の過程は、ぼくら自身の内的な性質を探索する過程でもあった。つまり、そうした過程では、おいしいもの・マズいもの、とりわけ美味なもの、吐き気を催すもの、眠気を催すもの、気付けになるもの、幻覚を起こすもの、性的興奮を引き起こすものを見つけ出してきたわけだ。快感の最良の源泉、最良の調理技術、最良の全体的な経験に狙いを定めるには、化学や栄養に関する専門知識も必要なければ、人間の消化・新陳代謝・神経生理学について理解する必要もなかった。理論的な理解がなされる数千年前から、実践的なノウハウはあった。このノウハウをもたらした要因には、次のようなものが考えられる――愚直に試行錯誤で手を変え品を変えてみる、想像力を働かせることもなくただ年長者たちがやってきたことを繰り返す、抜け目ない発明家たちが巧妙で体系的ですらある滴定の技法を用いる、まったくの偶然で技術の突破が起きてそれがのちにその地域の人口全体に新しいウイルスのように広まるといった要因で、このノウハウは産み出された(Boyd and Richerson 2005; Richerson and Boyd 2005; Dennett 2006)。さらに、こうして我が身に起こるいろんな感覚《センセーション》を絶え間なく探索していくにつれて、自らの性質が永続的に変化することもあった。容認できるものの範囲を広めたり、快感の起こる閾値を上げたり下げたり、といったことが引き起こされた。どんな尺度をとってみても、そこには習得された嗜好があるし、ある新奇な嗜好を身につける対価として若い頃の愉しみで興奮する能力を失うこともよくあったりする。

　本書ではこう提案したい――人間の文化でコメディが発達したのも、これと同じパターンを正確になぞっている。最初は、無加工の「野生のコメディ」がある。この段階では、自分がうっかりしでかしたヘマだとか他人のしくじりがコメディのもとになっていて、それが自分の内心の笑いのツボを刺激していただけだった。昔からよく言うように、自らやってみなくてはわからなかったわけだ。ところが、やがて、物語を語り合うという人間の営みによって――これ自体も持ち前の天分を発達させる探索過程だ――自分でヘマして屈辱をなめるまでもなく、最良の経験を誰もが利用できるようになり、いちばんうまくいった場合には、もともとの刺激を改良することにすらなった。成功例では、芸術が自然を凌駕する：もはや、みずからやってみるには及ばない。それどころか、もともとのかたちよりも語られ（なおされ）たエピソードの方が、余計な特徴をすべて取り去って純粋に濃縮したコメディのエッセンスを伝えていて、いっそう可笑しくなっている。ここにいたって、ユーモアは現実世界の経験に見いだされおおむねあるがままに語り継がれてきた天然のコメディから自由になり、アドリブで虚構をつくりあげられるようになったんだ。

　でも、いったいどうすると、野生の出来事を見るのより語りの方がより効果的になりうるんだろう？人手で刺激されたおかしみが生じる確率とその強度は、どんな側面の設計と提示によって高められるんだろう？　滑稽《ユーモラス》かそうでないかに関係なく、（たとえば）すぐれた語りの規則すべてを守ってできあがっている語りとしてジョークを考えてみよう。たとえばイソップ童話のように、いろんな啓発的教訓を教えるよう意図されている物語は、小さな伝達装置としてうまく効率化されている。物語中のどの要素も、その教訓を提示するのに一役買っている。脇道にそれることもないし、余計なことに気を散らすこともない。

歴史上の重要な出来事の知識を伝えるのを意図した物語は、いろんな手管を使ってカギとなる事実に聞き手の注意を向ける。でも、それだけでなく、真実味を加えるために聴衆が喜ぶ余計な細部もそこには含まれている（Barber and Barber 2004）。往々にして、嘘つきは、あまりに滔々と語ってできすぎた話にしたばかりにボロが出ることがないように気をつけるものだ。すぐれた語り手は（無意識にであれどうであれ）、そのことをよく承知している――ムダに立ち入ったことや関係のない部分を付け足した方が、「この人には子どもっぽい率直さがあって妙なたくらみはないんだな」と聞き手を安心させられる。

聞き手の注意と快感を勝ち取ろうとするこのアリーナにおいて、ジョークはちょっとした心理実験に似ていると見ることができる。人間の被験者に参加してもらう実験を立案するときにはこんな鉄則がある。「実験者は、自分がのぞんでいる結果について情報をもらしてはならない。」というのも、そうしないと、研究対象となっている過程に、望ましくない貢献と調節を被験者が加えてしまうからだ。実験が終わってはじめて、「事情を知らない被験者」たちは事情の説明を受けて、いわばジョークの輪に入れてもらえる。ジョークの場合、オチまで情報をもらさずにおくことで、カギをにぎる要素がおおむね暗黙裏にメンタルスペースに入り込むのを確実にできる。これはおかしみが生じるための必要条件だ。野生では、この暗黙裏の進入が起こるかどうかは運まかせで、おかしみが生じるのは状況が運よく整ったときにかぎられる。他方、語りの場合、しかるべきときがくるまで、かなり安定して、聞き手が事情を知らないままに保っておける。もちろん、へたくそなジョークの語り手だとオチを先に読まれてしまうことがあるし、とりわけ洗練された聞き手だと、あまりに早くから「ピンときて」しまうこともある。そうなると、求められる効果［おかしみ］は台無しだ。ある聞き手に通じた手も、また別の聞き手にはうまくいかないことだってある。コメディアンたちの芸術《アート》は、しかるべきときまで事情のわからない状態に保たれている聞き手に対して、きわめて安定した超常刺激を与えるという仕事が大部分を占めているんだ。

コメディアンたちがこれまでにつくりだしてきた人工的改良の一つに、「二重のオチ」がある。聞き手にまず愉しみを一発与えておいてから、さらに追い打ちをかけるジョークのことだ。一発目でドッとわいた笑いが静まってきたところに、二発目が浴びせかけられる。

(97) ある男が、ラクダを一頭買い付けにラクダ市場に出かける。すると、売り手から、「一〇〇ドル出せばいいラクダが手に入るが、一五〇ドル出せば、同じようにたらふく水を飲ませてもそいつより五〇パーセント長く歩けるラクダが手に入るぜ」ともちかけられる。「追加で五〇ドル出してくれれば、手持ちのどんなラクダにだって使える方法を伝授してやるぜ」と言われて、男は値が張る方の選択肢に興味を示す。そいつはどんな仕掛けだね？　すると売り手がこう説明する：「ほら、あそこのオアシスをみてごらん。水を飲み終えたばかりのラクダがいるだろ。頭を水に突っ込んでるときは、後ろ肢はあんな具合になってる。キンタマは丸出しだわな。ラクダの様子をじぃっとうかがって、水から頭をもたげようって寸前で、レンガを二つ手に持って『ガツーン！』とだな、キンタマにくらわせてやるのよ。そしたらラクダは『ズズズウズズーッ』てなもんで、五〇パーセント増しで水を飲み込むって寸法さ。［笑いが静まってきた頃合いで］「だが、それじゃあ痛くないかね？」「痛くねえよ。レンガ持つときは親指はこうやって後ろの方に添えときゃいい」

マイケル・クローズは、アギーの船旅ジョークの改良版を提示している (Close 2007, pp. 23-24)。これには、なんと三連発のオチがまっている。

(98) コワルスキーが新聞で魅力的な広告を目にする——ふむふむ、「バミューダ海クルーズ二週間の旅」が、たった七〇ドルだと！　コワルスキーは広告に載っていた旅行代理店に出かけ、例の七〇ドルのチケットを買う。クルーズ当日の朝、桟橋に到着したコワルスキーはタラップをのぼって、係員にチケットを見せる。すると、それを見た係員はホイッスルを吹く。すぐさま二人のたくましい大男がやってきて、コワルスキーをつかみ、デッキの下にぶちこむ。コワルスキーは鎖につながれ、オールを漕がされる。隣にはアルメニア人のお仲間がつながれている。

時間が経つにつれて、船は七〇ドルクルーズのチケットを買った連中でいっぱいになる。三時には、すべての席が埋まってしまった。大男が一人やってきて、大きなドラムの脇にドカッと腰をかける。そしてムチを手にした男が登場。ドラムの大男がリズムをとって打ち鳴らすたびに、重低音で「ドーン、ドーン、ドーン」という音が船倉いっぱいに反響する。不運な乗客たちは全員、オールを手にとって、鞭の男にせっつかれるままにバミューダ海へと船をこぎ出す。

ミューダ海に到着するまで、三日半の船旅となった。船がバミューダに接岸すると、係員が船倉に降りてくる。「まもなくみなさんの鎖を解きます。下船して、島を堪能してください。ただし、七日後にはここに戻ってくること。」ものの数秒のうちに、船倉はカラッポになる。

一週間後、もちろん七〇ドルチケットの乗客たちは船に戻ってなんかこない。でも、旅船会社に抜かりはない。たくましい大男の一団を追っ手に放って、乗客たちを追跡して捕まえ、じたばたして大声を上げる彼らを船倉に連れ戻してしまう。またしても乗客たちは鎖でオールにつながれる憂き目となった。ドラム男が持ち場につき、「ドーン、ドーン、ドーン」と打ち鳴らすと、乗客たちは船を漕ぎ出し、ニューヨークへの帰途につく。
帰り着いたころには、コワルスキーは隣に座るアルメニア人とすっかり仲良しになっていた。鎖から解放されると、コワルスキーは彼に話しかける。「こんな非人道的な扱いがいまだに存在しているなんて信じられんよ。目が覚めたまま悪夢を見させられたようなもんだ。だが、これだけは認めにゃならん：あいつのドラムはサイコーだ。［1］
あいつにゃチップをはずむべきかね？［2］
するとアルメニア人が言う。「さあな、去年はチップあげなかったけど」［3］

カロリー満載の砂糖よりサッカリンの方が甘党の欲求を刺激するのと同じように、また、実際の交接よりもポルノグラフィーの方がリビドーをうまく刺激するのと同じように、ユーモアもまた、笑いのツボをうまく刺激する一方で、進化によって発明され発達してきたエラー排除のまじめな仕事を放棄している。ユーモアはぼくらの笑いのツボに強化された代用の快感を提供し続ける。こうしたユーモアは、「直観的な」ユーモアのエンジニアたちが何世紀にもわたって最適化をつづけてきた技法により生成される超常刺激だ。ジョーク、漫画、戯画、パロディなどなど、様々ある滑稽《ユーモラス》な人工物は、ちょうど「合成麻薬《デザイナードラッグ》」と同じように、自分の作業の基礎となっている仕組みをろくすっぽ理解しないまま意図的につくりだされて、感覚に与えられている。ドラッグとちがうのは、食べたり摂取したり注射したりしないところだけだ。サッカリンをはじめとする人工甘味料は、コイン投入口に入れるとまんまと機能する鉛玉みたいなものだ：人工甘味料の機能的構造は、「甘党マシーン」からみると実践の上で砂糖と区別がつかない。そのため、実際には価値あるものが手に入ったわけでもないのに報酬の支払いの引き金を引いてしまう（ぼくらの甘い物欲求が進化した期間に大勢を占めていた環境条件の視点から見ると、高カロリーのような価値あるものを人工甘味料はもたらさない)。ユーモアの多くも、これと同じ範疇に属す：つまり、ユーモアもまた、もともとそれに合わせてシステムが設計された便益をもたらすことなく報酬システムの引き金を引くのに、ぴったりな構造を備えている。おそらく、我らがユーモア番兵が検出し武装解除するエラーの大半は、たいして危険なわけじゃあないし、ぼくらのデータの統合を混乱させるようなものでもない。だから、こうした番兵くんたちがごくまれに防ぐ深刻なエラーがなければ、このシステムはコストに見合わず、やがて消滅に向かうはずだ。だから、数年前にテレビをにぎわせた広告の言い分とちがって、母なる自然はちょろまかせるんだ。すべての芸術《アート》は、人工の超常的な「ニセ硬貨」をつくりだして、ぼくらの報酬システムから余分な報酬を引き出すことに関与している。そして、もちろんぼくらはそのことを気にしない。なぜなら、ぼくらが愛してやまないのはそうした報酬そのものであって、それらがいまなお提供しているだろう遺伝的な便益はぼくらのあずかり知らぬところだ。*6

聴衆をつかむには、相手にとってきわめてアクセスしやすい知識にもとづく内容を選ぶ方がいい。その方が、内容がすばやく活性化されるからだ。このことをコメディアンたちは承知している。そこで、彼らは聴衆に合わせてネタを選ぶ：実業家たちが相手なら株式市場ジョークを、既婚の人たちが相手なら配偶者ネタのジョークを、(あらゆる年齢の)子どもが相手ならトイレネタのジョークを、そして、セックスと死と時事ネタはほぼあらゆる人たちに、という具合に使い分ける。こうした種類の知識を使ってユーモアを強化するには——転移と誤帰属によってユーモアを強化するには(Dutton and Aron 1974; Cantor, Bryant, and Zillmann 1974; 本書三六六−七頁)——、ユーモアをつくるのと同じくらい、直観が必要となる。ユーモアの発案者たちは、どうやって設計上の力の入れどころを振り分けているんだろう? 言葉づかい・タイミング・表情を調節しながら大量に試行錯誤を重ねて，どんな組み合わせにしたときがいちばん心からの笑いを引き出せるのか調べているというのが答えだ――笑いは手頃な測定法で，無数のブラックボックスを経て表に出てくる。こうした笑いの量を手がかりにするには，その内部の仕組みはべつに知らなくてもかまわない（「直観的に」わかっているだけでいい）。コメディアンたちは，自分じしんを最初の試験台にして，自分が感じるおかしみの感触から敷衍して，他人がそのネタでどんな効果をえるかを推し量ろうとする。こうして自分の感覚をひたすら反芻しつづけているとかかる恐れのある職業病の1つを，カーとグレーヴスが述べている（Carr and Greaves 2006, p. 80）:「本書の研究を重ねていく過程で，わたしたちが検討してきたジョークはおそらく二万点をこえる。その過程の半ばにさしかかったころ，ルーシー［グレーヴス］が一時的な「ジョーク盲」におちいった――可笑しいジョークとしょうもないジョークの区別がつかなくなる症状をおこしてしまったのだ。一方，ジミー［カー］は，ジョーク高地の奇妙な希薄な空気になれていたので，まったく罹患しなかった。」

こうして試行錯誤と洗練を重ねていくと，その結果として，聴衆の知覚構造の微妙なところをとらえる感覚とジョーク構造の理解が磨き上げられていく。それにもちろん，タ、イ、ミ、ングも洗練されていく。どうしてタイミングが大事なんだろう？　実は，タイミングが物をいう機会はそんなに多くない。[*7] ジョークによっては，誰が言っても可笑しいやつだってある。そういうジョークは，語り口を大幅に早めてみても遅くしてみても，可笑しがらせる力は目に見えて変わらない。でも，そうじゃないジョークだと，微妙なところの調節とタイミングの取り方を器用にこなす腕前が必要になる。そういうジョークを人から聞いて，友人相手に語り直してみても，ちっとも笑いがとれなくて，言い訳をするハメになったりする――「いやあ，エディー・イザードがこのネタをやったところをみてもらえたらよかったんだけどね。すっげー面白かったんだってば！」

イザードのやり方はぼくら凡人となにがちがうんだろう？　笑いの達人は、いろんな種類の意味論的ツールを利用して、自分の話に耳を傾ける聴衆のJITSAを制御してのける。うまくタイミングをとってチラッと目配せしたり、戸惑いや驚きや恥じらいの表情を浮かべてみたり、前に言ったジョークに言及するたった一言の台詞や身振りを用いてみたりするだけで、聴衆の心のなかに広がる意味論的な活性化の拡散は大きく変わってくる。有名なお笑い芸人は、自分の奇異な性格について世間で共有されている信念（ジャック・ベニーのドケチっぷり、ジョージ・カーリンのアナーキーな毒舌ぶり、ジョアン・リヴァーズの虚栄心）を活用して、聴衆の心に自動的な想定が生じるのをうながす。こういうネタだと、ぼくらがマネをしてみたって、大した成功は見込めない。誰のネタなのかあらかじめ断りを入れてから語り直しても、うまくいかない。

さらに、タイミングもある――ジョークを披露する腕前にはいろんな性質があるけれど、そのなかでもいちばん言葉で言い表しにくいのが、このタイミングの取り方だ。でも、本書ですでに記述しておいたユーモアのモデルによって、タイミングの問題はうまく予想されるし、かなり単純に言い表わせる：すなわち、「JITSAが展開するなかで、聴衆にまちがったコミットメントをとってもらうには、多くの場合、それに必須な誤推論をおかすのに十分な間をとりつつも、再確認をさせてしまう余裕は与えてはいけない。」あまり間を開けてしまうと、活性化がさらに拡散して、情報の衝突をきっかけに、鍵を握る信念が浮かび上がって認識的な疑いをかけられる確率が高まってしまう。[*8]　いったんそうなれば、ユーモア成功の見込みは潰える。かといって時間がなさすぎると、間違ったコミットメントにつながる推論がなされない。語りを追いかけて相手の心が先へ進んでしまい、ジョークが炸裂するための火種に関わるJITSAの道筋は無視され、それっきり消え去ってしまうからだ。こうしたタイミングのツールは、職業的な修辞家たちにとっても標準的な仕掛けだ——聴衆を引き連れて道をすすみ、ちょうどよい具合に内容を活性化し、聴衆たちの文脈でいかにも整合がとれていそうに思わせる程度の間を与えつつも、さらに文脈をもたらして聴衆たちが自分が聞き入っている事柄が頑健かどうか判断する余裕は与えないでおく。この点では、手練れの修辞家とコメディアンはだいたい同じことをやっている。両者のちがいは、コメディアンの方はまもなく相手を誤解させた手の内を明かすのに対して、修辞家の方はそうする意図をもちあわせていない、という点だ。

どの世紀にも、「本能タイプの」コメディ作家たちと自省タイプのコメディ作家がいる。本能タイプは自分の「天賦の才」についてほとんど秘訣を知らずにいるのに対して、自省タイプは思慮深く、あれこれと理論を立てようと試みるものの、これといって識別できる優位をそこから引き出していない。

コメディの才能は、美術や音楽の才能と似ていて、分析不可能で言葉に言い表わせないことでよく知られている。「コメディの才能は分解すべきでない天分だ、いちどバラバラにしてしまうと、もう元どおりに組み立てられないのだから」というわけだ。[*9] これと対照的に、マジシャンたちは自分が駆使している方法を方法論的に分析する傾向が強い。とりわけすぐれた分析家は、この芸術の博識な歴史学者も兼任していることだってよくある。

スタンドアップ・コメディアンと舞台マジシャンのちがいはなんだろう? 最良のマジシャンは、自分の舞台にユーモアを取り込んで多大な効果をあげる。それに、コメディアンもマジシャンも、絶妙なタイミングがとれるかどうかで出来映えが左右される。さらに、コメディでもマジックでも、名手たちは観客をうまく誘導してかなり限定された道筋をたどらせることに専念している。観客に気取られないようにう

"On the other hand, maybe humor shouldn't be analyzed."
「ところで，ユーモアは分析しない方がいいんじゃないかな」

図 12.1
出典：< http://www.CartoonStock.com > .

まく誘導し、相手の思考プロセスをおどろくほどの水準で制御してみせる。マジシャンのジェイミー・イアン・スイスが、洞察にすぐれた論文を書いて、マジシャンたちによるこうした心の制御の成果をたくさんとりあげて詳細に検討している。そこで彼が言うように、「実のところ、マジックに独我論の余地はない。自分が想像できる心が自前の心しかないとすると、一貫して出し抜ける相手も自分ひとりに限られる――実際、多くの人はまさにそうやってマジックで生涯を費やしている」(Swiss 2007, p. 41)。スイスは、マジシャンのロベルト・ジョビの言葉を引いている：「マジックの効果は、演者の手の中で起こるんでもなければ、彼が立っている舞台で起こるわけでもないし、彼が操っている小道具で起こるわけでもない。観客の頭の中で起こるんだ」（ibid., p. 42）。
もしそうだとすると——ぼくらもそうだと思ってるけれど——、コメディアンとマジシャンのちがいは主に二点しかない：両者とも、いかにも不可解なことのない明瞭なところから衝突をつくりだしてみせる。そのため、こちらが感じる混乱は、彼らの落ち度ではなくてこちら側がなにかヘマを踏んだために生じている。そこで第一の相違点は、マジシャンは——おもしろがらせるのではなく、（おもしろがらせると同時に）不思議がらせようとして——大事な細部を除外しておく。その細部がわかれば、見ているこちらがバグとりをする助けになるのだが、それを隠してしまうので、こちらはたいてい降参するほかなくなる。こうしてぼくらはマジシャンの手管によって、衝突にはまりこんだまま、心地よく愉快な気持ちになる。これと対照的に、コメディアンたちは大半の場合に一瞬だけ混乱に陥らせてから、それを払い去るのにちょうど足りるだけの情報を観客に与える。そして、もちろん、第二の相違点とは、コメディアンは典型的に小道具を使わずにただ言葉と身振りだけで観客の心を手玉にとるところだ。

4　文学における喜劇《コメディ》（と悲劇）

ブロードウェイで乞食が通行人に近寄り、ちょっと金を貸してくれないかともちかける。通行人は傲慢な口ぶりで答える：「借り手にも貸し手にもなるなかれ——ウィリアム・シェイクスピア」
これに乞食が一言：「くそくらえ《ファックユー》——デヴィッド・マメット」

公園のベンチと英文学の学生のちがいって？

ベンチは一家4人がよりかかっても大丈夫だよね。

文学における喜劇《コメディ》については、すでに大量の学術文献が積み上がっている。この題材の宝庫にぼくらの理論がどう当てはまるか示せば、実に興味深いことになるだろう。ただ、その議論の端緒にとりかかるだけでも、さらに本が一冊書けてしまう（いや二冊かな）。そうした課題に手を染めるかわりに、ここでは、そうした仕事にもっとふさわしい人たちに少しだけ指針と忠告を述べることにしたい。

ぼくらの予想どおり、科学がぼくらの理論を裏づけ始めたなら、文学の分析や修辞学の研究者たちにも、ぼくらの理論を自分たちの分析に応用してみてほしい。作家ごとにさまざまな刺激提供装置をどのように組み立てているのか、説得的な分析が見られれば、興味深いだろう——たんに一文だけでも短い物語でもなく、本一冊くらいの長さがある作品を取り上げる。そうした作品には、挿話がいくつもちりばめてあって、読者をあっちこっちに脇見させたり、本筋と関係ない呼び水効果をあれこれとつくりだして、さまざまな信念に対する暗黙のコミットメントに影響をもたらしたりするし、三人称ユーモアであればそうした間違ったコミットメントを他人がとっている様が描写されもする。そうした装置を作家ごとに調べてみると面白そうだ。また、作家ごとに、どんなタイプの結末を用意して——瞬時に劇的な結末をつけるのか、それとも中断を挟みながら段階を追っていくのか——結論に飛躍する元凶になった過大なコミットメントを明るみに出すのか調べてみても面白いだろう。それにもちろん、志向的構えを利用する名人芸がどんなものかも、明らかになるのが期待される。作家がユーモアの環境をつくりあげるとき、その環境はたんに読者の心のなかだけにあるのでもないし、登場人物の心のなかだけにあるわけでもなく、語り手の意図に関する読者の予想にもあるし、さらには語り手の意図に関する読者の解釈に関する作者の意図に関する読者の予想などなどにだってある。創造的な作家が滑稽《ユーモラス》な環境を構築する方法は数限りなくある。たしかに、そうした方法はすべて、なんらかのかたちで信念へのコミットメントの破壊に立脚しているけれど、方法にかぎりはない。ここで一つ、注意点がある：こうした分析は、本書の枠組みでやるにせよ、なにか他の枠組みでやるにせよ、ユーモアの本質を理解するのにいくらかでも近づこうというなら、聴衆の脳内に誘発される情動的・認知的効果の力学に注意を払わなくてはいけない。刺激提供装置（もっと伝統的な呼び方だと「芸術作品」）そのものを研究しても、それらがユーモアの媒体になっている理由は表層的にしか理解されない。（「持ち前の性質により可笑しい」ものは一つもありえないからだ。）

そうした分析により理解がすすみそうな問いには、次のようなものがある：「どうして作家たちは——ある種の人たちによって——より可笑しいと考えられる人とあまり可笑しくないと考えられる人がわかれるんだろう？」「どういう趣向の持ち主にはどんな範疇のコメディが魅力的になるんだろう？　その理由は？」「ある作家に特有のコメディのスタイルだとぼくらが認識するとき、手がかりになっているのはどんな特徴なんだろう？」「のぞき見の目（Boorstin 1990; 本書での前述の議論を参照、二三六頁）での超然とした態度はジョークでおおむね標準的だが、これがもっと共感的な目線に置き換わるのはどんなときで、その理由はどうしてだろう？」たとえば、戯曲家のニール・サイモンは、ジョークや気の利いた皮肉は避けて、客が気にかける登場人物たちの弱点やバランスの悪さがもたらす予想外の帰結からユーモアがたちのぼらせる：

見てる人たちが［登場人物を］気にかけているときには、ほんのささいなジョークだって爆笑を引き出せる。その場の出来事に熱中しているからだ」と彼は『プレイボーイ』のインタビューに答えている。「客が気にかけていなくて熱中していないときには、二分きざみでひっきりなしにでかいネタを投入するのが必要になる。しかも、それですら観客を満足させられないんだ。」(Lahr 2010, p. 73 からの孫引き)

これらの問いへの答えは、単純にも単発にもならないだろうし、おそらく、いくらか連携はとられるにしても、ユーモアの認知的仕組みよりも文学分析の伝統的ツールに依存する度合いが大きくなるだろう。コメディのスタイルはあれこれちがっていても、ユーモアをもたらす中心的な仕組みはすべて一つに収斂しているという事実があるとしても、だからってスタイルどうしの相違を明確化するのがかんたんになるわけではない――衣服のいろんなスタイルの分類を試みてみるといい。衣服はすべて人間の身体をなんらかのかたちで覆うものだけれど、だからってかんたんに分類できるわけじゃあない。同様に、コメディをつくりだすには多くの目的や動機がある。その点では料理と同じだ。ただ可笑しな人という評判を楽しみたいがためにユーモアをつくりだす人たちもいる。また、教育目的のために、ユーモアを取り入れる人たちもいる――心のあめ玉を使って読者の注意を引いたり、検討不足な前提を打ち壊すのに利用する場合もある。さらに、純粋な娯楽のために、愉しみ(と売り上げ)を増大させるためのユーモアをつくりだす人たちもいる。他にも、政治的な狙いがあって、ある領域(ジェンダー、階級、所得、民族、あるいは学術分野)の権力バランスを変えようと意図して、社会的な役割や習慣を皮肉る人たちもいる。ここでも、伝統的な文学分析のツールの方が、ぼくらの理論よりもこうした話題について言えることは多いだろうし、すでに言っているものと思う。

多くの文学理論家たちは、聴衆や読者の心に起こることの重要性を強調している――「読者反応」理論はその代表的な学派だ。いまや、芸術・人文学の伝統的な分析者たちの非形式的な概念と内観の手法を超えることが可能となっている。文学作品の分析の基礎に、認知科学の概念を使いはじめられる。心のなかに出来事を探し、ＪＩＴＳＡの観点を真剣に考えれば、いろんな作家たちが――あるときは故意に、またあるときは知らず知らずのうちに――生成する効果の多くを理解するのに、さまざまな影響がでてくる。たとえば、シェイクスピアの傑出した専門家であるスティーヴン・ブース（Stephen Booth）（カリフォルニア大学バークレー校英文学名誉教授）は、ぼくらの研究ととりわけ調和する重要な考え方を二つ、主張している。一つ目の主張は、「観念的なダジャレ」（ideational pun）、二つ目の主張は悲劇に関する彼の見解だ。

観念のダジャレまたは「ダジャレのようなもの」は、ブースの造語で、「ある観念と表現しうるか、その観念に関連がありうる――しかし表現しても関連してもいない――言葉とその観念の相互作用」を指す（Booth 1977, p. 465）。観念のダジャレは、ユーモアの地位に近似する出来事を心のなかに喚起する。その出来事は――あらためて考えてみると――どこか可笑しいと思われるものの、どこがどう可笑しいのか判然としない。ブースが強調するように、観念のダジャレは意識の閾値の近傍またはその下にある。それ自体には注意を引きつけないので、観念のダジャレがもたらす効果は微細だ。ユーモアの前提条件である矛盾検出の過程では意識が重要だと本書では強調してきた。だから、観念のダジャレはユーモアとは言い切れないし、それ自体で笑いを誘発するわけでもない。ただ、観念のダジャレは、ミクロ情動的なズキズキを誘発し、これによって、観念のダジャレが生じたのが感じ取られることがある（とくに、ブース自身のように、観念のダジャレの存在に感覚が調節されている場合はそうだ）。ときとして、読者のみんなもこの「ダジャレのようなもの」に気がついて、意識的にこれを感じ取り、もしかするとこれを敷衍して可笑しく感じることすらあるかもしれない。すると、著者がこれを意図していたのかどうか、疑問に思うかもしれない。ぼくらの観点から見ると、これは完全に選択の問題だ。コメディアンと同じく、詩人も、自分がこれまでに学習して産出するようになった効果がなぜ・どのようにして達成されているのか、ほとんど洞察をもっていないかもしれない。まして、そうした効果をみずから意識して意図してなどいないだろう。ブースは、この点をこう述べている：

筆者はこう提案したい。シェイクスピアが文法的・論理的に不作法な観念を用いている。そうした観念は、他の文脈での習慣的用法ゆえに、言葉に潜んでいる。あるいは、シェイクスピアがリズムと韻を使う方法に潜んでいる――シェイクスピアが観念どうしの「韻を踏む」方法、そして、観念と音声の「韻を踏む」方法に潜んでいる。これによって、押韻に似たパターンがうまれ、文法外の意味が音声とつながりをもったり、文法外の意味どうしがつながりをもったり、あるいは、文法に活発にはたらいている意味とつながりをもったりして、そこから、シェイクスピアのソネットに論理外の結束性がつくりだされている。シェイクスピアは、もっと粗雑な条件下で我々にダジャレをつくらせ理解させる心的能力にはたらきかける（play）。(1977, p. 371)

ブースの最後の一節を利用して、彼の論点を例示しよう。ブースは、あえて動詞の play「はたらきかける」（主要な意味または意図された意味）と、Shakespeare's plays「シェイクスピアの戯曲」とのなじみ深い連想をつなげて混乱させようとしているんだろうか？　この一節に先だって、「新批評の放縦な創意」(“wanton ingenuity of disciplines of the new criticism”) をからかったばかりの文脈で、faculties「能力／学部」と cruder「より粗雑な」を並置しているのは、そのからかいと呼応して、より粗雑な学者たちの発見（または妄想）の信頼を意識下で落としているんじゃないだろうか？　話を単純にするため、観念のダジャレを示すあからさまにわかりやすい例をつくってみよう。

二人が世話した庭には花々が咲き誇っていた。だが、いまではジャニナと彼女が愛する者が永遠に別れようとする今、彼女はチューリップの葉がしおれる様を目にしていた。（The garden has flourished under their care, but now as Janina and her lover part forever, she sees the tulips' leaves are wilting.）

単純な分析家なら、これ見よがしな象徴を指摘するかもしれない。ここには、二人のラブストーリーと、チューリップがしおれていく様を対応させる象徴関係がある、というところだろう。でも、ブースの観点に同調している人にとっては、それよりもっと興味を引くことが読者の心中で起きている：所有格のtulips'「チューリップの」は、“two”（二人の）と“lips”（くちびる）の音声をそっくりコピーしたものになっている。これが、理解する側の心で展開するＪＩＴＳＡにおいて、最初に活性化される意味となる。通常、こうした活性化は、あいまい性除去が瞬時になされるとともに、すぐさま消え去っていく。でも、この場面には二人の恋人たちの別離が（さらには、そうした別離を耳にするとただちにデフォルトで補完されるキスも）関わっているため――完全な誤解釈をもたらすほど十分に強くはないとしても――tulips'と聞いて呼び水《プライミング》が入り、圧力がかかってtwoとlipsの意味が活性化され、強く意識にのぼることとなる。この駆け引きに、さらに次の点を付け加えてもいい――leavesは第二の解釈として動詞にもとれる。ここから、調和と文脈に起因する、同様の呼び水《クロスプライミング》の上乗せがかかる。（もちろん、そこでおしまいってわけじゃあない。）ここでは、なんら誤解釈への完全なコミットメントはとらえていないし、完全なユーモアが起こってもいない。ただ、ユーモアに関わっているのと同じ神経力学の多くがここでも起きていて、読者はそれと気づくことなく、必要以上の連関をここに感じとるかもしれない――表層に見える以上の意味がここにあるように感じることもあるだろう。だからこそ、ブースはこれを「ダジャレのようなもの」と呼ぶわけだ。

本書の考え方とよく調和するブースの論点の二つ目は、シェイクスピア作品（とすぐれた文学すべて）にみられるミクロ情動の役割に関する彼の主張だ。一九六九年の著作『シェイクスピアのソネットに関する論考』（An Essay on Shakespeare's Sonnets）で、彼は、読む経験によって喚起される読者の情動が、ミニチュアの規模で、いかにしてその作品の意味論的内容を反映し、その経験を深めうるのか、記述している。たとえば、ソネット33に関して、彼はこう述べる。「統語的パターンに関して自信をもって予想していたのが裏切られるたびに喚起される経験は、『この詩の主題はこれだろう』という予想が裏切られる経験を鏡に映し出すミニチュアとなっている」（Booth 1969, p. 55）。おそらく意識の閾値ギリギリ下には、さまざまなミクロ情動があり、自分でもなぜ・どのようになのか言えないとしても、これが詩を読む経験に色合いをつけているんだろう。同様に、さらにのちに出した本で、ブースはこの概念を使って悲劇における「不確定」（indefinition）の役割を述べている。悲劇とは、具体的に『リア王』のことだ：「シェイクスピアは、戯曲が終わったあとに物語の結末をもってくる。（…）この戯曲は、観客に観客として苦しませる。『リア王』が終幕してもそこで止まることがないという事実は、この戯曲に関する一連の同様の事実があるなかで、たんに最大の事実だというにすぎない」（Booth 1983, p. 23）。観念のダジャレという彼の見解と同じく、この主張にもＪＩＴＳＡを思わせるところがある。ブースに言わせれば、悲劇は不確実性とミクロ情動の反復的経験に周到に立脚している。その不確実性とミクロ情動は、結末を引かない行為と言葉によって導入される不確定によって喚起される。ブースにとって、悲劇は物語の内容というより、観客の経験の問題なんだ。物語をとおしてこうしたさまざまな認識的情動が絶え間なく次々に喚起されるのを繰り返し経験するところに悲劇があるとブースは考える。彼はこう述べている。「私見では、戯曲『マクベス』の悲劇とは、登場人物マクベスの悲劇ではないし、舞台上で起きているのでもない。悲劇は、観客のなかで起こる。ミニチュア規模では、あれこれの範疇が当てはまりそこなうことが悲劇であり、また、大きなところでは活発な道徳的範疇がそれにふさわしい行動や行為者をもちえていないことが悲劇なのだ。」(ibid., p. 109)。「不確定」からくる、こうしたささやかな認識的失望の総和が、戯曲のはじめからおしまいまでぼくらに絶え間ない不確実さの感覚をもたらし、終幕後も長く尾を引く感覚を残す。その感覚が「悲劇」と呼ばれているんだ。[*10]

ここでブースの研究を論じたのは、ぼくらの理論が文学批評家・理論家たちの研究と合流する方法の一例を提示しようと思ってのことだ。ここで、人文学の思索家たちがよく出してくるおなじみの防衛反応を未然に防いでおきたい：ぼくらは、彼らの企図を置き換えたり反駁したりするつもりはない。そうではなくて、彼らの視座を裏打ちし拡大するために、これまで無視されたり後回しにされたりしてきた心理学的・生物学的な詳細に立ち入っているんだ。[*11]

5　人を癒すユーモア

最初に、医者はいい知らせを教えてくれた――この病気はぼくにちなんで命名されますよって。

――スティーヴ・マーティン

土地持ちで、株持ちで、金持ちで、所帯持ち――もはや持ってないものはないって男になにを与えるというの?

抗生物質だね。病気持ちだろ。

――カー&グリーヴス Carr and Greeves 2006

人を癒すユーモアという考えは、べつに新しいものじゃない。古くから格言に言われている:「笑いこそ最良の薬」。この格言は少なくともジェイムズ王の欽定訳聖書にまでさかのぼる(箴言 17:22、欽定訳聖書:Martin 2001 からの孫引き)。とはいえ、この言葉を真剣に考える医者がみられるようになったのは、かなり最近になって起きた変化かもしれない。一九七一年に、パッチ・アダムズ博士と友人たちが病院を建設した――「お達者医院」(ゲズントハイト・インスティテュート)という名のその病院は、肯定的な態度を原則として創設されている。周知のとおり、そうした原則には、滑稽《ユーモラス》な娯楽も患者の治療形式として含まれている。この病院はいまも健在だ。

また、笑いはむしろ予防的な治療なんだと主張する人たちもいる。マダン・カタリア(Madan Kataria)博士は一九九五年にはじめてインドで「笑いヨガクラブ」(Laughter Yoga Club)をはじめた。いまでは世界中に支部を広げている。数千人にのぼるクラブの会員たちは、定期的に集まってヨガの呼吸法と笑いのエクササイズを実践している。なにも可笑しくなくても、がんばって非デュシャンヌの笑いを起こし、その場がいかにも滑稽そうな雰囲気になり、みんなに自然と笑いが感染するまで笑いつづけることもある。この笑いは、かなり長時間つづけられる。彼らは、これが治療状態を改善すると信じている。ケルトナーたち(Keltner and Bonanno 1997)によれば、よく笑う人は――デュシャンヌの笑いに限られるが――死別のつらさから急速に回復すると予測される。興味深い結果だね。ただ、一つ留意しておこう。因果関係はどちら向きにも進みうる。それに、こうした笑いがたんに基礎的なおかしみ報酬を――これも社会的共有報酬だ――示すシグナルにすぎないのか、他の要因なのかも不確かだ。この話題に関してなにかと思弁をめぐらしている人たちは多いけれど、ユーモアと笑いが現に健康に影響するのかどうかは異論の余地がある。警戒を払いつつ、ぼくらもこの思弁をめぐらす伝統に連なり続けることになるだろう。

『サタデー・レビュー』の編集長を長くつとめたノーマン・カズンズは、情動が治癒に寄与するという考え方を強く支持していた。カズンズは、ビタミンCと笑いのカクテルで自己治療して病気から回復したとされる民間伝説の人でもある（カズンズは強直性脊椎炎に罹っていた。脊椎の痛みを起こす炎症性関節疾患だ）。おそらく、彼の話（Cousins 1979）に触発されて、多くの人たちが、科学的または個人的に、人を癒すユーモアという考えを探究している。でも、決定打になる科学的な証拠はそろっていない。これまでに、多くの理論（e.g., Fry 1977, 1994; Kataria, Wilson, and Buxman 1999）と研究（e.g., Dillon, Minchoff, and Baker 1985; Lefcourt, Davidson-Katz and Kueneman, 1990; Lefcourt et al. 1997）が、ユーモアの治癒力という考えを支持しようと試みてきた。でも、これらをはじめとする大量の研究文献を検討したマーティン（Martin 2001, 2004）は、ユーモアに治療の効用があるというのは疑わしいと述べて、笑いが鎮痛にいくらか効果を発揮する可能性だけを支持している。第六章で論じた情動やその他の感情的な感覚（affective sensation）の統合的な定式化のもとでは、おそらく、肯定的な感情（笑い）が否定的な感情（痛み）を減らしたりうすめたりする効果をもたらすのは驚くにあたらない。いろんな情動が誘因価をめぐって競っていることや、情動は注意を奪い合う知覚刺激なのだということを考えれば、これは不思議なことじゃない。マーティンは、さらにこうも言っている（Martin 2001, p. 514）。「同様の［鎮痛効果の］発見は、［他の］マイナスの情動でも得られている。……このことから、観察される鎮痛効果は一般的に情動的な興奮に起因するのであって、誘因価のプラスマイナスを選ばないことが示唆される。」だからって、人を癒すユーモアという観点をすっかり無視していいと言いたいわけじゃあない。ただ、これまで得られた証拠は弱いというだけだ。マーティンの不満は主に方法論に関わるもので、その点が解決されれば、もっと注意深い研究ができるようになるかもしれない。

ユーモアが人を癒すのではないかというあれこれの推測に本書で加える論点は、痛みとは無関係だ。そうではなく、おかしみが情動的に非対称だという事実に基づいている。典型的に、ある情動とその情動を喚起する内容は、密接に関連している——危険なものは恐怖を引き起こすし、美しいものは喜びを引き起こす。でも、おかしみというプラスの感情状態の引き金になる内容は、プラスでもマイナスでも、さらには中立でもありうる。こうした内容は、ときに驚くべき効果を引き起こしたりする（第九章で言及した、暴力的なビデオゲームからもたらされるプラスの情動や悲劇に対する笑いを思い出そう）。さまざまな情動があるなかで、おかしみがもつこの特性は珍しい。誘因価を選ばないというこの特性は、いろんなかたちで利用されうる——し、現にこれまで利用されているのかもしれない。二〇〇三年の著書『緊急時サバイバル読本』（Deep Survival）で、ローレンス・ゴンサレスは、戦闘機パイロットたちが空母での危険な離陸や着艦の際に縁起でもないネタのユーモアを使ってパニックを防いでいる方法を記述している。悲惨な事態についてジョークを飛ばすこと——マイナスの誘因価を帯びた内容を使ってプラスの情動をつくりだすこと——によって、パイロットたちは、危険な任務を遂行するために必要となる場違いな陽気さを発揮できているわけだ。これ以外に、これまでに示唆された可能性を挙げると、マイナスの情動がマイナスの内容をもたらしマイナスの内容がマイナスの感情をもたらすフィードバック・ループを断ち切るのに、プラスの情動を使えるのかもしれない。

このフィードバック・ループは、古典的な再帰問題だ――つまり、ループの出力によって、（減衰係数を上回る数値で）それ自体の入力が増大される（か、少なくとも反復される）というプロセスは、終わることなく持続してやがて崩壊にいたる運命にある。[12] だれでもおなじみの現象だと、マイクとスピーカーの間でフィードバック・ループが起こる〔いわゆる「ハウリング」〕。実は、認知版のフィードバック・ループ現象も存在する：たとえば、頭の中にこびりついてしまった歌は、自己活性化する――旋律には循環的な性質があるので、最後のスタンザを口ずさむと、どうしても冒頭からもう一周せずにいられないことが多い。認知的フィードバック・ループのもっと厄介な例だと、憂鬱な考えに端を発するものがある――この場合、発端となった憂鬱な考えからマイナスの情動が引き起こされ、それが心の中でいつまでも尾を引き、そこから、その情動を引き起こしたものをあらためて考えずにいられなくなってしまったりする（その考えは、発端の考えと同じものかもしれないし、別物かもしれない）。こうして拡散賦活が起こり、これがマイナスの情動をいっそう強める。こうして、サイクルが繰り返される場合がある。[13]

こうしたマイナスの内容のフィードバック・ループは、心理的に害を及ぼしうる。また、それに伴って行動が現れれば、身体的にも害を及ぼすことすらありうる。場合によっては、まさしくユーモアがこの種のサイクルを直すのに必要だったりするかもしれない：繰り返される同じマイナスの思考を、滑稽《ユーモラス》な転移によってひっくり返し、おかしみというプラスの情動を生じさせることができれば、このフィードバック・ループを永続的に破るまでいかなくとも、一時的に阻止するくらいはできるだろう。ユーモアは「マイナスの感情から気をそらす」という仮説を、ストリック（Strick et al. 2009）が提示している。この種の気そらしが短期的に機能するのを彼らは示している。また、これをさらに拡大すれば、ここで記述している気分（mood）の情動的フィードバック・ループに適用できるかもしれないとぼくらは考える。こうして考えると、昔から言う「笑いこそ最良の薬」の警句もいくらか正しいのかもしれない——ユーモアは、鬱のサイクルを癒すのにちゃんと一役果たすのかもしれない。

第一三章　おあとがよろしいようで

こうしてインドスタンの男たちは
大声をあげてえんえん口論し
おのおの自説を開陳したが
ますます意固地になるばかり
なるほどそれぞれ正しいところもあったが
雁首そろえて間違っていた

——ジョン・ゴッドフリー・サックス「盲人と巨象——ヒンドゥー寓話」（1873）

　盲人と巨象に関するこの寓話は、繰り返し科学と哲学で再演されてきた。これまで、長年にわたって、ユーモアに関する理論が多数提示されてきたが（第四章）、なるほどまったくの間違いというわけではなかった——それぞれに、巨象のどこか重要な側面は記述していた。間違っていたのは、自説こそが他のすべての理論にとってかわる対案だと宣言していたという点だ。このヒンドゥー寓話を本心から受け止めて、自然に向き合うときぼくらはそれぞれにこの盲人たちの立場にあるんだと理解すれば、いま欠けているのは、巨象のさまざまな記述を統合して——それぞれの理論が手探りによってつかみとった部分部分をまとめあげて——どの理論もたしかに正しかったと示してやる方法だ。

ユーモアに関わるメンタルスペースには、誤信念（間違った構築物）が含まれている。したがって、このスペースは誰かがその間違いをしでかしたのだということを示している。笑う側は、いつでもその間違いを発見したばかりの人物だ。さて、この間違い発見者が同時に間違いをしでかした当人だった場合、そのときにふさわしい情動的反応は無念、くやしさ、または陰鬱だろうし、ことによると恥や怒りがわき起こることもあるだろう。ところが、ホッブズが言うように、自然はそうやって不機嫌になるより間違い発見の栄光にひたりやすいように仕組んでいる。間違いを発見して笑う者は、たいてい、その間違いをしでかした当人に対してある程度の優越感を抱く。そして、ホッブズが言うように、その人物は、他人かかつての自分のどちらかに決まっている。そのため、優位理論家たちにはいくらか擁護できる部分がある。ユーモアには決まって判断の要因がからんでいるからだ：この点は、優位理論を触発してきたユーモア事例には一目瞭然に見て取れる。他人や他集団がジョークのカモになっているジャンルでは自明だ。非対人的ユーモアの事例だと、愉しみのもとになる優越感は、のちの自分がかつての自分に対して抱くかっこうになる。自分がバグをみつけて修復すると、突如として、その自分はちょっとばかりすぐれた人物、ちょっとばかり利口な人物、ちょっとばかりものを知っている人物ということになるわけだ。さらに、優位理論からは、シャーデンフロイデの（帰属先を間違った）喜び、または競争相手や外集団への侮蔑がユーモアの愉しみに加わるという洞察をもたらしてくれる。不一致解決理論家たちの洞察は、本書のモデルに埋め込まれ一般化されている——不一致は、間違ったコミットメントをとったり発見したりするにいたる、ありがちなきっかけだ。また、「驚き」理論家たちも、いくらか正しいところがある。驚きは、特定の予想が裏切られたときの反応だ。コミットメントをとられた活発な信念が誤っていたという認識こそ、まさしく、それに他ならない。一人称ユーモアは驚きをもたらすはずだ。また、三人称の場合、発見される誤信念は自分がしでかしたものじゃあないとしても、その相手がまさかそんなことにコミットしていたということが驚きになるだろう。変化が急速なことでも、ユーモアに驚きが感じ取られる。とはいえ、ユーモアを存在させるのは、驚きそのものとはちがう。そうではなくて、ユーモアを生じさせるエピソードには、おうおうにして、そのバグとりが同時に驚きをも引き起こすような構造〔誤信念〕が含まれているんだ。この点をもうちょっと明快にしよう：このバグとりが急速でなく、ゆっくりと少しずつ明らかになっていく場合には、そうやって明るみに出るまでの中間段階――当該の信念を疑うという行為――によって、あらかじめコミットメントが解除されてしまい、実際に証拠によってこのコミットメントが打ち壊されるまでもなくなってしまう。するとまもなく、その「いまやコミットされていない信念」が間違いだったのが発見されたとしても、それではユーモアを引き起こすのに不十分だ。これだと、瞬時の発見がなされなくなる。解放（または両価性）理論家たちも、このモデルに自分たちの直観を裏付けるものを見いだすだろう。ヒューロン（Huron）のトランポリンは、音楽と並んでユーモアにも当てはまる。消えそうなほど瞬間的に生じるマイナスの誘因価を帯びた情動的反応が先行することで、プラスの巻き返しがいっそう強められるという「トランポリン」は、ユーモアでも成り立っている。また、ユーモアの核心部分にあるのはバグとりにともなうプラスの情動だという点にもぼくらは同意するし、それだけでなく、ユーモアに先立つ状況で不安や混乱といったマイナスの感情がある場合、ユーモアにつながる発見は、かなり確実に、一定量の安心・解放感をもたらす。したがって、その発見は過去からいまにいたるセラピスト志願者たちに評価されていたと予想できる。ちょうどハーブや治療の儀式がもつとされる鎮痛特性と同じく、ユーモアは治療効果があると考えられていたはずだ。コメディアン・音楽家・菓子職人・ポルノ作家・シャーマンは、ぼくらの神経システムに根付いている様々なバイアスを利用して自分の顧客が切望する効果をもたらす方法を、試行錯誤によって探り当てていた。そうした人たちは、もちろんこの五つの職業にかぎられない。

1 「20の問い」への回答

ユーモアの分析は、カエルの解剖みたいなものだ。興味をもつヤツなんてめったにいないし、カエルは死ぬ。

——E・B・ホワイト

ここまでくれば、伝統的なユーモア理論がそれぞれつくりだされてきた理由はよくわかる。それぞれに、ある点ではかなり深いところまで正しかったんだ。どの理論も、ユーモアが機能する方法の重要な側面をぼくらに教えてくれた。さて、ぼくらのモデルはすでに提示し終えているわけだし、ここで、必須事項として掲げた問いにこのモデルがどう答えるか見ていき、本書が本当にユーモアの完全な説明をしているのを確かめるとしよう。現時点で、ぼくらの答えの多くはかなり繰り返しが多く聞こえるだろうし、なかには、平凡で自明に思えるやつだってあるだろう。それでも、質問リストを確認して、すべてに一貫して答えているのを確かめるのは、やるだけの価値がある。

《1》ユーモアは適応なのか?

ユーモアは、知識表象のデータ整合性を維持するプロセスを促進する情動的なメカニズムの一部をなしている。このプロセスによって、間違った推論や致命的失敗を犯す確率を確実に減らせられるようになる。こうした形質がなかったら、ぼくらみたいに複雑な認知エージェントは、実践編ですぐさま死ぬこと確実だろう。

トゥービーとコスミデスの指摘によれば、虚構《フィクション》をつくりだしてこれに入れあげたりといった美的活動に人間が参加する説明で、進化論的に容認できるものは、大きく二つの範疇に分かれる：第一の説明（彼らが支持する説明）は、こうした活動は何らかの適応的な目的に役立つ（あるいはかつて役立っていた）というもの。その適応的な目的は、容易につきとめられないこともある。第二の容認可能な説明は、こうした行動は他の適応的機能からたまたま生まれた副産物で、たいして有害ではないので残っている、というもの。トゥービーとコスミデスは芸術をこの第一の範疇に入れるべきという論証を展開している。ぼくらも基本的にこれに同意する：芸術は、たしかに「脳を物理的・情報的に組織する」一助になる（Tooby and Cosmides 2001, p. 14）。メンタルスペースの構築とそのスペース内でなされるデータの操作・組織化のおかげで、安定していて信頼できる知識が可能となる。ぼくらはそこからさらに進めてこう主張する――こうした心のなかの「美学的」行動は、また別の形質の集合によって遂行されている：その形質とは、あれこれの認識的情動だ。

ただし、ぼくらのユーモア理論は、トゥービーとコスミデスがあげる進化論的説明の範疇どうしを架橋している。ぼくらの主張はこうだ。おかしみと認識的情動には、もともと適応的な目的があった――知識の維持管理という特定の課題がそれだ。この点では、トゥービーとコスミデスのいう第一の範疇に分類されることになる。虚構や芸術と同じ仲間だ。でも、今日の人間が数え切れないほどの時間をユーモア消費に注ぎ込んでいることを考えれば、このもともとの機能は後景に退く。世間に出回るおもしろミームは、誰かの意図によらない改変と少しずつ変化を加えていく文化的複製によって設計されたものもあるし——「民間おもしろ」(folk funnies)とでも呼べるだろう——コメディアンたちによる知的な(再)設計の産物もある。こうしたおもしろミームどもは、ぼくらの生得的な笑いのツボをハイジャックして、みずからの複製・拡散に利用してきた。こうしてもたらされたのがぼくらのユーモア中毒で(後述する問い《3》と問い《17》の箇所を参照)、これはとりたてて人を衰弱させるものではなく、ぼくらに多くの愉しみをもたらしてくれる——もちろん、その愉しみの方が、ぼくらにとっては遺伝的適応度なんかより重大事だ。

《2》ユーモアはどこからやってきたのか?

とにかくなにかを学習できるいちばん単純な生物(配線が決まっている「ダーウィン型」生物に対して「スキナー型」と呼ぶ:Dennett 1975, 1995, pp. 373-383)は、その神経システムの生得的特性として、環境内で局所的に生じる規則性をつかみとりそれにふさわしい反応(いいものを見つけ出し、わるいものからは逃げる)を導く回路に「報酬を与える」またはこれを強化するようになっている。こうした生き物は、この特性のおかげで、みずからの生涯で有用な習慣を獲得できる。でも、この生き物はあれをするかこれをするかという選択肢を(じぶんに対して)表象できるわけじゃあない。そうした選択肢を考慮するためのメンタルスペースをもちあわせていないからだ。こうした生き物は、ある行動が呼び出されたらそれを実行するだけだ。もっと発展した脳なら、よりメンタルスペースに近いものを構築する——外界に関する情報を貯蔵して必要なときにこれを参照できる構造をつくれる(こういう生き物を「ポパー型」という)。ここにいたって、もっとも単純なかたちのデータ整合性の確認が登場しなくてはならなくなる。新しい入力がこれまでモデルに貯蔵されているものを矛盾をきたしたなら、どこかで調整して、保持すべきものと捨てるべきものを分類しなくてはいけない。誤りのおそれがあるとしても、そうしなくてはいけない。進化の途上で次に登場するのが、複数のメンタルスペースを保持する能力をもった「グレゴリー型」生物で、これは虚構や反事実仮想をあれこれ思い浮かべることができるし（Fauconnier and Turner 2002）、「心の理論」（志向的構え）ももちうるし、さらには、創造性や問題解決能力とならんで、今日見られるようないっそう洗練されたかたちのユーモアももちあわせている。

これに加えて、いまここの現実以外のどんな文脈にもメンタルスペースをつくりだせる能力をそなえた種はヒトしかいないのかもしれない。虚構や反事実的なシナリオを複数のメンタルスペース内に維持する能力があるおかげで、ぼくらがもちうるユーモアの機会はずっと多くなっている。類人猿にも一人称現在の知覚的現実で機能するユーモアに似たメカニズムが備わっているとしても、彼らには自分が発見したことを伝達するための能力がなく、したがって、笑いを添加すべき実践もない——せいぜい遊び行動や虚偽の警戒音声にとどまる。

《3》ぼくらはどうしてユーモアを伝達するんだろう？

ユーモアの伝達のはじまりは、ニセの攻撃行動や遊びの最中に「じぶんは完全にホンキでやってるんじゃないよ」と仲間たちに知らせる方法だったのかもしれない。これがもたらす効果は、仲間どうしの共同行動が攻撃的に発展して暴力にいたらないようにとどめるものだった。のちに、笑いはもっと複雑な社会環境での用途に転用された。とくに、配偶者候補の気を引く知性誇示の用途と、多様な方法でなされる社会資本のやりとりの用途に転用された。滑稽《ユーモラス》なお話やジョークを語ったり語り直したりというユーモア伝達の形式は、しだいに（文化的に——コメディ遺伝子を仮定する必要はない）進化していき、笑いという半ば随意的な伝達的傾向を利用するようになった。ジョークを語るとき、ぼくらは自分が特定のユーモアの事例を理解・評価していることを示している——し、自分の聞き手たちもそうしていると考えている。（誰かにジョークを語るのは、見せびらかしであるのと同じくらい、追従でもある。）ユーモアは知性と共有知識・共有見解を誇示する媒体へと進化したんだ。

ジョークは、ミームとして（あるいは「ゴロツキ文化変種」として：Richerson and Boyd 2005）、このうまく設計・維持管理された情報ハイウェイで次々とヒッチハイクをつないでいける。遺伝的な選択によって進化したぼくらの持ち前のユーモア好きを利用して、こうした準独立的な情報体（information entity）は、（同じ個人が反芻したり、繰り返し語り継がれることで）みずからの複製を育成していける。このとき、複製の成否は、ジョークが具体的に宿主たちに提供する適応的な利点から独立している。インターネットのスパムと同じく、アホくさくてムカつくユーモアは、潜在的な配偶者候補やライバルや敵に好ましい印象を残す見込みは薄くても、この媒体で繁栄しうる。消し去るのが困難でゲンナリするほど感染しやすい「悪習」において、ワラワラと栄えることができるんだ。こうしたゴロツキ文化変種は、さらに、独自の軍拡競争をつくりだすにいたることだってありうる。徐々に文化の生態系ができあがっていき、これじたいが独自の生を送り始める可能性もある（近年の映画 The Aristocrats（『貴族たち』）で例示されているように）。

《4》どうしてぼくらはユーモアに愉しみを感じるんだろう？

おかしみの愉しみは、データ整合性の確認という具体的な課題をうまくやったときの情動的報酬だ。これは、ぼくらを動機づけて、この先もこの特定の認知行動を続けさせるように（進化によって）設計されている。したがって、おかしみは発見の快感に関連があり、これにともなって生じることがよくある。でも、両者は別物だ：この二つは、それぞれ別の認知行動に対して報酬をもたらしている。この視点をとってみると、驚くべき予想外のつながりに注意が向けられる：遊び心いっぱいにユーモアを愛することと、無矛盾律にまじめに忠実にしたがうことは、進化において同じ先祖にさかのぼるんだ。その先祖とは、時間に追われたヒューリスティックスによる検索エンジンを効果的に制御するシステム、すなわちぼくらの脳のことだ。

《5》どうしてユーモアに驚きを感じるんだろう？

これまでコミットされてきたメンタルスパース内の信念を明示的に刈り取ってくれるのは、驚きしかありえない。そのため、一人称では、ユーモアはつねに少なくとも穏やかな驚きになるし、多くの場合、ユーモアは三人称でも驚きになるだろう。

《6》判断が滑稽な刺激の内容に必ず含まれる構成要素となっているのはどうしてだろう？

あるメンタルスペースが無効とされるとき、そこにはいつでも、採用された論理がもたらす正否の主観的な構成要素がある：なんといっても、間違いがなされて、それが表沙汰になったんだ。したがって、すべてのユーモアでは判断が下される。多くのユーモアには高貴さ・卑しさの判断もある。この事実は、さらに社会的な競争の目的にユーモアを利用することから生じている。

《7》ユーモアがよく侮り・見下しに使われるのはどうしてだろう？

人間が装備している武器一式のなかでも、嘲り、罵倒、からかいは、しっかり実地検証済みの武器だ。

滑稽味たっぷりに相手の認知能力の欠陥をこきおろすと、そのユーモアの発言者とその聴衆たちがその相手との比較で優越している見かけを効果的につくりあげられる。聴衆たちも発言者と同じ精神を有した味方に引き入れつつ、それと同時に、発言者はたんに怒っていたり不正に不満を抱いているだけでなく温厚でもあるようにみせかけることになる。これは現代社会においてありがちなユーモアの用法だけれど、もともとそういう用途だったわけではないし、二次的な用途でもなかった。もともとの用途は、潜在的な配偶者候補や敵対者に対する知的能力の顕示だった見込みの方が大きい（ジョークの標的・カモはいたりいなかったりまちまちだ）。

《8》ユーモアがこれほど頻繁に失敗を指し示すのはどうしてだろう？

他でもなくそれこそがユーモアの仕事だからだ：ユーモアは、メンタルスペース内でなされた失敗・間違いを指し示す。また、ユーモアはそうした間違いとあわせてその改善策ももたらす。ただし、そうした改善策はたんによくある副次的効果でしかない。間違いの同定がユーモアの中核部分だ。

《9》ユーモアでナンセンスまたは不一致が果たしている役割はなんだろう？

ナンセンスの感覚は、メンタルスペース内でなされる誤推論の基礎になっているにちがいない（典型的には明瞭になっていない）矛盾がさらけだされることから生じる。

《10》不一致がユーモアを引き起こすのだとしたら、どうやって引き起こしているんだろうか？

ユーモアを引き起こすのは、刺激のなかの不一致じゃあない。間違いを含むメンタルスペースの発見とその脱構築に際して刺激のなかの不一致が一役買うことが多いのは、たまたまそうなっているだけだ。

《11》**人間や擬人化された対象にしか笑わないのはどうしてだろう？**

ユーモアの必要条件を備え付けられるのは心だけだ。笑いの対象は、自分の心のなかにあるなにごとかであるか、あるいは心をもつものや反事実的に心を帰属されうるものであるか、そのどちらかだ。

《12》**ベルクソンが言う機械的ふるまいが滑稽だという主張のどのあたりが正しいんだろう？**

ベルクソンが意図する機械的なものが起こるのは、本当はすべての環境で成り立っていない想定に基づいて誰かがある行為を繰り返したときだ。その人は、たんに間違ったメンタルスペースを抱えているばかりか、その同じ間違ったメンタルスペースを何度も繰り返し立てる執拗な習慣まで持ち合わせている。それ以上に大きな失敗は、このバグをつくりだすバグを検出しバグ取りするのに失敗している点だ。こういうかたちの反復的なユーモアは、「メタにまわって」、最適水準に達していない他人の外界表象にパターンを見いだす能力を利用している。より高いメタ水準のメンタルスペースを生成するぼくらの能力はたいしたものだけれど、限度はある。このメタへの上昇というプロセスによって明るみに出される執拗な失敗が、ぼくらには「機械的」に思えるんだ。

《13》**ユーモアを社会的な矯正手段に使えるのはどうしてだろう？**

ユーモアが社会的な矯正手段として機能するのは、ユーモアがときとして公に間違いを指し示すからだ。じぶんの至らないところが公になるのを避けるために、ぼくらはそうした間違いを犯すリスクを避けようと試みる。こうして、ユーモアは比較的やさしく行動の修正を促すわけだ。

《14》滑稽な刺激には幅広くいろんな種類がみられるけれど、これらをひとくくりにしているものはなんだろうか？

この点はもう自明になっているはずだ。あらゆるタイプの滑稽な刺激は、いったんメンタルスペースが構築されてからそこに過大なコミットがなされた信念が含まれていたのが判明するのに寄与する。

《15》遊びはユーモアとどう関係しているんだろう？

遊びのいろんな変種には、それぞれ独自の目的があるけれど、一部の形式の遊びは、くすぐりやその他のゲーム（とくに追いかけっこ）も含めて、おそらく最初期の（原《プロト》）ユーモアだろう。そうした遊びには、予想が裏切られたり、モデルが突如として修正を受けたりすることが関わっている一方で、完全な心の理論はまだ必要とされない。また、社会的な遊びは笑いの原初的な源泉で、これが進化してユーモア検出の自然な表出になった見込みが大きい。

《16》問題解決・発見・ユーモアにはどんな関係があるんだろう？

ディーコンやケストラーをはじめとする人たちが述べているように、「わはは！」と「あ、そっか！」の類似性は、両者がよく共起していて、しかも両者でよく使われる問題解決の仕組みがよく似ていることから生じている。それぞれ、単独で現れることもあるけれど、理解の欠けている部分を埋める解決（これが発見の感覚を引き起こす）がユーモアを促進するのは、べつにめずらしいことじゃない。問題解決によってジグソーパズルの新しいピースが追加されて、それでパズルの空所がきれいに埋まり、それと同時に、新しい矛盾がでてきて――それまで間違ってパズルに入れていたピースが見つかって――誤信念にハッと気づくきっかけになることもある。すると、そこにおかしみが生じる。

《17》ぼくらがこれほど強くユーモアを欲するのはどうしてだろう?

ぼくらがユーモアを強く好んでいるのは、ユーモアがくれる情動的報酬の設計によって、メンタルスペースにこっそり入り込んだ間違いを検索する習慣を育てるようにできているからだ。ぼくらがこの欲求からコメディ中毒にはまり込んで、テレビだの漫画だの本だのコメディクラブだのといった産業が何十億ドル規模になろうと、それは進化の関知することじゃない。ぼくらは、ジョーク、漫画、映画といった人工物をやりとりしたり売買したりしている。こうした産物は、どれもぼくらがバグ取りに喜びを見いだすという事実を利用して、そこからお金を引き出しているわけだ。すると、こうした産物を使用して、メンタルスペース内にバグをつくりだし、一種の心のマスターベーションでバグ取りを愉しむことができる。このマスターベーションの報酬は、オーガズムじゃなくておかしみだ。

《18》ユーモアによくみられる固有の特殊性はなんだろう?

心の中でつくりだされうる心的モデルは、その当人が持ち合わせている知識に特有なものになる。ある個人の心でつくりだされるどんなユーモアも、そこで利用できる知識に制約を受ける。ユーモアは、実際の真偽に左右されない。ユーモアを左右するのは、整合性だ。(メンタルスペースによっては、おおむね虚構だったりもする。でも、そうしたスペースにしても、相互に共有されているデフォルトの仮定がある。魔女は箒にのるけどホッケースティックにはのらないし，ドラゴンは火を吹くけど雪は吹かない。）だから，世間の大半にはべつに可笑しく感じられないことでも，たまたまある人はそれが自分の知識表象のどこかとなんらかのかたちで不一致をきたすのがわかったときには，その人は笑うことができる。

《19》ユーモアにみられる一般性はどんなものだろう？

人間だれしもにとって共通の知識になっていることはたくさんある。ぼくらは同じ世界に暮らしているからだ。かなりの程度まで，ぼくらはとてもよく似た知識構造をもっているし，そうした知識構造を使ってとてもよく似たメンタルスペースを展開している。だから，当然のようにぼくらはみんな可笑しいと感じることが共通しているんだ。

《20》どうしてユーモアに性差があるんだろう？

確実に，知性の評価は性選択で一役買っている。また，ユーモアがよりいっそう性に関わる競争目的に使われるようになるのにともなって，この形質の性別による隔たりが広くなっている。ただ，ほぼ確実に，これは生得的なちがいというより社会的な効果だ――認識的な目的に貢献するバグ取りのメカニズムは，両方の性で同等に有用だろう。プロヴァインのデータからは，男性の方がユーモア創出で積極的に競い合うバイアスがある一方で，女性はユーモアの目利きぶりで競い合っていることが示されている（Provine 2000）。ただ，女性より男性の方がユーモア能力にすぐれることをこの証拠は必ずしも示していないとすると，なにがその要因になっているんだろう？

前に言及しておいたように，無意識的な探り込みというワザは，おかしみのような隠れた報酬や，甘さのようなもっと実感しやすいはっきりした報酬と同じく、ダットンとアロン（Dutton and Aron 1974）の言う興奮の転移〔「吊り橋効果」〕にも同等に適用される〔第一一章、三六五頁〕。いろんな種類の興奮や快感を他人に引き起こすことをとおして、個々人は、自分の努力の見返りに、相手から注意を向けてもらったりや親しくしてもらったり、さらにはこちらに魅力を感じてもらったりできることを、暗黙のうちに学習するかもしれない。こうした見返りは探りを入れる側にとって報酬になり、そうした報酬をもたらした行為を繰り返すようにうながす。この種の探りはコメディアンたちや前述のように友人どうしだけでなく、女性を手にいれようとする男性たちも用いているとみて間違いない。この点にぼくらの注意をうながしてくれた匿名レビューアに感謝する。

　フェミニズム運動の発展により、近年、女性のエンパワーメントがなされているにもかかわらず、繁殖コストのちがいに起因する根深い生物学的な男女の相違（Trivers 1972）は、いまだにぼくらの現代文化に影響をおよぼしている。大半の場合、男性は能動的に女性の気を引こうと行動する。男に対してより好意的な態度を女性から引き出せる行動は、どんなものであれ、女性を追い求める目的に有用だ。そのため、男性は――女性よりも――こうして強化された行動による探り込みを通して、ユーモア産出は興奮の転移のおかげで効果的な戦略なのだと学習するのかもしれない。そうやって学習した男性たちがこの戦略を利用するようになれば、プロヴァインのデータにみられる性差がもたらされるだろう。

　興奮の転移は次のようにして「求愛行動としてのユーモア」で役割を果たしうる（ダットンとアロンの吊り橋実験とだいたい同じだ）：過大なコミットメントをとられた誤信念が気分良く検出されるという心の中の出来事によって、ユーモアを堪能する側の内部にプラスの興奮が生じる。この興奮は、（不正確な功績認定により）この出来事でいっしょにいた相手に関するプラスの興奮へと転移される。さっき述べた性的競争に関する論点は、これでもまだ成り立つ——どちらの性別の人も、ユーモア産出とユーモア理解の観察を通してお互いの知的能力を判断する見込みは大きいはずだし、このツールは配偶者選択に使われるはずだ。ただ、相手を追い求める際の興奮の転移効果の方が、「男性の方がよりユーモア産出に向かいやすい」という強いバイアスをうまく説明できる。

もう一つ、カーたち (Carr and Greeves 2006) による示唆も、一役買うかもしれない。彼らがかなりぶっきらぼうに語るところによれば、「[男性は] 女性が可笑しな人物であることをのぞまない。男性は女性に笑わされようとしない」(p. 154)。ユーモア産出が知性のシグナルであり、そうしたシグナルを女性が発するのを抑圧する文化を創出すれば自分たちにとって有利になるということを男性は暗黙裏に知っている、というのが彼らの考えの要点だ。ユーモアをとおして (ほぼ無意識に) 自分たちが欲するジェンダー役割を実現するため、男性の競争的な攻撃性は、たんに他の男たちよりすぐれたジョークをつくるはたらきやジョークをつかって他の男たちをけなすはたらきをするばかりか、男性の方が有能で (機知に優れ) 女性の方は従属的だ——ユーモアの領分では男性の機知を堪能する立場が適している——とみられる環境をつくりだすはたらきもしている。こんな社会的な力がかかっているにも関わらず、スタンドアップ・ステージにコメディアンとして立つ女性に、よりいっそう大きな拍手を送る理由ができたわけだ。

2　ユーモアのセンスをもったロボットはつくれるだろうか?

昨日、友達のコンピュータにチェスで負けたんだけど、キックボクシングじゃボロ勝ちしてやったね。

——エモ・フィリップス Emo Philips

問題は、知的機械が感情をもてるかどうかではなく、機械が感情を一つももたずに知的になりうるかどうかだ。

——ミンスキー Minsky 1986

理論を検証するには、その理論を具現したものをつくって、宣伝どおりに動くかどうかみてやるのがすぐれた方法だ。まだまだコードを書いてロボットにインストールするにはほど遠いけれど、思考実験によって十分に細部までその課題を考察して、ユーモアのわかるロボットの仕様を明らかにしてみれば、ぼくらの理論の素描の強みを明らかにしたり、なにか弱点はないかと探したりできる。そこで、こう考えてみよう。ジョークを語ったり見つけ出したりできるばかりか、ユーモアに対して紛れもない笑いで反応できるロボットを設計してつくりあげる課題を立てたとする。(このロボットは、社会的な圧力にロボット式のデュシャンヌの笑いでも反応を示してもかまわない。ただ、ここでの目標は、このロボットに真性の愉しみをもてるようにして、真性の笑いを出せるようにすることだ。)

この問題への自明な「解決法」もあるけれど、これでは満足できない。その解決法とは、統語的・意味的な特徴を使って(高い確率で)ジョークや滑稽《ユーモラス》だと判断される出来事を検出する標準的な現代の機械学習アルゴリズムを開発する、という案だ。訓練用に刺激のセットを用意し、これを順次与えて、ユーモアが見つかったとき(そしてそのときにのみ)笑いかなにかのシグナルを出力するのを繰り返して、この機械学習アルゴリズムに仮説を発展させて、それにもとづいてジョークの検出を判断させる、というわけだ。こうしたシステムは、「ぼくらと同じようにふるまう」ように見えるだろうけれど、それはあくまで表層のことにすぎない。上手にユーモアを生成してぼくら人間を愉しませることができるとしても、すごいことにはちがいないけれど、それはみずからが検出したり生成したりできるユーモアを理解しているのとは別物に思えるし、その笑いには内実がない。ぼくらの理論からは、ここで欠けているものがわかる：ユーモアの発見に必要とされる認知は、情動的な力に駆り立てられて動機づけられないといけないし、そうやって認知を制御するその情動のシステムは計算的な理由から存在していなくてはならない——懐疑的な人をあざむくうわべとして存在しているだけじゃあいけない。（たとえば、こんなのは興味深い練習問題になるだろう。たんにサイズのせいで人々がまごつくような長ったらしい割り算問題をやるコンピュータ・プログラムを書いてみる。ただし、こいつは九九を覚えておくのに人間のような間違いやすい記憶を与えられていて、しかも、気が散りやすい。そのうえ、割り算問題の他に、競合する課題を与えて、エラーに陥りやすくする。すると、このプログラムは、集中することの難しさの説得的なモデルになってくれるかもしれない——12歳の子供がこうした問題を解くときに克服できたりできなかったりするたぐいの困難だ。ただし、この集中の難しさは、モデル化の練習問題として人工的にプログラムに課したものだ。）ようするに、このロボットはぼくらのように認識上の苦労を抱えていなくちゃいけない：時間に追われ、関連する可能な予測候補どうしの組み合わせ数が爆発的に増大し、それゆえに——そう、「それゆえに」——リスクを負わざるを得なくなっている。監視を受けないまま絶えることなくバグが混入し、それがのちに深刻な目標の達成を邪魔することになりかねなくなるリスクを負わざるを得ない、そういう認識上の苦労をしょいこまなくちゃいけない。

ここで、情動部門と認知部門をわけて、両者を別々にモデル化したくなる誘惑に抵抗しないといけない。両者をわけたうえで、知識表象のデータ整合性を維持できるエージェントをつくることでまずは認知的側面を開発し、それから、ジョークを聞いていい気分になったり社会的に媒介された愉しみに関与したりできるエージェントをつくりだすことで情動の側面を開発する、というようにモデル化したくなるかもしれないけれど、これに抵抗しないといけない。そうやって分離するのは、自滅的だ。というのも、情動の側面には、それを適切に起動させる引き金が必要だし、その引き金はしかるべき種類の（誤）情報の検出からもたらされないといけない。そして、その（誤）情報の検出はしかるべき種類の要求を与えられた認知処理からもたらされないといけないからだ。仮にこう考えてみよう。計算速度が十分に速く、データ整合性を「自動的に」維持するのにリスク含みの短絡を余儀なくするトレードオフに直面しなくてすむ認知エージェントが設計可能だとする（現実には不可能だけど、あくまでそう仮定してみよう）。どんなジョークも、こいつにはさっさと「ネタが割れて」しまう。このエージェントは人間たちについてのモデルを持ち合わせていて、そのおかげで、人間にとってのユーモアの勘所がわかるかもしれない。それどころか、そういうユーモアをみずからつくれるかもしれない（ちょうど、洗練された児童書の作家が、自分では一ミリも面白く感じないまま、子供たちを喜ばせたり感動させたりする効果を巧みにつくりだせるのと同じように）。でも、このエージェントには、認知のガタを来すことがなく、そのため、そのガタを修復することがプラスの情動をもたらして、それによってみずからユーモアを愉しむことが可能になることもない。このエージェントには、オスカー・ワイルドもロビン・ウィリアムズも、自明なつながりについてだらだらとしゃべる退屈な相手に見えることだろう——ワイルドやウィリアムズが最高の切れ味を発揮している瞬間にこのエージェントが示す反応は、ちょうどぼくら利口な大人がいかにも他愛ない子供向けナゾナゾに示す反応と同じものになるだろう。

他方で、人工の知的エージェントがぼくらと同じように認識上のあれこれの難題に直面し、だいたいぼくらのと類似した情動が互いに競合しつつ行動を促す報酬システムの問題を設計者がうまく解決したとして。このとき、このエージェントはユーモアがどれほど喜びに満ちたものになりうるか、「内側から知る」

立場にある。ぼくら西洋人に韓国のユーモア（第三章第5節参照）が実際問題として不可解なのと同じように——そして、「十分に深い背景知識を共有していない」という同じ理由から——このエージェントが愉しむユーモアがぼくらにはよくわからないとしても、こいつはユーモアの愉しみをわかっていることになる。さて、ぼくらの企てが、人間のいろんな文化のカベをまたいでユーモアを理解しつくりだせるものを開発すること——社交の場や劇場でぼくらといっしょに笑い、ジョークを飛ばし、気の利いた寸評を加えたりできる機械をつくりだすこと——だとすると、見通しは絶望的だ。あるエージェントの知識構造に存在する外界のモデルは、そのエージェントが外界を感知するのに使うセンサーにどういうものが揃っていて、その背後にどんな知覚機構があるのかという点に決定的に左右される。知覚構造がちょっとちがえば、外界の巨視的な規則性についてそれが下す判断もちょっとずつちがってくる——この点は、ちょうど、嗅覚の感度のちがいや色盲によって個々人の知覚世界にゆがみが生じるのに相当する。こうした広範囲にわたる知覚構造のちがいは、エージェントの外界モデルに深い影響をもたらしうる。ぼくらが求める人工の認知エージェントがだいたい同じものを可笑しいと感じるためには、人間と劇的なまでに酷似した現象学的な世界像を持ち合わせなくちゃいけないばかりか、同じように笑えるようになるには、人間と同じようにユーモアというクジャクの羽を感知しお互いに見せびらかす欲求も必要となる。こうしたロボットどもの「火星人めいた」感受性について——あるいはちがう民族・社会・職業的背景の人々についてについて——よく言われる決まり文句には、真理の萌芽がある。文化をまたいでやりとりするとき、異文化の相手がこちらには意味不明なふるまいをみせたり、こちらには可笑しく思えないことに笑い出したりすると、人間相手のことを不合理だと思ったり奇妙な誤信念をもっているんだなと考えたりする。そう考えると、人間と構造がちがっているものが——あるいはあまりよく似ていないものが——人間と同じユーモアの感覚をもつことになるのは、ありそうにない。

ここまでくれば、人工のユーモアを開発するという問題がＡＩ完全だと本書の冒頭で言った理由は明らかだろう。ユーモアは、一般的認知の技能・ツールのほぼすべてに立脚している。でも、そうした技能・ツールもまた、ユーモアの感覚を支える具体的なアーキテクチャの構造に依存している――構想しうるロボットすべてでそうではないとしても、ぼくら場合はそうだ。予測生成器としてのぼくらにある限界は、たんに歴史の偶然でできているわけじゃあない。大脳の計算機アーキテクチャを神経化学的に実装するうえで進化によって生じた弱点ではなくて、ぼくらの制御システムがどうやって開発されたにせよ、有限の存在であることから避けようがなくでてくる特徴なんだ。みずからが暮らす環境について完全な情報を持ち合わせていない以上、エージェントはヒューリスティック的に行動を続けざるをえない。そして、そうやってリスク含みの推論の飛躍をしたあとには、データ整合性の維持管理という課題を制御するプロセスが必要となる。そのプロセスは、エージェントの手持ち資源に対する他のいろんな要求と首尾良く競争できなくてはいけない。とは言っても、人間を支配している認識的情動のようなもの以外に、この制御を実装できる方法（同じ計算上の必要を満たす疑似情動）が考えられないということを立証しようと試みているわけじゃあない。ただ、おそらく実際のところはそうだろう。その場合、こう結論しなくてはならない……『スタートレック』の登場人物の「データ」は、認知版の永久機関であって、本当のところ、ぼくらの知るこの世界では不可能だ。それはそうとして、ともあれぼくらは、ユーモアとそれに対してぼくらが示す反応に関するデータを説明し、ユーモアと実践的・社会的知性の間につながりを見いだす民間伝承を支持するモデルをうみだしたと主張する。

十分に強力で、ぼくらのように推論を遂行できる認識的能力を持ち合わせたロボットを産み出すのに着手しようというなら、そのロボットには、ユーモアをはじめとするあれこれの認識的情動を備え付けてやらなくちゃいけない。

終章

世の中には2種類の人間がいる――締めくくりを必要とする人と

以上で、ユーモアと脳の実証的理論によって、なぜユーモアが存在し、ユーモアがぼくらの脳の活動からどのようにして生じていて、どうしてコメディが芸術《アート》なのかを説明する土台を築く試みを終える。ユーモアに関するこれまでの研究と同じく、本書も豊穣なユーモアの現象学に見つかるいろんなパターンの記述を試みてきた。ただ、これまでの諸理論とはちがって、ぼくらは自分たちのいろんな思弁の土台に、ヒトの脳内で生起する認知的・情動的プロセスの現実的モデルをすえている。また、ぼくらは、そうした目を見張る現象がそもそもどうして進化しえたのか、どのように進化してきたと考えられるのかについて、説明しようと試みてきた。

ぼくらが正しければ、滑稽《ユーモラス》な文章をはじめとするいろんな人工物や刺激の歴史と構造を研究するだけでユーモアの本質を抽出してやろうとするのは、ちょうど内在的な甘さを見つけ出そうとしてグルコースの分子構造を研究するようなもので、ものの道理として絶望的だ。緑色のものが多種多様にたくさんあるなかで、それらに共通しているのはただ一点、正常な人間の色覚に共通の効果をもたらすという特徴しかない。それと同じように、「緑色のもの」よりさらに多様な「可笑しなもの」の集合は、適切に調整された正常な人間の認知的・情動的システムに類似の効果をもたらすことでしか，それと同定できない。こうした認知的・情動的システムは個々人で広く異なっているし，文化や経験のちがいによってはげしく左右される。そのため，「ユーモア創出はこれ一本で万全」というレシピがみつかる見込みはかぎりなくゼロに近い。それどころか，すでに見たように，ユーモアの範囲は人間の思考の範囲の広まりと歩調を合わせているし，さらにはこれによって加速することもある。そのために，ユーモアの領域はつねに移ろい，あるところでは拡大する一方で，またあるところでは棲息するのにふさわしく適切に〔知識が〕備わった脳が不足しているためにユーモアの種が絶滅するにつれて縮小してもいる。

脳の研究にはいろんな方法がある。デイヴィッド・ヒューロン（Huron 2006）によれば，音楽の現象は人間の脳の活動がみせる力学を研究するのに最高の探針になる。なぜなら，過去何世紀にもわたる文化で脳の聴覚的な感受性があれこれと探られて，人間の反応に生じる効果を増幅させる方法が見い出されてきた結果，ぼくらの認知機構の好み・傾向の一部が浮き彫りになっているからだ。これと同じように，ユーモアも，脳のいろんな力を探求する上で貴重な，きわめて洗練された刺激だというのがぼくらの主張だ。

実のところ，人の意識状態における薄ぼんやりとした暗黙の要素（メンタルスペース）を調べるのに，ユーモアは理想的な道具なのがわかる。そうした要素の輪郭を意識のなかで浮き上がらせることで干渉することなしには内観のしようがないとはいえ，暗黙の原因に対してはっきりと観察される効果から，ぼくらは自信をもってこう主張できることが多い，「すでにpを知っていなかったらキミはジョークJをおもしろがることはできなかっただろう」。また，キミの知識または信念は活発ながらも暗黙のものでなくてはいけない。キミは自分がこうした命題を「心中に抱いている」とは（誰かぼくらみたいな連中がやってきてそのジョークをスローモーションで解剖して見せないかぎり）自覚していないかもしれないし，そうした命題を意識していたことを本心から否認するかもしれない。でも、これらが十分に活性化されてこの間違った予想を生成していなかったら、キミはいまこうして笑っていないだろう。」このように、ユーモアは一種の認知版のソナー探査機となって、それ以外では「不可視の」心的内容の知覚可能な反響を生成するのに使えるんだ。

被験者たちをスキャナーにかけてジョークを聞かせ、どのあたりが明るく光るか調べる研究は順調に開始されているけれど、これは略式の研究の第一波にすぎない。ここでようやく、ユーモアに関わる認知プロセスの実際のモデルを検証するもっと有力な実験を行うための基礎と標識点が用意されているところだ。本書で素描したモデルは、この初期段階で多くの計測可能な力学的・構造的特徴について特定の立場をとるのをわざと避けている。ただ、もっと詳細をつめたバージョンをそれ自体のいろんな変種に対して検証にかけるための下地は整ってきている。それにもちろん、これまでに提案されている他のモデルに対して検証することだってできる。どんなものであれ実験室で検証にかけるに値するモデルは、まず、人を笑わせるものに関してこれまですでに集積されている山のような証拠を扱えなくてはいけない。ぼくらは実証データの海を泳いでいる――過去何世紀にもわたって蓄積されてきたコメディ、漫画、ジョーク、戯画で満杯の図書館にいる。この多様なデータから、いかなる受容可能なユーモア理解モデルにもかかっている制約について、推論できることはたくさんある。過去何世紀もの理論家たちが思うに任せず実演してきたように、こうしたデータをすべてカバーできそうな見込みのある仮説を考えつくのは困難で、そのため――本書で示せていると思うんだけど――最初になすべき仕事は、既存のいろんな提案を徹底的に調べあげ、それらから洞察を抽出し、それをあまさず正当に扱うことの可能な骨組みの理論を構築するよう試みることだ。この企図は、それだけでもすでに、脳のはたらき方に関するいろんな考えにとって非常に重大な影響をもたらしている。その結果として強力に支持されるのは、認知のあらゆる側面を制御する情動の力学に立脚するモデルであり、より大きな規模でもっと神経学的に現実的なカンバン方式拡散賦活のモデルの探索が動機づけられる。本書の素描は、ここでとれる選択肢に関して故意に中立にとどめて、さしあたり有望なモデルの性能仕様の一部を決める課題をやるだけで満足している。その一方で、ぼくらのモデルを検証する方法はいくらでもある。ぼくらのモデルは、可笑しくなりうるものについてかなり厳格な制限をおいているからだ。このモデルでは可笑しいと予測されるのに明らかに可笑しくないものや、ちゃんと可笑しいのにモデルでつかめないものを見つけ出してほしい。ぼくらは、理論がこの挑戦に耐えられるかどうかをみたいと切望している。

第一章原注

＊1　ただし、『スタートレック：ネクストジェネレーション』のエピソード30 "The Outrageous Okona" を参照。この回では、データがユーモアを身につけようと試みる。

＊2　この複雑性のクラスは複雑性理論でみつかる還元可能性の特徴があるとは証明されていない。さしあたり、ここでの類比はものの喩えだと思ってほしい。AI完全問題のクラスを最初に記述したのはFanya Montalvo だそうだ。Salvatore Attardo は、これと同じような用語の「AI-困難」を最初に導入した人物かもしれない。出典は *Humorous Texts: A Semantic and Pragmatic Analysis* (2001)。

＊3　計算的なユーモア検出の試みが一つあるのは知っている：Mihalcea and Strapparava (2005) は、単純ベイズ分類器とサポートベクターマシンを利用して、「一行」ジョークを他のたんなる一行抜粋から区別させ、優れた結果を出している。ただ、こうした結果は慎重に解釈しないといけない。こうした機械分類手法は、実験者には必ずしも明瞭でない特徴に基づいて、与えられたデータセットをセグメント化することで悪名高い。この場合、そうした一行文の表層的な内容や文法構造（それが心にもたらす影響ではなく）だけでも、どれがジョークでどれがジョークでないかを示唆するのに十分だという見込みが非常に高い――つまり、いかなる認知処理もここでは遂行されていないことになる。ただ、ユーモア検出の事例には当たらないにせよ、こうした計算的なユーモア測定器は興味深い。なぜなら、ここからは、自分がいまジョークを聞かされているのかどうかを判断するのに人間が利用している手がかりのありかがわかるからだ。人間は、こうした手がかりをもとにジョークを聞かされているのだと判断してから、そこにユーモアを見いだして、笑いを引き起こす内容を探す最初の一歩を幸先よく踏み出す。

第二章原注

＊1　ただし、音楽のよろこびがもたらす進化上の便益を説明する点で本書でのユーモア理論とよく路線が似ている推測として、Minsky 1981 を参照。

第三章原注

＊1　フェニルチオカルバミドは、この事実を示すのによく使われる：大多数の人にとって、フェニルチオカルバミドは苦い味がするけれど、約30パーセントの人たちはまったく苦みを感じない。明らかに、フェニルチオカルバミドそのものに内在的な苦さなんてない――「フェニルチオカルバミドの苦

さ」を感じる能力がこの30パーセントの人たちに欠けているわけじゃない。そうじゃなく、この化学物質の味を感じるときに苦さの感覚をつくりだす知覚の構成をもった人たちの範疇と、構成がちがっていてこの物質により苦みの受容器が賦活されない人たちの範疇があるんだ。

＊2　Parvizi と共同研究者たち（2001）は、病理的な笑い・泣き叫びの疾患を抱えた患者について報告している。この患者によれば、不規則に引き起こされる笑いが長く続くと、おかしみを感じるようになることもよくあるそうだ。このことから、笑いがおかしみの引き金となるのを許容するなんらかのフィードバック・ループが存在することがわかる。また、研究者たちによって、デュシャンヌのほほえみ・笑いも含むさまざまな表情が実際に感情の決定因となりうることの証拠をみいだしている（Laird 1974; Lanzetta, Cartwright-Smith, and Kleck 1976; Soussignan 2001; Strack, Martin, and Stepper 1988）。こうなる理由ははっきりしない。ただ、ひとつの考え方としては、なにかの表情を模倣しようと選んだとき、その感情を実際に感じるようになることには便益があるのかもしれない――その表情へのコミットメントをもたらすという便益だ［感情の模倣を見抜かれないためには、本当にその感情にコミットしてしまうのが有効な対策になる］。こうした報告から、いつの日か笑いの感染がおきる仕組みを説明する有益な情報がえられるかもしれない。

＊3　Ekman and Friesen（1971）はすべての感情とその表現にみられる同様の関係を理論化している。その示唆によれば、感情と表現には一対一の対応関係があって、たしかに通例は一つ一つの感情はその対応する表現を招くものの、随意的な制御によって、少なくとも一部の場合には、そうした表現を装ったり隠したりできる。

＊4　ここで報告された単語は、著者たちが問い合わせた相手の約6割を反映している。彼らから聞くところによれば、（決定的ではないものの）中国語、タイ語、オランダ語、ヨーロッパのスペイン語、チェコ語にはこうした二重の意味を表せる単語はないそうだ。

＊5　本書では例にもっぱらジョークばかりをとりあげるけれど、これはなにもすべてのユーモアがジョークだからではない――アリストファネスの喜劇から、『オフィス』まで、他にもある。そうではなく、ジョークが簡潔でそれだけで完結したおかしみ発生システムだからだ。ジョークには、ほとんど、あるいはまったく文脈が必要にならないので、基盤をなしてる仕組みの実物を即座に見てもらうことができる。

＊6　標準的なジョークだと、もちろん、「ある仏教徒がホットドッグ屋にやってきて…」となる。最近、これに続きをうまいこと付け足したものを聞いた：ホットドッグ屋が客にホットドッグを手渡すと、その仏教徒はお釣り《チェンジ》をくれと言った。ホットドッグ屋はほほえみながらこう返した、「変化《チェンジ》は内か

ら訪れるものだよ」

＊7　このジョークは書き言葉でないと（しかも黙読しないと）うまくいかない珍しい例だ。いったい、「10」はどう発音すればいい？「世の中には じゅっしゅるいの 人間がいる」なんて言うと、ジョークはダメになる。かといって「イチ-ゼロ」と言っても、このジョークのユーモアはさっさとネタが割れてしまう。

＊8　よく観察されることながら、ユーモアに関する大量の文献は、驚くほどまじめくさっていて、論じられるジョークもたいていよく言って退屈でしかない。ただ、どうして笑いの才能や眼識がない人間がユーモア理論に関心を寄せるのか、その理由の説明を探し求めるまえに、言っておくべきことがある。ちょうど本章で説明したように、ユーモアは時間も空間もうまく超えてくれないんだ。本書にもりこんだユーモア事例の多くは、間違いなく、21世紀序盤に暮らす英語圏の大学人と見識ある読書人というかなり限定されたサークル（本書の主要な想定読者層）の外部では、しょうもないネタになってしまうことだろう。

＊9　こうした効果は文化に左右されるものかもしれない。この交際の大半は、西洋文化の文脈でなされている。

第三章訳注

★1　日本語でも、「あれ、おかしな匂いがしない？——ああ、お隣で魚焼いてるのね」などと言うときの「おかしい、おかしな」は、冗談が「可笑しい」のと区別できる。ここでは、読みやすいようにユーモアのおかしさをいうときには「可笑しい」と漢字をあてた表記にする。

★2　真ん中にある the をミドルネームと取り違えている。

第四章原注

＊1　ユーモアは面倒のタネにもなりうる。ジョークはいつでも上品とはかぎらない。本書の執筆中に、ぼくらはこう判断した。なにか特定の種類のユーモアを避けて通るとすれば——それが悪趣味で偏見に染まったものであったとしても——なんらかのかたちで「データにバイアスをかける」ことになる。ここで注意喚起の引用符をつけてある理由は、もちろん、本書では統計的検定をともなう高等な分析手法を使っていないからだ——ここでやっているのは、実験ではなく理論上の認知科学だ（ちょうど、物理学に理論物理学と実験物理学の区別があるのに相当する）。ただ、そうは言っても、現象の理論的な分析をバイアスでゆがめるのを裂けるためには、著者自身でも、読者諸賢にも、すべてのユーモアを取り扱うことを望みたい。人種差別的であろうと、性差別的であろうと、宗教的であろうと、がさつなものも、きれいなものも、ひとしく扱いたい。そうすることで、ぼくらはあらゆるジャンルからなんらかの宝石を拾い上げている。また、執筆

中に、本書の各セクションの冒頭にかかげるエピグラフとして、粗野で性差別的ではあるものの、とても意義のあるものをみつけることができた。ただ、そうしたエピグラフはその後（一部レビューアからの提案を受けて）省くことに決めた。なかには（上記のネタや第五章のように）本文に残ったものもある。もしかするとそうしない方がいい判断だったかもしれないけれど、バランスのとれた考察にするためにあえてこうして残してある。

＊2　ダーウィン＝ヘッケル仮説は近年になって実験による支持をえるようになっている。Fridlund and Loftus（1990）によれば、くすぐりへの弱さの自己申告による度合いと笑いやすさの自己申告による傾向には有意な相関がある。また、Harris and Christenfeld（1997）は、笑い出す様子の観察からみて客観的にくすぐりたがりな個人ほど、コメディーを見たときに笑いを生じやすいことを実証している。どちらの研究も表現を計測していて、おかしみの感情を計測したわけではないので、決定的というわけではないが、重要な知見をもたらしている。Harris and Christenfeld は、ダーウィン＝ヘッカー仮説に反する証拠も見いだしている。こちらの方が強いと彼らは考えている。本書では、くすぐりをもっと詳しく論じるときにこの論点をあらためて取り上げる。

＊3　キース＝スピーゲルは、他にもう一つ範疇を提示している。これを彼女は「相反理論」（ambivalence theories）と呼んでいる。この理論によれば、ユーモアは二つ以上の両立不可能な感情が衝突することで生じる。本書では、この理論は不一致理論（後述）の特殊例だと考える。この場合、不一致がたんに感情どうしで起きていると考えているからだ。

＊4　Huron（2006）がまさにそうしている。彼のいう予期の "ITPRA" モデルで「対照的な誘因価」が果たす役割を説明して、明瞭化している。このモデルを彼は音楽とユーモアの両方に適用している。本書はいくつかの点で彼を踏襲する一方で、それ以外の点では彼とは別の道をすすむ。

＊5　とくに顕著な例が一つある。ある空間を渡すしっかり安定した橋があって、そのまわりを円筒状の背景画が取り囲んで回転している。この橋を歩いて渡ると、周りからの視覚入力のおかげで、どうしても橋が回転していていまにも落下してしまいそうな予期をおさえられなくなる。この錯覚はとても強力で、橋はしっかり静止しているのに、［ありもしない回転に対抗して］逆方向へと補正をきかせすぎてしまい、向こう側へ落ちてしまう。このとき起こる典型的な反応はパニックではなく笑いだ。ただ、これはたんにお祭りの雰囲気による結果かもしれない。こうした現象が工場や鉱山で引き起こされたら、おそらくおかしみは生じないだろう。

＊6　第一〇章ではベインの反例を一つとりあげてじっくり検討し、実はぼくらのモデルからするとこれはユーモアの状況に転化しうることを示す。

＊7　Bartlett（1932）のいう「図式」（schemata）の概念も参照。おそらく、この用語はピアジェが同様の構築物を表すのに同様に用いたことで広まっている（e.g., Piaget 1952）。ここでは図式を論じない。この概念は歴史的なユーモア理論ではめったに使われていないし、ぼくら自身の理論でもなにか役割を果たしているわけではないからだ。

＊8　おそらくミンスキーとしては、ここでは自分の言うマチガイ推論検閲ではなくてフロイト的な攻撃衝動の検閲が一役買っているのだと主張することだろう。

＊9　この25年間に、人間以外の種、とくに類人猿とイルカに高階の志向的システムがあるかどうかを実証しようと試みる厳密で論議活発な研究がなされてきた。だが、創意工夫に富んだ実験がたくさんなされてはいるものの、その結果はどちらの結論にも定まっていない。たとえば、Premack and Premack 1983; Tomasello and Call 1997; Hauser 2001 を参照。一部の類人猿に「心の理論」のようなものがあるとしても、ヒトがやすやすとやってのける「民間心理学」ほど活発かつ豊かに発展をみせてはいない。

第四章訳注

★1　原文を直訳すると、「どこの出身だい？」「文末に前置詞をおかないところですね」となる。テキサス人が文末に from を置いて質問しているのを受けている。これは、ある種の規範文法で、文末に前置詞を置くのが無教養だとされていることによる。これに対するテキサス人の返しでは、疑問文はそのままにして、文末に「トンマ野郎」（jackass）を付け加えている。

★2　ピンカー『心の仕組み［中］』、pp. 80-83。

★3　アリストテレスは「予期せぬ語と作り変えた語」についてこう述べている：

《また、テオドロスが述べていることであるが、「斬新な表現」をすることも同じである。この種の表現は、結果が思ってもみなかったようなもので、彼の言葉をかりるなら、前からの予想とは一致せず、あたかもおどけた人々に見られるパロディーのようである場合に生ずる。この効果は、文字の置き換えによる冗談によっても上げることができる。なぜなら、それも聴き手に一杯食わせる。このことは韻文においても同様である。例えば次の詩は、聴き手が予想したようには結んでいない。

　彼は征く。その足に履くは――そは霜焼け。

聴き手は、「サンダル」というものとばかり思い込んでいたのである。しかし、この種の冗談は、口に出された時すぐに判るものでなければならない。また、文字を置き換えての冗談は、その語の通常の意味をそのまま言わないで、その語に一ひねり加えてできたものを口にすることによって生まれる。》（アリストテレス『弁論術』戸塚七郎＝訳、

岩波文庫、1992年、pp. 355-6)

第六章原注

＊1　神経上の「笑いのツボ」は、脳のどこかにある単一の領域だとは想像しない方がいい。実際はすごく複雑で時間的にも構造的にも分散したシステムであって、いろんなことに関わる反応の調整をとったネットワークを必要としている。予想と連想を生成したり、知覚された不一致、修正と一貫性、それにもちろん情動的・表出的な反応、こうしたものに関わる反応からなるネットワークが必要だ。Mobbs et al (2003) は、中脳辺縁系の「報酬」賦活を見いだしている。中脳辺縁系には、腹側被蓋領域、側坐核／腹側線条体、小脳扁桃が含まれる。さらに、さまざまな認知・意味論的領域でも賦活を見いだしている。これには下前頭回（最初の予想を生成するのに関与）、側頭頭頂接合部（矛盾の検出に関与）、およびブローカ野と側頭極（一貫性または解決の確立に関与）が含まれる。他の領域でユーモアの表現に関連していそうなものも同じく賦活した。これには補足運動野と背面の前帯状回が含まれる。

＊2　一部の哲学者・論理学者はいろんな「矛盾許容論理」(paraconsistent logic) を妥当だと考えている。そうした人たちは、無矛盾則が基礎的なものだということに異議を唱えている。そうした見解のもとでは、矛盾のなかにもちゃんと妥当なものがありうることになる。ぼくらはこの点に関して不可知論者だ。ここでの主眼は、特定の種類の心——ぼくら人間が典型的にもっている種類の心——における妥当性の主観的感覚が歴史的に見てその源泉であり、それに照らしてすべての論理学が——論理的な道具が——判断される（破棄可能な）試験台になっているということだ。

＊3　幼児が対象の永続性を把握することを示す証拠を探す実験家たちは、いろんな指標を提案し、これらを利用しながら、幼児の驚きまたは驚きの欠如を推測しようと試みている。そうした指標には、たとえば選好的注視 (preferential looking)、情動の表出、心拍といった計測可能な数値も含まれる。「対象の永続性」を実際に信じていると判断するのは、こうした計測値を理論的に敷衍した産物ではある。ただ、こうした実験のどれをとっても、そこからは、どんな事例でも幼児は「これは驚きの情動だ」とぼくらが受け取るものを示しているのがわかる。

＊4　ぼくらのいう範疇を指す分類ラベルとしては「認知的情動」という用語の方がもっと有益なのかもしれないけれど、こちらは誤った解釈を受けやすい。「認知」という言葉が幅広い用法をもっているためだ。「認知」は、認識に関わるものでも行動に関わるものでも、とにかく心的処理のありとあらゆる産物を指して使われることも多い (Kirsh and Maglio 1994)。また、一部の人たちは (e.g. Griffiths 1997)、すでに

「高階の認知的情動」という用語を使っている。これは、引き金となる機構において認知的な評価を要求する情動のことを指している。こうした分類法はべつにぼくらの分類法と齟齬を来すことはなく、ただ基準がちがっている。ぼくらは、情動を分類するとき、その情動の目的を転換するのに関わる仕組みがどういうものかを基準にするのではなくて、どの種類の行動がそれぞれの情動で動機づけられているのかを基準にしている。

＊5　同様に、この逆も成り立つ。知覚者の内部にある自然の配線はいろんな性別固有の特徴を検出するようにできている。これによって、そうした特徴をもつ人たちがセクシーになっているんだ。

＊6　もうちょっと用心深く言ってみよう：ぼくらがかわいさとして知覚するあれこれの特別な属性は、かわいらしく見える幼児を養育しようとする進化した傾向と独立にはそう知覚されない。ぼくらが知覚するかわいさは進化した反応の仕方の結果であって、その点では独立に存在する知覚可能な属性と変わりない。

＊7　ぼくらが自分の体から五感によって直接得られる感覚は、言語にあるいろんな言葉で列挙できる感覚よりはるかに多いことに注意。さまざまな生理的事象にそれぞれ特有の「感じ」をもたらす内的な感覚増幅器（sensory transducer）はたくさんある。（e.g. 血流内の二酸化炭素だとか前述したオキシトシンまたはエピネフリンだとかの内受容器）。

＊8　情動がもたらす生理的な効果と、そうした効果の知覚は、不随意的だ――もし情動がわき起こったなら、それを感じることになる。ただ、そうした情動に関連したふるまいは少なくとも準‐随意的ではある。つまり、度合いもさまざまに異なるいろんな種類の痛み（または快感）は、行動の後押しにはなるけれど、そうした痛み（や快感）が感覚入力であるかぎり、そのとき生じている他の情動なり語用論的な情報を踏まえ、他の目的にあわせて認知的に調整されうる――つまり、必要とあれば痛みは辛抱できるし、快感はかみ殺せる。当座の用に、ここでは認知と情動の相互作用に関する大量の興味深い問いは脇に置いておこう。たとえば、評価理論（appraisal theory）とその批判者たちの問題などは、ここでは脇に置いておく。

＊9　誘因価を帯びない痛みは、その質においてこれと同様で、ぼくらにとってなんら問題ないように思える感覚にあたる――これはモルヒネを打たれた患者たちが証言しているとおり（Melzack and Casey 1968）。異例な痛みに関するもっと詳しい説明は Grahek 2007 を参照。

＊10　痛みを情動の下位クラスと考える論証は、Craig 2003, Gustafson 2006, および Vogt 2005 を参照。

＊11　Prinz（2004）は情動の範疇分類を提示していないものの、彼は理論的に本書の広義の定義に反対するかもしれない。

Prinz の考えでは、痛み・欲求・餓えは情動的な動機づけの状態であって、情動ではない。ぼくらは、この見解の相違はたんに用語に関するものだと考える。Prinz もプラスマイナスの誘因価を帯びた動機づけ要因という同じ範疇をぼくらが「情動」と呼ぶのを認めているし、また、これらが一つの範疇をなしているのは重要なことだともみている。たんに彼は「情動」という用語をこうしたものの下位集合にとっておく方を好んでいるんだ——つまり、認知により転換されたフィードバックが誘発するものだけを「情動」と呼んでおいて、他のものは「痛み」「餓え」などさまざまに呼ぶようにしている。ぼくらとしては、誘発性を帯びた動機づけを「情動」の名前のもとでいっしょに分類して満足しておく。これらをあれこれに区別する要因（転換プロセスの複雑性）は定義的な特徴というより動機づけの機能だと考えているからだ。

＊12 Bower（1981）は、ある出来事の最中に起こる情動と適合する情動状態を誘発してやると、その出来事の想起がうながされることを示している。〔悲しい出来事を思い出すのに、悲しい情動を引き起こすと思い出しやすくなる、ということ〕

＊13 もちろん、食べ物のような外的報酬は生き物にとって「直接的に」値打ちがある。生存の手段になるからだ。ただ、そうした外的報酬は物理的刺激（「快感」）を引き起こし、それが辺縁系で内的報酬の引き金を引くのを経由して報酬の役目を果たしている（Olds and Milner 1954）。物理的痛みや快感は辺縁系で情動的な痛み・快感として受け取られるため、それに関わる仕組みが情動的な内容であろうと食べ物のような「外的」報酬であろうと、とにかく報酬であればそれを扱う一種の中央システムがあることになる。

＊14 情動の表出に関するフランクの説明については第一二章でさらに取り上げる。

＊15 Konner（1982）は、熱烈な恋の説明を提示している。その説明によれば、熱烈な恋の目的は関係の維持ではなくて新しい関係を熱情に駆られて始めることにあり、いまの配偶者を捨てるといった行動を動機づけるのではないかと示唆される。Griffiths（2003）の主張によれば、この見解はフランクの見解と対立している。ぼくらとしては、ここで2点述べておきたい：第一に、コナーとフランクが記述しているのは2つの別々の情動に思えるということ。新しい情熱的な情事の愛は、長期的なパートナーに抱く家族的な愛とその性格や質がかなりちがっている。どちらも固有の目的があるけれど、多くの情動がそうであるように、両者はときに衝突をきたすことがある。さらに、二つの筋書きのどちらか一方だけが正しいのだとして、それはフランクの言う「情動はコミットメントを示す後ろ盾のあるシグナルをもたらす助けになる」という全体的な仮説を損なうこともないし、「情動はそれがなければ選ばれることのない行動を指図する進化上の方法だ」

という追加の仮説が損なわれるわけでもない。

＊16　直接に感覚を変換する動機づけ機構では、克服されるべき短期のコストは社会的ズルのようなややこしいではない。行動せずにいた場合より行動したことで余計に費やされるエネルギー消費みたいな単純なコストであることが多い。

＊17　ここでの予測はこういうものだ：きわめて似通った一般的な心的機構を持ち合わせていても、動物界のいろんな生き物たちにみられる行動の相違は多岐にわたるが、これは主に情動構造の相違と身体構造の相違によって説明できる。

＊18　ミラーニューロンの研究（e.g. Gallese et al 1996; Rizzolatri et al 1996）によれば、ある活動に関わるニューロンと、その活動の知覚に関わるニューロンは同一であることが示されている。また、近年の研究では、知覚と概念的思考の両方に関わる神経的な仕組みは同じだという示唆もある（レビュー論文は Goldstone and Barsalou 1998 または Kosslyn, Ganis, and Thompson 2001 を参照）。こうした研究を踏まえると、ポパーのいうシミュレートされた世界で活性化しているニューロンが現実の活動で筋肉を動かすニューロンと同じだというのも、ありそうにないとも言えないし、他の同時にはたらいている回路が現実世界での筋肉の動きを抑制しているのも同様だ。知覚と動作の観念運動理論の提唱者たち（James 1890）とその後継理論である共通コード理論（e.g., Hommel et al 2001）も、知覚と動作には共通の表象があり、機能の上で相互に絡み合っているという考えを支持している。概念的なプロセスは知覚の構成要素なしには存在できないという論証は Chalmers, French, and Hofstadter 1995 も参照。

＊19　ここでは混乱に近しい親類を無視しないでおこう。それは、疑い（doubt）だ。これも否定的な情動ではあるけれど、混乱ほどに強力でもない。疑いは、完全な矛盾ではなく部分的な不整合を示す情動だ。

＊20　近年の研究成果（Reber, Brun, and Mitterndorfer 2008）では、真実と美が結びつけられている。ぼくらの美的感覚を刺激する物事ほど、その実際の真偽に関わらず、真だと信じられていることが多い傾向がある。おそらく、おの美的感覚も認識的な情動の一つなんだろう。また、遊びに関する現行の理論（Fagen 1993; Byers and Walker 1995; Spinka, Newberry, and Bekoff 2001）によれば、技能に磨きをかける目的のためにあるのかもしれないそうだ——その技能は、物理的・心的・社会的なものにわたる。なるほど有用な特徴ではある。でも、有用になるのも、ちゃんとその技能をふるったときにかぎられる。「たのしさ」「遊び心」の情動は、遊びを構成するいろんなゲームにエネルギーを注ぎ込むように、ぼくらをうながす。ただ、このたのしさという概念が他から区別される単独の情動なのかどうかははっきりしないし、また、社会的な享楽、ひらめき、などなどいろんな種類を含む他の肯定的な情動の一員をひとくくりに指す用語になるのかどう

かもよくわからない。ウォータースキーやスノーボードで華麗なコーナーをキメたときの喜びは、繊細な前庭知覚のバランスを維持してみせた報酬かもしれない。ちょうど適切な予測を立てるのと同列の報酬であり、また、もしかすると衆目のなかでかっこよくキメたときに社会的な自我がちょっとばかりくすぐられるのとつながっているかもしれない。

＊21　この構想の裏打ちは、情動が媒介する意志決定のモデル化にも一般的に当てはまる。ただ、ここではとくに認識的情動に関心を向けている。

＊22　AGI（一般的人工知能（Artificial General Intelligence））は、もっとふつうの機械学習AIとちがった目標を掲げる研究分野を表す近年の名称だ。かつて、この二つはそれぞれ強いAI、弱いAIと呼ばれていた。

＊23　このパラグラフは Dennett 2007d から改変を加えて取り込んだ。

＊24　「ムダ」と注意喚起の引用符でくくっているのは、この「ムダ」という言い方にぼくらは同意していないってことを示すためだ。こうしたプロセスはたんにこの尺度でみたときには非効率であるにすぎない。資源を利用してある目標を達成するアーキテクチャならどんなものだって、いろんな種類のトレードオフをそなえている——ある要因に最適化すれば、他の面では非効率になる。このいわゆる「ムダ」は、まるでちがった計算結果の利得をえるために払われている費用なんだ——実のところ小さな費用だし、必要不可欠なトレードオフでもある。

＊25　他方で、碁はAIにとってすごく苦手なゲームなのが証明されている。碁がAI完全かどうかは定かでないけれど、まちがいなく、碁にはチェスよりもっと深く人間の空間的思考がたくさん必要とされる。Müller 2002 参照。

＊26　ここで念頭においているの次のとおり：記号的アーキテクチャ（Fodor and Pylyshyn 1988; Fodor 2004a, b が論じているもの）；コネクショニスト・モデル（McClelland, Rumelhart, and the PDP Research Group 1986）；動的システム・モデル（e.g., Thelen and Smith 1994; van Gelder and Port 1995 を参照）；前述の統合AGIシステム；あるいは、一部の Leabra のような折衷的なものもあるし、独自なものもある（O'Reilly 1998; O'Reilly, Munakata, and McClelland 2000）。あるいは、「並列階段状スキャン・アーキテクチャ」（parallel terraced scan architecture）の「アクティブ記号」モデルもある。コネクショニストと記号主義の折衷を理論的に記述した文献は Marcus 2001 を参照。

第六章訳注

★1　ここでは'confusion'の一語を「混乱の感覚」と訳している。

第七章原注

＊1　ラジオとテレビの草創期に活躍したコメディアンのジャック・ベニーは、守銭奴ぶりを演じたユーモアをたくさんつくりだした。これはベニーの最高の台詞で、彼が亡くなってからあちこちで絶えず思い出話に出されてきた。だが、これもおそらくまもなく途絶えることだろう。この世では、脚注が必要なジョークの余命は長くない。第三章で「ニューファンドランド人」ジョークを論じたときに述べたとおり。

＊2　ペンギンは卵を産むけれど、その点はまったく関連がない。なにしろ、大半の人はペンギンの卵を食べ物だと考えていないからだ――そういうのは、ぼくらの文化や経験には含まれていない。

＊3　あるいは「エリオット問題」：Damasio（1994, pp. 46-50）は、エリオットという名の患者について報告している。この患者には感情の損傷があり、ダマシオの仮説によれば、そのせいでエリオットは人付き合いのちょっとした決定にすら猛烈に考え込んでしまい、不利をこうむってしまうのだという――数時間にわたって脱線しありとあらゆる可能性について次々に考えをめぐらして、そのあげくに、結局なにも決められずに終わることもあるそうだ。

＊4　心理言語学者たちの研究から、第一次近似として、文理解ではあいまい性を除去する情報がでてくるまで言葉のすべての意味が同時にアクセスされることがわかっている（e.g., Swinney 1979 および Tanenhaus, Leiman, and Seidenberg 1979を参照）。これは通常それと気づかれないが、これには明らかにそれと検知できる川下での効果があり、これまでに検証されている。

＊5　たとえば、〈レストラン〉を条件として踏まえたときの方が、〈歯医者〉を条件として踏まえたときより〈メニュー〉の確率は高いし、〈メニュー〉を踏まえたときには、「スター」という単語の意味としてあがる候補のなかで〈ファーストコース〉の確率の方が、〈ピストルで競争開始を合図する係〉や〈エンジンを回すための電気モーター〉よりも高くなる。

＊6　皮肉な話ながら、このアクセス速度こそ、そもそもフレーム理論を発展させた原動力だった（Minsky 1974, 1984）。当時、JITSA の可能性の方がすぐれているように考えられなかった理由は、よくわからない。JIT の反対は「こんなこともあろうかと」（just-in-case）で、データ満載で表象をたくさん使う種類の処理だ。「こんなこともあろうかと」方式は、フレーム理論・スクリプト理論が提案された数年後に広く採用されていた。フレーム錯覚にこの工学上の実践が加わって、初期の理論家たちは認知の仕組みとしてこうした扱いにくく維持できないモデルを立てるようになったのかもしれないと、ぼくらは疑っている。

＊7　このあと Huron（2006）を論じるときに見るように、認

知科学でいちばんぼくらの思考をそれまでの偏見から解放するものといえば、意識される認知的行動・プロセスの閾下または深く無意識的なバージョン(あるいは回復不可能なバージョン)が、それらを必要とするすぐれたモデルが立てられたとたん、その現象によって含意されることがよくあるという認識だ。変形文法の言語学者たちは、内観で知り得ない「移動」を長らく恐れ知らずに仮定していた。そうした移動のなかには、研究が進むにつれてまがい物だと判明したものもあるけれど、一般に、ぼくらは自分が考えたこと・考えていることについてべつに権威者ではないんだという考え方は、いまでは広く認められている。

＊8 こうして例示しながら、いろんなソースをあれこれを言葉に起こしてある(あたかも独り言を言っているかのように)。これは、読者がかんたんに区別できるようにと図っただけで、べつに、思慮深げに推論したり(「ふむふむ、彼女の言い分を信じるぞ」)や顕著な意識的想起の行動をとったり(「あ、そっか! コーヒー休憩したときのやつだ!」)したところで、活性化信念への移行が示されるとはかぎらない。あとから振り返って考えて、どの経路をたどってその信念にいたったのか調べてみたところで、一向によくわからないことだってあるだろうし、あるいは、持ち前の答え(「味を見たんだ」――「いや、ちがうね、カップを一瞥しただけじゃないか」)だって、お気楽な当て推量かもしれない。ぼくらが自分の心にもっているアクセスは、哲学で伝統的に想定されているほど「特権的」じゃあない。

＊9 このヒューリスティックな検索の考え方を、アメリカの諜報機関界隈が直面している問題になぞらえてみると、理解の助けになる。アメリカの諜報機関は、テロリストが祖国の無防備なところをおそうことがないよう、大規模に取り組んでいる。どの省庁にも予算があるから、リスクを冒しつつ倹約しなくちゃいけない。リソースを投じるのは、そこの人員が「直近の状況へ有意義な貢献ができる」と信じているときにかぎられる。

＊10 また、科学的精神をそなえた理論家たちがみなユーモアと科学的探求に深い平行関係を見いだしているのも、愉快だ。ここで疑問がある:銀行家たちは、ユーモアとはようするにリスクのある投資の問題だという理論を思いついたりするだろうか? 配管工たちは、ユーモアは水圧と水漏れの問題だと思ったりするだろうか?

第七章訳注

★1 つまり、万全を期してなにもかもじっくり検討してリスクをつぶすような余裕はないので――というか無限に検討事項がでてきて不可能なので――こうした予測生成のプロセスではまずまずの成果が上がりさえすればまちがいを犯すリスクをとるように計算されている。理想的には検討すべきことをいろいろすっとばしているわけで、これを著者たちは「短絡［ショートカット］」と呼んでいる。

★2　具体例を一つ紹介しよう：In Len's painting, the girl with blue eyes has green eyes（レンの絵の中では、青い目の女の子は緑の目をしている）。この例で、「レンの絵の中では」を取り去ってしまうと、「青い目の女の子は緑の目をしている」というおかしな記述になってしまう。この例では、絵の中の女の子と、モデルになった実物の女の子をべつべつに表象する必要がある。一方には、レンの絵に描かれた女の子を表象するスペースを用意し、こちらでは女の子は緑色の目をしているという情報を加える。もう一方には、現実の女の子を表象するスペースがあり、こちらでは女の子は青い目をしているという情報を加える。言語表現では the girl は一回だけしか登場していないにもかかわらず、意味理解のプロセスでは、絵の中の女の子と現実の女の子という二つの要素が表象されていると考えられる。In Len's painting のフレーズがスペース導入のトリガーとなって、こうした操作がなされているというのが、フォコニエの分析だ。（例文の引用元は Jackendoff, "On belief contexts," *Linguistic Inquiry* 6: 1; Fauconnier, *Mental Spaces*, 2nd edition）。

★3　構文解析が途中で行き詰まり、再解析がなされる：

"The horse raced past the barn"：「その馬は疾走して家畜小屋を通り過ぎた」

"The horse raced past the barn fell"：（ここで構文解析が行き詰まり、統語構造の再解析が模索される）「家畜小屋の向こうまで疾走させられた馬が転んだ」

★4　構文解析が途中で行き詰まり、再解析がなされる：

"That deer ate the cabbage in my garden"：「そのシカはうちの庭でキャベツを食べた」

"That deer ate the cabbage in my garden surprised 主動詞 me"：「シカがうちの庭でキャベツを食べたことがぼくを驚かせた」

★5　構文解析が途中で行き詰まり、再解析がなされる：

"She told me a little white lie"：「彼女はぼくに他愛ないウソを言った」

"She told me [that] a little white lie will come back to haunt me"：「彼女はぼくに言った、他愛ないウソがよみがえって絶えず思い浮かぶでしょう、と」

★6　"his glasses" が二通りに解釈できる：

"Uncle Henry finally found his glasses, on the mantelpiece"：「ヘンリー叔父さんは、ようやくメガネを見つけた、炉棚の上に」

"Uncle Henry finally found his glasses, on the mantelpiece, filled with sherry"：「ヘンリー叔父さ

んは、ようやくグラスを見つけた、炉棚の上に、
シェリーが注がれた状態で」

★7 この例文は、想定する文脈によって date と chair それぞれに二通りの解釈ができる。通常なら、date は「デートの相手」、chair は「イス」と解釈される：すなわち、「バンディは新しいデート相手をイスで殴打した」。しかし、実際の新聞見出しが意図した解釈では、date は「（死刑執行の）期限」、chair は「電気イス」を意味する：すなわち、「バンディは死刑執行期限に電気イス送りになった」。

第八章原注

＊1 この自動的なヒューリスティック的検索という現象は、問題解決や重要な意思決定を行う意識的に特定のヒューリスティックス使用から区別される。後者は、熟慮による場合が多いものの必ずしもそうとはかぎらない。特定のヒューリスティックスとは、たとえば「流暢さ」ヒューリスティックス（Schooler and Hertwig 2005）、「最善をとれ」ヒューリスティックス（Gigerenzer and Goldstein 1996）、「多数派をマネよ」ヒューリスティックス（Boyd and Richerson 2005）などのことだ。概説は Gigerenzer 2008 を参照。

＊2 一見すると、こんな風に想像できそうに思える——人工知能の計算的アーキテクチャで、この種のバグとりを「バックグラウンドで」自動的に合間合間を縫って進行することだってできるんじゃないか、ちょうど、優先度の高い他のタスクがない合間をみつけてグーグルデスクトップがインデックスを更新するみたいにやれるんじゃないか。そうした人工知能は——たしかに可能ではあるんだけど——バグとりプロセスを後押しして作動させるぼくらの報酬システムを必要としない。そのため、設計上、ユーモア理解をする用意がない。人間のユーモアという現象を理解するのは可能かもしれない。ちょうど、渇きや飢えや色欲を理解しうるのと同じかたちで、可能ではあるかもしれない。また、その理解力を使って、ユーモアをつくりだしてぼくらとのやりとりの工夫に活用することだってできるかもしれない。だけど、それは科学的に好奇心をかりたててこそするものの、そうした人工知能はユーモアを味わうことができない。この話題は、第一三章であらためてもっとくわしくとりあげよう。

＊3 ただちに有害となるまちがいを発見すれば、もちろん強くマイナスの誘因価を帯びた感情が生じる機会になる。そういうときには、ほぼいつでもユーモアは払拭されてしまう。さしあたって無害なエラーだけがユーモアの源泉になりうる——自分じしんのエラーであれば。他人のエラーはまったく別の問題になる。このあと説明する。

＊4 タイミングと精妙さについては、提示のマイクロダイナミックスの観点でのちほど説明する。

＊5 ここでは、意識経験の主観的特性を指すのにしかたなく

この「クオリア」という用語を使っているけれど、哲学者たちは——「クオリア」は哲学用語——これに謬った概念やイデオロギーにかたよった内容をたっぷりと負わせてしまっている（Dennett 1988, 1991, 2005 参照）。そうした負荷は、本書ではつけていない。

*6　また、おかしみのクオリアのミクロ構造について、さらに第一一章で推測を論じる。

*7　カウボーイの馬の名前が「月曜」だった。（訳註。これは日本語に訳すと苦しい。英語での出題文は次のとおり：“How could a cowboy ride into town on Monday, stay two days, and ride out on Monday?”——ここでは、on Monday が「月曜に」という意味だと思わせておいて、実は ride on Monday「マンデーという馬にまたがって」というフレーズをつくっているという種明かしになっている。）

*8　棺桶。

*9　ネズミの「笑い」の存在を示唆するデータは Panksepp and Burgdorf（1999, 2003）を参照。ただし、必ずしもユーモアの存在を示唆するわけではない。

*10　ボールドウィン効果（解説はたとえば Dennett 1991, 1995, 2003 を参照）は共進化の仕組みで、学習された行動（もちろん、こいつは生殖細胞系に直にもちこめない）によって競争の環境が十分に変化し、その新しい行動を学習する能力を強化するいかなる遺伝的な革新でも優遇される選択圧があたらしくつくりだされるようになる。それどころか、長期的には、これを遺伝的に継承される「本能」にまで変えてしまうことだってある——奇跡なんかじゃなく、自然選択によってソフトウェアからハードウェアへの移行が起こりうる道筋がここにあるわけだ。

*11　「まあ、あのときはいい考えに思えたんだけどね！」——多くのジョークや逸話で、この文句はよく登場する。バカな考えについて後悔混じりに言い訳をするために口をついて出てくるセリフで、おろかさのしるしになっている。でも、実は、これこそ知恵の柱だと賞賛しなくちゃいけない。ホントにこのセリフ「まあ、あのときはいい考えに思えたんだけどね！」を口にできる（そしてまさにこういうことを意味できる）ような種は、聡明さまであと一歩という敷居にまでたどり着いているんだ。ぼくら人間は単に考えられるだけじゃなく、自分が前に考えていたことを思い出せる。思い出して、それについて省みることができる——前に考えたことがどんな風に思えたか、どうしてそれが当初は魅力的に感じられたか、どこでどう間違ったか、反省できる。地球上の他の種でこういう思考を考えられるものがいると示唆する証拠はいまのところ知られていない。

*12　おかしみとは認識的なデータ整合性維持への報酬だという仮説の初期バージョンは、Hurley 2006 参照。もっと近年の統一された見解については、Clarke（印刷中）を参照。

*13　かなり多くの研究者たちが、すでにユーモアの神経的相関物を探り始めている（e.g., Mobbs et al 2003; Mobbs et al 2005; Moran et al 2004; Samsom, Zysset, and Huber 2008, 2009; Shammi and Stuss 1999; Watson, Matthews, and Allman 2007; Wild et al 2006; レビュー論文には、Uekermann, Daum and Channon 2007 または Wild et al　2003 を参照。）だが、これまでにわかっていることといえば、報酬センター、言語領域と意味論的領域、およびエラー処理ネットワークがすべて関わっているということでしかない。そうしたことは大して驚くほどでもないく、たしかに興味深いけれど、研究によってユーモアにおけるバグとりの事務仕事的な性質はあまり解明されていない。Samson et al.（2008）では、たしかに、さまざまな論理的メカニズムが脳内のいろんなユーモア＝ネットワークを利用しているらしいとは言っているし、これは「脳内に単一のユーモア＝ネットワークが——中心化した笑いのツボが——あるわけではないだろうというぼくらの予想とかなり軌を一にしている。希望を言えば、ぼくらの研究から、神経科学者たちに目を向けるべき新しい方向を示すことができたらいいなと思う。第一〇章では、神経科学者たちがコミットメントの神経的相関物を見つける上で直面しているあれこれの困難に関して、いくらか示唆を述べる。

*14　同じ志から、フォコニエはメンタルスペースを仮定し、スペース内に生起できたりできなかったりするいろんな操作を記述するにあたって、その脳内での実装方法についてはあまり多くを述べていない。こうすることで、ぼくらの研究は Minsky（2006）、Hofstader（2007）、Humphrey（2006）と同じ伝統に連なっている。こうした努力の概説は Dennett 2007b, c を参照。また、この戦略の別の例は Dennett 1991 を参照。

*15　一点、注意事項がある。眼輪筋は、尻込みしたときにも活性化するんだ（Ashraf et al 2009; Harris and Alvarado 2005; Kunz, Prkachin, and Lautenbacher 2009; Prkachin 1992）。尻込みもまた、ビデオゲームで弾を食らったときに現れる表情でありうる。ただ、今後の実験では、ビデオゲームの出来事に関連したデータに「顔動作記述」（facial action coding, FAC; 顔面動作コーディング）をほどこすことでかんたんに統制できるかもしれない（Ekman and Friesen　1978）。このコーディングによって、両者に共通していない特徴をもとに、尻込みとデュシャンヌの笑いを区別できるだろう。

*16　だが、ダジャレの常習犯たちは、きわめて意図的に、いやいっそ「妄執的に」、自分が言ったり聞いたりする言葉をとりあげて検討するのにいそしんでいる。「もしかしてここにダジャレのチャンスがあるんじゃないか」と期待してそうしているんだ。言語学者のピム・レヴェルト（Pim Levelt）もダジャレの名手で、ダジャレが棚ぼた式に手に入らないかとたいていの発言を自動的にモニターしているんだと語って

いる。ただ、彼の場合は、そうやって見つけた候補者の圧倒的多数を口に出さずに廃棄しているんだそうだ。心理学者のリチャード・グレゴリー（Richard Gregory）も同じようにやっている。偉大なダジャレの名手と、他人をうんざりさせるダジャレ馬鹿のちがいは、人にそのダジャレを聞かせるかどうかのハードルをどれくらい高く設定しているかというちがいが大部分だ。

＊17　コンピュータによる自然言語処理の初期には、いかに多くの文が実ははっきりとあいまいだと知って研究者たちは驚いたものだった。一見すると他愛のない一義的な文に思えても、コンピュータに処理させてみると、こちらが意図も想像もしていなかったけれどたしかに文法的に認可される構文解析を滑稽なまでに上手にやってのける。こうしてはじめて、通常の会話を行うのに、どれだけたくさんの無意識な計算の仕事をふつうの話し手が手がけねばならないかに焦点が当てられることになった。そうした無意識の推論は、ユーモアの温床となっている。

＊18　ジェフリー・ヒントン（Geoffrey Hinton）が優美なパズルを考案している。このパズルをみると、この非対称性について、さらに啓発される：つまようじを一箱、ランダムにバァッと宙にバラまいたとしよう。そして、ある瞬間で停止したとする（写真にとるなりして）。すると、宙にちらばるつまようじが、ありとあらゆる方向を向いているのが見て取れるだろう。さて、水平なつまようじと垂直なつまようじの数はだいたい同じだろうか？（水平・垂直にカウントしていいかどうか見極める厳しさは好きなように決めていい）。それとも、垂直なやつよりも水平なやつの方が多くなるだろうか？　驚いたことに、答えはこうだ：水平なつまようじの方が多い。なぜなら、つまようじが水平だととらえる見方は無限にたくさんある――北、南、東、西、北西、……――けれど、垂直になるのは一通りしかないからだ。さて、今度はお皿（またはCD）をたくさん宙にバラまいたとしよう。答えは逆になる。このヒラメキは快感だ。でも、あまりに複雑すぎて、一行ネタに圧縮することはできない。スティーヴン・ライトの腕前をもってしてもムリだろう。いや、もしかしたらそうでもないかも。ジョージ・カーリン（George Carlin）の観察によれば、他のスポーツとちがって野球だけは、鏡に映すと逆再生みたいになるそうだ。

＊19　笑う代わりにうめくのは、どんなときだろう？　まあ、ときには「スタッカートのため息」とでも呼べそうな入り交じった表情で笑いとうめきを同時にやることもある。ぼくらの考えでは、うめきとは、ダジャレさんの創造性の低さに感じるガッカリ感やダジャレをひねり出すのに不愉快な内容を使ってしまう残念さ加減に対する反応だ。こうしたガッカリ感は、おかしみと同時に起こることもある――べつに味わいもないしとくに創造的でもないけれど、ほんのいっとき袋小

路に誘い込んでくれるようなダジャレはある。また、さっぱりおかしみがない場合もある。そうした場合、うめきしかあがらない。あるいはうめきに非デュシャンヌの笑いが混じったようなヤツか。

＊20　ときに、「プラスの」情動の方が圧倒的に強力で、それによっておかしみが頓挫してしまうことだってあるかもしれない――自分がしでかした失敗を認識したことで、きわめて重大な事実が明るみにでたときには、よろこびがまさって、ユーモアをおさえつけてしまうかもしれない。

第九章原注

＊1　『進化――現代的総合』(*Evolution: The Modern Synthesis*) から：「正確に量の定まった遺伝物質という意味での遺伝子を〔細菌は〕有していない。そのため、〔細菌は〕有糸分裂で遂行される遺伝系を他から正確に分離されたかたちでもつ必要がないのだ」(Huxley 1942, p.131)。

＊2　この再帰的な性質があるからといって、無限に増殖しかねないほどのメンタルスペースをつくりだす必要がでてくるわけじゃあない。間違いなく、この再帰性には（かなり浅い）深さの限度がある。この点を自分で確かめてみるには、次のような文をどんどん長くしてみるといい。「～とキミは考えているとぼくは考えているとキミは考えているとぼくは考えている」。長くしていくうちに、いずれどこかでこの文が実際に意味していることがわからなくなってしまう（ほんのいくつか階層を重ねただけでそうなってしまう）。そうした文を理解するには、紙と鉛筆を取り出してちょいと分析してみなくてはいけなくなってしまう。とはいえ、そうした文を理解しようとしてもわけがわからなくなってしまうことをもって、ぼくらの能力をはかる正確な尺度にするわけにはいかない。これは、ある程度まで、ぼくらの基本的な理解を明示的にする試みから生じる人工的な効果だからだ。巧妙に演じられた風俗喜劇を鑑賞していると、なにも苦労せず笑いがこみ上げてくることがある。でも、そうした笑いも、暗黙のうちに再帰的な理解がなされていなくては生じない。たとえば、「さっき話に出た夜に自分がどこにいたか男が黙して語らずにいることの背後にある秘密を探り出そうという彼女の意図が、それにまつわる事実を彼女がずいぶんよく知っていることからバレバレになるってことを男が認識するだろうとは彼女は予想していないのだな」といったことを把握せずには笑えない。でも、このことをお芝居を観ていない人にすっかり説明しつくそうとすると、なかなか骨が折れたりする。

＊3　Ramachandran and Blakeslee (1998) は、「虚偽警報」(false alarm) 説でこの例を説明している（この説はI‐R理論から派生したもの）。その説明によれば、最初はわるいことが起きたように見えるものの、実際には問題ない（この男が怪我していなければ）のだということを示したいからぼ

くらは笑うのだとされる。ラマチャンドランとブレイクスリーが言うには、もし男が怪我したのだとわかっていれば、笑いはでてこない。虚偽警報はほんとうに事実の警報になっていて、こちらは懸念するからだと彼らは言う。僕らの考えでは、男が怪我した場合に笑いが起きないのには、それと別の説明ができる。怪我した場合にもちゃんとユーモアはあるのだが、男が怪我したとなると感情どうしが衝突することになり、ユーモアよりも内心の共感や同情が上回ってしまうのだ。こう考えれば、こうしたことが起きたときにもときおり、「ここで笑っちゃいけないんだけど、それにしても…」と言いたくなってしまうことがあるのが説明できる。感情の衝突については、次節でさらに述べよう。

＊4　読者のなかには、こう考える向きもあるかもしれない――「なにしろ自分の他に三人称の人物なら（何十億と）いるのだから、それが一人称ユーモアよりも三人称ユーモアの方が多い一因になっているのではないの？」ぼくらは、それが理由ではないのではないかと考えている――たしかに、とれる視座は他にたくさんあるし、現にしょっちゅうそうした視座をとってはいるけれど、ぼくらが考える思考の大多数は自分じしんの視座によるものだ。

＊5　ジャック・タチの作品、『ぼくの伯父さんの休暇』（*Les Vacances de Monsieur Hulot*）では、絶壁の上に隠れて町を見下ろしながら少年達が歩道を歩く通行人達を眺める場面がある。通行人がやってくるたびにするどい口笛を吹くと、相手はついつい思わずきょろきょろをあたりを見回し口笛の主を探す。「いったい何だったんだ？」そのうち、4回目の口笛あたりで、うまい具合に男に絶壁を見上げさせるのに成功――そして、男はそのまま街灯に思いっきりぶつかってしまう。ガン！ 絶妙なタイミングで口笛を吹いた少年の勝ちってわけだ。

＊6　シャンクはのちに『人はなぜ話すのか』（*Tell Me a Story: A New Look at Real and Artificial Intelligence*）（1991）でさらに考えを発展させ、物語の主要な役割とは、自分のものであれ他人のものであれ、経験からえられたいろんな教訓をひっきりなしに思い起こさせることにあると述べている。

＊7　同様の軍拡競争とそれに伴う慣れ親しみの曲線は、ポルノにも見られる。比較的にうぶな思春期の子供たちでは、年を重ねた数奇者のゆがんだ趣向なんてなにがいいのかまったくわからない。数奇者はよりいっそう刺激のきいた愉しみを求め続け、彼らを相手にするポルノ産業もいっそう趣向を凝らしたエロティカを生産してゆく。

＊8　そう、再帰的にだ。単純きわまりない再帰的な志向的構えの例（つまり、二人称の志向的構えユーモア）なら、こんなのを想像してみよう：聞き手は物語やジョークに出てくたあるキャラクターが完全に合理的な視点をもっていると思うかもしれないけれど、それと別の二人目のキャラクターによ

る一人目のキャラクターの視点の捉え方にはユーモアが含まれていると思うかもしれない。たとえば、あらかじめ、一人目のキャラクターが間違った信念を抱いていると二人目のキャラクターが考えているという情報を聞き手に与えておいた場合にはそうなるだろう。この複雑さは、聞き手のワーキングメモリの容量と注意のおよぶ範囲によってしか制限されない。

＊9　必要量に達しない世界知識では聞き手にユーモアが生じないのと同じように、世界知識がありすぎてもユーモアが台無しになってしまうことがある。いちばんわかりやすい例だと、鍵を握る事項を時期尚早に相手に思い起こさせてしまうと——いわばオチを電報に打ってしまうと——命取りになる。お利口すぎで知識がありすぎる聞き手なら、思い起こさせる必要もないかもしれない。そうした聞き手は、コメディアン志望なんか出し抜いてしまう。そういうとき、聞き手がジョークの命取りになるというより、当人が自滅して、ユーモアを失ってしまう。

＊10　アレキサンダー・チスレンコ（Alexander Chislenko 1998）は超常刺激の観点でジョークを記述した最初の研究者かもしれない。

＊11　いただいたご教示によれば、一人称のユーモアを直接に経験することも可能だ。ある人が言うには、自分はオペレータの助言に含まれるあいまい性にずっと気づかず、銃声を聞いてからようやく気づいたそうだ。つまり、銃声のところで、「猟師は相棒の脈をとっているんだろう」というみずからのコミットした予想を打ち消すことになった、というわけだ。

第九章訳注

★1　原文では grandfather（祖父）とあるが、ジョークの方に合わせた。

★2　これは、アリストテレスの言葉とされる「人間は直立する唯一の動物である」（"Man is the only animal that stands erect"）のパロディ。「直立する」を意味する erect は、「勃起する」という性的な意味もある。他方、「角氷をかじる」のは性的な不満を表すしぐさとされている。

★3　「子守りの we」（"nursely we"）については右を参照：Joseph, Brian D 1979. On the agreement of reflexive forms in English Linguistics 17: 519–523

★4　オペレータが発した "Let's make sure he's dead" は、2とおりにとれる：「彼が死んでいるかどうかを確かめましょう」と「彼を確実に殺しましょう」。また、本文で著者たちが「二人称複数」「子守りの we」と言っているのは、Let's = let us の us を指している。杓子定規に言えば、この場面で実際に make sure する——死んでいるか確認するなり確実に殺すなりする——のは猟師ひとりであって、別にオペレータはなにかするわけではない。それでも、その猟師に寄り添うように自分も含めて「私たち」（we）と言うので「寄り添いの二人称という。we/us なのに「二人称」と言っているのは、指している対象が聞き手（二人称）であることによる（文法的にはもちろん一人称）。"How are we feeling today?" も、実際に知りたいのは相手（二人称）の調子であって、自分の調子まで知りたいわけではもちろんないが、それでも相手に寄り添って we と言っている。

★5 "pussy" は女性器を指す卑猥な言葉でもあるし、「猫」を意味する言葉でもある。

★6 窓口係の言った "Fluctuations" がこのアジア人男性には「フラック・ユー・エイジアン（ファックユーだ、アジア人）に聞こえたということ。そこで、男性も両替所から出て行く前に窓口係に言い返してやっている。

★7 原文で神父が尋ねる "What's quickie?" の構文 What's a X? は、とくにイギリス英語で、Xの値段を尋ねる意味をもつ。そのため、「クイッキーとはなにか？」という意図で神父が発したこの疑問文を、修道女の方は即座に「クイッキーはいくらだね？」という意味に誤解してしまった。

第一〇章原注

＊1 多くのユーモアは志向的構えを利用しているけれど、特定の下位集合だけは志向的構えにきわめて依存していることに留意しよう。この区別の一部は、多重人称ユーモア（multipersonal humor）を避けて通ることで明確にしてある。

＊2 心理学・認知神経科学の実験の多くは、正当にも、「生態学的に妥当」でないとして批判されている――つまり、被験者たちを極端に人工的な環境におき、そのために彼らの行動・成績を有意に（ほぼ）歪曲させざるをえなくしている、という批判だ（Neisser 1976; Brewer 2000）。

＊3 右を参照：〈http://en.wikipedia.org/wiki/No_soap_radio〉〔訳註。日本語版ウィキペディアには項目がない（二〇一三年五月六日現在）。このイタズラでは、たいてい、共謀した二人ペアとカモ一名がいて、共謀者の片方がジョークを語る役を演じる。カモに向かって「これはきっとお前好みのネタだよ」などと前振りをしておいて、ひとしきりジョークを語り、オチの「だから、ソープラジオなしってわけ！」を語ると、相方が即座に思いっきり笑い出す手はずになっている。もちろん、このオチはまったく意味がないのだが、カモがわかった風な態度を示したらその様子が滑稽だし、カモが「わからない」と言ったら言ったで、「えー、わかんないの？」とユーモアのセンスのなさをバカにすることもできる。意地が悪い。〕

＊4 読者のあなたがそうした研究者なら、仮説・手法・手続きを洗練させて明確にする共同作業について、気軽にぼくらに問い合わせてほしい。すすんで助けになりたいと思っている。

＊5　これを祖型とするいろんなジョークの変種がある。なかには、第二次世界大戦のパイロットが飛行機の残骸のかたわらで倒れているものや、ベトナム戦争の古参兵がナパームにやられて負傷しているものもある。もしかすると――誰にわかる？――手負いのガリア人がジュリアス・シーザーに返答する変種もあったりしそうだ。オチの台詞［“Only when I laugh”］は、いろんな作品で題名に使われている。小説、戯曲、映画、歌――さらに、イギリスのシチュエーションコメディの題名にもなっている。どうやら、この痛みとおかしみの異様な対置は、あらゆる時間と場所、年齢と好みを超えて人々に訴えかけるようだ。

＊6　重要でないことに関する混乱だったなら、脳はわざわざそれに取り合ったりしない。窓越しに冬の木々を眺めているとしよう。その木々から伸びる数百、数千もの枝はどう入り組んでいるのかまったくわからない。でも、この混乱はなんの印象も与えない。なんらかの理由で重要になるか、重要そうに思えて初めて、問題になる。ウィリアム・ジェイムズ［『心理学の諸原理』］が言う、幼児の心で「咲き乱れる混乱」（“blooming, buzzing confusion”）は、ほどなくして分別される。重要な――そして厄介な――混乱と、無視しても困らない混乱に、仕分けられる。

＊7　虚構の意味論は言語哲学でこまやかに論じられる興味深い話題だ。e.g. Lewis 1978, Currie 1986, Byrne 1993, および Levinstein 2007 を参照。

＊8　もちろん、心がちがえば進む道筋もちがってくる。人によっては、両親はお互いを認識していなかったという事実に取り組む際に、お互いに知り合うことなく子供をもうけた可能性はないかとあれこれ考えはじめるかもしれない――試験管ベイビーとか、配偶子提供を思い浮かべる人もいるかもしれない。もっとも、その可能性に大して関心を誘われない人もいるだろう。ぼくらの理論からの予測では（検証しがたいのは認めるけれど）、こういう風に考えた人たちは、「外科医は父親」仮説にコミットすることはなく、答えを可笑しく思うこともない。

＊9　また、ワイアーとコリンズは、「認知的精緻化」（cognitive elaboration）の原則についても論じている。彼らの主張によれば、認知的精緻化は不一致解決が理解されたときに生じる。これは、ぼくらには些末なことに思える。というのも、認知的精緻化は、滑稽な状況でも滑稽でない状況でも、どんな状況の理解においても生じるからだ。JITSA の拡散活性化は絶え間なく起きている。このことから、ぼくらはどの時点でも認知的な精緻化を行っていることが含意される。何らかのかたちでこれはおかしみに必要だし、間違ったコミットメントの形成と消去の両方にこれが貢献しているのは確かだけれど、おかしみ喚起を定義する要因じゃあない。

＊10　他の相違点はごくわずかだけある――たとえば、ミンス

キーは自分の理論は単独では機能せず、フロイトのタブー検閲と連携してはじめてすべてのユーモアをもたらすのだと仮定している。ミンスキーにとって、ユーモアには必ず子供っぽい味わいが少々含まれている：いけないことをしでかして、そのままバツを受けずにすませることの喜びがあるとミンスキーは考えている。この側面によって多くのユーモアが強化されるのはぼくらも同意するけれど、それは決定的な成分じゃないとぼくらは主張する。

＊11　他の選択肢をとろうとすれば――この理想的でない世界で演繹的な確実性の理想を追求しようとすれば――際限のない処理か、はたまた思考ゼロかのどちらかに陥る。

＊12　LaFollette and Shanks は、論文の末尾でユーモア理論はやがて認識論と心の哲学を特徴づけるものとなるだろうと簡略な思弁を述べているのは正しいのだが、ぼくらの考えでは、彼らのユーモアの記述はまったく的を外している――彼らに言わせると、刺激から適正な「心的距離」[psychic distance] を維持しつつ二つの信念の集合のあいだで高速のぐらつき、または「ゆらぎ」がユーモアなのだという。その適正な距離の維持によって「ゆらぎの余地がもたらされる」(1993, p.333) のだそうだ。これとぼくらのモデルのちがいは明らかだと思う。

＊13　この例はべつに可笑しくない。ぼくらのモデルでは、その理由は反証された信念が暗黙裏に導入されていないからだと説明される。これは誤情報の事例だ。コミットされているのは活発な信念だけれど、そのコミットメントは結論への飛躍によってなされてはいない。

＊14　ドロシー・パーカー (Dorothy Parker) は、かつてこう尋ねられたそうだ。「園芸《ホータカルチャ》についてジョークを一発つくれませんか？」話によれば、まったく動揺せずに彼女はこう答えたという。「売女を文化《ホータカルチャ》に連れて行くことはできるけれど、考えさせることはできない」(You can lead a *whore to culture*, but you can't make her think)。

第一〇章訳注

★1　"Why did the chicken cross the road?"――このジョークでは、「ニワトリが道路を横断したのはどうして？」という質問に、「道路の反対側に行くため」という答えが用意されている。いかにも特別なオチが用意されていそうに思わせておいて、しょうもないただの事実が答えに出されることでユーモアが成立する。

★2　catch trials: たとえば、音声刺激が聞こえたかどうかを被験者に報告してもらう実験をするとき、わざと音声刺激を含まないものを混ぜておく。これを "catch trial" という。ここでは「ひっかけ試行」と訳してある。「キャッチ試行」の方が定着しているかもしれない。

★3　「トラストフォール」：ペアやグループでやるゲーム。1

人が両手を組んで立ち、そのまま後ろに倒れるのを他の人がしっかりと受け止めてあげる。参考：http://www.youtube.com/watch?v=wPOgvzVOQig

第一一章原注

＊1　下ネタのジョークは、ユーモア版のチョコレート・キャンディーとでも言えるだろう。熱した甘みのないチョコレートがブラックコーヒーみたいにして数千年も飲み続けられてからようやく誰かがこれに砂糖とココアパウダーをまぜたらどうだろうと思いついたなんて、驚きだ。セックス（のたんなる想像）という複数の尺度をもった快楽を基本ユーモアに混ぜてみようという、これと同等に冴えてる考えは、人間の自己刺激〔自慰〕の歴史でずっと早くから登場している。

＊2　ジルマン（Zillman, Katcher, and Milavsky 1972）による他の発見では、身体的な酷使による興奮（たとえばルームランナーで走って引き起こされた興奮）ですら、心理的な効果に移転されうることが示されている。

＊3　ドナルド・ヘッブ（Donald Hebb）（1949）の名前をとって名付けられた。この学習規則は、あたかもニューロンどうしの樹状突起の結合を支配するものであるかのように表現されることが多い――「いっしょに発火《ファイア》するものがいっしょに連結《ワイア》する」という具合だ。だが、これはニューロンよりももっと広く学習のモデルに適用されルようになっている。

＊4　Clark（1970）は不一致プラスもうひとつの「愉しみ」としてユーモアを説明している。そうした説明だと、実はおかしみそのものは存在していなくて、その正体は不一致の認知的検出となんらかの種類の愉しみの交差だということになる。ぼくらは、おかしみはあると信じている。おかしみは特定の認知文脈における他のあれこれのおかしみからつくりだされた見かけ上のしろものではない。ただ、そうした情動がおかしみを複雑なかたちで増強しているとは考えている。

＊5　二分間のローラーコースター乗車で起こるとても複雑な思考の集合を、確かにここでは単純化しすぎている。当然、体が上下左右に振り回されるなかで、予測できる以上のはやさで間違った身体的コミットメントがあれこれと生じるはずだ。これらをすべて分析するのは、練習問題として読者にゆだねよう。

＊6　正確を期すと、自分で自分に「強いくすぐり刺激」（gargalesis）は与えられない――くすぐりのなかでも、ユーモアに関連があると通例考えられている、笑いを惹起する種類のくすぐりのことをそう呼ぶ。しかし、「弱いくすぐり刺激」（knismesis）なら自分で引き起こせる。こちらは、昆虫が肌の上を這ったときとか、「つつーっ」と羽で肌をかるくなでたときにも感じられる、不快なくすぐりの感覚をそう呼ぶ（Hall and Allin 1897）。

＊7　Gregory（1924）は同様の仮説を提示している。ただ、

この感覚が警告を発する対象として彼が挙げているのは、昆虫や齧歯類ではなく、白兵戦だ。Black (1984) は、ぼくらの体でいちばんくすぐったさを感じる部位は、いちばん強い防衛反射をもつ部位でもあることを見いだしている。

＊8　認知科学のジャーゴンで、こうした低次の信念を「認知的に浸食不可能」(cognitively impenetrable) だと言う。高次の水準ではもっとよくわかっていても、認知的に浸食不可能な信念は影響をふるいつづける。

＊9　近年わかったこととして、被験者が「自分は機械にくすぐられているんだ」と思っている場合も（実はそれはうそなのだが）、人間にくすぐられていると思っているときと同じくらい笑顔になり、笑い声を上げ、身をよじるという (Harris and Christenfeld 1999)。これは、くすぐりの社会的理論〔他人との相互作用だからくすぐりはくすぐったくなるという理論〕と対立関係にあると言えそうだけど、ぼくらの理論とは整合している。ネズミ検出器にもとづく信念を除去できるのは、人間ではなくて知識 (the known) だからだ。ぼくらの推測の一部を検証するために実験をするとしたら、被験者には何がくすぐってくるのか知らせずに、人間、くすぐりマシーン、あるいは実物のネズミやタランチュラに穴ごしにくすぐられて笑い声をあげるかどうか観察してみると興味深いことになりそうだ。ぼくらの予想では、くすぐっているのがどれであっても笑いは生じない。

＊10　言及しておいたように、くすぐる側は相手を持続的にせめたてることができ、そうした場合には、くすぐられた相手はそれが生み出す情動のカクテルによってヒステリーに追い込まれることもよくある。ただ、誰もがよく親しんでいるおかしみのあるヒステリーで、言及するに値するものは他にもある。笑ってはいけないと判っているのにこらえきれない思いをした場面に覚えはないだろうか。こみあげる笑いを押さえ込もうとしても、どうにも抑えきれなくなってしまう場面だ。いろんな種類のフィードバックがこうした情動の積み重なりの原因になる。たとえば、仲間の様子をみて「あいつは笑いをこらえようとしているんだな」と志向的構えでモデルをたて、その相手によるこちらのモデル化のモデルを再帰的にたてることによるフィードバックもある――このとき、お互いに内心で同じことを考えているとみんなしてめくばせしあって知らせると、お互いにこみ上げるおかしみを強め合う結果になる。ところが、ときとして、これ以上に進む場合もある。自分がなにかに笑っていうことそれ自体が可笑しくなることも、文脈によってありうる。自分が（そうしてはいけない場面で）なにかを可笑しがっているのが可笑しいとなれば、自分がそれを可笑しがっているのを可笑しがっているのが可笑しい、ということにもなる。以下同様で、この制御不可能なおかしみの正のフィードバックがつくりだされ、たとえば高校の教室がまるごとこれに支配されたりするわけだ。

こうしたフィードバックループやその他の関連する循環的な動的状況は、笑いの感染を引き起こすこともある。たとえば、(Provine 2000 で伝えられているところでは) 1962年にタンガニーカで数ヶ月に及ぶ笑いの連鎖という驚嘆すべき出来事があったそうだ。また、シチュエーション・コメディのカット場面集では、よく、ある役者がヘマをすると、他の出演者一同がそろって笑いをさそわれ、そのあとはテイクを重ねれば重ねるほど、ますます笑いが制御不可能に陥っていく一幕が特集されたりする。この再帰的な連鎖のあとの方だけを切り取って誰かに見せても、なにが可笑しいのかさっぱり理解できないだろう。

＊11　ユーモアを増加できそうな他の方法としては、すぐさま偽だと判定されうる信念に見る側をうまく押しやる手がある：「なにが見える?」「アヒル」「アヒルが見えるって、ほんと?——絵の中にうさぎはいない?」「いや、うさぎじゃないよ。アヒルが…」こうしてうさぎが認識されれば、見る人がたんに一通りの見え方しかないと思っていた場合よりももっと可笑しくなるかもしれない。

＊12　これは、ぼくらのモデルが優位理論とどうちがうのかをうまく示す例になっている。優位理論家たちは、八っつあんが顔面をしたたかに打つのをみて我が意を得たりと考える。彼らの説では、ぼくらは八っつあんのことを快く思わず、彼をお馬鹿さんだと思い、顔面直撃をくらう様子を見てぼくらが彼より優位にあると実感するのだと主張されるだろう。でも、この場面をちょっとだけ変えてみると、八っつあんが別に実際に直撃をくらわなくても、ユーモアは保たれる：たとえば、熊さんがよいしょとかがんだところで、八っつあんがびびった表情をみせ…あわやというところでササッとかがむ。この場合にも、八っつあんは熊さんが盾になることに過大なコミットメントをしてしまっていて、その過大にコミットされた信念が間違いだと判明する展開になる——ビビった表情がそのことの証拠になる。

＊14　実際、これは進化論を信じない人たちが犯しているのと同じ間違いだ。

＊15　ヒューロンは、クオリアの概念に疑わしいイデオロギーを感染させている哲学の伝統 (Dennett 1991 他を参照) を認識している。だが、彼はためらいなく〔クオリア論議に〕飛び込んで、音階 (ド・レ・ミ・ファ・ソ…) のクオリアの多くは、いわく言い難く分析にとってそれ以上分解不可能な原子であるどころか、はっきりしたグループ分けがなされることを示している (グループ分けは、10人の音楽家と2人の非音楽家への自由面談によって決定された)。そうしたグループ分けには説明がつけられるとヒューロンは述べている：「それぞれの音階は、学習された統計的な関係の所産として別々のクオリアを獲得する」(Huron 2006, p.174)。

＊16　ぼくらは、タフツ大学で開かれた「音楽・言語・心」の

カンファレンス（二〇〇八年七月一一日）でヒューロンの研究を知った。このカンファレンスでデネットが本書のモデルの素描を提示したところ、質疑応答で、このモデルがヒューロンの音楽のモデルと刮目すべき類似性をもっていることを知った。ヒューロンは、ユーモア（音楽におけるユーモアに限られない）を彼みずから論じた際に、彼が音楽について述べていることの多くはユーモアにもそのまま当てはまるはずだと明言している。本書で行きがかり上述べておいたように、ヒューロンによるユーモアの扱いには賛同しない点もある。ただ、ヒューロンはみずからのユーモア理論に取り組んでいるところなので（個人談話、二〇〇八年）、ぼくらとしては、彼が自分の見解をかためて公表する前に相違点を詳しく論じるのは避けておく。

第一一章訳注

★1　「高次（の）」は high-level で、「高階（の）」（higher-order）とは別物。

★2　アラバマ州の人々は近いもの同士での交配をするというステレオタイプ的な偏見を踏まえたジョーク。

★3　少しわかりにくいが、「ふつうの」音楽でも、いくぶん予想外な変異はある。音楽でユーモアが生じるのは、そうしたふつうの変異におさまるだろうという予想に過大なコミットメントをしてしまっているところへ、度を超した変異がやってきて、自分が暗黙裏に間違ったコミットメントをとっていたことが判明したときだということ。

第一二章原注

＊1　これは、進化の時間において、「ハンディキャップ」が実は「支え」となっている一例にすぎない。ハンディキャップがあるおかげで、それがなければあまりに高くつく戦術をその生き物がとらざるをえなくなるわけだ。フランクによる「シグナルとしての情動」という説明を思慮深く再評価・修正した文献として、Ross and Dumouchel 2004a, b, および Frank 2004 を参照。

＊2　とくに怒りは現代の文化では効用が減っているのではないかとぼくらはみている。今日、ぼくら一人一人に代わって、社会的・経済的・法的な制度が不公正の調停をとりしきっている。昔よくあったように、個々人がみずからいちいち怒りをむき出しにする必要は、もはやなくなっている。もちろん、だからといって怒りがまるっきり無用になったわけでもない。現代社会における情動の最適な「チューニング」のすぐれた議論は、Gibbard 1990 を参照。

＊3　児童たちは “shell”（卵の殻）も知ってはいるけれど、こちらは「卵」と聞いて調理されたものでなく卵全体を思い浮かべるかどうかに左右される。おそらく、卵の殻も彼らの脳裏をよぎるものの、児童たちが典型的にふれあう機会をもつ

卵の姿は調理済みなので（i.e. 児童たちは卵を食べる一方で、調理するのは親たちだから）、「ヨーク」ほど強く活性化されないのではないかとぼくらはにらんでいる。

＊4　こう疑問を抱く向きもあるかもしれない――「人を欺いて誤信念を誘発したり隠したりするのなら、どうして非デュシャンヌの笑いそのものは可笑しくないの?」答えはこうだ。「いや、ちゃんと可笑しくなりうるよ」：第三章で掲げたドイツ人ネタのジョークを思い出してほしい。

＊5　もちろん、これの反面には支配目的でのユーモア使用があるわけだ。

＊6　ここでも、こうした副産物やスパンドレルは、もちろん、遺伝的進化・文化的進化のいずれかによってただちに転用されて、本当に適応的な役割を果たせる。ぼくらの主眼は次の点にある――「ユーモア（や音楽、ポルノグラフィー、ダンス、などなど）は、なんらかのかたちで遺伝的な適合度に直接寄与しないかぎり、その存続が危うくなると仮定するのは（かなりありがちな）間違いだ」。ユーモアの場合、その存立の根拠は（自由に変動していて）、当初のデータ統合の保護から遠ざかって、性選択された能力誇示へとゆっくり移行しているのかもしれない。この後者は、前者によって強力な報酬システムをそなえた基盤がつくられないかぎり存在しえないだろう。

＊7　第三章で述べたように、すべてのユーモアはなんらかのかたちでタイミングに左右される。一般にジョークは語りの順序を間違うと台無しになるからだ――そして、順序とは時間と位置の問題だ。ただ、ユーモアにおけるタイミングでとりわけ興味を引く面白いことといえば、爆笑の可能性を秘めている同じ面白発言でもオチでもほんの数秒遅れただけで楽しませる力をすっかり失ってしまう、ということがある。どんなときにどうするとこうした結果になるのか知るのが、巧妙きわまりない芸術の秘訣だ。

＊8　ここからは、ぼくらの理論にも警告がでてくる：可能なユーモアの事例は、どれをとっても、おかしみの喚起をうながしたり妨げたりするタイミング効果があるかもしれない。この点を左右するのは、そこでユーモアを引き起こすカギとなっている信念が、実は間違いでしたと明かされる前に認識的な疑いをかけられるかどうか、または、その信念がいきなり間違いだと判定されてしまうかどうかだ。信念に認識的な疑いがかけられて差し戻しになると、信念へのコミットメントが解除され、ユーモアをもたらす資格が失われる。

＊9　ユーモア創出の歴史には作曲や詩作などにみられるパターンに似た目立ったパターンがあるのかどうか、調べてみると興味深いだろう。スタイルや内容を追っていくと、どんな発展が（あるいは進歩さえもが）描きとれるだろう? 構造や主題の新規性はどれくらい重要なんだろう? こうした文化的進化の詳細を調査するのは、しかし、本書の射程を超え

てしまう。

＊10　現代の観客にとっては、多くの疑問を残しゆるやかな週末を迎える映画を見たあとに残る感覚を例に考えてもらった方が、どういうことなのかつかみやすいかもしれない。そうした映画について、認識的な不満が多々のこり、自分はそれらをかるがるしくすませられないでいる。この点に、映画の内容が劇的かコメディ調かは関係ない。この効果は、劇的な内容の方がうまく組み合わせられるけれど、そこに一定量のユーモアをまぜてもなんら支障はない。

＊11　Huron（2006）は、これと同じ学術分野どうしの連携を雄弁に訴えている。

＊12　フィードバック・ループの概念の具体例になっているジョークを挙げよう。Cathcart and Klein（2007）から、手を加えて引用する：

　秋のことだった。保留地のインディアンたちが酋長に質問した。この冬の寒さは厳しくなりますかね？　現代の風習にそまって育ったために、酋長はいにしえからの秘密を教えられていなかった。ここは無難に答えておこうと思って、酋長は部族の仲間たちに、薪をしっかり集めておくようにと助言した。数日後、万全を期して、酋長は国立測候所に電話をかけて、今年は厳寒になるかどうか質問した。気象学者は、ええ、きっと寒くなりますよと返答した。それを聞いた酋長は、部族一同に、よりいっそう薪集めに精を出すようにと助言する。

　2週間ほどたった頃、酋長は確認のためにまた国立測候所に電話をかける。「いまでもやっぱり今年は厳寒になりそうですかね？」すると気象学者はこう返事する。「まちがいないですね。非常に寒くなるでしょう。」そこで酋長は部族に見つけられるかぎり木片でもすべて集めておくようにと助言する。

　さらに2週間後、酋長は国立測候所に電話して、現時点で冬の気象はどんな具合かと質問する。気象学者はこう答える。「記録上でもっとも寒い冬になると予測していますよ。」

「マジか」と酋長。「なんでそんなに確信がもてるんです？」

　気象学者の返答：「なにしろ、インディアンがえらいいきおいで薪を集めまくってますからね」

＊13　このフィードバック・ループが臨床的な鬱病の原因だと主張するわけではない。ただ、一部の事例で、このループが部分的に関与しないかもしれないという理由は、べつにない。臨床的な鬱病は、情動的な動機づけシステムのもっと一般的な不調に左右されている見込みが大きい。鬱を煩う患者たちに生じる悲しみは、結果として起こる傾向なのかもしれない——自分がそうした動機に欠ける状態にあることを目の当たりにすることで引き起こされる情動的な傾向として、彼ら

の悲しみは生じているのかもしれない。「どうしてこうなっちゃってるんだろう?」そうした患者たちは当惑して自問する。そうした自問は、この状態に起因するメタ認知的な絶望の現れだ。

訳者あとがき

1　書誌情報

本書は、下記の全訳です：

Matthew M. Hurley, Daniel C. Dennett, & Reginald B. Adams,
Inside Jokes: Using Humor to Reverse-Engineer the Mind.
MIT Press, 2011.

原題をそのまま訳せば、『ジョークの内幕——ユーモアを使って心をリバース・エンジニアする』となります。翻訳にあたっては、MIT Press から提供されたＰＤＦおよびハードカバー版を底本としました。ただし、後述するように、原著者の意向により日本語版では一部のジョークを原書から変更しています。なお、変更した箇所のオリジナル版は、下記のサポートページで別途お読みいただけますので、ご安心を。

【『ヒトはなぜ笑うのか』サポートページ】
URL: http://goo.gl/reipcp

サポートページでは、英語版からの変更箇所の他、次の情報を提供します：

- 参照文献PDF：本文を読みつつ、文献（や註）を随時ご覧になりたい場合に、巻末と行ったり来たりするのはわずらわしいものです。そうした場合に、このPDFをご利用ください。
- 訂正箇所：誤訳・タイポが見つかった場合に、こちらで訂正情報をお知らせします。

なお、このサポートページは訳者個人が作成しているものであって、原著者・出版社は関与していません。ご注意ください。

2 これはどういう本なの？

2-1 本書が論じていることの概略

本書は、計算認知科学者（ハーレー）、哲学者（デネット）、心理学者（アダムズ）の共同研究で、ユーモアという情動の仕組みを明らかにしようと試みた仮説を提示しています。その仮説をものすごく簡略にまとめてしまうと、次のとおりです：

キレのいいネタを聞いたり絶妙な偶然の重なりがうんだ間抜けな失敗を目の当たりにしたとき、わたしたちの胸の内に――いや、腹の底に？――愉快な情動がわきおこってくる。このおかしみ、ユーモアの情動は、知識・信念に不一致を見いだしたときに生じる。この「不一致」とその条件は、きわめて限定されている［A］。不一致の発見で生じるおかしみ・ユーモアの情動は、一種の報酬だ。エネルギーたっぷりの果糖がもたらす甘さの快感が果糖を含む食べ物を探し求める動機付けになるのと同じように、ユーモアの情動は、知識・信念のバグをつきとめる作業をうながす動機付けになっている。これが、進化におけるユーモア情動の適応的なはたらきだ［B］。ヒトの知性は、こうしたさまざまな「認識的情動」（epistemic emotions）によって制御・動機付けを受けて機能している［C］。

本書が打ち出した新しい考えは、要約中の［A］-［C］にあります。

まず、［A］はユーモアの仕組みそのものに関わる仮説です。著者たちは、おかしみの情動がわきおこる不一致の種類とその条件をくわしく限定しています。

［A］ユーモア情動が生じる条件：暗黙のうちに心に入り込んで事実だと受け入れられていた情報が活性化されて実はマチガイだったと判明したとき、おかしみの情動が生じる。（ユーモアの計算認知科学）

しかし、著者たちは狭義のユーモア研究に視野を狭めず、ヒトの進化におけるユーモアの（原型的なおかしみ情動の）適応機能について仮説をたてています。ちょうど、現物を眺めただけでは動作部品のはたらきが見当もつかない機械も、その目的がわかれば部品それぞれのやっていることがわかりやすくなるように、この機能の観点からみたとき、ユーモア情動がやっていることを考えやすくなるというわけです。

［B］ユーモア情動の機能：ユーモア情動は、知識・信念のエラーやバグをつきとめるという厄介仕

事に報酬をあたえて、これを動機付けている。これは、ヒトのような高次認知をそなえた生物にとって必要不可欠な機能だ。（ユーモアの進化心理学）

私たちがジョークやコントを愛好しているのは、こうした基本的な機能の拡張・転用だというのが、著者たちの説明です。進化における適応にとっての都合なんて、個体としての私たちには知ったことじゃありません。果糖探知機の報酬として進化した甘さのよろこびをハックして、私たちヒトはチョコレートケーキのような超常刺激をあれこれとつくりだし、主観的なたのしみを追求しています。それと同じように、もともとはバグとりの報酬として進化してきたとしても、この報酬がもたらす主観的な快感こそが私たち個体にとって大事なことであり、ユーモアのメカニズムをハックしておかしみの快感を人為的にいっそう強烈に味わうすべを、私たちは開発してきたのだ——そう著者たちは言います。もちろん、おきらくなポップ進化心理学のあやうさは著者たちも承知しており、注意深く論証が展開されています。

さて、ユーモア情動の計算認知科学と進化心理学は、もっと広く、ヒトの認知機構全体について含意をもっています。本書の原題で「ユーモアを使って心をリバース・エンジニアする」とあるのは、このことを言っています。

［C］ヒトの知性の設計仕様を構想する：ヒトの知性は、情動・報酬を深く組み込んだ設計になっている。知性にとって、情動は「不合理」な邪魔者どころか、それ抜きに安定して機能しえない必須の要因となっている。

このように、本書は［A］ユーモア研究に新たな仮説を（そして訳者が見る限り有望そうな仮説を）提示するだけでなく、［B］その仮説構築の道しるべとなる進化心理学的な観点を強く意識しながら、［C］より広範なヒトの高次認知の設計仕様についての提案をも行うという、なかなかに野心的な著作です。

2-2　読者にとってうれしいことはなに？

まず、なによりうれしいのは、研究の意義がせまい専門的議論の範囲にとどまっていないことです。こうした視野の広い本ですので、狭義のユーモア研究に専門的な関心のある人たちにかぎらず、ヒトの知性・情動についていまの認知科学で検討されている見解にふれたいという読者の期待にも答えられる一冊だと訳者は見ています。実際、本書は相当に専門性の高いトピックをとりあげているにもかかわらず、この分野にまったくうとい訳者でも、いちから徐々に理解を深めていけました。ひたすらテクニカルな細部をこねくり回す文章を追いかけているうちに、「それにしてもなんでこんなめんどい議論をしてるんだっけ？」というむなしさに襲われることはないでしょう。

第二にうれしいのは、新規な仮説を提示するにあたって、先行研究を周到にサーベイして検討してくれている点です。科学的な議論では当たり前といえば当たり前ですが、ユーモア研究について主要仮説を整理し、先行研究がたしかにユーモアの何事かを正しくつかまえていると思われる点とそうではない点を選り分けて、そうした「巨人の肩の上」で自説をあらたに提示しています。「おかしみの情動をもたらすのは、本当に不一致なのか？　たとえば、先行研究で提案されてきた不一致の解消や優越感や緊張の緩和などではないのか？」といった疑問にも本文でていねいに答えています。こうした議論を追いかけて読み進めるうちに、自然とユーモア研究という分野の見取り図が得られます。

最後に、もしかするといちばんうれしいことは、本書にはジョークとユーモアが満載だという点です。事例としてさまざまなジョークが引用されるだけでなく、文章そのものに機知があります。序文からちょっとしたお茶目をやってくれていることからうかがえるように、本書は大まじめな論書を展開しつつも、ところどころで「ふふっ」と思わせる書きぶりをしてくれています。

2-3 読者にとってあんまりうれしくないこと

他方、本書もいいことばかりでもありません。なにより困るのは、この分厚さです。周到な議論がなされている分だけ、どうしても分量は多くなっています。たとえば、「ユーモア研究の主要な考え方についてざっくりあっさり読みたいんだけど」という場合には不向きなことこのうえありません。たんに長いばかりでなく、本書の文章がときおり晦渋になっている点も、読者にとってはうれしくありません。訳者としてはできるかぎり読みやすい日本語にすべくつとめましたが、いたらない点は多々あるものと思います。

第二にうれしくないのは、「中立的」ではない点です。著者たちの眼目は、あくまでも自分たちのかなり野心的な仮説を展開することにありますから、さまざまな研究を網羅的に見るのには向きません。そうした用途には、次の一冊がきわめて有用です：

- R・A・マーティン『ユーモア心理学ハンドブック』（北大路書房、2011年）。
  (Rod A. Martin, *The Psychology of Humor: An Integrative Approach*. Academic Press, 2010.)

なお、もっと簡潔にユーモア研究の概要について知りたい方には、オックスフォード大学出版局からでている下記の一冊をおすすめします：

- Noël Carroll, *Humour.* (Oxford University Press, 2013.)

また、第一線の研究者によるコンパクトながら興味深い一冊として、下記も楽しめるでしょう：

- 苧坂《おさか》直行『笑い脳：社会脳へのアプローチ』（岩波科学ライブラリー、2010年）。

2-4　まとめましょう

本書は、ジョークなどが引き起こすユーモア情動の仕組みについて、先行関連研究を幅広くフェアに検討しつつ新規かつ有望な仮説を提示しています。彼らの議論の射程は狭義のユーモア研究にとどまらずヒトの認知機構そのものにまで及び、ひろい読者層の関心にこたえられるでしょう。分量こそ多いものの、ジョーク満載の議論は、まじめに読み進める読者の労力にユーモアと知的利得で報いてくれるはずです。

3　著者たちについて

本書の筆頭著者はマシュー・ハーレーで、ダニエル・デネットとレジナルド・アダムズは副著者です。ハーレーが博士論文で提示した仮説をもとに、デネットとアダムズとの共同作業でさらに発展させた成果が本書です。

3-1　マシュー・ハーレー（Matthew M. Hurley）

マシュー・ハーレーは、タフツ大学で計算機科学・認知科学の学士を取得したのち、現在はダグラス・

ホフスタッターが創設したインディアナ大学「概念・認知研究所」の研究員を務めています（研究テーマ：「感情が知性・創造性・意思で果たす役割」）。

Center for Research on Concepts and Cognition
http://www.cogsci.indiana.edu/

本書のベースとなった論文「バグとりの喜び：ユーモアの計算モデルに向けて」はタフツ大学に提出された博士論文です：

- Hurley, M. 2006. The joy of debugging: Towards a computational model of humor. Honors dissertation in Cognitive Science, Tufts University, Medford, Massachusetts.

指導に当たったデネットとアダムズがのちに共同研究に加わり、さらなる改訂と洗練をとげて、本書が生まれました。どれほど二人に意義が評価されていたかうかがえます。

代表著者として、この日本語版にも積極的にかかわってくれました。日本語読者にわかりにくいジョークを置き換えようとすすんで提案してくれたのもハーレーです。したがって、本書が読者のみなさんにとって原書よりもなじみやすくなっているとすれば、それは彼の功績ということになります。

3-2　ダニエル・デネット（Daniel C. Dennett）

哲学者（タフツ大学）。おそらく、三人のなかでいちばんの著名人でしょう。意識・自由・進化といった大きなテーマについていくつも重要な提案を続けてきた哲学者の一人です。本書でも、「志向的構え」「ヘテロ現象学」などなど、デネット発の概念が活かされています。主要著作の多くはすでに日本語に訳されています：

- 『志向姿勢の哲学』若島正・河田学＝訳、白揚社、1996年。（*Intentional Stance*, The MIT Press, 1987）
- 『解明される意識』山口泰司＝訳、青土社、1997年。（*Consciousness Explained*, Back Bay Books, 1992）
- 『ダーウィンの危険な思想』山口泰司＝監訳、青土社、2000年。（*Darwin's Dangerous Idea*, Simon & Schuster, 1996）
- 『心はどこにあるのか』土屋俊＝訳、草思社、1997年。（*Kinds of Minds*, Basic Books 1997）
- 『自由は進化する』山形浩生＝訳、NTT出版、2005年。（*Freedom Evolves*, Penguin, 2004）
- 『スウィート・ドリームズ』土屋俊・土屋希和子＝訳、NTT出版、2009年。（*Sweet Dreams*, The MIT Press, 2005）
- 『解明される宗教』阿部文彦＝訳、青土社、2010年。（*Breaking the Spell*, Penguin, 2006）
- 『ダニエル・デネットの思考術』阿部文彦＝訳、青土社、近刊。（*Intuition Pumps and Other Tools for Thinking*, Penguin, 2013）

3-3　レジナルド・アダムズ（Reginald Adams）

心理学者（ペンシルヴァニア州立大学）。「非言語的な手がかり（とくに表情）からヒトが社会的・情動的な意味をどうやって引き出しているのか」を研究テーマとして、精力的な研究活動を続けています。論文は多数ありますが、とくにユーモアに関わる研究では次の二つがあります：

- Robert G. Franklin Jr. & Reginald Adams Jr., "The reward of a good joke: neural correlates of viewing dynamic displays of stand-up comedy." *Cognitive, Affective, & Behavioral Neuroscience*, 11, 508-515.
- Joseph M. Moran, Gagan S. Wig, Reginald B. Adams Jr., Petr Janata, and William M. Kelley, "Neural correlates of humor detection and appreciation." *NeuroImage*, 21, 1055-1060.

前者 Franklin & Adams（2011）は、fMRIを使ってスタンドアップ・コメディのビデオを見ている被験者を調べ、とくに可笑しい部分で報酬に関わる領域（中脳辺縁系）によりいっそうの賦活が見られることを見いだしています。これは、ユーモア情動がもつ報酬としての性質を支持すると著者たちは主張しています。

アダムズが関わる研究成果は、Social Vision & Interpersonal Perception Lab のウェブサイトで公開されています（https://sites.google.com/site/socialviplab/home-1）。

4　日本語版での変更点

原著者の意向により、翻訳にあたって、日本語に訳した場合にピンとこなくなってしまう英語ジョークや事例を、原書から変更しています。はじめに筆頭著者であるハーレー氏から変更すべき箇所の提案があり、こちらから提示した代替案のなかからハーレー氏が納得したものを採用しました。変更前のジョーク・事例は、原文と日本語訳と注釈をつけて本書のサポートページに掲載してあります。

一例を示しましょう。本書三三頁で xkcd の漫画「遺伝子検査」を引用している箇所は、原書（p.9）では次のようなジョークでした：

Q: How do you tell the sex of a chromosome?（染色体の性別はどうやったらわかる?）

A: Pull down its genes.（遺伝子をズリおろせばいいさ）

このジョークは"pull down pants"（ズボンをズリおろす）とかけてあるのがポイントですが、日本語ではなかなかうまくいきません。また、このように註釈を加えた時点で、すでにおもしろくなくなってしまいます。そこで、これは翻訳するかわりに他のネタに置き換えました。他の例も同様です。

5　謝辞

本書の編集は勁草書房の渡邊光さんが担当されました。本書をみなさんにお届けできるのも、渡邊さんが企画提出から校閲まで尽力くださったおかげです。感謝申し上げます。

リチャード・ヴィール氏（Richard Veale）は、草稿に目を通し、おかしい箇所を多数指摘してくださいました。氏の貢献なしには、本書はとんでもない欠陥品になるところでした。厚くお礼申し上げます。

本書の翻訳作業は、ウェブ上で順次草稿を公開し、twitter で進捗報告をしながらすすめました。このやり方は、これまであまり類例がなかったかもしれません。寛大にも許可をくださった出版社に感謝します。その過程で、さまざまな方にコメント・ご指摘・はげましをいただきました。この場を借りて、お礼申し上げます。

二〇一五年一月　訳者識

119.
Zajonc, R. B. 1980. Feeling and thinking: Preferences need no inferences. *American Psychologist* 35 : 151.
Zajonc, R. B. 1984. On the primacy of affect. *American Psychologist* 39 : 117–123.
Zigler, E., J. Levine, and L. Gould. 1967. Cognitive challenge as a factor in children's humor appreciation. *Journal of Personality and Social Psychology* 6 (3): 332–336.
Zillmann, D. 1983a. Disparagement humor. In *Handbook of Humour Research*, ed. P. E. McGhee and J. H. Goldstein, 85–107. New York : Springer-Verlag.
Zillmann, D. 1983b. Transfer of excitation in emotional behavior. In *Social Psychophysiology: A Sourcebook*, ed. J. T. Cacioppo and R. E. Petty, 215–240. New York : Guilford Press.
Zillmann, D., A. H. Katcher, and B. Milavsky. 1972. Excitation transfer from physical exercise to subsequent aggressive behavior. *Journal of Experimental Social Psychology* 8 : 247–259.
Ziv, A. 1984. *Personality and Sense of Humor.* New York : Springer-Verlag.

neuroscience of humor processing. *Social Cognition* 25 : 553–572.

van Hooff, J. A. R. A. M. 1972. A comparative approach to the phylogeny of laughter and smiling. In *Non-Verbal Communication,* ed. R. A. Hinde, 209–243. Cambridge : Cambridge University Press.

van Gelder, T., and R. F. Port. 1995. It's about time: An overview of the dynamical approach to cognition. In *Mind as Motion: Explorations in the Dynamics of Cognition,* ed. R. F. Port and T. van Gelder. Cambridge, MA : MIT Press.

Veatch, T. C. 1998. A theory of humor. *Humor: International Journal of Humor Research* 11 (2): 161–215.

Vogt, B. A. 2005. Pain and emotion interactions in subregions of the cingulate gyrus. *Nature Reviews: Neuroscience* 6 : 533–544.

Watson, K. K., B. J. Matthews, and J. M. Allman. 2007. Brain activation during sight gags and language-dependent humor. *Cerebral Cortex* 17 (2): 314–324.

Weber, B. H., and D. J. Depew, eds. 2003. *Evolution and Learning: The Baldwin Effect Reconsidered.* Cambridge, MA : MIT Press.

Weisfeld, G. E. 1993. The adaptive value of humor and laughter. *Ethology and Sociobiology* 14 : 141–169.

Wild, B., F. A. Rodden, W. Grodd, and W. Ruch. 2003. Neural correlates of laughter and humour. *Brain* 126 : 1–18.

Wild, B., F. A. Rodden, A. Rapp, M. Erb, W. Grodd, et al. 2006. Humor and smiling: Cortical regions selective for cognitive, affective, and volitional components. *Neurology* 66 : 887–893.

Wilson, E. O. 1975. *Sociobiology: The New Synthesis.* Cambridge, MA: Belknap Press of Harvard University Press.

Wiseman, R. 2002. *LaughLab: The Scientific Search for the World's Funniest Joke.* London: Arrow.

Wittgenstein, L. 1953. *Philosophical Investigations.* Ed. G. H. von Wright, R. Rhees, and G. E. M. Anscombe. Trans. G. E. M. Anscombe. Oxford: Blackwell.（ルートヴィヒ・ウィトゲンシュタイン『哲学探究』藤本隆志訳，大修館書店，1976）

Wolfe, T. 1965. *The Kandy-Kolored Tangerine-Flake Streamline Baby.* New York : Farrar, Strauss & Geroux.

Wyer, R. S., and J. E. Collins, II. 1992. A theory of humor elicitation. *Psychological Review* 99 (4): 663–688.

Yamamoto, M. 1993. Sozzy: A hormone driven autonomous vacuum cleaner. *Proceedings of Mobile Robots* VIII : 162–165.

Zahavi, A. 1996. The evolution of communal roosts as information centers and the pitfall of group-selection: A rejoinder to Richner and Heeb. *Behavioral Ecology* 7 : 118–

Swiss, J. I. 2007. *Empathy.* Antinomy 11 : 41–47.

Tanenhaus, M. K., J. M. Leiman, and M. Seidenberg. 1979. Evidence for multiple stages in the processing of ambiguous words in syntactic contexts. *Journal of Verbal Learning and Verbal Behavior* 18 : 427–440.

Tanenhaus, M. K., M. J. Spivey-Knowlton, K. M. Eberhard, and J. C. Sedivy. 1995. Integration of visual and linguistic information in spoken language comprehension. *Science* 268 (5217): 1632–1634.

Thelen, E., and L. B. Smith. 1994. *A Dynamic Systems Approach to the Development of Cognition and Action.* Cambridge, MA : MIT Press.

Thompson, J. 1941. Development of facial expression of emotion in blind and seeing children. *Archives de Psychologie* 37 : 1–47.

Thorndike, E. L. 1898. Animal intelligence: An experimental study of the associative processes in animals. *Psychological Review Monograph Supplement* 2 (8): 1–109.

Thorndike, E. L. [1911] 2000. *Animal Intelligence,* 2nd ed. New York: Hafner. Transaction Publishers.

Tinbergen, N. 1951. *The Study of Instinct.* Oxford: Clarendon Press.（ニコラス・ティンバーゲン『本能の研究』永野為武訳，三共出版，1975）

Tinbergen, N. 1953. *The Herring Gull's World.* London: Collins.

Tomasello, M., and J. Call. 1997. *Primate Cognition.* Oxford: Oxford University Press.

Tomasello, M., J. Call, and B. Hare. 2003. Chimpanzees understand psychological states: The question is which ones and to what extent. *Trends in Cognitive Science* 7 : 153–156.

Tomkins, S. S. 1962. *Affect, Imagery, and Consciousness.* New York : Springer.

Tooby, J., and L. Cosmides. 2001. Does beauty build adapted minds? Toward an evolutionary theory of aesthetics, fiction, and the arts. *SubStance* 30 (1) : 6–27.

Treisman, A., 1960. Contextual cues in selective listening. *Quarterly Journal of Experimental Psychology* 12 : 242–248.

Trivers, R. L. 1971. The evolution of reciprocal altruism. *Quarterly Review of Biology* 46 (1): 35–57.

Trivers, R. L. 1972. Parental investment and sexual selection. In *Sexual Selection and the Descent of Man,* ed. B. Campbell, 1871–1971. Chicago: Aldine.

Turing, A. M. 1950. Computing machinery and intelligence. *Mind* 59: 433–460.

Tversky, A., and D. Kahneman. 1974. Judgment under uncertainty: Heuristics and biases. *Science* 185 : 1124–1131.

Tversky, A., and D. Kahneman. 1983. Extensional versus intuitive reasoning: The conjunction fallacy in probability judgment. *Psychological Review* 90 : 293–315.

Uekermann, J., I. Daum, and S. Channon. 2007. Toward a cognitive and social

Soussignan, R. 2002. Duchenne smile, emotional experience, and autonomic reactivity: A test of the facial feedback hypothesis. *Journal of Personality and Social Psychology* 2 : 52–74.

Spencer, H. 1860. The physiology of laughter. *Macmillan's Magazine* 1 : 395–402.

Sperber, D., and D. Wilson. 1986. *Relevance: Communication and Cognition.* Oxford : Blackwell.（ダン・スペルベル&ディアドリ・ウィルソン『関連性理論――伝達と認知』内田聖二ほか訳；第 1 版の訳，研究社出版，1993）

Sperber, D., and D. Wilson. 1995. *Relevance: Communication and Cognition,* 2nd ed. Oxford : Blackwell.（ダン・スペルベル&ディアドリ・ウィルソン『関連性理論―伝達と認知』，内田聖二ほか訳，研究社出版，2000）

Sperli, F., L. Spinelli, C. Pollo, and M. Seeck. 2006. Contralateral smile and laughter, but no mirth, induced by electrical stimulation of the cingulate cortex. Epilepsia 47 : 440–443.

Spinka, M., R. C. Newberry, and M. Bekoff. 2001. Mammalian play: Training for the unexpected. *Quarterly Review of Biology* 76 : 141–168.

Spivey, M. J. 2007. *The Continuity of Mind.* Oxford : Oxford Universiuty Press.

Spivey, M. J., M. K. Tanenhaus, K. M. Eberhard, and J. C. Sedivy. 2002. Eye movements and spoken language comprehension: Effects of visual context on syntactic ambiguity resolution. *Cognitive Psychology* 45 : 447–481.

Sterelny, K. 2003. *Thought in a Hostile World: The Evolution of Human Cognition.* Oxford : Wiley-Blackwell.

Stock, O., and C. Strapparava. 2005. HAHAcronym: A computational humor system. In *Proceedings of the ACL Interactive Poster and Demonstration Sessions,* 113–116, Ann Arbor, June. Madison, WI: Omnipress.

Strack, F., L. Martin, and S. Stepper. 1988. Inhibiting and facilitating conditions of the human smile: A nonobtrusive test of the facial feedback hypothesis. *Journal of Personality and Social Psychology* 54 : 768–777.

Strick, M., R. W. Holland, R. B. van Baaren, and A. van Knippenberg. 2009. Finding comfort in a joke: Consolatory effects of humor through cognitive distraction. *Emotion* 9 (4): 574–578.

Suls, J. M. 1972. A two-stage model for the appreciation of jokes and cartoons. In *The Psychology of Humor,* ed. J. H. Goldstein and P. E. McGhee. New York : Academic Press.

Suls, J. M. 1977. Cognitive and disparagement theories of humour. *In It's a Funny Thing, Humour,* ed. A. J. Chapman and H. C. Foot. London : Pergamon Press.

Swinney, D. 1979. Lexical access during sentence comprehension: (Re) consideration of context effects. *Journal of Verbal Learning and Verbal Behavior* 18 : 645–659.

Inquiry into Human Knowledge Structures. Hillsdale, NJ : Lawrence Erlbaum.

Schooler, L. J., and R. Hertwig. 2005. How forgetting aids heuristic inference. *Psychological Review* 112 : 610–628.

Schopenhauer, A. [1883] 1969. On the theory of the ludicrous. In *The World as Will and Representation*. Trans. E. Payne. New York : Dover.

Schopenhauer, A. 1969. *The World as Will and Representation*. Trans. E. Payne. New York : Dover.（アルトゥル・ショーペンハウエル『意志と表象としての世界』西尾幹二訳，中央公論新社，2004）

Searle, J. R. 1980. Minds, brains, and programs. *Behavioral and Brain Sciences* 3 (3): 417–457.（ジョン・サール「心・脳・プログラム」ダグラス・ホフスタッター＆ダニエル・デネット編『マインズ・アイ』下巻，坂本百大監訳，阪急コミュニケーションズ，1992）

Sedivy, J. C., M. K. Tanenhaus, C. G. Chambers, and G. N. Carlson. 1999. Achieving incremental semantic interpretation through contextual representation. Cognition 71 (2): 109–148.

Seyfarth, R. M., and D. L. Cheney. 1997. Some general features of vocal development in nonhuman primates. In *Social Influences on Vocal Development,* ed. C. T. Snowdon and M. Hausberger, 249–273. Cambridge : Cambridge University Press.

Shammi, P., and D. T. Stuss. 1999. Humour appreciation: A role of the right frontal lobe. *Brain* 122 : 657–666.

Shastri, L., and D. Grannes. 1996. A connectionist treatment of negation and inconsistency. In *Proceedings of the Eighteenth Conference of the Cognitive Science Society,* ed. Garrison Cottrell, 142–147. Mahwah, NJ: Lawrence Erlbaum.

Shibata, T., K. Ohkawa, and K. Tanie. 1996. Spontaneous behavior of robots for cooperation――Emotionally intelligent robot systems. *Proceedings of the IEEE International Conference on Robotics and Automation,* Minneapolis, Minnesota, 2426–2431.

Shultz, T. R. 1976. A cognitive-developmental analysis of humor. In *Humour and Laughter: Theory, Research, and Applications,* ed. A. J. Chapman and H. C. Foot, 11–36. London : Wiley.

Smith, A. [1759] 1976. *A Theory of Moral Sentiments*. Ed. D. D. Raphael and L. MacFie. Oxford : Clarendon Press.

Smith, J. E., V. A. Waldorf, and D. L. Trembath. 1990. Single white male looking for thin, very attractive.... *Sex Roles* 23 (11–12): 675–685.

Solomon, R. C. 1976. *The Passions*. New York : Doubleday.

Solomon, R. L., and J. D. Corbit. 1974. An opponent-process theory of motivation: Temporal dynamics of affect. *Psychological Review* 81 (2): 119–145.

141.
Ross, D., and P. Dumouchel. 2004a. Emotions as strategic signals. *Rationality and Society* 16 (3): 251–286.
Ross, D., and P. Dumouchel. 2004b. Sincerity is just consistency: Reply to Frank. *Rationality and Society* 16 (3): 307–318.
Ross, W. D., ed. 1951. *Aristotle's Prior and Posterior Analytics.* Oxford : Clarendon Press.
Rozenblit, L., and F. Keil. 2002. The misunderstood limits of folk science: An illusion of explanatory depth. *Cognitive Science* 26 : 521–562.
Rumelhart, D. E., J. L. McClelland, and the PDP Research Group. 1986. *Parallel Distributed Processing: Explorations in the Microstructure of Cognition,* vol. 1 : Foundations. Cambridge, MA : MIT Press.
Russell, B. 1912. *The Problems of Philosophy.* London : Henry Holt.（バートランド・ラッセル『哲学入門』高村夏輝訳，ちくま学芸文庫，2005）
Russell, B. 1918. The philosophy of logical atomism. *Monist* 28 : 495–527 ; 29, 32–63, 190–222, 345–380. Reprinted in Logic and Knowledge: Essays 1901–1950, ed. Robert Charles Marsh, 177–281, London: Unwin Hyman, 1956. Reprinted in *The Philosophy of Logical Atomism,* ed. David Pears, 35–155, LaSalle: Open Court, 1985.
Samson, A. C., C. F. Hempelmann, O. Huber, and S. Zysset. 2009. Neural substrates of incongruity-resolution and nonsense humor. *Neuropsychologia* 47 : 1023–1033.
Samson, A. C., S. Zysset, and O. Huber. 2008. Cognitive humor processing: Different logical mechanisms in non-verbal cartoons——an fMRI study. *Social Neuroscience* 3 (2): 125–140.
Samuels, R., S. Stich, and M. Bishop. 2002. Ending the rationality wars: How to make disputes about human rationality disappear. In *Common Sense, Reasoning, and Rationality,* ed. Renee Elio, 236–268. New York : Oxford University Press.
Savage-Rumbaugh, S., and R. Lewin. 1994. *Kanzi: The Ape at the Brink of the Human Mind.* New York : John Wiley.
Saxe, J. G. 1873. "The Blind Men and the Elephant." In *The Poems of John Godfrey Saxe,* complete ed. Boston: James R. Osgood.
Schachter, S., and J. E. Singer. 1962. Cognitive, social, and physiological determinants of emotional states. *Psychological Review* 69 : 379–399.
Schank, R. C. 1991. Tell Me a Story: A New Look at Real and Artificial Intelligence. New York : Atheneum.（ロジャー・C・シャンク『人はなぜ話すのか』長尾確・長尾加寿恵訳，白揚社，1996）
Schank, R. C., and R. P. Abelson. 1977. *Scripts, Plans, Goals, and Understanding: An*

University Press.
Prinz, J., and A. Clark. 2004. Putting concepts to work: Some thoughts for the twentyfi rst century. *Mind & Language* 19 (1): 57–69.
Prkachin, K. M. 1992. The consistency of facial expressions of pain: A comparison across modalities. *Pain* 51 : 297–306.
Proffitt, D. R. 1999. Inferential vs. ecological approaches to perception. *In The Nature of Cognition,* ed. Robert J. Sternberg. Cambridge, MA : MIT Press.
Provine, R. R. 1993. Laughter punctuates speech: Linguistic, social, and gender contexts of laughter. *Ethology* 95 : 291–298.
Provine, R. R. 1996. Laughter. *American Scientist* 84 : 38–45.
Provine, R. R. 2000. *Laughter: A Scientific Investigation.* New York : Viking.
Provine, R. R., and Y. L. Yong. 1991. Laughter: A stereotyped human vocalization. *Ethology* 89 : 115–124.
Ramachandran, V. S. 1998. The neurology and evolution of humor, laughter, and smiling: The false alarm theory. *Medical Hypotheses* 51 : 351–354.
Ramachandran, V. S., and S. Blakeslee. 1998. *Phantoms in the Brain: Probing the Mysteries of the Human Mind.* New York : William Morrow.（V・S・ラマチャンドラン『脳のなかの幽霊』山下篤子訳，角川文庫，2011）
Ramachandran, V. S., and D. Rogers-Ramachandran. 2006. The neurology of aesthetics. *Scientific American: Mind* (October) .
Raskin, V. 1985. *Semantic Mechanisms of Humor.* Dordrecht : Reidel.
Ravaja, N., M. Turpeinen, T. Saari, S. Puttonen, and L. Keltikangas-J ä rvinen. 2008. The psychophysiology of james bond: Phasic emotional responses to violent video game events. *Emotion* 8 (1): 114–120.
Reber, R., M. Brun, and K. Mitterndorfer. 2008. The use of heuristics in intuitive mathematical judgment. *Psychonomic Bulletin & Review* 15 (6): 1174.
Richerson, P. J., and R. Boyd. 2006. Not by Genes Alone: How Culture Transformed Human Evolution. Chicago : University of Chicago Press.
Ritchie, G. 1999. Developing the incongruity-resolution theory. In *Proceedings of the 9th AISB Symposium on Creative Language: Stories and Humour, Edinburgh,* April 1999, 78–85.
Ritchie, G. 2006. Reinterpretation and viewpoints. *Humor: International Journal of Humor Research* 19 (3): 251–270 (special issue on cognitive linguistics) .
Ritchie, G., R. Manurung, H. Pain, A. Waller, and D. O ' Mara. 2006. The STANDUP interactive riddle builder. *IEEE Intelligent Systems* 21 (2): 67–69.
Rizzolatti, G., L. Fadiga, V. Gallese, and L. Fogassi. 1996. Premotor cortex and the recognition of motor actions. *Brain Research: Cognitive Brain Research* 3 (2): 131–

D. Reidel.
Penfield, W. 1958. Some mechanisms of consciousness discovered during electrical stimulation of the brain. *Proceedings of the National Academy of Sciences* 44 (2): 51–66.
Penfield, W., and H. Jasper. 1954. *Epilepsy and the Functional Anatomy of the Human Brain.* Boston : Little, Brown.
Piaget, J. [1936] 1952. *The Origins of Intelligence in Children.* Trans. M. Cook. New York : International Universities Press.
Piaget, J. [1937] 1954. *The Construction of Reality in the Child.* Trans. M. Cook. New York : Basic Books.
Pickett, J., ed. 2001. *American Heritage Dictionary of the English Language,* 4th ed. Boston : Houghton Miffl in.
Pinker, S. 1994. *The Language Instinct: How the Mind Creates Language*. London: William Morrow.（スティーブン・ピンカー『言語を生みだす本能』上下巻，椋田直子訳，NHK出版，1995）
Pinker, S. 1997. *How the Mind Works.* New York : Norton.（スティーブン・ピンカー『心の仕組み』上下巻，椋田直子訳，ちくま学芸文庫，2013）
Pollock, J. 2008. OSCAR: An architecture for generally intelligent agents. In *Proceedings of the First AGI Conference,* AGI 2008, March 1-3, 2008, University of Memphis, Tennesee, 275-286. IOS Press.
Popper, K., and J. C. Eccles. [1977] 1986. *The Self and Its Brain.* London : Routledge & Kegan Paul.（カール・R・ポパー＆ジョン・C・エクルズ『自我と脳』大村裕・西脇与作・沢田允茂訳，新思索社，2005）
Potegal, M., and D. F. Einon. 1989. Aggressive behavior in adult rats deprived of play-fighting experience as juveniles. *Developmental Psychobiology* 22 : 159-172.
Povinelli, D. J. and T. J. Eddy. 1996. What chimpanzees know about seeing. *Monographs of the Society for Research in Child Development* 61 (2), serial no. 247.
Premack, D., and A. J. Premack. 1983. *The Mind of an Ape.* New York : W. W. Norton.
Premack, D., and G. Woodruff. 1978. Does the chimpanzee have a theory of mind? *Behavioral and Brain Sciences* 1 (4): 515-526.
Preuschoft, S., and J. A. R. A. M. van Hooff. 1997. The social function of "smile" and "laughter" : Variations across primate species and societies. In *Nonverbal Communication: Where Nature Meets Culture,* ed. U. C. Segerstråle and P. Molnár, 171-190. Mahwah, NJ : Lawrence Erlbaum.
Prinz, J. 2002. *Furnishing the Mind.* Concepts and Their Perceptual Basis. Cambridge, MA : MIT Press.
Prinz, J. 2004. *Gut Reactions: A Perceptual Theory of Emotion.* Oxford : Oxford

Humor and Laughter: Theory, Research, and Application, ed. A. J. Chapman and H. C. Foot, 55–62. New York : Wiley.

Neisser, U. 1976. *Cognition and Reality: Principles and Implications of Cognitive Psychology.* New York: W. H. Freeman.（アルリック［ウルリック］・ナイサー『認知の構図』古崎敬・村瀬旻訳，サイエンス社，1978）

Newell, A., and H. A. Simon. 1972. *Human Problem Solving.* Englewood Cliffs, NJ : Prentice-Hall.

Niedenthal, P. M. 2007. Embodying emotion. *Science* 316 : 1002–1005.

Oatley, K., and P. N. Johnson-Laird. 1987. Towards a cognitive theory of emotions. *Cognition and Emotion* 1 : 29–50.

Olds, J., and P. Milner. 1954. Positive reinforcement produced by electrical stimulation of septal area and other regions of rat brain. Journal of Comparative and Physiological Psychology 47 : 419–427.

Oliphant, M. and J. Batali. 1997. Learning and the Emergence of Coordinated Communication: The Newsletter of the Center for Research in Language 11（1）.

Omark, D. R., M. Omark, and M. Edelman. 1975. Formation of dominance hierarchies in young children: Attentional perception. In *Psychological Anthropology,* ed. T. Williams, 289–314. The Hague : Mouton.

O' Reilly, R. C. 1998. Six principles for biologically based computational models of cortical cognition. *Trends in Cognitive Sciences* 2（11）: 455–462.

O' Reilly, R. C., Y. Munakata, and J. L. McClelland. 2000. *Explorations in Computational Cognitive Neuroscience: Understanding the Mind by Simulating the Brain.* Cambridge, MA : MIT Press.

Oring, E. 2003. *Engaging Humor.* Urbana : University of Illinois Press.

Owren, M. J., and J. Bacharowski. 2003. Reconsidering the evolution of nonlinguistic communication: The case of laughter. *Journal of Nonverbal Behavior* 27 : 183–200.

Panksepp, J., and J. Burgdorf. 1999. Laughing rats? Playful tickling arouses highfrequency ultrasonic chirping in young rodents. In *Toward a Science of Consciousness* III, ed. S. Hameroff, D. Chalmers, and A. Kaziak. Cambridge, MA : MIT Press.

Panksepp, J., and J. Burgdorf. 2003. "Laughing" rats and the evolutionary antecedents of human joy? *Physiology & Behavior* 79 : 533–547.

Parr, L. A. 2004. Perceptual biases for multimodal cues in chimpanzee（Pantroglodytes）affect recognition. *Animal Cognition* 7 : 171–178.

Parvizi, J., S. W. Anderson, C. Martin, H. Damasio, and A. R. Damasio. 2001. Pathological laughter and crying: A link to the cerebellum. *Brain* 124 : 1708–1719.

Patel, A. D. 2007. *Music, Language, and the Brain.* New York : Oxford University Press.

Patzig, G. 1969. *Aristotle's Theory of the Syllogism.* Trans. Jonathan Barnes. Dordrecht :

信原幸弘訳，勁草書房，2007）

Mills, C. M., and F. C. Keil. 2004. Knowing the limits of one's understanding: The development of an awareness of an illusion of explanatory depth. *Journal of Experimental Child Psychology* 87: 1-32.

Milner, A. D, and M. A. Goodale. 2006. *The Visual Brain in Action,* 2nd ed. New York: Oxford University Press.

Minsky, M. 1974. A framework for representing knowledge. *MIT Artif. Intell. Memo* 252.

Minsky, M. 1975. Frame system theory. In *Thinking: Readings in Cognitive Science,* ed. P. N. Johnson-Laird and P. C. Wason, 355-376. Cambridge : Cambridge University Press.

Minsky, M. 1984. Jokes and the logic of the cognitive unconscious. In *Cognitive Constraints on Communication,* ed. L. M. Vaina and J. Hintikka. Dordrecht : Reidel.

Minsky, M. 1981. Music, mind, and meaning. In *Music, Mind, and Brain: The Neuropsychology of Music,* ed. Manfred Clynes. New York : Plenum.

Minsky, M. 1986. The Society of Mind. New York : Simon & Schuster.（マーヴィン・ミンスキー『心の社会』安西祐一郎訳，産業図書，1990）

Minsky, M. 2006. *The Emotion Machine.* New York: Simon & Schuster.（マーヴィン・ミンスキー『ミンスキー博士の脳の探検――常識・感情・自己とは』竹林洋一訳，共立出版，2009）

Mo, Z., J. Lewis, and U. Neumann. 2004. Improved automatic caricature by feature normalization and exaggeration. Paper presented at ACM Siggraph 2004. <http://graphics.usc.edu/cgit/pdf/papers/caricature_sketch.pdf>.

Mobbs, D., M. D. Grecius, E. Abdel-Azim, V. Menon, and A. L. Reiss. 2003. Humor modulates the mesolimbic reward centers. *Neuron* 40 : 1041-1048.

Mobbs, D., C. C. Hagan, E. Azim, V. Menon, and A. L. Reiss. 2005. Personality predicts activity in reward and emotional regions associated with humor. *PNAS* 102（45）: 16502-16506.

Mochida, T., A. Ishiguro, T. Aoki, and Y. Uchikawa. 1995. Behavior arbitration for autonomous mobile robots using emotion mechanisms. In *Proceedings of the IEEE/RSJ International Conference on Intelligent Robots and Systems*（IROS '95）, Pittsburgh, PA, 516-221.

Moran, J. M., G. S. Wig, R. B. Adams, Jr., P. Janata, and W. M. Kelley. 2004. Neural correlates of humor detection and appreciation. *NeuroImage* 21 : 1055-1060.

Morreall, J. 1982. A new theory of laughter. *Philosophical Studies* 42 : 243-254.

Müller, M. 2002. Computer Go. *Artificial Intelligence* 134 : 145-179.

Nerhardt, G. 1976. Incongruity and funniness: Toward a new descriptive model. In

Maynard Smith, J. 1997. *The Theory of Evolution,* 3rd ed. Cambridge: Cambridge Universtity Press.

McCarthy, J. 1980. Circumscription——A form of non-monotonic reasoning. *Artificial Intelligence* 13（1-2）. Reprinted in *Readings in Artificial Intelligence,* ed. B. L. Webber and N. J. Nilsson, 466-472, Wellsboro, PA: Tioga, 1981; also in *Readings in Nonmonotonic Reasoning,* ed. M. J. Ginsberg, 145-152, San Francisco: Morgan Kaufmann, 1987.

McCarthy, J., and P. J. Hayes. 1969. Some philosophical problems from the standpoint of artifi cial intelligence. In *Machine Intelligence* 4, ed. D. Michie and B. Meltzer, 463-502. Edinburgh: Edinburgh University Press.

McClelland, J. L., D. E. Rumelhart, and the PDP Research Group. 1986. *Parallel Distributed Processing: Explorations in the Microstructure of Cognition, vol. 2 : Psychological and Biological Models.* Cambridge, MA: MIT Press.

McGhee, P. E. 1971. Development of the humor response: A review of the literature. *Psychological Bulletin* 76 (5): 328-348.

McGhee, P. E. 1976. Children's appreciation of humor: A test of the cognitive congruency principle. *Child Development* 47 (2): 420-426.

McGhee, P. E. 1979. *Humor: Its Origins and Development.* San Francisco: Freeman.

McKay, J. 2000. Generation of idiom-based witticisms to aid second-language learning. M.Sc. thesis, Division of Informatics, University of Edinburgh. Retrieved July 1, 2006, from Binsted-McKay company
website: <http://www.binsted-mckay.com/JustinMcKay-MScThesis.pdf>.

McKay, R. T., and D. C. Dennett. 2009. The evolution of misbelief. *Behavioral and Brain Sciences 32* : 493-561.

Melzack, R., and K. L. Casey. 1968. Sensory, motivational, and central control determinants of chronic pain: A new conceptual model. In *The Skin Senses,* ed. D. R. Kenshalo, 432. Springfi eld, IL : Thomas.

Mihalcea, R., and C. Strapparava. 2005. Making computers laugh: Investigations in automatic humor recognition. In *Proceedings of HLT/EMNLP,* Vancouver, CA.

Miller, G. 2000. *The Mating Mind: How Sexual Choice Shaped the Evolution of Human Nature.* New York : Doubleday.

Miller, G., and D. Caruthers. 2003. A great sense of humor is a good genes indicator: Ovulatory cycle effects on the sexual attractiveness of male humor ability. *Paper presented at the Human Behavior and Evolution Society 15th annual meeting,* Nebraska.

Millikan, R. 2004. *Varieties of Meaning. The Jean-Nicod Lectures,* 2002. Cambridge, MA : MIT Press.（ルース・G・ミリカン『意味と目的の世界——生物学の哲学から』

Social Psychology 33 (3): 354–370.
Lazarus, R. S. 1984. On the primacy of cognition. *American Psychologist* 39 : 124–129.
LeDoux, J. 1998. *The Emotional Brain.* New York : Simon & Schuster.
LeDoux, J. 2002. *Synaptic Self: How Our Brains Become Who We Are.* New York : Penguin.
Lefcourt, H. M., K. Davidson, K. M. Prkachin, and D. E. Mills. 1997. Humor as a stress moderator in the prediction of blood pressure obtained during fi ve stressful tasks. *Journal of Research in Personality* 31 : 523–542.
Lefcourt, H. M., K. Davidson-Katz, and K. Kueneman. 1990. Humor and immunesystem functioning. *Humor: International Journal of Humor Research* 3 : 305–321.
Lenat, D. B. and R. V. Guha. 1990. *Building Large Knowledge-Based Systems: Representation and Inference in the Cyc Project.* Reading, MA : Addison Wesley.
Levinstein, B. 2007. Facts, interpretation, and truth in fi ction. *British Journal of Aesthetics* 47 : 64–75.
Levitin, D. J. 2006. *This Is Your Brain on Music: The Science of a Human Obsession.* New York : Dutton.（ダニエル・J・レヴィティン『音楽好きな脳』西田美緒子訳，白揚社，2010）
Lewis, D. 1978. Truth in fiction. American Philosophical Quarterly 15 : 37–46.（デイヴィッド・ルイス「フィクションの真理」『現代思想』1995，第 23 巻 4 号，pp.163-179.）
Locke, J. 1690. Essay Concerning Human Understanding. London.（ジョン・ロック，『人間知性論』大槻春彦訳，岩波文庫，1972）
Marañon, G. 1924. *Contribution a l'etude de Taction emotive de l'adrenaline.* Rev. Fran. Endo. 2 : 301–325.
Marcus, G. F. 2001. *The Algebraic Mind: Integrating Connectionism and Cognitive Science.* Cambridge, MA : MIT Press.
Marinkovic, K. 2004. Spatiotemporal dynamics of word processing in the human cortex. *Neuroscientist* 10 (2): 142–152.
Martin, R. A. 2001. Humor, laughter, and physical health: Methodological issues and research findings. *Psychological Bulletin* 127 : 504–519.
Martin, R. A. 2004. Sense of humor and physical health: Theoretical issues, recent findings and future directions. *Humor: International Journal of Humor Research* 17 : 1–19.
Matsusaka, T. 2004. When does play panting occur during social play in wild chimpanzees? *Primates* 45 : 221–229.
Mauro, R., and M. Kubovy. 1992. Caricature and face recognition. *Memory & Cognition* 20 (4): 433–444.

Koestler, A. 1964. *The Act of Creation*. London: Hutchinson.（アーサー・ケストラー『創造活動の理論』大久保直幹・松本俊・中山未喜訳，ラティス，1966）

Konner, M. 1982. *The Tangled Wing: Biological Constraints on the Human Spirit*. London : William Heinemann.

Kosslyn, S. M., G. Ganis, and W. L. Thompson. 2001. Neural foundations of imagery. *Nature Reviews: Neuroscience* 2 : 635–642.

Kraut, R. E., and R. E. Johnston. 1979. Social and emotional messages of smiling: An ethological approach. *Journal of Personality and Social Psychology* 37 : 1539–1553.

Kunz, M., K. M. Prkachin, and S. Lautenbacher. 2009. The smile of pain. *Pain* 145 : 273–275.

Lachter, J., K. I. Forster, and E. Ruthruff. 2004. Forty years after Broadbent: Still no identification without attention. *Psychological Review* 111 : 880–913.

LaFollette, H., and N. Shanks. 1993. Belief and the basis of humor. *American Philosophical Quarterly* 329–339.

Lahr, J. 2010. *Master of Revels*. New Yorker, May 3, 70–76.

Laird, J. D. 1974. Self-attribution of emotion: The effects of expresxive behavior on the quality of emotional experience. *Journal of Personality and Social Psychology* 29（4）: 475–486.

Laird, J., P. Rosenbloom, and A. Newell. 1987. SOAR: An architecture for general intelligence. *Artificial Intelligence* 33 : 1–64.

Lakoff, G. 1987. *Women, Fire, and Dangerous Things: What Categories Reveal about the Mind*. Chicago: University of Chicago Press.（ジョージ・レイコフ『認知意味論——言語から見た人間の心』池上嘉彦・河上誓作訳，紀伊國屋書店，1993）

Lakoff, G., and M. Johnson. 1980. *Metaphors We Live By*. Chicago: Chicago University Press.（ジョージ・レイコフ&マーク・ジョンソン『レトリックと人生』渡部昇一・楠瀬淳三・下谷和幸訳，大修館書店，1986）

Lakof, G., and M. Johnson. 1999. *Philosophy in the Flesh: The Embodied Mind and Its Challenge to Western Thought*. New York : Basic Books.（ジョージ・レイコフ&マーク・ジョンソン『肉中の哲学』計見一雄訳，哲学書房，2004）

Lakoff, G. and R. E. Nuñez. 2000. *Where Mathematics Comes From: How the Embodied Mind Brings Mathematics into Being*. New York : Basic Books.

Lange, C. G. 1885. Om sindsbevaegelser: Et psyko-fysiologisk studie. Copenhagen: Jacob Lunds. Reprinted in *The Emotions,* ed. C. G. Lange and W. James, trans. I. A. Haupt. Baltimore : Williams and Wilkins, 1922.

Lange, C. 1887. Ueber Gemuthsbewgungen 3, 8.

Lanzetta, J. T., J. Cartwright-Smith, and R. E. Eleck. 1976. Effects of nonverbal dissimulation on emotional experience and autonomic arousal. *Journal of Personality and*

Izard, C. E. 1971. *The Face of Emotion.* New York : Appleton-Century-Crofts.

Jackendoff, R. 1987. *Consciousness and the Computational Mind.* Cambridge, MA : MIT Press.

Jackendoff, R. 1994. *Patterns in the Mind.* New York : Basic Books.（レイ・ジャッケンドフ『心のパターン』水光雅則訳，岩波書店，2004）

Jackendoff, R. 2002. *Foundations of Language.* New York: Oxford University Press.（レイ・ジャッケンドフ『言語の基盤――脳・意味・文法・進化』郡司隆男訳，岩波書店，2006）

Jackendoff, R. 2007. *Language, Consciousness, Culture: Essays on Mental Structure.* Cambridge, MA : MIT Press.

James, W. 1884. What is an emotion? Mind 9: 188–205.（ウィリアム・ジェームズ「情動とは何か？」『近代』98，神戸大学近代発行会，2007）

James, W. 1890. *The Principles of Psychology.* New York : Henry Holt.（ウィリアム・ジェイムズ『心理学』今田寛訳，岩波文庫，1992）

Jung, W. E. 2003. The inner eye theory of laughter: Mindreader signals cooperator value. *Evolutionary Psychology* 1 : 214–253.

Kaas, J. H., and T. M. Preuss, eds. 2007. *Evolution of Nervous Systems,* vol. 4 : The Evolution of Primate Nervous Systems. Oxford : Elsevier.

Kamide, Y., G. T. M. Altmann, and S. L. Haywood. 2003. The timecourse of prediction in incremental sentence processing: Evidence from anticipatory eye movements. *Journal of Memory and Language* 49 (1): 133–156.

Kant, I. [1790] 1951. *Critique of Judgment.* Trans. J. H. Bernard. New York : Hafner.（イマヌエル・カント，『判断力批判』上下巻，篠田英雄訳，岩波文庫，1964）

Kataria, M., S. Wilson, and K. Buxman. 1999. Where East meets West: Laughter therapy. Workshop presented at the meeting of the International Society for Humor Studies, June, Oakland, California.

Keith-Spiegel, P. 1972. Early conceptions of humor: Varieties and issues. In *The Psychology of Humor,* ed. J. H. Goldstein and P. E. McGhee, 3–39. New York : Academic Press.

Keltner, D., and G. A. Bonanno. 1997. A study of laughter and dissociation: The distinct correlates of laughter and smiling during bereavement. *Journal of Personality and Social Psychology* 73 : 687–702.

Keltner, D., R. C. Young, E. A. Heerey, C. Oemig, and N. D. Monarch. 1998. Teasing in hierarchical and intimate relations. *Journal of Personality and Social Psychology* 75 : 1231–1247.

Kirsh, D., and P. Maglio. 1994. On distinguishing epistemic from pragmatic action. *Cognitive Science* 18 : 513–549.

hypothesis. *Cognition and Emotion* 11 : 103–110.

Harris, C. R., and N. Christenfeld. 1999. Can a machine tickle? Psychonomic Bulletin & Review 6 (3): 504–510.

Haugeland, J. 1985. *Artificial Intelligence: The Very Idea.* Cambridge, MA : MIT Press.

Hauser, M. D. 1997. *The Evolution of Communication.* Cambridge, MA : MIT Press.

Hauser, M. D. 2000. *Wild Minds: What Animals Really Think.* New York : Henry Holt.

Hebb, D. O. 1949. *The Organization of Behavior: A Neuropsychological Theory.* New York : Wiley.

Hecker, E. 1873. *Die Physiologie und Psychologie des Lachen und des Komischen.* Berlin : F. Dummler.

Herrnstein, R. J. 1970. On the law of effect. *Journal of the Experimental Analysis of Behavior* 13 : 243–266.

Hilgard, E. R. 1980. The trilogy of mind: Cognition, affection, and conation. *Journal of the History of Behavioral Sciences* 16 : 107–117.

Hinde, R. A. 1985a. Expression and negotiation. In *The Development of Expressive Behavior,* ed. G. Zivin, 103–116. New York : Academic Press.

Hinde, R. A. 1985b. Was "the expression of emotions" a misleading phrase? *Animal Behaviour* 33 : 985–992.

Hobbes, T. 1840. Human Nature. In *The English Works of Thomas Hobbes of Malmesbury,* vol. 4, ed. W. Molesworth. London : Bohn.

Hofstadter, D. R. 2007. *I Am a Strange Loop.* New York : Basic Books.

Hofstadter, D. R., and the Fluid Analogies Research Group. 1995. *Fluid Concepts and Creative Analogies: Computer Models of the Fundamental Mechanisms of Thought.* New York : Basic Books.

Hommel, B., J. M ü sseler, G. Aschersleben, and W. Prinz. 2001. The theory of event coding (TEC): A framework for perception and action planning. *Behavioral and Brain Sciences* 24 : 849–937.

Humphrey, N. 2006. *Seeing Red: A Study in Consciousness.* Cambridge, MA : Belknap Press of Harvard University Press.（ニコラス・ハンフリー『赤を見る』柴田裕之訳，紀伊國屋書店，2006）

Hurley, M. 2006. The joy of debugging: Towards a computational model of humor. Honors dissertation in Cognitive Science, Tufts University, Medford, Massachusetts.

Huron, D. 2006. *Sweet Anticipation: Music and the Psychology of Expectation.* Cambridge, MA : Bradford Books/MIT Press.

Hutchins, E. 1995a. *Cognition in the Wild.* Cambridge, MA : MIT Press.

Hutchins, E. 1995b. How a cockpit remembers its speeds. *Cognitive Science* 19 : 265–288.

Press.

Gortner, M., 1972. *Marjoe*. Film. Sarah Kernochan, Howard Smith, directors.

Grahek, N. 2007. *Feeling Pain and Being in Pain,* 2nd ed. Cambridge, MA : Bradford Books/MIT Press.

Gratier, M. 2003. Expressive timing and interactional synchrony between mothers and infants: Cultural similarities, cultural differences, and the immigration experience. *Cognitive Development* 18 : 533–554.

Greengross, G. (under review). Does making others laugh lead to mating success? Verbal humor as a mental fi tness indicator. Under review for *Evolution and Human Behavior.*

Greengross, G., and G. Miller. 2008. Dissing oneself versus dissing rivals: Effects of status, personality, and sex on the short-term and long-term attractiveness of self-deprecating and other-deprecating humor. *Evolutionary Psychology* 6 (3): 393–408.

Greenspan, P. 2000. Emotional strategies and rationality. *Ethics* 110 : 469–487.

Gregory, J. C. 1924. *The Nature of Laughter.* New York : Harcourt Brace.

Grice, P. 1957. Meaning. Philosophical Review 66 : 377–388.（ポール・グライス「意味」『論理と会話』清塚邦彦訳，勁草書房，1998）

Grice, P. 1969. Utterer's meaning and intention. *Philosophical Review* 78: 147–177.

Griffin, R., and D. C. Dennett. 2008. What does the study of autism tell us about the craft of folk psychology? In *Social Cognition: Development, Neuroscience, and Autism,* ed. T. Striano and V. Reid, 254–280. New York : Wiley-Blackwell.

Griffiths, P. E. 1997. *What Emotions Really Are.* Chicago: University of Chicago Press.

Griffiths, P. E. 2002. Basic emotions, complex emotions, Machiavellian emotions. In *Philosophy and the Emotions,* ed. A. Hatzimoysis, 39–67. Cambridge : Cambridge University Press.

Gruner, C. R. 1997. *The Game of Humor: A Comprehensive Theory of Why We Laugh.* New Brunswick, NJ : Transaction Publishers.

Gustafson, D. 2006. Categorizing pain. In *Pain: New Essays on Its Nature and the Methodology of Its Study,* ed. M. Aydede. Cambridge, MA : MIT Press.

Hall, G. S., and A. Allin. 1897. The psychology of tickling, laughing, and the comic. *American Journal of Psychology* 9 : 1–42.

Hammerschmidt, K., T. Freudenstein, and U. Jürgens. 2001. Vocal development in squirrel monkeys. *Behaviour* 138 : 97–116.

Harris, C. R. 1999. The mystery of ticklish laughter. American Scientist 87 : 344–351.

Harris, C. R., and N. Alvarado. 2005. Facial expressions, smile types, and self-report during humor, tickle, and pain. *Cognition and Emotion* 19 : 655–699.

Harris, C. R., and N. Christenfeld. 1997. Humour, tickle, and the Darwin-Hecker

141–150.

Fried, I., C. L. Wilson, K. A. MacDonald, and E. J. Behnke. 1998. Electric current stimulates laughter. *Nature* 391: 650.

Friend, T. 2002. *Dept. of Humor: What's so funny? A scientifi c attempt to discover why we laugh*. New Yorker, November 11, 78–93.

Frijda, N. H. 1986. *The Emotions*. Cambridge : Cambridge University Press.

Fry, W. F. 1977. The respiratory components of mirthful laughter. *Journal of Biological Psychology* 19 : 39–50.

Fry, W. F. 1994. The biology of humor. *Humor: International Journal of Humor Research* 7 : 111–126.

Gallese, V., Fadiga, L., Fogassi, L., and Rizzolatti, G. 1996. Action recognition in the premotor cortex. *Brain* 119 : 593–609.

Gazzaniga, M. S. 2008. *Human: The Science of What Makes Us Unique*. New York: HarperCollins.（マイケル・ガザニガ『人間らしさとはなにか?——人間のユニークさを明かす科学の最前線』インターシフト，2010）

Gervais, M., and D. S. Wilson. 2005. The evolution and vunctions of laughter and humor: A synthetic approach. *Quarterly Review of Biology* 80 : 395–430.

Gibbard, A. 1990. *Wise Choices, Apt Feelings: A Theory of Normative Judgment*. Cambridge, MA : Harvard University Press.

Gigerenzer, G. 2008. Why heuristics work. *Perspectives on Psychological Science* 3 : 20–29.

Gigerenzer, G., and D. G. Goldstein. 1996. Reasoning the fast and frugal way: Models of bounded rationality. *Psychological Review* 103 : 650–669. 314 References

Goldstein, J. H., and P. McGhee. 1972. *The Psychology of Humor*. New York : Academic Press.

Goldstone, R. L., and L. W. Barsalou. 1998. Reuniting perception and conception. *Cognition* 65（2）: 231–262.

Göncü, A., J. Mistry, and C. Mosier. 2000. Cultural variations in the play of toddlers. *International Journal of Behavioral Development* 24（3）: 321–329.

Gonzales, L. 2003. *Deep Survival: Who Lives, Who Dies, and Why*. New York: W. W. Norton.（ローレンス・ゴンサレス『緊急時サバイバル読本——生き延びる人間と死ぬ人間の科学』中谷和男訳，アスペクト，2004）

Gopnik, A. 1998. Explanation as orgasm. *Minds and Machines* 8 : 101–118.

Gopnik, A., and A. N. Meltzoff. 1997. *Words, Thoughts, and Theories*. Cambridge, MA : Bradford Books/MIT Press.

Gopnik, A., and H. Wellman. 1994. The "theory theory." In *Domain Specificity in Culture and Cognition*, ed. L. Hirschfield and S. Gelman. New York : Cambridge University *and Social Psychology* 74 : 86–101.

Francis, R. C. 2004. *Why Men Won't Ask for Directions: The Seductions of Sociobiology.* Princeton : Princeton University Press.

Frank, M., and P. Ekman. 1993. Not all smiles are created equal: The differences between enjoyment and nonenjoyment smiles. *Humor* 6 : 9–26.

Frank, M., P. Ekman, and W. V. Friesen. 1993. Behavioral markers and recognizability of the smile of enjoyment. *Journal of Personality and Social Psychology* 64 : 83–93.

Frank, R. H. 1988. *Passions within Reason: The Strategic Role of the Emotions.* New York : W. W. Norton.（ロバート・フランク『オデュッセウスの鎖』大坪康介訳，サイエンス社，1995）

Frank, R. H. 2004. In defense of sincerity detection. *Rationality and Society* 16（3）: 287–305.

Franklin, S. 2007. A foundational architecture for artificial general intelligence. In *Advances in Artificial General Intelligence: Concepts, Architectures and Algorithms, Proceedings of the AGI workshop* 2006, ed. Ben Goertzel and Pei Wang, 36–54. Amsterdam: IOS Press.

Franklin, S., and F. G. Patterson, Jr. 2006. The LIDA Architecture: Adding new modes of learning to an intelligent, autonomous, software agent. *Integrated Design and Process Technology,* IDPT-2006. San Diego, CA : Society for Design and Process Science.

Fredrickson, B. L., and R. W. Levenson. 1998. Positive emotions speed recovery from the cardiovascular sequelae of negative emotions. *Cognition and Emotion* 12 : 191–220.

Fredrickson, B. L., R. A. Mancuso, C. Branigan, and M. M. Tugade. 2000. The undoing effect of positive emotions. *Motivation and Emotion* 24 : 237–258.

French, R. 1995. *The Subtlety of Sameness: A Theory and Computer Model of Analogy-making.* Cambridge, MA : MIT Press.

Freud, S.［1905］1960. *Jokes and Their Relation to the Unconscious.* Trans. J. Strachey. New York: W. W. Norton.（ジークムント・フロイト『フロイト全集８ 機知』中岡成文・太寿堂真・多賀健太郎訳，岩波書店，2008）

Freud, S. 1928. Humor. *International Journal of Psycho-Analysis* 9 : 1–6.（ジークムント・フロイト「ユーモア」『フロイト著作集３』高橋義孝ほか訳，人文書院，1977）

Fridlund, A. J. 1991. Sociality of solitary smiling: Potentiation by an implicit audience. *Journal of Personality and Social Psychology* 60 : 229–240.

Fridlund, A. J. 1994. *Human Facial Expression: An Evolutionary View.* San Diego, CA : Academic Press.

Fridlund, A. J., and J. M. Loftis. 1990. Relations between tickling and humorous laughter: Preliminary support for the Darwin-Hecker hypothesis. *Biological Psychology* 30 :

Ekman, P. 2003. *Emotions Revealed.* New York : Times Books.

Ekman, P., and W. V. Friesen. 1971. Constants across cultures in the face and emotion. *Journal of Personality and Social Psychology* 17 : 124–129.

Ekman, P., and W. V. Friesen. 1978. *Facial Action Coding System: A Technique for the Measurement of Facial Movement.* Palo Alto: Consulting Psychologists Press.

Ellsworth, P. 1994. William James and emotion: Is a century of fame worth a century of misunderstanding? *Psychological Review* 101 : 222–229.

Elster, J. 1996. Rationality and the emotions. *Economic Journal* 106 : 1386–1397.

Elman, J. L. 1991. Distributed representations, simple recurrent networks, and grammatical structure. *Machine Learning* 7 : 195–225.

Elman, J. L., E. A. Bates, M. H. Johnson, A. Karmiloff-Smith, D. Parisi, and K. Plunkett. 1996. *Rethinking Innateness: A Connectionist Perspective on Development.* Cambridge, MA : MIT Press.

Fagen, R. 1993. Primate juveniles and primate play. In *Juvenile Primates: Life History, Development, and Behavior,* ed. M. E. Pereira and L. A. Fairbanks, 182–196. New York: Oxford University Press.

Fauconnier, G. 1985. *Mental Spaces: Aspects of Meaning Construction in Natural Language.* Cambridge, MA : MIT Press.（ジル・フォコニエ，『メンタルスペース』新版，坂原茂・田窪行則・水光雅則・三藤博訳，岩波書店，1996）.

Fauconnier, G., and M. Turner. 2002. *The Way We Think: Conceptual Blending and the Mind's Hidden Complexities.* New York: Basic Books.

Feldman, J. A. 1989. Neural representation of conceptual knowledge. In *Neural Connections, Mental Computation,* ed. L. Nadel, L. A. Cooper, P. Culicover, and R. M. Harnish, 68–103. Cambridge, MA : MIT Press.

Fernandez-Dols, J. M., and M. A. Ruiz-Belda. 1995. Are smiles a sign of happiness? Gold medal winners at the Olympic Games. *Journal of Personality and Social Psychology* 69 : 1113–1119.

Flack, J. C., L. A. Jeannotte, and F. B. M. de Waal. 2004. Play signaling and the perception of social rules by juvenile chimpanzees（Pan troglodytes）. *Journal of Comparative Psychology* 118 : 149–159.

Fodor, J. 2004a. Having concepts: A brief refutation of the twentieth century. *Mind & Language* 19（1）: 29–47.

Fodor, J. 2004b. Reply to commentators. *Mind & Language* 19（1）: 99–112.

Fodor, J., and Z. Pylyshyn. 1988. Connectionism and cognitive architecture: A critical *analysis. Cognition* 28 : 3–71.

Foster, C. A., B. S. Witcher, W. K. Campbell, and J. D. Green. 1998. Arousal and attraction: Evidence for automatic and controlled processes. *Journal of Personality*

彦訳，青土社，2010）
Dennett, D. C. 2007a. Heterophenomenology reconsidered. *Phenomenology and the Cognitive Sciences* 6（1-2）..
Dennett, D. C. 2007b. Instead of a review. *Artificial Intelligence* 171 : 1110-1113.
Dennett, D. C. 2007c. A daring reconnaissance of red territory. [Review of Humphrey 2006.] *Brain* 130 : 592-595.
Dennett, D. C. 2007d. What could a neuron "want"? On edge.org, Edge Question: "What Have You Changed Your Mind About?" <http://www.edge.org/q2008/q08_11.html>.
Dennett, D. C., and K. Akins. 2008. Multiple drafts model. Scholarpedia.org 3（4）:4321. <http://www.scholarpedia.org/article/Multiple_drafts_model>.
Descartes, R. [1649] 1988. The passions of the soul. In *Selected Philosophical Writings of René Descartes,* ed. and trans. J. Cottingham, R. Stoothoff, and D. Murdoch. Cambridge: Cambridge University Press.
de Sousa, R. 1987. *The Rationality of Emotion.* Cambridge, MA : MIT Press.
Diamond, J. 1997. *Guns, Germs, and Steel: The Fates of Human Societies.* New York: W. W. Norton.（ジャレド・ダイアモンド『銃・病原菌・鉄』倉骨彰訳，草思社文庫，上下巻，2012）
Dillon, K. M., B. Minchoff, and K. H. Baker. 1985. Positive emotional states and enhancement of the immune system. *International Journal of Psychiatry in Medicine* 15 : 13-17.
Dolitsky, M. 1992. Aspects of the unsaid in humor. *Humor: International Journal of Humor Research* 5（1/2）: 33-43.
Duchenne（de Boulogne）, G.-B. [1862] 1990. *The Mechanism of Human Facial Expression.* Trans. R. A. Cuthbertson. New York : Cambridge University Press.
Dutton, D. G., and A. P. Aron. 1974. Some evidence for heightened sexual attraction under conditions of high anxiety. Journal of Personality and Social Psychology 30 : 510-517.
Eastman, M. 1936. *Enjoyment of Laughter.* New York : Halcyon House.
Eibl-Eibesfeldt, I. 1973. The expressive behavior of the deaf and blind born. In *Social Communication and Movement,* ed. M. von Cranach and I. Vine, 163-194. London : Academic Press.
Eibl-Eibesfeldt, I. 1989. *Human Ethology.* New York : Aldine de Gruyter.
Einon, D. F., and M. Potegal. 1991. Enhanced defense in adult rats deprived of play fi ghting experience as juveniles. *Aggressive Behavior* 17 : 27-40.
Ekman, P. 1992. An argument for basic emotions. Cognition and Emotion 6 : 169-200.
Ekman, P. 1999. Basic emotions. In *Handbook of Cognition and Emotion,* ed. T. Dalgleish and M. Power. Sussex : John Wiley.

Journal of Verbal Learning and Verbal Behavior 22 : 417–436.
Dennett, D. C. 1975. Why the law of effect will not go away. *Journal for the Theory of Social Behaviour* 5 : 179–187 R eprinted in Dennett 1978.
Dennett, D. C. 1978. *Brainstorms: Philosophical Essays on Mind and Psychology.* Cambridge, MA : Bradford Books/MIT Press.
Dennett, D. C. 1983. Intentional systems in cognitive ethology: the "Panglossian Paradigm" defended. *Behavioral and Brain Sciences* 6 : 343–390.
Dennett, D. C. 1984. Cognitive wheels: The frame problem in AI. In *Minds, Machines, and Evolution,* ed. C. Hookway, 128–151. Cambridge : Cambridge University Press.
Dennett, D. C. 1987. *The Intentional Stance.* Cambridge, MA : Bradford Books/MIT Press.（ダニエル・デネット『志向姿勢の哲学』若島正・河田学訳，白揚社，1996）
Dennett, D. C. 1988. Quining qualia. In *Consciousness in Modern Science,* ed. A. Marcel and E. Bisiach, 42–77. Oxford : Oxford University Press.
Dennett, D. C. 1990. Memes and the exploitation of imagination. *Journal of Aesthetics and Art Criticism* 48 (spring): 127–135.
Dennett, D. C. 1991. Consciousness Explained. Boston: Little, Brown.（ダニエル・デネット『解明される意識』山口泰司訳，青土社，1997）
Dennett, D. C. 1995. Darwin's Dangerous Idea. New York : Simon & Schuster.（ダニエル・デネット『ダーウィンの危険な思想——生命の意味と進化』山口泰司・大崎博・斎藤孝・石川幹人・久保田俊彦訳，青土社，2000）.
Dennett, D. C. 1996a. Producing future by telling stories. In *The Robot's Dilemma Revisited: The Frame Problem of Artificial Intelligence,* ed. K. Ford and Z. Pylyshyn, 1–7. Norwood, NJ: Ablex.
Dennett, D. C. 1996b. Consciousness: More like fame than television. Published in German translation as "Bewusstsein hat mehr mit Ruhm als mit Fernsehen zu tun," in Die Technik auf dem Weg zur Seele, ed. Christa Maar, Ernst Pöppel, and Thomas Christaller, 61–90. Reinbek: Rowohlt.
Dennett, D. C. 1996c. Hofstadter's quest: Review of Hofstadter and F.A.R.G., Fluid Concepts and Creative Analogies. *Complexity Journal* 1 (6): 9–12.
Dennett, D. C. 1998. *Brainchildren: Essays on Designing Minds.* Cambridge, MA: Bradford Books/MIT Press.
Dennett, D. C. 2005. *Sweet Dreams: Philosophical Obstacles to a Theory of Consciousness.* Cambridge, MA : Bradford Books/MIT Press.（ダニエル・デネット『スウィート・ドリームズ』土屋俊・土屋希和子訳，NTT出版，2009）.
Dennett, D. C. 2006. *Breaking the Spell: Religion as a Natural Phenomenon.* New York: Viking.（ダニエル・デネット『解明される宗教——進化論的アプローチ』阿部文

Coulson, S., and M. Kutas. 1998. Frame shifting and sentential integration. *UCSD Cognitive Science Technical Report* 98-03.

Coulson, S., and M. Kutas. 2001. Getting it: Human event-related brain response to jokes in good and poor comprehenders. *Neuroscience Letters* 316 : 71-74.

Cousins, N. 1979. *Anatomy of an Illness as Perceived by the Patient: Reflections on Healing and Regeneration.* New York : W. W. Norton.

Craig, A. D.（Bud）. 2003. A new theory of pain as a homeostatic emotion. *Trends in Neurosciences* 26（6）: 303-307.

Crawford, M., and D. Gressley. 1991. Creativity, caring, and context: Women's and men's accounts of humor preferences and practices. *Psychology of Women Quarterly* 15（June）: 217-231.

Currie, G. 1986. Fictional truth. *Philosophical Studies* 50: 195-212.

Currie, G. 1990. The Nature of Fiction. Cambridge: Cambridge University Press.

Damasio, A. 1994. Descartes' Error: Emotion, Reason, and the Human Brain. New York : Grosset/Putnam.（アントニオ・ダマシオ『デカルトの誤り――情動，理性，人間の脳』田中三彦訳，ちくま学芸文庫，2010）

Damasio, A. 1999. *The Feeling of What Happens: Body and Emotion in the Making of Consciousness.* London : William Heinemann Harcourt.（アントニオ・ダマシオ『無意識の脳 自己意識の脳』田中三彦訳，講談社，2003）

Damasio, A. 2003. *Looking for Spinoza: Sorrow, and the Feeling Brain.* London : William Heinemann Harcourt.（アントニオ・ダマシオ『感じる脳――情動と感情の脳科学 よみがえるスピノザ』田中三彦訳，ダイヤモンド社，2005）

Darwin, C.［1872］1965. *The Expression of the Emotions in Man and Animals.* New York: Oxford University Press. チャールズ・ダーウィン『人及び動物の表情について』浜中浜太郎訳，岩波文庫，1991）

Dawkins, R. 1982. The Extended Phenotype. New York : Oxford University Press.（リチャード・ドーキンス，『延長された表現型――自然淘汰の単位としての遺伝子』（日高敏隆・遠藤知二・遠藤彰訳，紀伊國屋書店，1987）

Dawkins, R. 1989. *The Selfish* Gene, 2nd ed. Oxford: Oxford University Press.（リチャード・ドーキンス『利己的な遺伝子 増補新装版』日高敏隆・岸由二・羽田節子・垂水雄二訳，紀伊國屋書店，2006）

Dawkins, R. 1993. Viruses of the mind. In *Dennett and His Critics,* ed. B. Dahlbom, 13-28. Oxford : Blackwell.

Deacon, T. W. 1989. The neural circuitry underlying primate calls and human language. *Human Evolution* 4 : 367-401.

Deacon, T. 1997. *The Symbolic Species.* New York : W. W. Norton.

De Groot, A. M. B. 1983. The range of automatic spreading Activation in word priming.

tion, and analogy: A critique of artifi cial-intelligence methodology. In Douglas Hofstadter and the Fluid Analogies Research Group, *Fluid Concepts and Creative Analogies: Computer Models of the Fundamental Mechanisms of Thought.* New York : Basic Books.

Chambers, C. G., M. K. Tanenhaus, K. M. Eberhard, H. Filip, and G. N. Carlson. 2002. Circumscribing referential domains during real-time language comprehension. *Journal of Memory and Language* 47 : 30–49.

Chambers, C. G., M. K. Tanenhaus, and J. S. Magnuson. 2004. Actions and affordances in syntactic ambiguity resolution. *Journal of Experimental Psychology* 30 (3): 687–696.

Chapman, A. J., and H. C. Foot, eds. 1976. *Humour and Laughter: Theory, Research, and Applications.* London : Wiley.

Chapman, A. J., J. Smith, and H. C. Foot. 1980. Humour, laughter, and social interaction. In *Children's Humour,* ed. P. E. McGhee and A. J. Chapman, 141–179. New York : Wiley.

Cheney, D., and R. Seyfarth. 1990. *How Monkeys See the World.* Chicago: University of Chicago Press.

Chislenko, A. 1998. Theory of humor. <http://www.lucifer.com/~sasha/articles/humor.html>.

Chwalisz, K., E. Diener, and D. Gallagher. 1988. Autonomic arousal feedback and emotional experience: Evidence from the spinal cord injured. *Journal of Personality and Social Psychology* 54 : 820–828.

Clark, A. 1997. *Being There: Putting Brain, Body and World Together Again.* Cambridge, MA : MIT Press.

Clark, A., and D. J. Chalmers. 1998. The extended mind. *Analysis* 58 (1): 7–19.

Clark, M. 1970. Humor and incongruity. *Philosophy* 45 : 20–32.

Clarke, A. In press. *A Closer Look at... Information Normalization Theory.* Cumbria : Pyrrhic House.

Close, M. 2007. That Reminds Me: Finding the Funny in a Serious World. Self-published.

Cohen, T. 1999. Jokes: Philosophical Thoughts on Joking Matters. Chicago : University of Chicago Press.

Collins, A. M., and E. F. Loftus. 1975. A spreading-activation theory of semantic processing. *Psychological Review* 82 (6): 407–428.

Coser, R. L. 1960. Laughter among colleagues: A study of the social functions of humor among the staff of a mental hospital. *Psychiatry 23* : 81–95.

Coulson, S. 2001. *Semantic Leaps: Frame-Shifting and Conceptual Blending in Meaning Construction.* Cambridge : Cambridge University Press.

Oxford University Press.

Boyer, P. 2001. *Religion Explained: Evolutionary Origins of Religious Thought.* New York: Basic Books.

Breazeal, C. 2000. Sociable machines: Expressive social exchange between humans and robots. Sc.D. dissertation, Department of Electrical Engineering and Computer Science, MIT, Cambridge, Massachusetts.

Brennan, S. 1982. The caricature generator. Master's thesis, MIT Media Lab, Cambridge, Massachusetts.

Brennan, S. 1985. Caricature generator: The dynamic exaggeration of faces by computer. *Leonardo* 18 (3): 170-178.

Bressler, E., and S. Balshine. 2006. The influence of humor on desirability. *Evolution and Human Behavior* 27 (1): 29 -39.

Bressler, E., R. A. Martin, and S. Balshine. 2006. Production and appreciation of humor as sexually selected traits. *Evolution and Human Behavior* 27 (2): 121-130.

Brewer, M. 2000. Research design and issues of validity. In *Handbook of Research Methods in Social and Personality Psychology*, ed. H. Reis and C. Judd. Cambridge: Cambridge University Press.

Broadbent, D. E. 1958. *Perception and Communication.* London : Pergamon.

Brooks, R. 1991. Intelligence without representation. *Artificial Intelligence* 47 : 139-159.

Bubb, C. C. 1920. *The Jests of Hierocles and Philagrius.* Cleveland: Rowfant Club.

Byers, J. A., and C. Walker. 1995. Refining the motor training hypothesis for the evolution of play. *American Naturalist* 146 : 25-40.

Byrne, A. 1993. Truth in fiction: The story continued. *Australasian Journal of Philosophy* 71 : 24-35.

Call, J., and M. Tomasello. 2008. Does the chimpanzee have a theory of mind? 30 years later. *Trends in Cognitive Sciences* 12, 5: 187-192.

Cannon, W. B. 1927. *Bodily Changes in Pain, Hunger, Fear, and Rage: An Account of Recent Researches into the Function of Emotional Excitement.* McGrath.

Cantor, J. R., J. Bryant, and D. Zillmann. 1974. Enhancement of humor appreciation by transferred excitation. *Journal of Personality and Social Psychology* 15 : 470-480.

Carr, J., and L. Greeves. 2006. *Only Joking: What's So Funny about Making People Laugh?* New York : Gotham Books.

Carroll, N. 1999. Horror and humor. *Journal of Aesthetics and Art Criticism* 57 (2): 145 -160.

Cathcart, T., and D. Klein. 2007. *Plato and a Platypus Walk into a Bar...: Understanding Philosophy Through Jokes.* New York : Penguin.

Chalmers, D., R. French, and D. R. Hofstadter. 1995. High-level perception, representa-

Binsted. *IEEE Intelligent Systems* 21 (2): 56–69.

Bergson, H. 1911. *Laughter: An Essay on the Meaning of the Comic.* Trans. Cloudesley Brereton and Fred Rothwell. New York: Macmillan.（アンリ・ベルクソン，『笑い』林達夫訳，岩波文庫，1976．『ベルグソン全集 3』新装復刊版，白水社，2001．『笑い――喜劇的なものが指し示すものについての試論』竹内信夫訳，新訳ベルクソン全集，第 3 巻，2011）

Bergstrom, C. T., and M. Lachmann. 2001. Alarm calls as costly signals of antipredator vigilance: The watchful babbler game. *Animal Behavior* 61: 535–543.

Binsted, K. 1996. Machine humour: An implemented model of puns. Ph.D. thesis, Department of Artificial Intelligence, University of Edinburgh. Retrieved July 1, 2006, from Binsted-McKay company website: <http://www.binsted-mckay.com/KimBinsted-PhDThesis.pdf>.

Binsted, K., and G. Ritchie. 2001. Towards a model of story puns. *Humor: International Journal of Humor Research* 14 (3): 275–292.

Black, D. W. 1982. Pathological laughter: A review of the literature. *Journal of Nervous and Mental Disease* 170 : 67–71.

Black, D. W. 1984. Laughter. *Journal of the American Medical Association* 252 (21): 2995–2998.

Blackmore, S. J. 1999. *The Meme Machine.* Oxford: Oxford University Press.（スーザン・ブラックモア『ミーム・マシーンとしての私』上下巻，垂水雄二訳，草思社，2000）

Blakemore, S.-J., D. Wolpert, and C. Frith. 2000. Why can't you tickle yourself? *NeuroReport* 11 : R11–16.

Bloom, P. 2010. *How Pleasure Works: The New Sciences of Why We Like What We Like.* New York: W. W. Norton.

Boorstin, J. 1990. *Making Movies Work: Thinking Like a Filmmaker.* Los Angeles: Silman-James Press.

Booth, S. 1969. *An Essay on Shakespeare's Sonnets.* New Haven: Yale University Press.

Booth, S. 1977. *Shakespeare's Sonnets, Edited with Analytic Commentary.* New Haven: Yale University Press.

Booth, S. 1983. King Lear, Macbeth, Indefinition, and Tragedy. New Haven: Yale University Press.

Borges, J. L. [1944] 1962. *Ficciones.* Trans. Anthony Kerrigan. New York: Grove Press. ホルヘ・ルイス・ボルヘス『伝奇集』鼓直訳，岩波文庫，1993．『伝奇集』篠田一士訳，集英社，1984）

Bower, Gordon H. 1981. Mood and memory. *American Psychologist* 36 (2): 129–148.

Boyd R., and P. J. Richerson. 2005. *The Origin and Evolution of Cultures.* New York:

参照文献

Ainslie, G. 2001. *Breakdown of Will.* New York: Cambridge University Press.（ジョージ・エインズリー，『誘惑される意志――人はなぜ自滅的行動をするのか』山形浩生訳，NTT出版，2006）

Alexander, R. D. 1986. Ostracism and indirect reciprocity: The reproductive significance of humor. *Ethology and Sociobiology* 7（3-4）: 253-270.

Anderson, J. 1983. A spreading activation theory of memory. *Journal of Verbal Learning and Verbal Behavior* 22: 261-295.

Anderson, J. R. 1976. *Language, Memory, and Thought.* Hillsdale, NJ: Lawrence Erlbaum.

Apter, M. J. 1982. *The Experience of Motivation: The Theory of Psychological Reversals.* London : Academic Press.

Aristotle. 1954. *The Rhetoric and Poetics.* Trans. Rhys W. Roberts. New York: Modern Library.（アリストテレス『弁論術』戸塚七郎訳，岩波文庫，1992）

Arnold, M. B. 1960. *Psychological Aspects, vol. 1: Emotion and Personality.* New York : Columbia University Press.

Arroyo, S., R. P. Lesser, B. Gordon, S. Uematsu, J. Hart, P. Schwerdt, K. Andreasson, and R. S. Fisher. 1993. Mirth, laughter, and gelastic seizures. *Brain* 116 : 757-780.

Ashraf, A. B., S. Luceya, J. F. Cohn, T. Chena, Z. Ambadara, K. M. Prkachin, and P. E. Solomona. 2009. The painful face――pain expression recognition using active appearance models. *Image and Vision Computing* 27: 1788-1796.

Attardo, S. 2001. *Humorous Texts: A Semantic and Pragmatic Analysis.* Berlin: Mouton de Gruyter.

Azim, E., D. Mobbs, B. Jo, V. Menon, and A. L. Reiss. 2005. Sex differences in brain activation elicited by humor. *Proceedings of the National Academy of Sciences of the United States of America* 102: 16496-16501.

Bain, A. 1875. *The Emotions and the Will,* 3rd ed. London: Longmans & Green.

Barber, E. W., and P. T. Barber. 2004. *When They Severed Earth from Sky: How the Human Mind Shapes Myth.* Princeton: Princeton University Press.

Baron-Cohen, S., A. M. Leslie, and U. Frith. 1985. Does the autistic child have a "theory of mind"? *Cognition* 21（1）: 37-46.

Bartlett, F. C. 1932. *Remembering.* Oxford : Oxford University Press.

Bergen, B., and S. Coulson. 2006. Frame-shifting humor in simulation-based language understanding. In "Trends & Controversies: Computational Humor," ed. Kim

421, 423
ユーモア・アルゴリズム｜27
呼び水（プライミング）｜131, 309, 361, 365, 380, 430, 449
弱いAI｜498

＊ラ行
理想的認知モデル　ICM｜168-169, 173
リビドー（性的な欲求）｜117, 124, 442
理論欲動　theory drive｜139
類人猿｜76-7, 158, 212, 219, 421-423, 469, 493（＊9）
ローラーコースター｜281, 369, 370-1, 512（＊5）
論理｜89, 96, 97, 186, 328, 334, 342, 347, 471, 494（＊2）
論理規則｜94
論理的推論｜137, 344, 376, 385
論理的メカニズム｜232, 342, 346, 504（＊13）
論理のヒューリスティックな管理｜347

＊ワ行
笑い癲癇｜49
ワーキングメモリ｜4, 152, 168, 174, 176-7, 179-181, 189-191, 305, 312, 341, 412
ワーキングメモリ信念｜179-180, 264-265, 358
ワハハ-可笑しい　funny-Ha-Ha｜59-62, 87, 311, 316, 318

192, 207-212, 269, 334, 359, 367, 405, 436, 497（*20）
不一致解決（理論／モデル; I-R理論／モデル）（ユーモアの） | 87-90, 93-94, 96, 98-99, 289, 293, 341-343, 345, 349, 352-353, 369, 382, 423, 464, 510（*9）
フィードバック・ループ | 127-128, 130, 157, 459-460, 490（*2）, 517（*12, *13）
複製子 replicator | 34-35
袋小路文 | 170-171, 224, 229
不確かさ（情動としての） uncertainty | 142
物理的なユーモア | 116
フム-おかしい funny-Huh | 58, 141, 309, 311-312, 315-316, 319, 322,
プライミング：「呼び水」を参照
フレーム | 97-99, 168, 172-174, 176-178, 182-183, 201, 257, 260, 346, 347, 499（*6）
フレーム錯覚 | 177, 499（*6）
フレーム転換 frame-shifting | 97-99, 172, 346-347
フレーム問題 | 167-168, 183, 275
文法的ユーモア | 96-97
文脈自由 | 43
ベイツ擬態 | 51
ヘッブ則 | 367
ヘテロ現象学 | 57, 249, 304
ポパー型生物 | 468
ボールドウィン効果 | 260, 433, 503（*10）

＊マ行
マスターベーション | 118, 239, 475
摩滅 friction | 183-185
未解決衝突 | 191
身代わりの目（視座） | 236-238
ミクロ情動 microemotion | 410
ミスター・マグー | 246, 270
ミスター・ビーン | 237, 246
ミーム | 35, 120, 358-359, 365, 467-468, 470
　――の目 | 34
無置換 nonreplacement | 94, 293
メタ認知 | 367, 429, 518（*13）
メタ・ユーモア | 245
メンタルスペース | 4, 37, 138, 158, 165, 168-171, 174, 176-179, 194, 200-202, 204-206, 213-214, 224, 226, 232, 243-245, 247-250, 252, 261-262, 272, 274, 279-280, 285, 289, 291, 293-295, 297, 319, 322, 324, 339-340, 344, 355-356, 360, 370, 382, 387, 391, 396, 398, 400, 413, 422, 424, 427, 429-430, 439, 464, 467-469, 471-476, 486, 504（*14）, 506（*2）
模倣による笑い | 46
問題解決 | 24, 54, 58, 94, 111, 121, 138-139, 149, 160, 177, 179, 200-201, 212, 278, 324-326, 359, 389, 404, 413, 469, 474, 502（*1）
モンティ・パイソン | 258

＊ヤ行
野生のコメディ／ジョーク | 253, 438
優位理論（ユーモアの） | 73, 74, 78, 80-84, 87, 91, 94, 100, 102, 108, 112, 235, 246, 290, 329, 342, 464, 514（*12）
誘因価 valence | 128, 131, 133, 149, 206-207, 228, 234, 236, 238, 247, 324, 381, 410, 412-413, 415, 458-459, 465, 492（*4）, 495（*9）, 496（*11）, 502（*3）
遊戯理論（ユーモアの） | 74, 76-78, 420-

ダーウィン型生物｜468
ダーウィン=ヘッケル仮説｜76, 492（*2）
他我問題｜53
ダジャレ｜29, 59, 81, 86, 96, 115, 171, 188, 224-228, 242, 258, 262, 279, 281, 287, 348, 351,354, 364, 386, 391, 401-402, 452-453, 455, 504-5（*16）, 505-6（*19）
長期記憶信念｜180-181, 190, 264
超常刺激 supernormal stimulus/stimuli｜11, 266-267, 436, 440, 508（*10）
調停チャート｜195-196
直観の目｜236
チンパンジー｜158, 212-213, 244, 421-422, 424
強いAI｜27, 498（*22）
定義，循環的：循環的定義を参照
デュシャンヌの笑い｜45-48, 51, 76-77, 223, 235, 304, 457, 479, 504（*15）
データ（『スタートレック』の登場人物）｜483
動機づけ（情動のはたらきとしての）｜111, 124, 129, 132, 134, 136-140, 142, 145-146, 148-149, 157, 192, 205, 268, 409, 416, 418, 420, 470, 480, 488, 495（*4）, 496（*11, *15）, 497（*16）, 517（*13）
凍結した偶然｜83
投射の誤り｜45, 206, 329
同情的な即時の効用 sympathetic instant utility; SIU｜349-352
読者反応理論｜451
突然の栄光｜78, 84, 100, 208
ラストフォール｜335, 369-370, 386, 511（★3）
トリアージ｜170, 184, 201, 340, 354

*ナ行
内観｜56, 130, 181, 209, 217, 304, 400, 411, 452, 486, 500（*7）
ナンセンス｜89, 91, 97, 109, 202-3, 342, 472
二元論｜137
二次的性質｜42
二度見（ダブルテイク）｜276, 396
認識的コミットメント｜4, 178, 188, 194, 206, 265, 271, 317, 325-326, 334
認識的情動 epistemic emotions｜123-124, 137, 139-142, 149-153, 156, 158, 206, 214, 405, 413, 418, 455, 467, 483-484, 498（*21）
認知的検閲 cognitive censors｜98, 346-348
脳内の名声｜195, 202
のぞき見の目（視座）｜236-239, 257, 289, 450
乗り物酔い｜92

*ハ行
バイアス（思考の）｜122, 125, 200, 207, 429, 466, 476-478, (491（*1））
バグ｜11, 190, 200, 202, 205, 224, 303, 324, 339, 377, 387, 448, 464-465, 473, 475-476, 480, 502（*2）, 504（*13）
ハムレット問題｜167
反証可能性｜3, 106, 302
非協調的解決｜192
ひっかけ試行 catch trial｜308, 511（★2）
ヒューリスティックス｜122, 145, 183, 250, 265, 307, 318, 341, 377, 471, 502（*1）
——的検索｜164, 200, 502（*1）
ひらめき｜123, 139-141, 143, 149, 159,

488, 499（＊6），510（＊9）
——処理｜175-176
擬人化｜109, 224, 244, 260-262, 473
機能的磁気共鳴画像化：「fMRI」を参照
逆転クオリア｜53
逆転スペクトラム｜53
強化効果 enhancement effect｜307, 411
キャッチトライアル：「ひっかけ試行」を参照
協調的解決｜192
空所補完 filling in｜177-178, 291
クオリア｜209-210, 217, 304, 413, 503（＊5, ＊6），514（＊15）
くすぐり｜(11), 76-78, 91, 111, (264), 369, 371-377, 379-381, 385-386, 424, 474, 492（＊2），512（＊6）-513（＊9）
グライスの格率｜388
クールー｜49
グレゴリー型生物｜469
現象学 phenomenology｜12, 39, 42, 54, 57, 115, 148, 150, 175, 203, 209, 216, 306, 373, 482, 485
ヘテロ現象学｜249, 304
減価 diminishment｜94, 293, 345-346
限定問題 qualification problem｜185
好奇心｜(9), (22), 63, 124, 140-141, 143, 149, 153, (237), (370), (437), (502)
効果の法則 law of effect｜133
功績帰属問題 credit-assignment problem｜366-367
互恵的利他性｜136
心の理論｜243, 306, 350, 422, 424, 469, 474, 493（＊9）
コミットメント問題｜135, 143
コミットメント表示器 commitment indicator｜270-271, 278, 285

＊サ行
罪悪感｜126, 130, 135-136, 147, 417
錯視｜203, 382-383, 385-386
三段論法｜119-120
志向的構え intentional stance｜28, 103, 241-244, 246, 249, 253, 258, 263, 265, 268, 270, 279-280, 294, 298, 306, 318, 350, 400, 422, 424, 428, 432, 449, 469, 507（＊8），509（＊1），513（＊10）
自己監督 autosupervision｜157
自然選択｜11, 22, 30, 135, 176, 214-215, 235, 266, 418, 503（＊10）
自発的な笑い｜46
社会資本｜28, 35, 136, 235, 435-436
シャーデンフロイデ｜234, 256, 359, 367, 391, 400, 412, 464
循環的定義：定義，循環的を参照
情動的アルゴリズム｜146, 152, 156
情報喰らい informavore｜124
人工知能｜25, 121-122, 366, 502（＊2）
推論エンジン｜122, 152
スキナー型生物｜468
スクリプト｜89, 95-97, 168, 172-173, 182-183, 260, 280, 499（＊6）；「意味論的スクリプト」も参照
『スタートレック』｜483, 489（＊1）
スパンドレル（進化の）｜258
性選択｜35-36, 426, 476, 516（＊6）
生物学的理論（ユーモアの）｜74-76
双曲割引｜145
ソマティックマーカー（仮説）｜131, 189, 192

＊タ行
退屈（思考に関わる情動としての）｜141, 143, 153

事項索引

＊A-Z
AGI　Artifical General Intelligence; 一般的人工知能｜152, 154, 498（＊22, ＊26）
AI完全（問題）｜26-27, 489（＊2）, 498（＊25）
AI困難｜489（＊2）
fMRI｜71
GPS　General Problem Solver｜121
ICM：「理想的認知モデル」を参照
I-R理論：「不一致解決理論」を参照
ITPRAモデル｜409-410, 492（＊4）
JIT：「カンバン方式」を参照
JIT処理｜175
JITSA：「カンバン方式拡散賦活」を参照
LaughLab｜276
NP完全（問題）｜27
SIU：「同情的な即時の効用」を参照
xkcd｜31, 166

＊ア行
愛｜129-130, 135, 142,
欺き表示器　deception indicator｜272, 274
欺きユーモア｜272
アンジェルマン症候群｜49
一次的性質｜42
一般的問題解決器　GPS｜121
いないいないばあ｜76, 369-370, 386
意味論的スクリプト｜89, 99, 172, 289
打ち切り　closure｜183-185
「内なる目」理論（ユーモアの）｜349
おかしみ　mirth｜11, 28, 50, 52-55, 58-59, 65, 85, 91-92, 106-107, 112, 116, 124-125, 143, 151, 153, 188, 199, 201-202, 204, 206, 208-213, 216, 218-220, 223, 226, 231, 234, 236, 238, 245-246, 251, 260, 262, 267, 278, 287, 290, 303-306, 308, 317, 321, 324, 330, 334-335, 339-341, 356, 359-360, 363-365, 367, 371-373, 375, 377, 380-381, 385, 393, 399-401, 412-414, 429, 431, 434-435, 438-439, 444, 457, 459-460, 467, 470, 475-476, 490（＊2, ＊5）, 492（＊2, ＊5）, 503（＊6,　＊12）, 505（＊19）, 506（＊19, ＊20）, 510（＊5, ＊9）, 512（＊4）, 513（＊10）, 516（＊8）
『オデュッセイア』｜146
驚き理論（ユーモアの）｜13, 74, 99

＊カ行
概念把握　conception｜193-194, 211, 311-312, 349
解放理論（ユーモアの）｜73-74, 84-87, 96, 98, 100, 342
会話の格率：「グライスの格率」を参照
干渉効果　interference effect｜307
活性化信念｜180-182, 185, 187-188, 190-191, 194, 199, 500（＊8）
かけあいユーモア　bipersonal humor｜254
仮性球まひ｜49
カリカチュア（戯画）｜29, 392-394
カンバン方式　just-in-time; JIT｜176, 178, 390, 499
――拡散賦活　just-in-time spreading activation; JITSA｜4, 75, 176-178, 182-186, 192, 201-202, 213, 219, 259, 305, 362, 390, 429, 445, 452, 454-455, 474,

ミンスキー，マーヴィン Marvin Minsky | 96-98, 172, 174, 260, 346-348, 479, 493（*8）, 511（*10）
メイナード=スミス，ジョン John Maynard Smith | 420

*ヤ・ラ行
ユンク，W・E Wonil Edward Jung | 349-352
ライト，スティーヴン Stephen Wright | 40, 96, 206, 230, 436, 505（*18）
ラッセル，バートランド Bertrand Russell | 157, 406
ラマチャンドラン，ヴィラヤヌル・S Vilayanur S. Ramachandran | 372-374, 376-377, 421-423, 433, 507
ランゲ，カール Carl Albert Lange | 126-127
リッチー，グレアム Graeme Ritchie | 89, 109, 170, 352-356
ロック，ジョン John Locke | 42

*ワ行
ワイズマン，リチャード Richard Wiseman | 277
ワイルド，オスカー Oscar Wilde | 8, 78, 400-401, 481

チャップリン，チャーリー　Charles Chaplin｜8, 29, 245
ディーコン，テレンス　Terrence Deacon｜207, 211, 474
ティンバーゲン，ニコ　Nico Tinbergen｜266
デカルト，ルネ　René Descartes｜100, 159
デネット，ダニエル　Daniel Dennett｜8, 12, 55, 67, 118, 202, 281, 282, 290, 338-340, 515 16
トウェイン，マーク　Mark Twain｜187, 234
トゥービー，ジョン　John Tooby｜467
トリヴァース，ロバート　Robert L. Trivers｜136

＊ハ行
ハックスリー，ジュリアン　Julian Sorell Huxle｜242
ヒューム，デイヴィッド　David Hume｜44
ヒューロン，デイヴィッド　David Huron｜129, 217, 392, 394, 407, 409-410, 411-413, 465, 486, 514（＊15）, 515（＊16）
ピンカー，スティーヴン　Steven Pinker｜92
フォコニエ，ジル　Gilles Fauconnier｜138, 168, 501（★2）, 504（＊14）
ブース，スティーヴン　Stephen Booth｜410, 452-6
フランク，ロバート・H　Robert H. Frank｜135-136, 140, 143, 416-418, 496（＊14, ＊15）, 515（＊1）
フリード，イツハク　Itzhak Fried｜55
フロイト，ジークムント　Sigmund Freud｜73, 84-86, 96-98, 493（＊8）, 511（＊10）
ブアスティン，ジョン　Jon Boorstin｜236, 238, 257, 289, 351
フィリップス，エモ　Emo Philips｜124, 214, 478
ブレイクスリー，サンドラ　Sandra Blakeslee｜372, 376-377, 421-422, 507（＊3）
ブレナン，スーザン　Susan Brennan｜392-393
プロヴァイン，ロバート　Robert Provine｜41, 45-48, 50, 70-71, 76, 434, 476, 477
プロフィット，デニス　Dennis Profitt｜138
ベイン，アレキサンダー　Alexander Bain｜92-93, 329, 492（＊6）
ヘッケル，エルンスト　Ernst Hecker｜76, 492
ベニー，ジャック　Jack Benny｜162, 445, 499（＊1）
ベルクソン，アンリ　Henri Bergson｜101-103, 110, 238, 261, 298, 415, 473
ペンフィールド，ワイルダー　Wilder Graves Penfield｜55, 216
ボイル，チャールズ　Charles Boyle｜42
ホッブズ，トマス　Thomas Hobbes｜78-79, 100, 208, 464
ポパー，カール　Popper, Karl｜497（＊18）
ホフスタッター，ダグラス　Douglas Richard Hofstadter｜151, 155, 389

＊マ行
マイアーズ，マイク　Mike Myers｜102
マーティン，スティーヴ　Steve Glenn Martin｜8, 70, 456
ミラー，ジョージ　George Miller｜124

人名索引

＊ア行

アトキンソン，ローワン Rowan Atkinson ｜ 246, 386

アプター，マイケル Michael Apter ｜ 94, 96

アリストテレス ｜ 79, 84, 100, 109, 119-120, 157, 493 （★3）

アローヨ，サンティアゴ Santiago Arroyo ｜ 49, 50, 55,

イーストマン，マックス Max Eastman ｜ 81, 218, 263, 264, 298

ウィトゲンシュタイン，ルードヴィヒ Wittgenstein ｜ 346

ウィルソン，E・O Wilson E. O. ｜ 420

エインズリー，ジョージ George Ainslie ｜ 145-146, 149

オースティン，ジョン・L John L. Austin ｜ 58

＊カ行

カズンズ，ノーマン Norman Cousins ｜ 458

ガードナー，マーティン Martin Gardner ｜ 7

カント，イマヌエル Immanuel Kant ｜ 89-90, 95, 109, 343, 411

キース＝スピーゲル，パトリシア Patricia Keith-Spiegel ｜ 73, 75, 85, 492 （＊3）

グライス，ポール Paul Grice ｜ 268, 388, 398, 400

クリック，フランシス Francis Crick ｜ 83

ケストラー，アーサー Arthur Koestler ｜ 32, 102-103, 207, 211-212, 287, 474

コーエン，テッド Ted Cohen ｜ 69

コスミデス，レダ Leda Cosmides ｜ 467

ゴプニック，アリソン Alison Gopnik ｜ 123, 139, 140

＊サ行

サルス，ジェリー Jerry Suls ｜ 88-89, 93, 109, 344-345, 353

サンタヤナ，ジョージ George Santayana ｜ 165

シェイクスピア，ウィリアム William Shakespeare ｜ 448, 452-453, 455

ジェイムズ，ウィリアム William James ｜ 126-127, 510 （＊6）

シェパード，ロジャー Roger Newland Shepard ｜ 194

ショーペンハウエル，アルトゥル Arthur Schopenhauer ｜ 90-91, 95, 100, 109, 193, 194, 311, 343, 349

スイス，ジェイミー・イアン（マジシャン） ｜ 447

セラーズ，ピーター Peter Sellers ｜ 222-223

スペンサー，ハーバート Herbert Spencer ｜ 85

ソクラテス ｜ 110, 157, 357

＊タ行

ダイアモンド，ジャレド Jared Diamond ｜ 437

ダーウィン，チャールズ Charles Darwin ｜ 24, 30, 76, 380, 393, 492 （＊2）

ダマシオ，アントニオ Antonio Damasio ｜ 129, 131, 189, 499 （＊3）

●著者
マシュー・M・ハーレー
インディアナ大学「概念・認知研究所」の研究員としてダグラス・ホフスタッターのもとで「感情が知性・創造性・意思で果たす役割」のテーマに取り組んでいる.

ダニエル・C・デネット
タフツ大学哲学教授.『解明される意識』『自由は進化する』『スウィート・ドリームス』『デネットの思考術』など著書多数.

レジナルド・B・アダムズ Jr.
ペンシルヴァニア州立大学心理学助教授. 非言語的手がかりからヒトが引き出す社会的・情動的な意味を研究している.

●訳者
片岡宏仁
京都女子大学ほか非常勤講師. 英語学博士（関西外国語大学: Grammatical Semantics of Modality, Counterfactuality, and Tense).

ヒトはなぜ笑うのか
ユーモアが存在する理由

2015年2月20日　第1版第1刷発行

著　者　マシュー・M・ハーレー
ダニエル・C・デネット
レジナルド・B・アダムズJr.
訳　者　片《かた》　岡《おか》　宏《ひろ》　仁《ひと》
発行者　井　村　寿　人

発行所　株式会社　勁《けい》　草《そう》　書　房
112-0005　東京都文京区水道2-1-1　振替　00150-2-175253
（編集）電話　03-3815-5277／FAX　03-3814-6968
（営業）電話　03-3814-6861／FAX　03-3814-6854
堀内印刷所・松岳社

ISBN978-4-326-15432-6　　Printed in Japan